U0897658

汽车专业技能型教育一体化教材

汽车自动变速器原理与维修

丛书主编　夏长明
丛书副主编　涂潭生　肖楠榕　李锡威　何南昌
翟庭杰　编

机械工业出版社

本书讲述了自动变速器理论基础知识，由零件导入，通俗易懂，内容系统、连贯、完整，实操配以大量图片，具有较强的实用性。

本书为培养学生的兴趣，打开学生的思路，提高学生的悟性下足了工夫，并使自动变速器理论基础知识与技能训练形成“骨肉”关系。

本书对自动变速器维修的关键技术、自动变速器拆装、故障分析及自诊断系统作了大量的讲解和技能训练，以达到在最短的时间内让学生学到更多的技术内容。

本书主要作为中高级技工类及中高级职业类学校汽车类专业教材，也可供汽车维修从业人员、汽车驾驶人员以及汽车运行管理人员参考。

图书在版编目(CIP)数据

汽车自动变速器原理与维修/翟庭杰编. —北京：机械工业出版社，2011.2(2016.1 重印)

汽车专业技能型教育一体化教材

ISBN 978-7-111-33268-8

Ⅰ.①汽… Ⅱ.①翟… Ⅲ.①汽车—自动变速装置—理论—教材②汽车—自动变速装置—车辆修理—教材 Ⅳ.①U463.212②U472.41

中国版本图书馆 CIP 数据核字(2011)第 016422 号

机械工业出版社(北京市百万庄大街 22 号 邮政编码 100037)
策划编辑：徐 巍 责任编辑：孙 鹏
责任校对：申春香 封面设计：路恩中
责任印制：乔 宇
北京铭成印刷有限公司印刷
2016 年 1 月第 1 版第 5 次印刷
184mm×260mm · 13 印张 · 318 千字
9001—11000 册
标准书号：ISBN 978-7-111-33268-8
定价：29.00 元

凡购本书，如有缺页、倒页、脱页，由本社发行部调换

电话服务
社服务中心：(010)88361066
销售一部：(010)68326294
销售二部：(010)88379649
读者购书热线：(010)88379203

网络服务
门户网：http://www.cmpbook.com
教材网：http://www.cmpedu.com

汽车专业技能型教育一体化教材编委会

广东金桥技工学校简介

广东金桥技工学校是在广州金桥管理干部学院、广州海员学校基础上发展起来的，是隶属于广东省人力资源和社会保障厅的重点技工学校。

学校位于广州市天河区，紧邻奥林匹克体育中心，交通便利，空气清新，环境优美。学校占地面积近百亩，建筑面积约60000平方米，是一间具有十几年大专办学经验的综合性职业教育院校。学校设有经济贸易系、机电工程系、汽车工程系、计算机系、外语系、艺术设计系6个教学系，拥有各类学生4000多人，教职员工300多人。

广东金桥技工学校校长谢丽君博士

学校以"学用结合，能者为先，做人第一"为教育宗旨，努力锻造学生能力，塑造学生人格。学校的发展引起中国十大教育服务品牌之一的安博教育集团的高度关注。安博教育集团正着力对学校进行全面升级管理，广东金桥技工学校将成为安博教育集团在华南地区重要的职业教育基地。

序 言

汽车作为人类历史文明发展的标志，从1886年发明至今，已有100多年的历史。近几年，我国的汽车产销量迅速增长，全国汽车保有量大幅度上升。世界知名汽车企业的大量涌入，国内汽车企业的迅速发展，合资厂家的不断增加，大大促进了国内汽车技术的进步。汽车保有量的急剧增加，汽车技术的不断更新，使得汽车运用与维修行业的车源、车种、服务对象以及维修作业方式等都已发生了新的变化，使得技能型、应用型的实用人才非常紧缺。为了尽快培养能用、实用、好用的技术人才，我校根据多年来实施“理论-实践一体化教学”的经验，在机械工业出版社汽车分社领导和专家的指导下，组织了多名具有丰富的教学和实践经验的老师编写这套教材来满足教学的需要，并加以全国推广。

本套教材包括《汽车发动机构造与维修》、《汽车底盘构造与维修》、《汽车电器构造与维修》、《汽车车身构造与维修》、《汽车发动机电控系统原理与维修》、《汽车自动变速器原理与维修》、《汽车安全舒适系统原理与维修》、《汽车故障诊断技术》、《汽车营销》及《汽车维护》共十种。

本套教材在编写过程中，力求体现以下特色：

1. 以实际工作任务为驱动，突出以实物、实图、实例、易教易学的一体化教学内容来编写，并在教材的结构内容上彰显：

(1) 结构原理(即认知部分)——以实物、原理图加标注为主，辅以简单必要的文字说明，旨在提高学生对汽车专业知识的理解、概括、运用等能力。

(2) 拆检(即技能训练部分)——以原理图和实物为主，加上操作要领、注解、技术要求、注意事项及相关知识链接，旨在提高学生的实际动手能力。

(3) 故障排除(即能力提高部分)——以诊断流程图为主线，突出故障现象及导致故障的原因，使学生能够按图索骥，能够迅速掌握汽车常见故障的诊断排除要领，以提高学生将基本知识和实操技能进行有机结合、综合运用从而转化为解决生产实践中实际问题的能力。

(4) 典型案例分析(即实战演练部分)——以汽车售后服务行业一线技术服务人员在工作实践中总结的成功经验所形成的技术论文为典型案例，配以知名专家的点评，来提高学生的学习兴趣和实际应变能力，为学生后期的顶岗实习及进入企业打下坚实基础。

2. 以就业为导向，面向实际，贯彻“一体化教学”特点，全程设计，整体优化。

3. 借鉴国内外职业教育经验，融传统式教学、模块式教学、情境化教学、项目式教学、案例式教学等为一体，顺应现代职业教育制度改革。

4. 面向技工教育，难易适度，图文并茂，深入浅出，通俗易懂。

5. 教材中各知识单元与技能模块力求做到“一体化”，且尽可能以汽车案例展开讲解，来激发学生学习兴趣，以期提高教学质量。

6. 加强针对性和实用性，力求实现理论与实践、教与学、学与用的完美结合。

由于编者水平所限，书中难免出现差错，希望读者在使用过程中及时批评指正。

汽车专业技能型教育一体化教材编委会

前　言

随着汽车技术的快速发展，自动变速器在汽车上的应用越来越广泛。自动变速器是汽车维修中难度最大的总成之一，同时也是汽车维修专业学习难度最大的课程。怎样培养出优秀的实用型人才，解决这个问题要从改变传统的教学模式和方法入手，包括对教材的编写与更新。本书提供的思路和方法，将带您走出学习和工作中的困境，突破难题，成为社会急需的高技能人才。

本书讲述自动变速器理论基础知识，由零件导入，通俗易懂，改变了传统的“板书+讲解”的方式。按“认知+技能+能力+实战”的理实一体化教学规律进行编排，内容系统、连贯、完整，实操配以大量图片，有针对性地解决每堂课讲什么，做什么的问题；在行为导向上加强以技能训练为基础，与普通变速器对比实训，使学生在兴趣中得到知识。如：自动变速器绪论、液力变矩器、变速机构中的传动比和对自动变速器做各种试验等。

本书采用了大量实物图片、结构原理图和技术参数图表，具有较强的实用性。在培养学生的兴趣、打开学生的思路、提高学生的悟性方面下足了工夫，并使自动变速器理论基础知识与技能训练形成“骨肉”关系。

本书对自动变速器维修的关键技术、自动变速器拆装、故障分析及自诊断系统安排了大量的讲解和技能训练，以在最短的时间内使学生学到更多的技术内容。

本书在编写的过程中参阅了大量国内公开出版的资料、图片、文献、维修案例以及维修手册，走访了相关专业的维修厂家，与维修人员、同行和专家进行探讨，在此向他们表示深深的谢意。

本书根据理实一体化教学和实际工作中行为导向的特点编写而成，可以作为中高级技工类学校汽车类专业教材，也可供汽车维修从业人员、汽车驾驶人员以及汽车运行管理人员参考。

本书不足之处，欢迎专家及读者批评指正，以便在今后的工作中加以改进。

编　者

目　录

项目一 自动变速器基础知识

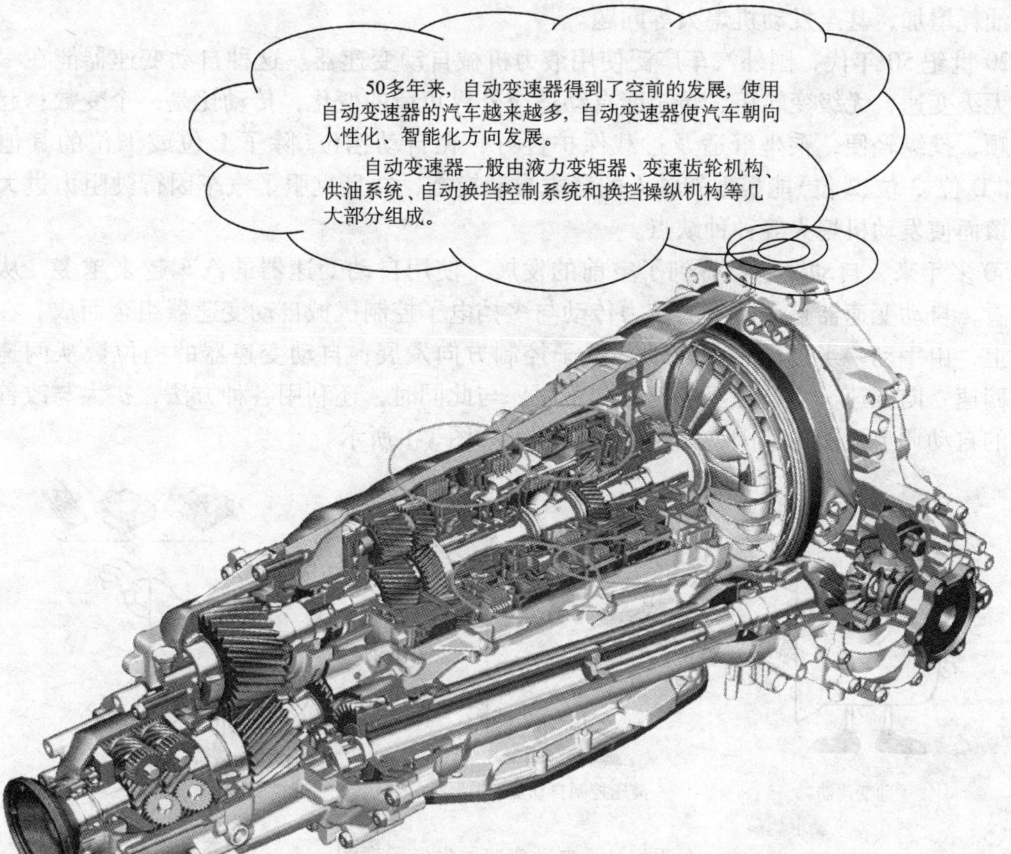

50多年来，自动变速器得到了空前的发展，使用自动变速器的汽车越来越多，自动变速器使汽车朝向人性化、智能化方向发展。

自动变速器一般由液力变矩器、变速齿轮机构、供油系统、自动换挡控制系统和换挡操纵机构等几大部分组成。

【学习目标】

◇ 了解自动变速器变速杆各位置的含义

◇ 了解自动变速器变速杆各位置的正确使用及注意事项

◇ 掌握自动变速器的组成、分类和特点

任务1 自动变速器类型、工作原理及型号识别

一、自动变速器的发展

最初设计的汽车采用手动变速器，手动变速器的汽车在换挡时既需要操纵离合器，又需

要操纵变速杆。为了提高换挡的平顺性，这两个动作还要协调配合，因此操纵过程较为复杂，不但增加了劳动强度，还容易影响换挡品质。由于这种变速器传动比级数有限，而且各挡的传动比是一个固定的常数(有级变速)，再加上汽车行驶阻力及交通情况变化无常，汽车在行驶时，发动机很难保证在最大功率点工作，因而降低了发动机功率利用率，影响了汽车动力性。常常会发生不能准确而及时地换入相应的挡位，造成换挡冲击大，汽车动力不足，油耗增加，甚至发动机熄火等问题。

20 世纪 50 年代，国外汽车广泛使用液力机械自动变速器。这种自动变速器能在一定范围内无级变速，无级变转矩，转矩能自动适应外界负荷的变化，传动比是一个变数；起步换挡平顺，操纵轻便，乘坐舒适及过载保护性好；在自动挡位(除了 L 位或 1 位的其他前进挡,如 D 位、3 位、2 位)能根据驾驶人的意志自动换挡，并且克服了汽车因行驶阻力过大或操纵不慎而使发动机熄火等种种缺点。

50 多年来，自动变速器得到了空前的发展，使用自动变速器的汽车越来越多，从发展趋势看，自动变速器是由简单的液力传动与多挡电子控制机械自动变速器组合而成。在控制方式上，由手动→半自动→全自动→电子控制方向发展；自动变速器的挡位数从两速、三速、四速，向五速、六速甚至七速方向发展。与此同时，还利用各种方法，扩大与改善液力传动的自动调节性能与范围，实现简化操纵，如图 1-1 所示。

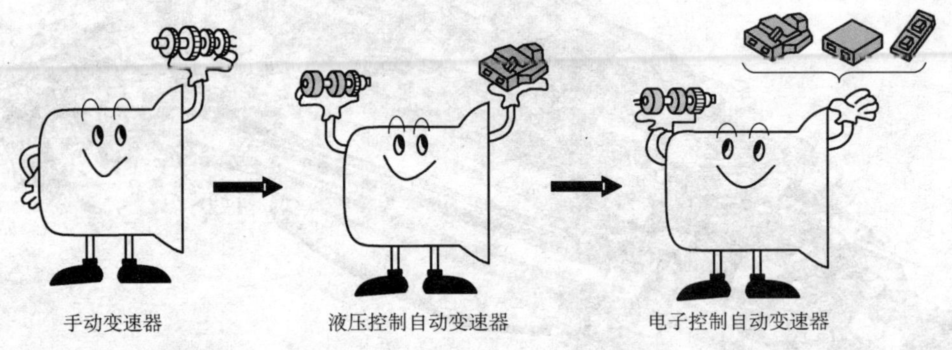

图 1-1　自动变速器发展示意图

电子控制自动变速器采用多个电磁阀方式控制换挡，能够明显改善换挡质量。以前的自动变速器的执行器只有一两个电磁阀，现在许多自动变速器已有多个电磁阀。尤其是换挡电磁阀数量的增加，使得换挡电磁阀完全取代了节气门油压和车速油压对前进挡位升降挡的控制。自动变速器上各种新的电磁阀相继出现，例如正时电磁阀、倒挡电磁阀、扭力转换电磁阀、扭力缓冲电磁阀、强制降挡电磁阀等大量涌现，使电子控制系统对自动变速器的控制范围进一步扩大。模糊控制技术的应用使自动变速器电脑可以学习、模拟驾驶人驾驶习惯，自动修正控制指令，使汽车朝向人性化、智能化方向发展。

通过传动机构类型多样化设计，进行多排行星齿轮的不同组合、优化齿轮特性参数和支承结构等技术改进，使自动变速器技术已有重大发展。在此基础上，开创了自动变速器传动技术的新时代。

据 1973 年统计资料表明，世界各国生产的载质量为 30 ~ 80t 范围内的载货汽车中，采用液力传动的车型占 95% 以上。而我国生产的自动变速器的轿车占的比重也有大幅度提高。1998 年上海通用汽车公司率先在国产的别克新世纪轿车上推出了 4T65E 自动变速器，紧接

着一汽大众在捷达王轿车上也推出了自动变速器，广州本田雅阁轿车、东风神龙富康轿车、东风风神轿车以及上海大众最新推出的帕萨特轿车都配置了自动变速器，其中东风神龙富康轿车和一汽大众刚推出的捷达都市阳光型轿车都是配置 1.6L 排量的电喷发动机，是国产轿车配置自动变速器中，发动机排量最小的车型。另外一汽大众最新推出奥迪 A6，该车配置了手、自动混合控制的变速器，代表了较新的自动变速器控制技术。

2008 年北美自由贸易区及中国商用汽车自动变速器在全部商用车中的比例，如表 1-1 所示。

表 1-1　商用车采用自动变速器的比例

车型	自动及半自动液力变速器所占比例/(%)	
	北美自由贸易区	中国(预计 2012 年)
重型牵引车	36.9	10

汽车上为什么要采用变速器呢?

这是由于发动机输出的转速与车辆驱动轮所需的转速和转矩之间存在着矛盾。现代汽车采用的活塞式内燃发动机转矩变化范围较小，而汽车行驶时其阻力变化较大。为适应汽车在各种行驶条件下阻力变化的要求，在汽车传动系中，采用了可以改变传动的装置，即变速器。

变速器不但可以扩大发动机传到驱动车轮上的转矩和转速的变化范围，以适应汽车在各种条件下行驶的需要；而且能在保持发动机转动方向不变的情况下，实现倒车；还能利用空挡暂时地切断发动机与传动系统的动力传递。

二、自动变速器组成与工作原理

自动变速器的厂牌型号很多，外部形状和内部结构也有所不同，但它们的组成基本相同，都是由液力变矩器和行星齿轮式自动变速器组合起来的。常见的组成部分有液力变矩器、变速齿轮机构、离合器、制动器、油泵、滤清器、管道、控制阀体、速度调压器等，按照这些部件的功能，可将它们分成液力变矩器、变速齿轮机构、供油系统、自动换挡控制系统和换挡操纵机构等五大部分，如图 1-2 所示。

1. 自动变速器的组成

(1) 液力变矩器　液力变矩器位于自动变速器的最前端(图 1-2 中圆圈所示)，安装在发动机的飞轮上，其作用与手动变速器中的离合器相似。液力变矩器以自动变速器油(ATF)为工作介质，油液在循环流动过程中将发动机的动力传递到自动变速器的输入轴，并能根据汽车行驶阻力的变化，在一定范围内自动地、无级地改变传动比和转矩比，具有一定的减速增矩功能。其工作状态完全自动化，无需驾驶人操纵。因此，安装自动变速器的汽车，取消了离合器踏板。由于液力变矩器的失速特性，所以汽车可以进行带挡停车而发动机又不熄火。

(2) 变速齿轮机构　自动变速器中的变速齿轮机构所采用的形式有普通齿轮式和行星齿轮式两种。采用普通齿轮式的变速器，由于尺寸较大，最大传动比较小，只有少数车型采用。目前绝大多数轿车自动变速器中的齿轮变速机构采用的是行星齿轮式(图 1-2 中长方圈所示)。

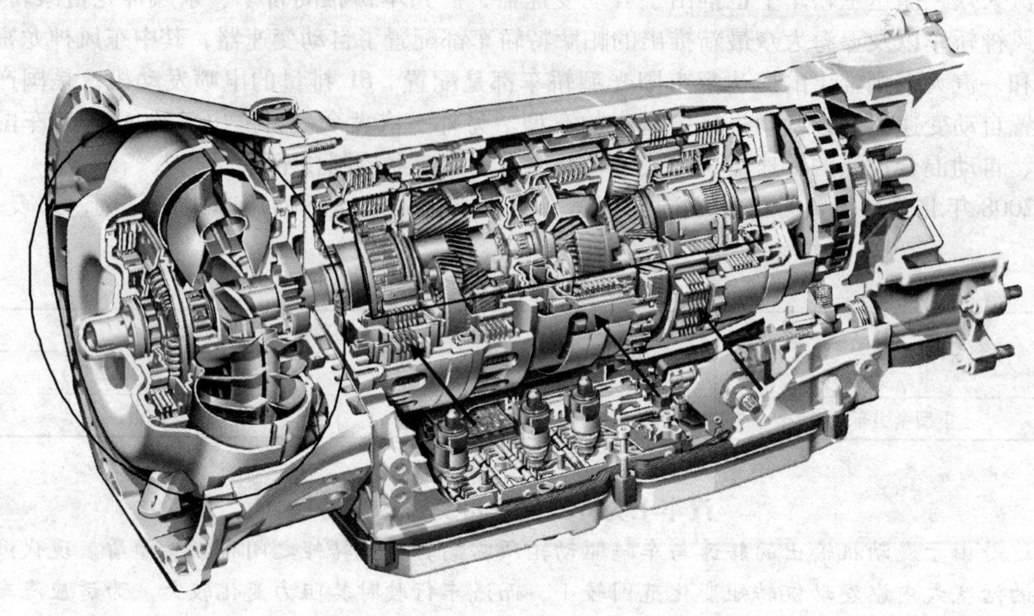

图 1-2　自动变速器结构组成示意图

变速齿轮机构主要包括行星齿轮机构和换挡执行机构两部分。

行星齿轮机构是自动变速器的重要组成部分，主要由太阳轮(也称中心轮)、内齿圈、行星架和行星齿轮等元件组成。行星齿轮机构是实现变速的机构，传动比的改变是通过以不同的元件作为主动件和限制不同元件的运动而实现的。在传动比改变的过程中，整个行星齿轮组还存在运动，动力传递没有中断，因而实现了动力换挡。

换挡执行机构主要是用来改变行星齿轮中的主动元件或限制某个元件的运动，改变动力传递的方向和传动比，主要由多片式离合器、制动器和单向超越离合器等组成(图 1-2 中箭头所示)。离合器的作用是把动力传给行星齿轮机构的某个元件使之成为主动件，连接另一元件使之成为从动件。制动器的作用是将行星齿轮机构中的某个元件固定，使之不动。单向离合器也是行星齿轮变速器的换挡元件之一，其作用和多片式离合器及制动器基本相同，也是用于固定或连接几个行星排中的某些太阳轮、行星架、齿圈等基本元件，让行星齿轮变速器组成不同传动比的挡位。

(3) 供油系统　自动变速器的供油系统主要由油泵、滤清器、调压阀及管道等组成。油泵是自动变速器最重要的总成之一，它通常安装在液力变矩器的后方，由液力变矩器泵轮轴上的凹槽或花键驱动，是液压控制系统的动力源。在发动机运转时，不论汽车是否行驶，油泵都在运转，为自动变速器中的液力变矩器、换挡执行机构、自动换挡控制系统提供一定压力的自动变速器油。油的压力调节由调压阀来实现。

(4) 自动换挡控制系统　自动换挡控制系统能根据发动机的负荷(节气门开度)和汽车的行驶速度，按照设定的换挡规律，自动地接通或切断某些换挡离合器和制动器的供油油路，使离合器接合或分离、制动器制动或释放，以改变齿轮变速机构的传动比，从而实现自动换挡。

自动变速器的自动换挡控制系统有液压控制和电液控制两种。

液压控制系统是由阀体和各种控制阀及油路组成的，阀门和油路设置在一个板块内，称为阀体总成(油路板)。不同型号的自动变速器阀体总成的安装位置有所不同，有的安装于上部，有的安装于侧面，纵置的自动变速器一般安装于下部，如图 1-3 所示。

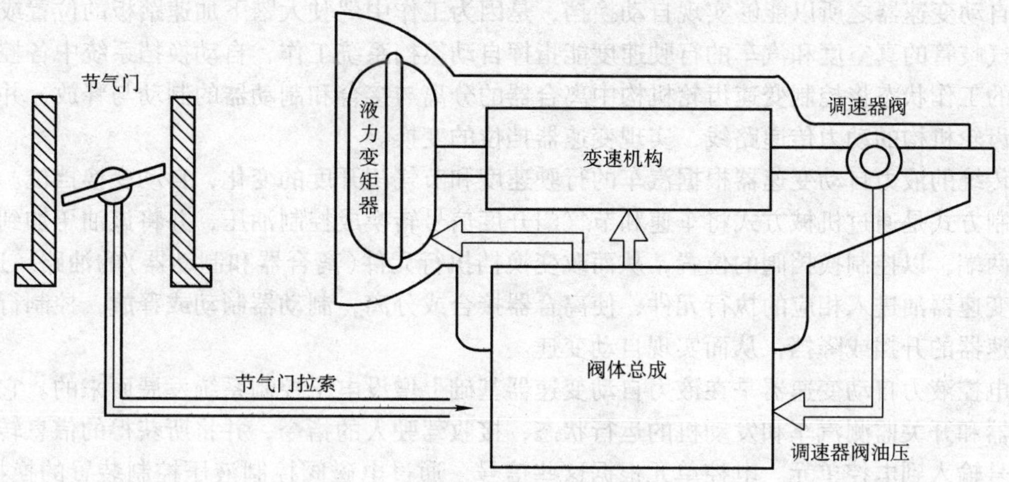

图 1-3　液压控制自动变速器示意图

在液压控制系统中，增设控制某些自动变速器油路的电磁阀，就成了电液控制的换挡控制系统，若这些电磁阀是由电子计算机控制的，则成为电子控制的换挡系统，如图 1-4 所示。

控制系统除控制自动换挡外，还要控制液力变矩器中锁止离合器的锁止与分离，以及自动变速器的冷却与润滑。它可在电子控制系统的控制下通过液压系统中的各种阀和油道对油压、锁止时机、换挡时机、换挡品质等进行精确操作，实现变速器的各种自动控制。

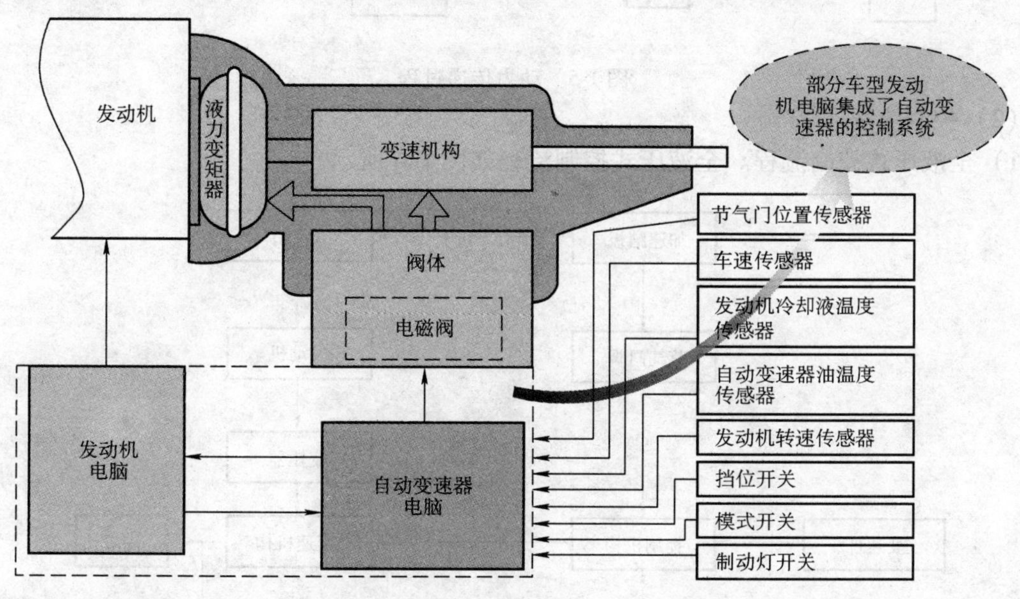

图 1-4　电子控制自动变速器示意图

（5）换挡操纵机构　自动变速器的换挡操纵机构包括手动选择阀的操纵机构和节气门阀的操纵机构。驾驶人通过自动变速器的变速杆改变阀板内的手动阀位置，控制系统根据手动阀的位置及节气门开度、车速、控制开关的状态等因素，利用液压自动控制原理或电子自动控制原理，按照一定的规律控制齿轮变速机构中的换挡执行机构的工作，实现自动换挡。

2. 自动变速器的工作原理

自动变速器之所以能够实现自动换挡，是因为工作中驾驶人踏下加速踏板的位置或发动机进气歧管的真空度和汽车的行驶速度能指挥自动换挡系统工作，自动换挡系统中各控制阀不同的工作状态将控制变速齿轮机构中离合器的分离与接合和制动器的制动与释放，并改变变速齿轮机构的动力传递路线，实现变速器挡位的变换。

传统的液力自动变速器根据汽车的行驶速度和节气门开度的变化，自动变换挡位。其换挡控制方式是通过机械方式将车速和节气门开度信号转换成控制油压，并将该油压加到换挡阀的两端，以控制换挡阀的位置，从而改变换挡执行元件（离合器和制动器）的油路。这样，自动变速器油进入相应的执行元件，使离合器接合或分离，制动器制动或释放，控制行星齿轮变速器的升挡或降挡，从而实现自动变速。

电控液力自动变速器是在液力自动变速器基础上增设电子控制系统发展而来的。它通过传感器和开关监测汽车和发动机的运行状态，接收驾驶人的指令，并将所获得的信息转换成电信号输入到电控单元。电控单元根据这些信号，通过电磁阀控制液压控制装置的换挡阀，使其打开或关闭通往换挡离合器和制动器的油路，从而控制换挡时刻和挡位的变换，以实现自动变速。

（1）动力传递过程　动力传递过程如图 1-5 所示。

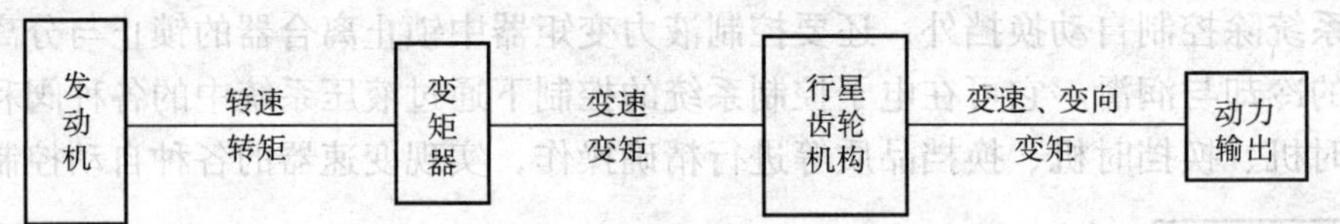

图 1-5　动力传递过程

（2）控制流程

1）全液压式控制流程。全液压式控制流程如图 1-6 所示。

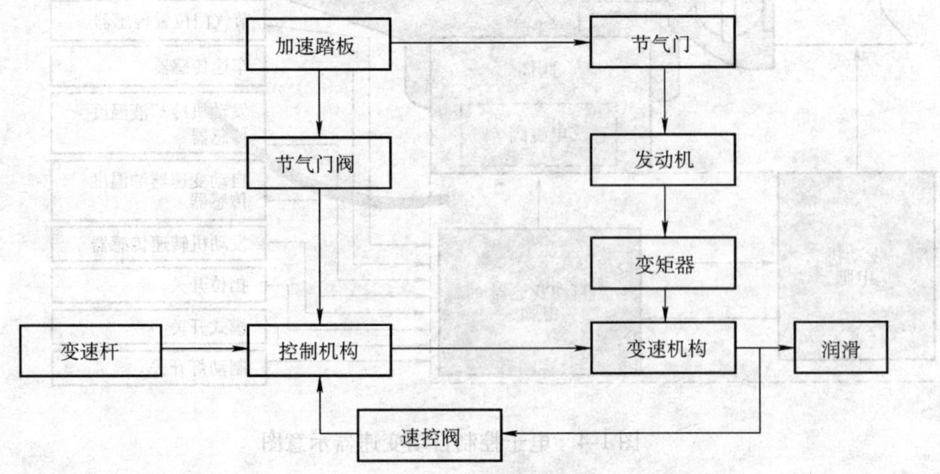

图 1-6　全液压式控制流程

2）电液式控制原理。电液式控制原理如图 1-7 所示。

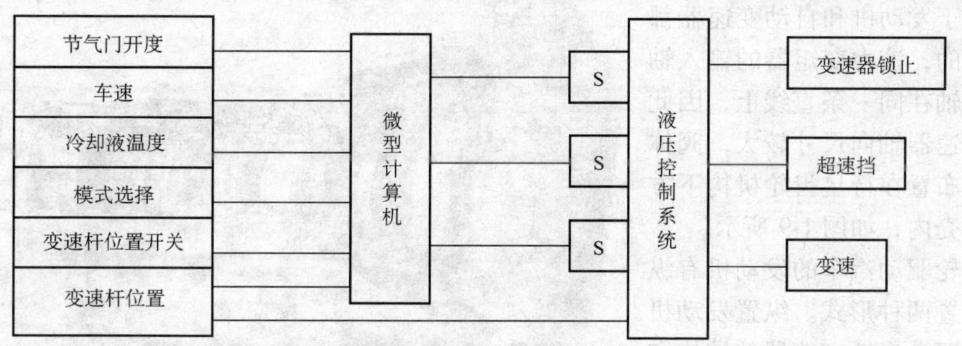

图 1-7 电液式控制原理图

三、自动变速器类型

不同的汽车厂家在不同的车型上，装有不同型号的自动变速器，在这些型号各异的自动变速器中，根据不同的角度，可以对它们进行不同的分类。

1. 按汽车的驱动方式分类

汽车本身的驱动方式主要是前驱动和后驱动两种，装置在这两种汽车上的自动变速器在结构上也有很大的不同，可分为后轮驱动自动变速器和前轮驱动自动变速器，如图 1-8 所示。

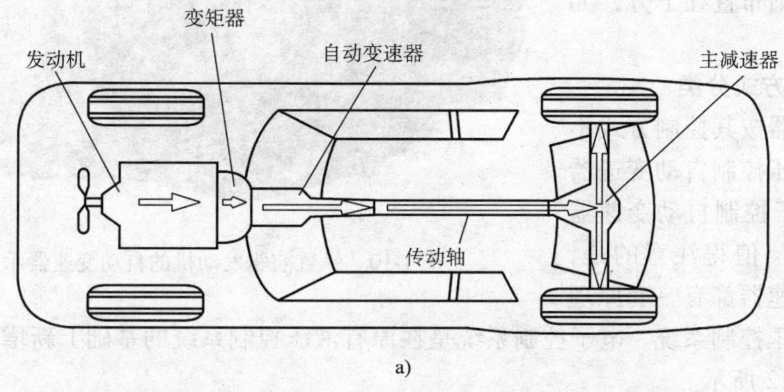

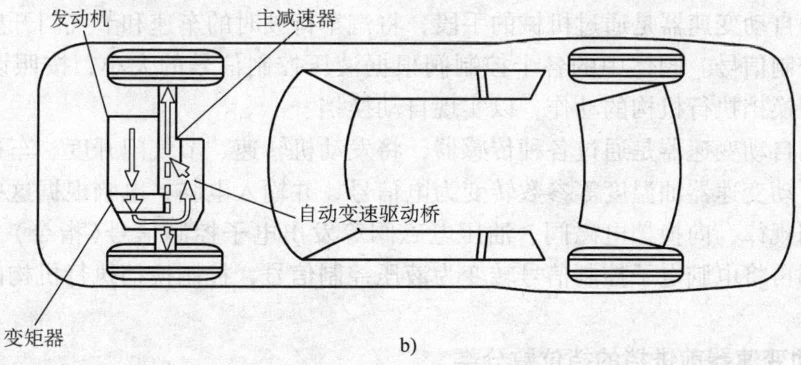

图 1-8 按汽车驱动方式分类的自动变速器

a）发动机前置后轮驱动自动变速器 b）发动机前置前轮驱动自动变速器

采用后轮驱动布置形式的汽车，由于发动机和自动变速器都是纵置的，液力变矩器的输入轴与输出轴在同一条直线上，因此自动变速器轴向尺寸较大，阀体总成则布置在行星齿轮机构下方的油底壳内，如图1-9所示。

图1-9　发动机前置后轮驱动布置形式的自动变速器

前轮驱动汽车的发动机有纵置和横置两种形式。纵置发动机的前轮驱动自动变速器的结构和布置与后轮驱动自动变速器基本相同，只是在后端增加了一个差速器，如图1-10所示。横置发动机的前轮驱动自动变速器由于汽车横向尺寸的限制，要求有较小的轴向尺寸，因此通常将输入轴和输出轴设计成两个轴线的方式，液力变矩器和输入轴布置在上方，输出轴则布置在下方，如图1-11所示。

图1-10　纵置前驱发动机的自动变速器示意图

2. 按控制方式分类

自动变速器按其控制方式不同，可分为液压控制自动变速器(图1-3)和电子控制自动变速器两种(图1-4)。值得注意的是，这两种自动变速器都有一套原理基本相同的液压控制系统。电子控制系统是在原有液压控制系统的基础上新增加的一套电控系统，如图1-12所示。

液压控制自动变速器是通过机械的手段，将汽车行驶时的车速和节气门开度这两个参数转换为液压控制信号。阀体中的各个控制阀根据液压控制信号的大小，按照设定的换挡规律，通过控制换挡执行机构的动作，以实现自动换挡。

电子控制自动变速器是通过各种传感器，将发动机转速、节气门开度、车速、发动机冷却液温度和自动变速器油温度等参数转变为电信号，并输入电脑，电脑根据这些电信号，按照设定的换挡规律，向换挡电磁阀、油压电磁阀等发出电子控制信号(指令)，换挡电磁阀和油压电磁阀再将电脑电子控制信号转变为液压控制信号，控制换挡执行机构的动作，以实现自动换挡。

3. 按自动变速器前进挡的挡位数分类

按自动变速器前进挡的挡位数不同，可分为4个前进挡、5个前进挡，甚至更多的前进挡。早期的自动变速器通常为2个前进挡或3个前进挡，不能满足汽车行驶的需要(无超速

图 1-11　前驱横置发动机的自动变速器示意图

挡,最高挡位为直接挡)，现在已不再使用了。现代汽车的自动变速器不但设有超速挡，而且前进挡的挡位数大大增加，尤其是高档轿车。这种自动变速器结构虽然复杂，但挡位间传动比变化减小，改善了汽车换挡平顺性与燃油经济性。

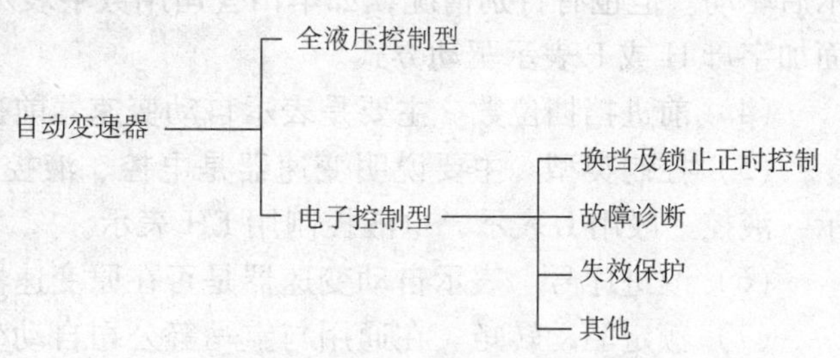

图 1-12　自动变速器控制演变示意图

4. 按齿轮变速机构的类型分类

自动变速器按其齿轮变速机构的类型不同，可分为普通齿轮式和行星齿轮式两种，如图 1-13 所示。

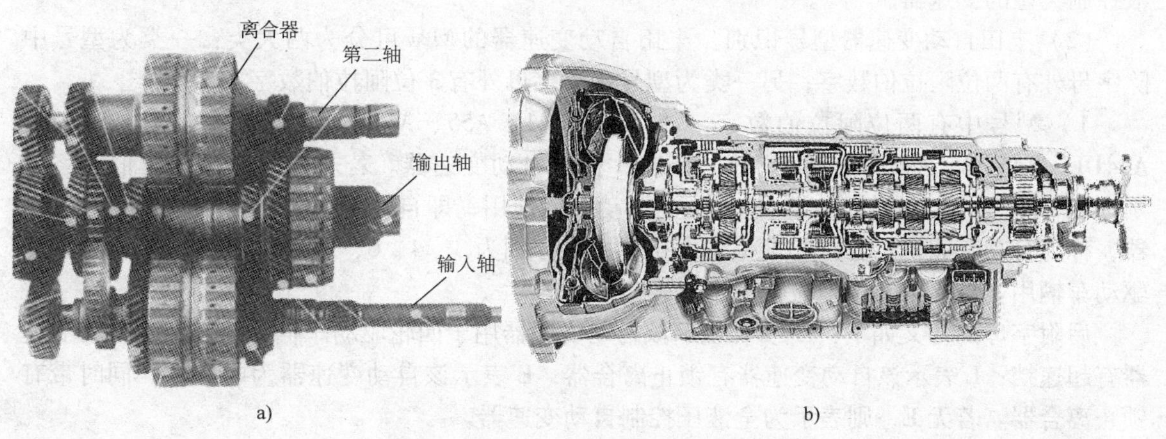

图 1-13　自动变速器的齿轮变速机构的类型

a）普通齿轮式自动变速器内部结构图　b）行星齿轮式自动变速器内部结构图

普通齿轮式自动变速器体积较大，只有少数车型使用(如本田 ACCORD 轿车)。新出现的 DCT 双离合器自动变速器，也采用普通斜齿轮的平行轴式结构，继承了手动变速器传动效率高、工艺简单、维修方便等优点。

行星齿轮式自动变速器结构紧凑，能获得较大的传动比，为绝大多数轿车所采用。

四、自动变速器型号识别

一种自动变速器可能被用在多个公司不同款式的汽车上，而同一种车型也可能装用不同型号的自动变速器。如果不了解自动变速器的型号，在维修中就会对故障分析、资料查找、零配件采购等造成障碍。这样在维修中会出现很多问题。

1. 自动变速器型号的含义

标识自动变速器的型号中的符号分别代表了如下内容。

(1) 变速器的性质　主要是指变速器是自动变速器还是手动变速器。一般用字母 A 表示自动变速器，用字母 M 表示手动变速器，AM 表示自动手动一体化变速器。

(2) 自动变速器的生产公司　例如：德国 ZF 公司生产的自动变速器，日本 AISIN 公司生产的自动变速器等。

(3) 驱动方式　主要标明是前驱动还是后驱动。一般用字母 F 表示前驱动，字母 R 表示后驱动。但也有特别情况，如丰田公司用数字表示驱动方式，有的四轮驱动车辆在型号后面加字母 H 或 F 表示驱动方式。

(4) 前进挡挡位数　主要是表示自动变速器前进挡的数量，用数字表示。

(5) 控制类型　主要说明变速器是电控、液控，还是电液控制。电控一般用字母 E 表示，液控一般用 L 表示，电液控制用 EH 表示。

(6) 改进序号　表示自动变速器是否在原变速器的基础上进行过改进。

(7) 额定驱动转矩　在通用与宝马等公司自动变速器型号中有此参数。

2. 相关汽车公司自动变速器的型号及说明

(1) 宝马 ZF4RP22-EH　系列号码分别表示：ZF 公司生产，挡位数 4，驱动类型 R(后驱动)，齿轮类型 P(行星齿轮)和额定转矩 22。系列号码的末尾 E 或 EH 分别表示电控或电液控制类型的变速器。

(2) 丰田自动变速器型号识别　丰田自动变速器的型号可分为两大类：一类为型号中除字母外有两位阿拉伯数字；另一类为型号中除字母外有 3 位阿拉伯数字。

1) 型号中有两位阿拉伯数字，如 A40、A41、A55、A55F、A40D、A42DL、A43DL、A44DL、A45DL、A45DF、A43D 等。字母 A 代表自动变速器。若左起第一位阿拉伯数字分别为 1、2、5，则表示该自动变速器为前驱动车辆使用，即自动变速器内含主减速器与差速器，称为自动变速桥。若左起第一位阿拉伯数字分别为 3、4、6，则表示该自动变速器为后驱动车辆用。左起第二位阿拉伯数字代表生产序号。

后附字母的含义如下：H 或 F 表示该自动变速器用于四轮驱动车辆；D 表示该自动变速器有超速挡；L 表示该自动变速器有锁止离合器；E 表示该自动变速器为电控式，同时带有锁止离合器。若无 E，则表示为全液压控制自动变速器。

2) 型号中有 3 位阿拉伯数字，如 A130L，A131L、A132L、A140L、A240L、A241L、A243L、A440L、A440F、A442F、A340E、A340H、A340F、A341F、A140E、A141E、

A240E、A241E、A540E、A540H 等。字母 A 表示自动变速器，左起第一位阿拉伯数字为 1、2、5，则表示该自动变速器为前驱动车辆用，即自动变速器内含主减速器与差速器，称为自动变速桥。若左起第一位阿拉伯数字为 3、4、6 则表示该自动变速器为后驱动车辆用。左起第二位阿拉伯数字代表该自动变速器前进挡的个数，左起第三位阿拉伯数字代表生产序号。

3）特别说明：上述各型自动变速器中，A340H、A340F，A540H 型自动变速器，其后面均省略了 E，均为电控自动变速器，带锁止离合器。A241H、A440F，45DF 型自动变速器，其后均省略了 L，但均带有锁止离合器。

若改进后的自动变速器，只增加了锁止离合器或增加了驱动轮的个数，其余未进行改动，则只在原型号后加注 L 或 F 和 H，原型号不变。

（3）克莱斯勒自动变速器新型号识别　1992 年，克莱斯勒公司开始执行一套新的自动变速器识别型号，这套系统是由 4 个字母或数字组成的识别系统，每个字母代表变速器的一个特性。第一个字母代表变速器前进挡挡数。第二个数字代表输入转矩容量，从 0 ~2(从轻负荷至重负荷)是乘用车用的，从 3 ~7 是货车用的。第三个字母表示车辆是前轮驱动还是后轮驱动，以及发动机的位置。R 代表后轮驱动车辆，T 代表发动机横置的前轮驱动车辆，L 代表发动机纵置的前轮驱动车辆，A 表示四轮驱动车辆。第四个字母代表变速器的控制类型。E 表示电控，H 表示液压控制。在这以后，克莱斯勒公司的变速器既可以根据旧型号识别，也可以根据新的型号识别。

（4）通用自动变速器型号识别　该公司自动变速器的型号主要有 4T60E、4L60E 等，从型号上便可以知道此变速器的一些特点。第一位阿拉伯数字表示前进挡传动比的个数。如上面的 4 表示四速，即有 4 个前进传动比。第二位字母表示驱动方式。上面的 T 表示变速器为横置，L 表示变速器为后置后驱动式。第三、四位数字表示变速器的额定驱动转矩。第五位字母表示控制类型，E 表示变速器为电子控制。

3. 自动变速器的识别方法

（1）变速器铭牌识别法　在很多自动变速器壳体上都有一个金属铭牌，上面一般标有自动变速器生产公司名称、型号、生产序号代码、液力变矩器规格等内容。因此，可很方便地通过这一铭牌对自动变速器型号进行识别。

（2）汽车铭牌识别法　一部分汽车在发动机室内、驾驶室内、门柱等位置有汽车铭牌。通过汽车铭牌上的内容可对自动变速器的型号进行识别。

（3）通过变速器壳体和油底壳等部位上的标记识别　在制造厂生产时，往往将变速器型号留在其壳体和油底壳等部位上面，据此便可以很直观地识别出自动变速器的型号。例如：福特公司的 AXOD 自动变速器，在其端部的阀体油底壳上冲压有很大的“AXODD”字符。

（4）奔驰自动变速器型号识别　奔驰汽车的自动变速器为其下属公司生产，其型号以数字代码的形式表示。其号码刻在变速器壳体侧部、油底壳接合面上面一点的部位。在这个部位有一长串符号，其中“722＊＊＊”的 6 位字符即为奔驰自动变速器型号的识别。

（5）零部件特征识别法　在汽车工程中常用一些具有典型特征的部件来代指某一装置。为了区分与识别一些自动变速器的型号，常用其具有特殊形状及特征的集滤器、油底壳、油底壳密封垫、电磁阀个数及导线端子数等进行区分与识别。

（6）变速器结构特征识别法　除了用上述的零部件特征对自动变速器区分识别外，还可以根据自动变速器的一些独特结构特征对自动变速器区分识别。

任务2　自动变速器的正确使用

汽车在使用自动变速器后，驾驶人的操纵更加简便，驾驶更加平顺，因此受到人们的喜爱和广泛使用。但很多驾驶人刚开始驾驶自动变速器车型的车时，由于对自动变速器的结构和原理不了解，行车时经常是一个D位走完全程，其间只会在停车时用N位和R、P位，至于其余位置很少使用，这对汽车的动力性和安全性都是不利的。因此，在驾驶自动变速器汽车之前，了解它的正确使用方法对改善驾驶技术会大有帮助。

一、自动变速器变速杆的使用

自动变速器是由驾驶人通过驾驶室内的变速杆来操纵的。变速杆布置在转向柱上或地板上，不论布置在哪里，变速杆都有5~8个位置，如图1-14所示。

自动变速器变速杆位置的含义与手动变速器变速杆完全不同。对于自动变速器而言，变速杆的位置与自动变速器本身所处的挡位是两个完全不同的概念。实际上，变速杆只改变自动变速器阀体内手控阀的位置，而自动变速器本身的挡位则是由换挡执行元件动作决定的，它除了取决于手控阀的位置外，还取决于汽车的车速、节气门开度等因素。因此，要正确操作自动变速器，首先应当了解自动变速器变速杆各个位置的含义和操作要领。

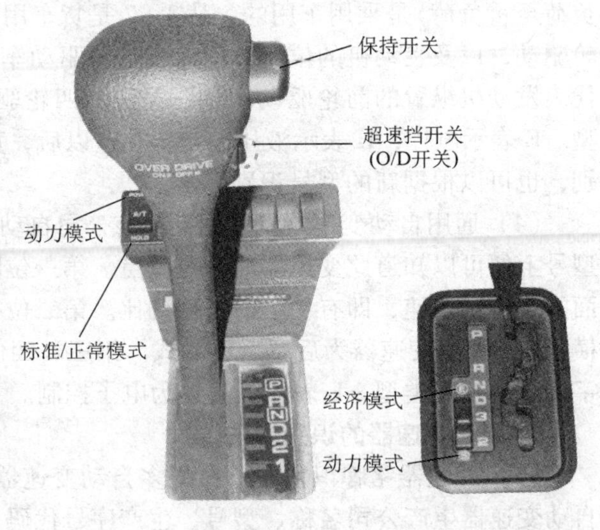

图1-14　自动变速器变速杆布置形式图

1. 自动变速器变速杆位置操作之前注意事项

1）当变速杆选择任何驱动位置后，应等待片刻，使自动变速器各个部分充分接合和润滑，然后再缓慢加速。特别是发动机处于冷车状态时更应如此(慢起步,缓加油)。

2）电子控制变速器可提供精确的换挡时机。变速器电子系统会自我学习，因此新车上的前几次换挡可能有些突然。这是正常现象，在经过几个换挡循环后，换挡会变得较为准确。

3）将变速杆移出P位时，在松开换挡锁止之前必须稳固地踏下制动踏板。只有当发动机正常怠速及踏下制动踏板时才能将变速杆换至所需的位置。在驾驶准备就绪之前不要松开制动器，否则当变速杆置入D位或R位时汽车可能猛地移动。

4）在发动机转速高于怠速的情况下，将变速杆移离P位(驻车挡)或N(空挡)位是非常危险的。必须有力地踏在制动踏板上，否则车辆会向前或向后快速加速。此时，会失去对车辆的控制。只有发动机以正常怠速运转，且有力地踏在制动踏板上时，才可以进行换挡。

5）变速杆在S位或L位时，应注意观察冷却液温度和自动变速器油温度的变化。

2. 自动变速器各位置的作用

1）P 位：驻车挡。通常位于最前方。当变速杆置于该位时，自动变速器停车锁止机构将自动变速器输出轴锁止，使驱动轮不能转动，车辆无法行驶。同时换挡执行机构使自动变速器处于空挡状态。当变速杆离开 P 位时，停车锁止机构即被释放。

2）R 位：倒挡。位于 P 位之后，若将变速杆置于此位，液压系统的倒挡油路将被接通。汽车驱动轮反转，汽车可向后行驶。

3）N 位：空挡。位于 R 位和 D 位之间，若将变速杆置于此位，行星齿轮系统空转，不能输出动力，驱动轮不能转动，车辆无法行驶。

4）D 位：前进挡。D 位位于 N 位之后，当变速杆置于该位时，液压控制系统或电子控制系统根据节气门开度信号和车速信号自动接通相应的前进挡油路，行星齿轮系统在执行机构的控制下得到相应的传动比。随着行驶条件的变化，在前进挡中自动升降挡，实现自动变速功能。目前大多数自动变速器汽车的前进挡都在四个以上。在 D 位中，一般还有一个控制三挡和四挡转换的开关。

5）2 位：(长坡挡)高速发动机制动挡。当变速杆置于该位时，液压控制系统或电子控制系统只能接通前进挡中的一、二挡油路，自动变速器只能在 1 挡与 2 挡这两个挡位之间自动换挡，无法升入更高的挡位，而且还有反拖功能，使汽车有发动机制动的作用。有的车型将 2 位用字母 S 表示，其含义完全相同。

6）L 位(陡坡挡)：低速发动机制动挡。此时，汽车被锁定在前进挡的一挡，只能在该挡位行驶而无法升入高挡，发动机制动效果更强。这样的挡位多用于在山区行驶、上坡加速或下坡时有效地稳定车速等特殊行驶情况。这样可避免自动变速器频繁换挡，提高其使用寿命。

二、自动变速器控制开关的使用

1. O/D 超速挡开关

O/D 超速挡开关用来控制自动变速器的超速挡，它一般安装在变速杆或仪表板上。对于四个前进挡的自动变速器而言，4 挡通常是传动比小于 1 的超速挡。变速杆在 D 位，汽车行驶在平坦的高速公路上使用超速挡时，发动机的转速较低，不但可以减小发动机噪声，而且可以减少零件磨损和降低燃油消耗。当把 O/D 超速挡开关打开后，超速挡控制电路被接通，此时即为超速挡；当 O/D 超速挡开关处在关闭(OFF)位置时，自动变速器最高也只能升到 3 挡。超速挡控制开关被断开，仪表板上的“O/D OFF”超速挡指示灯随之亮起，表示已经限制超速挡的使用。当变速杆在 D 位时，自动变速器能否升入 4 挡除了与超速控制开关有关外，还与发动机冷却液温度、节气门开度、车速等因素有关。在坡道上行驶时，应视情况切断 O/D 超速挡开关。O/D 超速挡开关位置如图 1-15 所示。

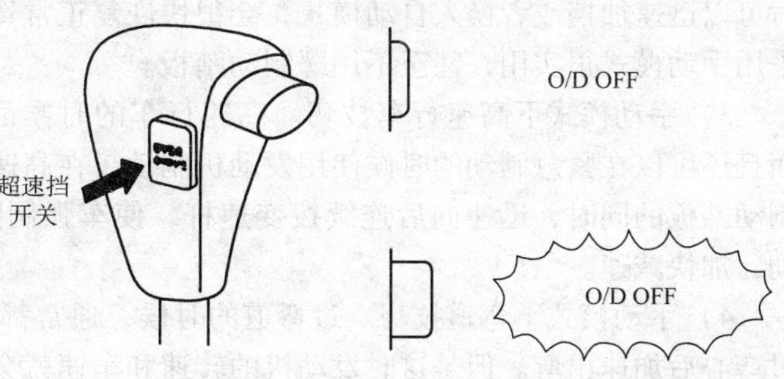

图 1-15　O/D 超速挡开关位置

2. 换挡模式开关

为了满足不同的行驶条件，在

不同的道路上发挥汽车本身的动力性、经济性，电控自动变速器都装有换挡模式选择开关。这些开关安装在变速杆上或地板上。自动变速器换挡模式选择开关一般有以下几种：

（1）经济模式（ECONOMY） 这种控制模式是以汽车获得最佳的燃油经济性为目标来设计换挡规律的，当接通经济模式时，自动变速器的换挡规律能使发动机在汽车行驶过程中经常处于经济转速范围内运转，因此燃油经济性好。这是因为在使用经济模式时，相同的节气门开度，升挡车速较低，液力变矩器锁定离合器工作范围宽，可在较低挡位上实现直接传动。由于液力变矩器锁定离合器的接合，使液力变矩器的涡轮和泵轮接合起来直接传动，减少了液力损失，提高了传动效率，发动机的燃油经济性也就得到了提高。经济模式开关位置参见图1-14。

（2）动力模式（POWER） 这种控制模式是以汽车获得最大的动力性为目标来设计换挡规律的。当车辆在上坡或在山路上行驶或希望发动机在高转速下工作时，可选择动力模式。这时自动变速器的换挡规律能使发动机在车辆运行过程中经常处在大功率范围运转，可大大发挥它的动力性和爬坡能力。汽车在动力模式下行驶，它的加速能力很强。只有发动机转速较高时，才能换入高挡，即延迟升挡，提前降挡。动力模式开关位置参见图1-14。

（3）标准模式（NORMAL） 标准模式的换挡规律介于经济模式和动力模式之间。当选择NORMAL标准模式时，可兼顾车辆的动力性和经济性，既能保证一定的动力性，又有较好的燃油经济性。标准模式开关位置参见图1-14。

（4）手动换挡模式（MANUAL） 接通手动换挡模式开关后，自动变速器不再自动换挡。当汽车起步时，驾驶人应先将变速杆放在L位，根据车速再换入S位，最后手动换入D位。使用此模式时，由于自动变速器不能自动换挡，在低挡位时，要防止节气门开度过大引起发动机转速过高，产生发动机过热现象。

1）手动模式下的加速超车技巧。开过自动挡车型的人都知道，自动挡车型的加速性没有手动挡车型痛快，特别是在超车的时候，变速杆放在D位上，车速不会因为猛踩加速踏板而迅速提升，只能是顺序加挡。有了A/MT情况就不一样了，加速超车的时候，换入手动模式，这时候不需要踩制动踏板，直接换入手动模式就行。这时猛踩加速踏板，车速会迅速提升，加速超车得心应手，响应的速度不比手动挡车型差。

2）手动模式下的下坡技巧。下坡的时候如果开手动挡车型，正确的操作方法是换入低速挡，带挡滑行。如果开自动挡车型，车速会不受控制地不断提升，那就只能在滑行的时候适时踩制动踏板。如果使用手自一体变速器的手动模式，这一切就简单了，下坡时换入手动模式，并向后拨变速杆，降入低速挡，这时候可以充分利用发动机制动降低车速，驶入坡底时可以迅速加挡或者换入自动模式，会很快恢复正常驾驶。在实际应用中下地下车库的时候采用手动模式很实用，甚至不用踩制动踏板。

3）手动模式下高速行车技巧。高速行车的时候最好选用手动模式，这样不但提速快，而且还可以在紧急制动的时候使用发动机制动。在高速行驶的时候，如果想制动，那么在踩制动踏板的同时，迅速向后连续拨变速杆，使车强制降入低速挡，会产生强大的发动机制动，加快减速。

4）手动模式下弯道技巧。过弯道的时候，通常都会在入弯的时候踩制动踏板减速，通过弯心后加速出弯。但是这时发动机的转速和车速就会降得很低，加速需要一个过程。如果使用手动模式，在入弯前通过减挡利用发动机制动减速，过弯时只需保持车身稳定，此时由

于强制降挡，发动机会自动维持高转速，出弯道后，可以迅速提高速度。

5）手动模式下溜车技巧。在开车的时候经常会遇到需要溜车滑行，比如遇到红灯。很多人会在这时候松开加速踏板踩制动踏板，但由于自动挡车型放松加速踏板后减速迅速，所以会导致提前停下，不得不又加油前行。而如果换入空挡，滑行的距离是远了，但是大大增加了危险，因为此时的车失去了动力，大大降低了机动性和反应能力。此时使用手动模式就很方便了，车缓慢降挡，可以平稳滑行很远，而且动力还没有切断，遇到紧急情况可以迅速踩加速踏板加速躲避。

既然选择了手自一体变速器车型，就不能让它闲置，刚开始的时候可能会觉得不太习惯，操作起来容易忘，但是习惯了之后就会发现手自一体的手动模式很好用，不但可以享受驾控乐趣，还能享受自动挡车型的舒适，你会爱上它！

（5）雪地模式（SNOW）　在该模式下，自动变速器以高挡（3 挡）起步，这样即使汽车起步时加速踏板被踩到底，也能保证驱动轮不会出现打滑。

3. 巡航控制开关（CCS）

巡航控制开关安装在转向柱上或仪表板上。装备有巡航控制开关的轿车，可以使汽车在高速公路上保持匀速行驶，而驾驶人不用踩加速踏板，行驶时，当加速到规定车速以上时接通此开关，汽车会以稳定车速持续行驶，使驾驶操作方便，节省燃油。当按下巡航控制取消开关或踩制动踏板等操作时，可使巡航控制自动解除。巡航控制开关（CCS）位置如图 1-16 所示。

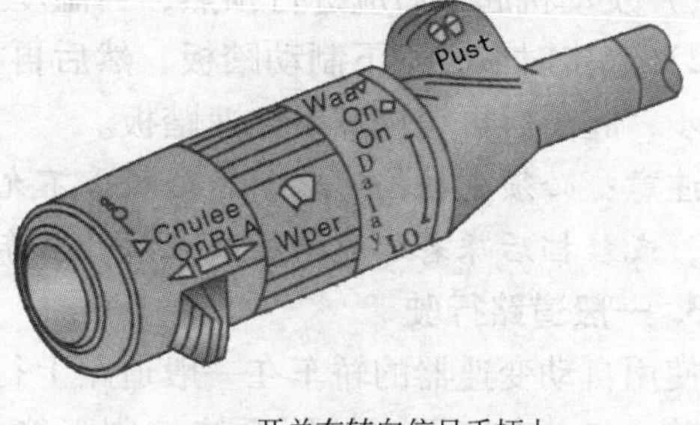

开关在转向信号手柄上

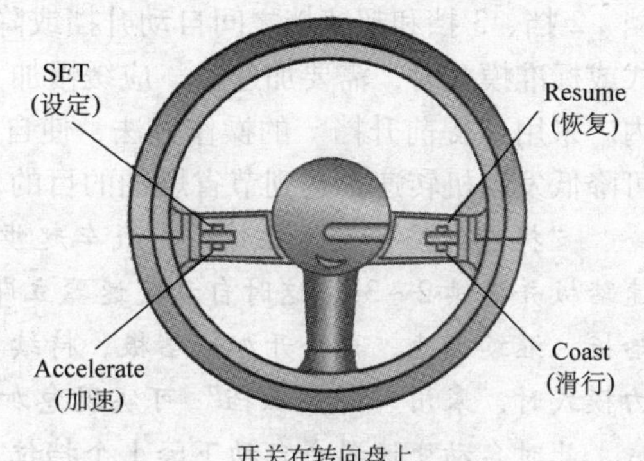

开关在转向盘上

图 1-16　巡航控制开关（CCS）位置

4. 保持开关（HOLD）

保持开关安装在变速杆锁定按钮的下方。保持开关实际上是一个定挡行驶控制开关。当该开关接通时，D 位高速时自动变速器固定在 3 挡行驶；低速时固定在 2 挡行驶，S 位时固定在 2 挡行驶；L 位固定在 1 挡行驶。当车辆在冰雪路面或山区路面行驶时，起步很便利；在低挡位行驶时，可以充分利用发动机制动。当车速降到预定的车速后，解除保持开关的接通，汽车又能换至 3 挡正常行驶。

5. 控制开关（S4）

在很多轿车上都设有 S 位，自动变速器在 S 位工作时加速性能比 D 位还好，但它只能使自动变速器在 1 至 3 挡之间自动变换。设置控制开关（S4）的自动变速器，当它接通时，汽车在 S 位行驶时就能自动换到 4 挡，控制开关（S4）只在 S 位起作用，在其他位置时则不起作用。采用此开关，相当于其他车型的动力换挡模式。

6. 强制降挡开关

对电子节气门发动机，强制降挡开关与加速踏板连成一体，位于加速踏板位置传感器内，若驾驶人触发此开关，自动变速器会降低一个挡位，增加汽车的加速性能。

7. 制动灯开关

制动灯开关信号的作用是，当踩下制动踏板时，由电脑控制的锁止离合器解锁。否则，相当于普通手动变速器只踩下制动踏板而不踩离合器踏板，会造成发动机熄火。同时操纵变速杆时，必须踩下制动踏板，锁定被打开，变速杆方可操纵。

三、自动变速器的使用

1. 起动

1）正常起动。装有自动变速器的汽车在起动时，应拉紧驻车制动器或踩下制动踏板，把变速杆置于P位或N位，再把点火开关转至起动位置，才能使起动机运转。变速杆如果置于P位或N位以外其他任何位置，把点火开关转至起动位置，起动机都不会运转。

2）汽车在行驶过程中，途中熄火起动，需将变速杆移至P位或N位，转动点火开关至起动位置才能起动发动机。

2. 起步

1）发动机起动后应进行预热，当温度达到预热温度后再挂挡起步。

2）起步时应先踩下制动踏板，然后再挂挡、松开驻车制动、抬起制动踏板，汽车会缓慢起步，起步后再缓慢踩下加速踏板。

注意： 必须先挂挡后踩加速踏板。不允许边踩下加速踏板边挂挡，或先踩下加速踏板后挂挡，或挂挡后踩着加速踏板或未松开驻车制动就加大节气门开度。

3. 一般道路行驶

使用自动变速器的轿车在一般道路上行驶时，应把变速杆置于D位，并按下O/D超速挡开关。自动变速器在控制系统控制下能根据车速、道路阻力、节气门开度等因素，在1挡、2挡、3挡和超速挡之间自动升挡或降挡，选择合适的挡位使汽车行驶。在选择经济模式或标准模式时，需要加速时，应缓慢加大节气门开度，使节气门开度保持在1/2开度范围内。采用“提前升挡”的操作方法，使自动变速器较早地升入上一挡，提高发动机的负荷，可降低发动机转速，达到节省燃油的目的，同时也减少发动机的磨损，减小噪声。

“提前升挡”具体操作是，汽车起步后，先加大节气门开度使汽车加速，然后松开加速踏板并持续2~3s，这时自动变速器立即从1挡升至2挡；当感觉到升挡后，再踩下加速踏板，继续加速，再松开加速踏板，持续2~3s，自动变速器又从2挡升至3挡。在选择动力模式时，采用“强制低挡”可实现急加速超车。具体操作方法是，把加速踏板迅速踩到底，此时自动变速器会自动下降1个挡位，使汽车获得突然加速效果，可以进行高速超车。但当急加速之后，应迅速松开加速踏板，以防止发动机超速，造成损坏。使用“强制低挡”操作，自动变速器在这种工况下，多片离合器摩擦片磨损、发热均很严重，容易造成损伤，使用时应注意，不适宜经常使用。

4. 坡道行驶

在一般坡道上行驶，变速杆在D位，用加速踏板和制动踏板控制车速进行上下坡。

当汽车以超速挡上坡时，如果坡道阻力大于驱动力，会导致车速下降，到一定车速时自动变速器会从超速挡降到3挡；到3挡后，又因驱动力大于坡道阻力，汽车被加速，到一定车速后自动变速器又升至超速挡。当坡道较长时，会重复出现上述过程，即在超速挡减速降挡、降挡后在3挡又加速，到一定车速又升至超速挡，造成自动变速器“循环跳挡”现象，

会造成变速器摩擦片的磨损。在这种情况下，应关闭 O/D 超速挡开关，限制超速挡的使用，这时汽车会在 3 挡稳定加速上坡。若坡道较长，自动变速器会在 3 挡和 2 挡之间跳挡，如果把变速杆置于 2 位，自动变速器便会在 2 挡稳定行驶。

5. 发动机制动

在汽车下坡时，可利用发动机制动控制车速，缓慢下坡。具体操作是，在下坡时，当加速踏板完全松开后车速仍很高时，可将变速杆置于 S 位或 L 位，并把加速踏板放松到最小，此时驱动轮经传动轴、变速器、变矩器拖动发动机运转，使发动机运转产生阻力而减速，这种效果称为发动机制动。当车速较高时决不能把变速杆从 D 位移至 S 位或 L 位，这样操作会使自动变速器摩擦片急剧摩擦造成损坏。当车速较高时，应先用制动器降低车速，再把变速杆从 D 位换至 S 位或 L 位。

一般空车在 8% 至 10% 坡道行驶时，可以用 S 位，重车则须用 L 位，中间不准换挡。并注意观察冷却液温度和自动变速器油温，防止发动机过热。

6. 雨雪、泥泞路面行驶

在雨雪或泥泞路面上行驶时，变速杆若在 D 位，当驱动轮打滑时，松开加速踏板，由于打滑，驱动轮转速快，自动变速器会出现提前升挡现象，会进一步加剧驱动轮打滑。此时应把变速杆移至 2 位或 L 位，固定在低挡行驶，限制自动变速器升挡，这样可利用节气门开度来控制车轮的转速，避免驱动轮打滑。设有保持开关的自动变速器也可打开保持开关，然后就可以普通手动变速器相同的方法，用变速杆来选择适当的挡位行驶。

7. 临时停车

汽车在交叉路口等交通信号或因堵车需要临时停车时，停车时间不长，可让变速杆保持在 D 位，用制动踏板停车，起步时，松开制动踏板，车就前进。如果停车时间稍长，也可不动变速杆，让它保持在 D 位，同时用制动踏板和驻车制动，避免松开制动踏板时车向前闯动。如果停车时间较长，应把变速杆置于 N 位，并拉紧驻车制动停车，避免自动变速器油温升高。

8. 倒车

1）在汽车完全停稳后，把变速杆置于 R 位。松开制动踏板，车就可以倒退。

2）在平坦路面倒车时，不踩加速踏板，发动机怠速就可以缓慢倒车。

3）若倒车中要越过的道路路面不好时，凸起路面可缓慢踩加速踏板，越过之后要及时制动；低凹路面则顺势而为，适当轻踩制动踏板，缓慢踩加速踏板驶出低凹路面，严禁加大节气门开度，防止车辆颠簸。

9. 停放

汽车在停放前，应找好适当的停车位置，并注意车身前后摆正，转向轮回正。踩住制动踏板，将变速杆移至 P 位，拉紧驻车制动，关闭点火开关，发动机熄火。下车检查汽车状态（螺栓是否松动、是否漏油或漏水、各种工作开关是否关闭等），锁好车门。

四、自动变速器使用注意事项

为充分发挥自动变速器自动换挡性能，防止因使用不当造成早期损坏，在驾驶自动变速器车辆时，应注意以下几点：

1）在车辆正常行驶时，不要把变速杆从 D 位、S 位、L 位之间来回移位。

应特别注意：车辆行驶中决不能把变速杆移入N位，或在下坡时用空挡滑行。因为此时发动机怠速运转，自动变速器内由发动机驱动的油泵出油量少，而自动变速器内齿轮零件在汽车的拖动下高速运转，这些零件会因润滑不良造成损坏。

2）自动变速器自动升挡或降挡的瞬间，不应急踩加速踏板，否则会使自动变速器的摩擦片、制动带受损。

3）汽车没有停稳时，不允许从前进挡换至倒挡，也不允许从倒挡换至前进挡，否则会损坏自动变速器的摩擦片和制动带。

4）汽车停稳后再把变速杆移入N位，否则自动变速器会出现金属撞击声，容易损坏停车锁定机构。

5）发动机怠速要调整好，否则会影响自动变速器的使用效果。如果怠速过高，会使汽车挂挡起步时产生强烈的闯动；怠速过低，在坡道上起步，松开制动后没有及时踩加速踏板，汽车会溜车，增加坡道起步的困难。

6）在由P位换至其他任何位置或由其他任何位置换至P位、或由任何位置换至R位时，必须按下变速杆上的锁定按钮，否则变速杆将被锁定而不能移动。

7）汽车由前进挡换至倒挡或由倒挡换至前进挡，必须待车辆完全停稳后再进行，否则会使自动变速器的摩擦片、制动带损坏。

五、自动变速器的特点

1. 发动机和传动系统寿命高

采用自动变速器的汽车与采用机械变速器的汽车对比试验表明：前者发动机的寿命可提高85%，变速器的寿命提高12倍，传动轴和半轴的寿命可提高75%~100%。液力传动汽车的发动机与传动系，由液体工作介质“柔”性连接。液力传动对冲击起一定的吸收、衰减和缓冲的作用，大大减少冲击和动载荷。

2. 驾驶性能好

汽车驾驶性能的好坏，除与汽车本身的结构有关外，还取决于正确的控制和操纵。自动变速器能通过系统的设计，使整车自动完成这些使用要求，以获得最佳的燃料经济性和动力性，还能较大地减轻驾驶人的劳动强度，因而特别适合于非职业驾驶人驾驶。

3. 行驶性能好

采用液力自动变速器的汽车，在起步时，驱动轮上的驱动转矩是逐渐增加的，可以防止很大的振动，减少车轮的打滑，使起步容易，且更加平稳。自动变速装置的挡位变换不但快而且平稳，提高了汽车的乘坐舒适性。自动变速器与手动变速器相比，有以下特点：

（1）优点

1）操纵简单省力；自动变速；连续变矩；换挡时动力不中断。

2）提高行车安全性。在车辆行驶过程中，驾驶人必须根据道路、交通条件的变化，对车辆的行驶方向和速度进行改变和调节。以城市大客车为例，平均每分钟换挡3~5次，且每次换挡有6~10个手脚协调动作。正是由于这种连续不断的频繁操作，使驾驶人的注意力分散，而且易产生疲劳，导致交通事故增加。由于采用自动变速器的车辆，取消了离合器踏板，减少了变速操纵，只要控制加速踏板，就能自动变速，从而改善了驾驶人的劳动强度，使行车事故率降低，平均车速提高。

3）行驶平稳舒适性好。

4）防止传动系过载。

5）有效地衰减传动系扭转振动。

6）延长发动机及传动部件寿命。

7）改善和提高汽车的动力性。

8）减少燃油消耗。

9）降低排放污染。发动机在怠速和高速运行时，排放的废气中CO或HC化合物的浓度较高。而自动变速器的应用，可使发动机经常在经济转速区域内运转，也就是在较小污染排放的转速范围内工作，从而降低了排放污染。

（2）缺点

1）自动变速器结构较复杂，零件加工难度大，生产成本较高，修理也比较麻烦。

2）传动效率低。与手动变速器相比，自动变速器的效率还不够高。当然，通过实施动力传动控制一体化，液力变矩器闭锁，增加挡位数等措施，可使自动变速器接近手动变速器的效率水平。

随着科技的进步，以上不足都能得到合理的解决。

本项目小结

自动变速器与普通手动变速器相比较，不论在结构上或在性能上都发生了很大的变化。自动变速器的发展，是人类智慧的结晶。由于它的结构复杂，维修技术要求高。所以，必须正确地使用和维护自动变速器，以达到充分发挥自动变速器的性能优势和延长自动变速器的使用寿命的目的。

练习与思考

1. 汽车行驶为什么需要变速器？
2. 自动变速器由哪几部分组成？
3. 自动变速器有哪些特点？
4. 自动变速器变速杆有哪几个基本位置？
5. 自动变速器变速杆在P位或N位时，发动机能否起动？为什么？
6. 自动变速器变速杆各个位置的含义是什么？

项目二　液力变矩器

液力变矩器是自动变速器的重要部件,也是最贵的部件。它的总成零部件不多，但功能较多。其功能有：① 液力传动发动机动力。② 达到一定的车速，能刚性连接，使发动机动力直接传递。③ 能起变矩器或耦合器的作用。液力传动利用自动变速器油在变矩器内形成的涡流和环流。装有液力变矩器的汽车，在蓄电池电压不足时,不能采用推车方法使发动机起动。这是因为发动机没有运转时，自动变速器油是没有液力传动的。

【学习目标】

◇ 掌握泵轮与涡轮的结构特点

◇ 掌握液力变矩器的拆卸与检测

◇ 注意区分单向离合器与锁止离合器的结构原理

◇ 学会液力变矩器的维修与装配

任务 1　液力变矩器的结构与原理

液力变矩器是自动变速器的重要部件，它的前端与发动机飞轮连接（图 2-1 中圈中部分），后端输出部件与行星齿轮机构输入轴相连。也就是普通汽车离合器所安装的部位，如图 2-1 所示。

发动机的动力经液力变矩器传至行星齿轮机构，在一定范围内实现无级变速。因此它在自动变速器中的主要作用是使汽车起步平稳，并在自动换挡时减缓对传动系统的冲击。输入与输出有一定的转速差、转矩差。在实际工作中，由于没有机械之间的摩擦，所以液力变矩器极少发生故障，液力变矩器如图 2-2 所示。

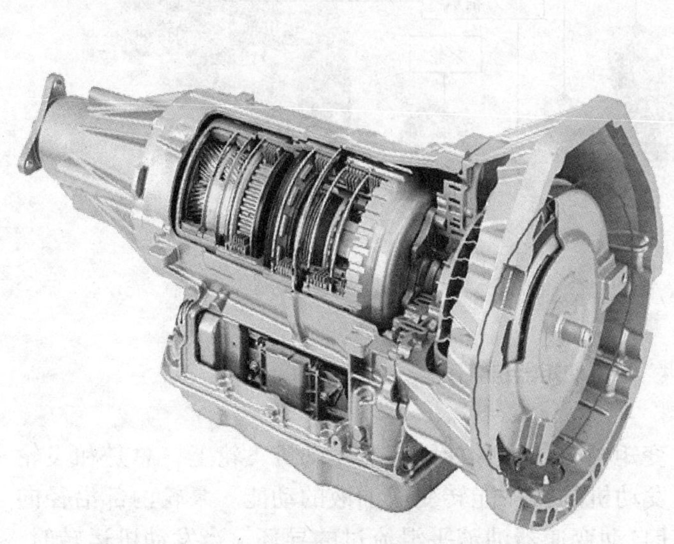

图 2-1　液力变矩器安装部位图

图 2-2　液力变矩器

目前，液力变矩器形式很多，对它的性能有不同的要求，在结构上也各有差异。液力变矩器一般从元件数、相数和级数来区别。

元件数：与液体发生作用的一组叶片所形成的工作轮称为元件，如由泵轮、涡轮和导轮组成的液力变矩器称为三元件，如图 2-3 所示。

级数：指安置在泵轮与导轮或导轮与导轮之间刚性相连的涡轮数。一个涡轮称单级。

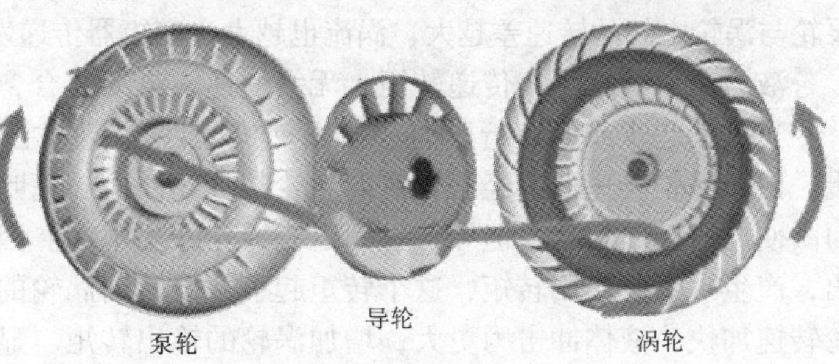

图 2-3　液力变矩器工作轮示意图

相数：借助于某些机构作用，使一些元件在一定工况下改变作用，从而改变了液力变矩器的工作状态，这种状态数称为相数。如装有导轮单向离合器的称为两相。

图 2-3 所示的液力变矩器是三元两相单级液力变矩器。

一、液力变矩器的组成及原理

1. 液力变矩器的组成

液力变矩器主要由泵轮、涡轮和导轮三个基本元件以及单向离合器、锁止离合器和壳体等组成，如图 2-4 所示。

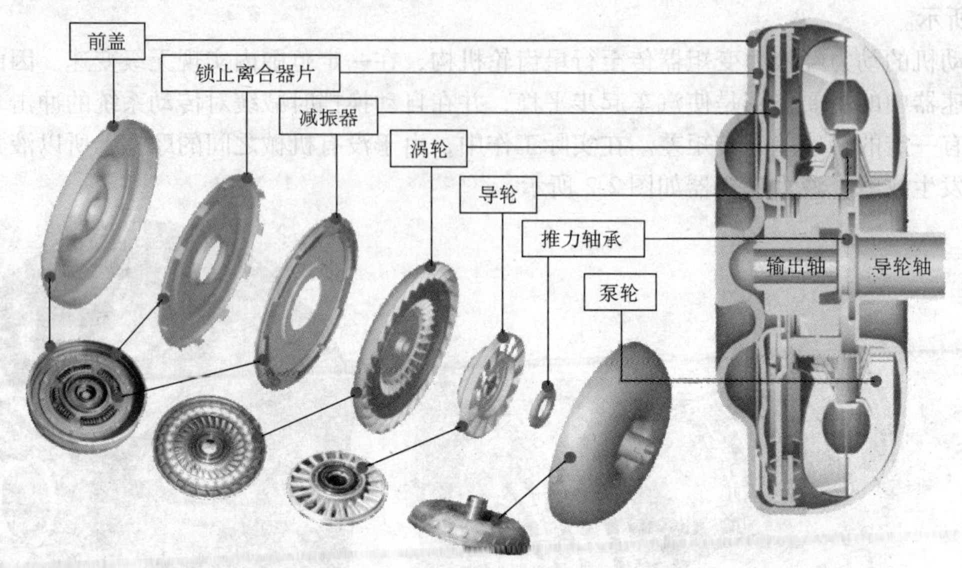

图 2-4　液力变矩器组合图

2. 液力变矩器工作原理

泵轮与液力变矩器壳体连成一体，变矩器壳体用螺栓固定在发动机飞轮上，总是和飞轮一起转动，是主动件。泵轮的作用是把发动机的机械能转变成油液的动能。泵轮内部沿径向装有若干片较平直的叶片，叶片内缘有让自动变速器油液平滑流过的导环。当发动机运转时，在离心力作用下，变速器油液沿泵轮外缘向外甩出进入涡轮外缘。叶片外缘的油压高于叶片内缘，其压差取决于泵轮的转速。此时涡轮便在油压的作用下与泵轮同向旋转，涡轮叶片内缘液体又流向泵轮叶片内缘，形成一个循环流，称之为“涡流”，如图 2-5 所示。泵轮转速越高，泵轮与涡轮之间的转速差越大，涡流也越大，变矩器传递发动机转矩的能力也越强。

液力变矩器功用：传递转矩，无级变速，自动离合，驱动油泵和防止传动系过载。

当汽车起步或低速行驶时，与发动机刚性连接的主动泵轮转速快，而从动的涡轮转速慢。由于涡轮转速低，经涡轮流向导轮的液体冲击导轮叶片的正面(凹面)，如图 2-6a 所示，力图使导轮反向转动，但导轮被固定，导轮叶片不动。因此，液体将通过导轮改变方向后流出，产生一个反作用转矩，这个转矩起了帮助转动涡轮的作用，冲击泵轮叶片的背面，使泵轮转速加快，液体冲击力更大，增加涡轮的输出转矩。显然，此时涡轮上的转矩大于泵轮上的转矩，变矩器起到了增矩的作用。

当涡轮转速逐渐增加时，车速也随着加快，从涡轮流出的液体冲击导轮背面(凸面)，导轮随泵轮和涡轮一同旋转，此时导轮不再改变液体流动的方向，如图 2-6b 所示。从涡轮流向导轮的液体逐步靠近导轮叶片的出口方向，液体作用在导轮上的转矩逐渐减小，导轮产生的反作用转矩也减小，因而涡轮输出转矩也减小。当涡轮和泵轮转速比达到

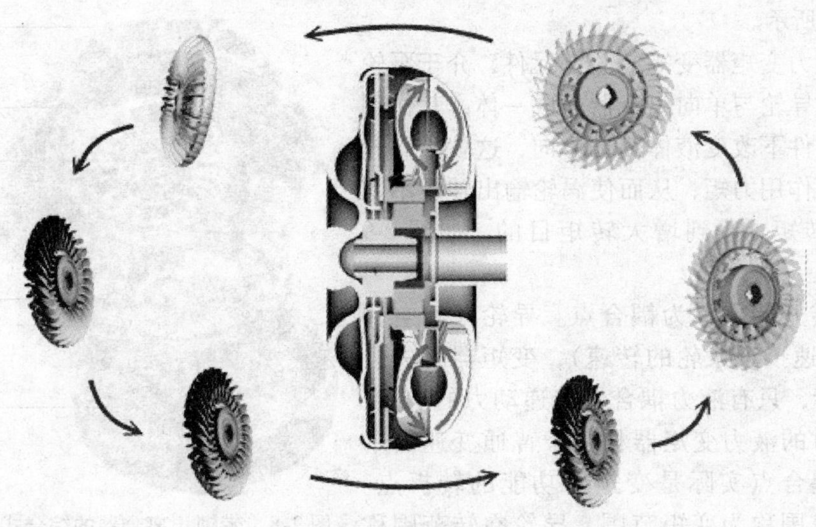

图 2-5 涡流展示图

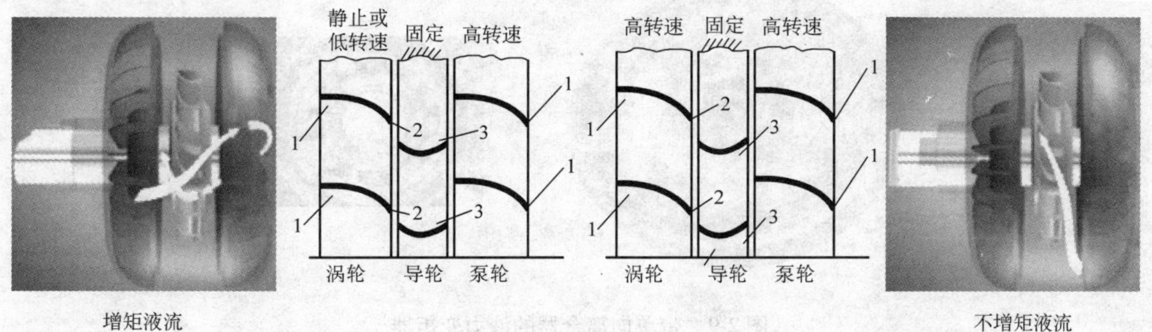

图 2-6 液力变矩器原理图

a）起步或低速时 b）车速较高时

1—由泵轮冲向涡轮的油液方向 2—由涡轮冲向导轮的油液方向 3—由导轮流回泵轮的油液方向

0.8～0.85左右时，液体正好从涡轮沿导轮叶片的出口方向流出(图2-7)，其流动方向不变，且不冲击导轮，所以导轮的反作用转矩为0，涡轮转矩与泵轮转矩相等，此时变矩器只传递转矩而不增大转矩，与液力耦合器的作用相同(也就是导轮空转)。

注意：*作用在导轮叶片正面的液体，随着涡轮转速提高逐渐转向叶片背面，是液力变矩器固有的特征，它是由变矩器结构所决定的。*

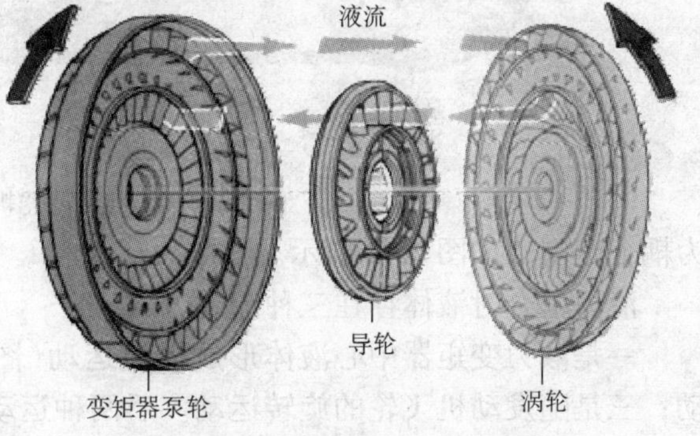

图 2-7 液力变矩器耦合时的液流

涡轮与变速器输入轴用花键连接，也装有若干个曲面叶片，方向与泵轮叶片的弯曲相反，为从动件。液力锁止离合器装在涡轮的背面，其作用是把液体能量转变成涡轮轴上的机械能。将泵轮与涡轮刚性连接，即可提高传动效率，如图 2-8 所示。

导轮是液力变矩器变矩的关键元件，介于泵轮与涡轮之间。导轮与单向离合器连成一体，其作用是在一定的条件下改变液体流动方向，这就给涡轮增加了一个反作用力矩，从而使涡轮输出转矩不同于泵轮输入转矩，达到增大转矩目的，如图 2-9 所示。

导轮空转开始点称为耦合点。导轮开始空转后(涡轮的转速接近泵轮的转速)，变矩器就失去了变矩的功能，只有液力耦合器传递动力的功能。也就是说此时的液力变矩器相当于普通变速器中的离合器。耦合点实际是变矩器功能的转折点。导轮不转的范围称为变矩范围，导轮空转范围称为耦合范围，如图 2-10 所示。

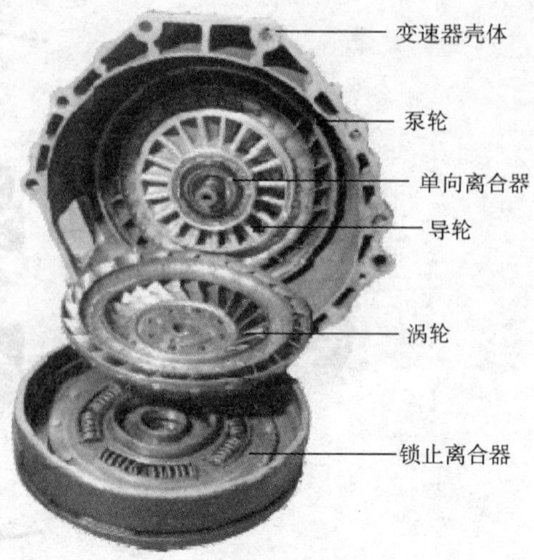

图 2-8　带锁止离合器的综合式液力变矩器

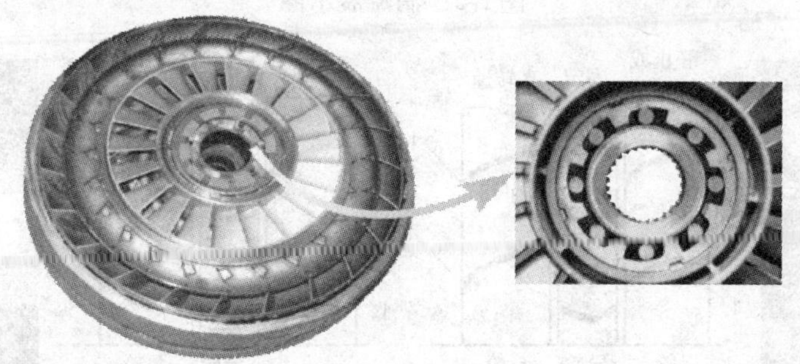
图 2-9　带单向离合器的液力变矩器

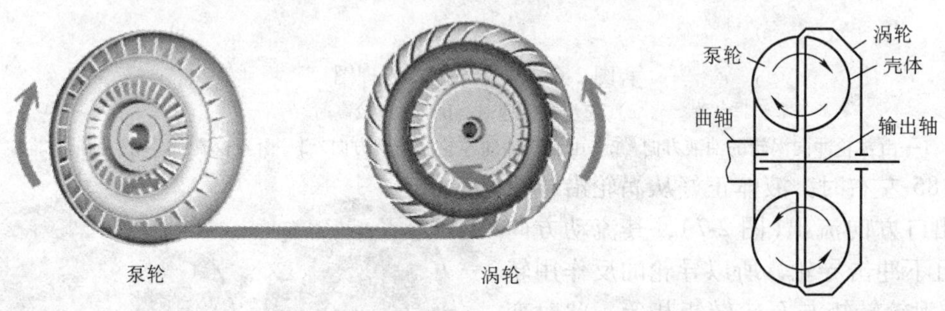

图 2-10　液力变矩器耦合范围工作示意图

液力耦合时液体存在三种流动方式：

一是液力变矩器中心液体形成涡流运动(图 2-11)；二是液体从泵轮流向涡轮的环流运动；三是随发动机飞轮的旋转运动。后两种运动合成便形成了液体螺旋运动。

由于液力耦合时中心液体涡流的存在，对环流起到了阻碍作用。为了克服涡流对环流的影响，因此在泵轮和涡轮中分别加了分列式导环，如图 2-12 所示。

泵轮、导轮和涡轮构成了液力变矩器转换能量、传递动力和改变转矩必不可少的工作基本元件。

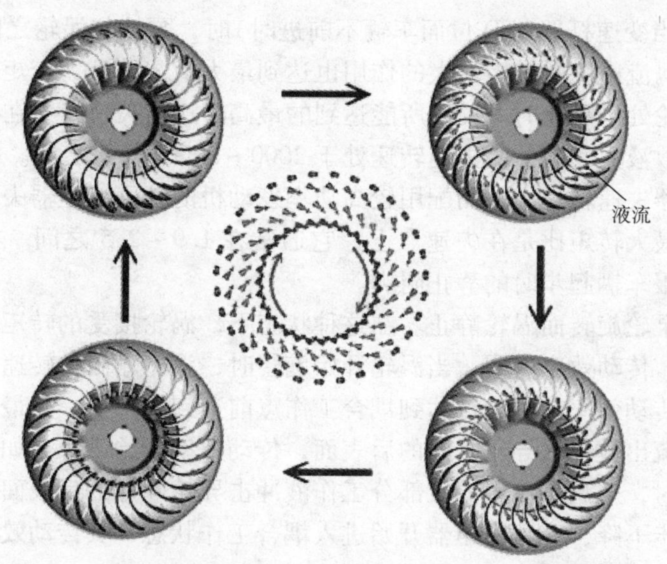

图 2-11　涡流运动方式图

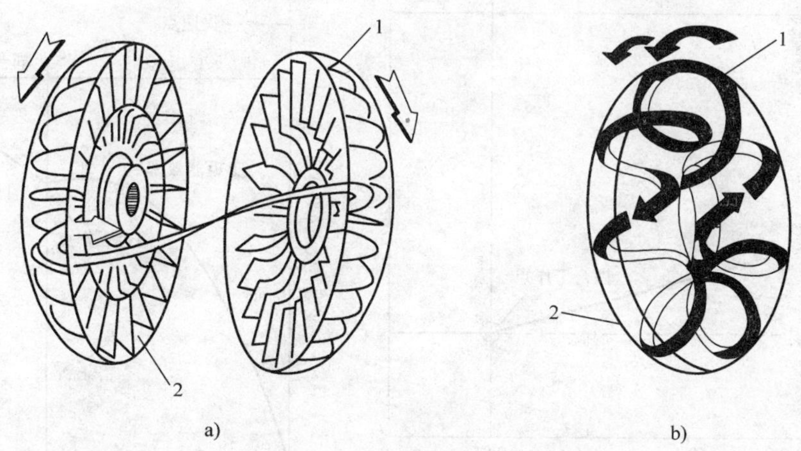

图 2-12　环流和螺旋运动示意图

a) 环流　b) 螺旋运动

1—泵轮　2—涡轮

涡轮转速与泵轮转速之比称为液力变矩器转速比；涡轮输出的转矩与泵轮输入的转矩之比称为转矩比。其公式是：

$$转速比(e) = \frac{涡轮转速}{泵轮转速}$$

$$转矩比(t) = \frac{涡轮输出转矩}{泵轮输入转矩}$$

提示：*在自动变速器中，液力变矩器虽然能传递和增大发动机输出的转矩，但转矩不够大，一般只增加 2 ~4 倍，满足不了汽车在使用过程中的要求。涡轮通过输出轴与行星齿轮变速机构相连。*

涡轮固定不动，而泵轮仍在旋转(即转速比为零)时的工况称为失速工况。失速工况的起始点就是失速点。如图 2-13 所示为液力变矩器特性曲线(即液力变矩器转矩变化规律)。

在失速点(如:当变速杆置于D位而车辆不前进时)时，泵轮与涡轮之间的转速差达到最大。此时工作液的涡流速度和转矩增大的作用也达到最大值，即液力变矩器功能。

失速转速是涡轮处于静止时发动机所能达到的最高转速。失速发生在汽车起步或汽车停车时。当今，大多数液力变矩器的失速转速处于2000~3000r/min之间。一般配用较低功率发动机的液力变矩器失速转速高，而配用较高功率发动机的液力变矩器失速转速低。

泵轮与涡轮的最大转矩比是在失速点上，它通常在1.9~2.5之间。在失速点，液体具有很大能量用于克服车辆起步时的静止阻力。

在失速点时，泵轮旋转而涡轮静止。在这种状态下，涡轮接受的转矩达到最大值，但是因为涡轮没有转动，传动效率为零。当涡轮开始旋转时，涡轮输出的转速与转矩成正比，传动效率急剧上升，传动效率在传动比达到耦合工作点前达到最大值。在最大效率之后，因为部分工作液从涡轮流出被引入导轮叶片的后表面，传动效率开始下降，如图2-14所示。

在耦合工作点时，从涡轮流出的大部分工作液冲击导轮叶片的后表面，导轮开始旋转以防止传动效率进一步下降，液力变矩器开始进入耦合工作状态，其传动效率与传动比成正比例直线上升，如图2-14所示。

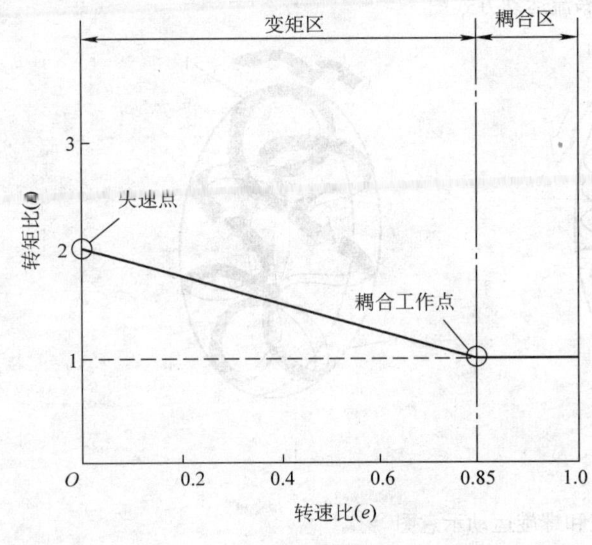

图2-13　液力变矩器特性曲线

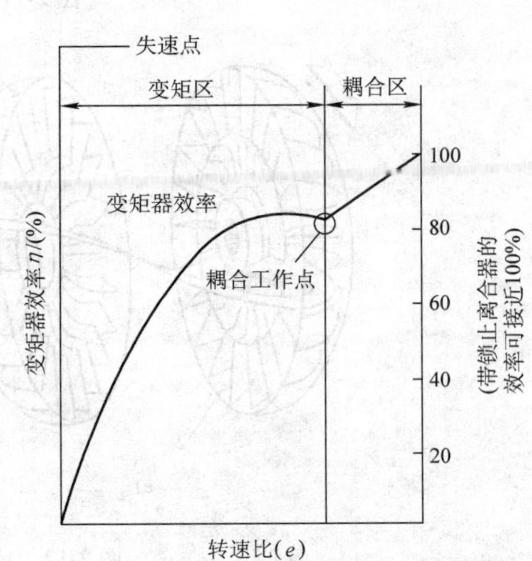

图2-14　液力变矩器效率特性曲线图

提示：由于液力变矩器借助流体传递能量，泵轮和涡轮之间必须存在转速差，否则液体就不会循环，也不会产生动力传递。另外，由于摩擦和冲击导致液体温度升高，也会造成能量损失，导致传动效率下降。因此，液力变矩器的传动效率不可能达到100%，一般可以达到95%左右。

二、泵轮、涡轮与导轮的结构特点

1. 泵轮

泵轮由泵轮毂、叶片、隔板和壳体等组成，如图2-15所示。

泵轮通过变矩器壳体，利用螺栓与发动机飞轮连接成为一个整体，作为主动件。里面弯曲的叶片较为平直，中间泵轮毂可与油泵进行刚性连接，以驱动油泵。隔板把外缘的叶片与内缘的叶片分开形成导环，以消除液体流动时所产生的紊流，满足不同工况的要求。

2. 涡轮

涡轮由隔板、叶片、锁止离合器、减振弹簧、花键毂和壳体等组成，如图2-16所示。

涡轮作为变矩器的从动件，通过其花键毂与变速器输入轴连为一体，并与锁止离合器连成一体（这是液力变矩器中的唯一机械连接）。其叶片的弯曲方向（为避免产生共振，其叶片数往往比泵轮少一个）与泵轮相反，接受来自泵轮液体的冲击，带动变速器输入轴旋转，将动力输出。隔板把外缘的叶片与内缘的叶片分开形成导环，以消除液体流动时所产生的紊流，满足不同工况的要求。

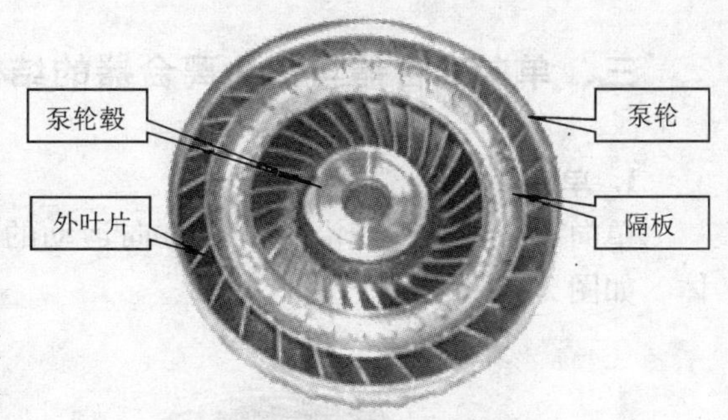

图2-15　泵轮结构图

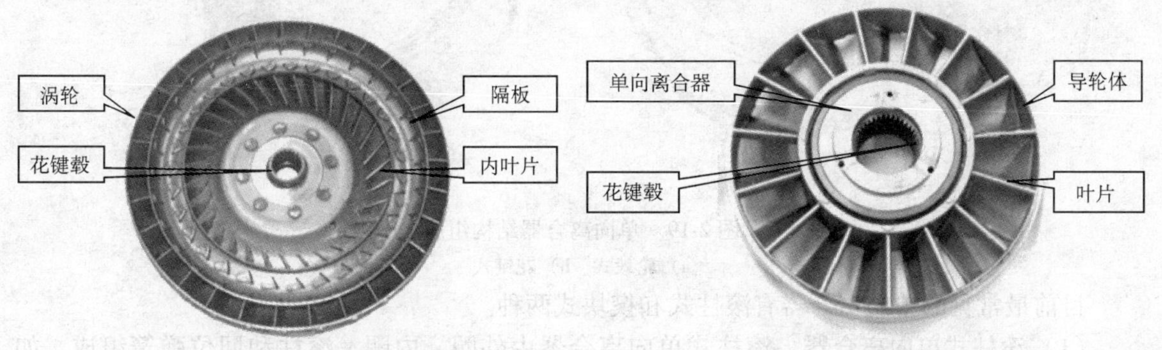

图2-16　涡轮结构图

图2-17　导轮结构图

3. 导轮

导轮置于泵轮与涡轮之间，主要由导轮体、叶片、单向离合器和花键毂等组成，如图2-17所示。通过其花键毂安装在变速器前端的固定导轮轴上，并与单向离合器连接作为一个整体。

由于单向离合器的作用，导轮只能朝一个方向转动。它的叶片在工作时，能改变液体流动的方向或给泵轮一个大的推力，从而起到变矩的作用。

注意：

单向离合器固定导轮轴是中空的，变速器输入轴从中穿过（图2-4）。

如果把泵轮（B）、涡轮（W）、导轮（D）循环圈上的中间流线展开成一条直线，各循环圈上的中间流线均在同一平面上展开，于是在展开图上，泵轮、涡轮和导轮便形成三个环形平面，且工作轮的叶片角度也清楚地显示出来，如图2-18所示。

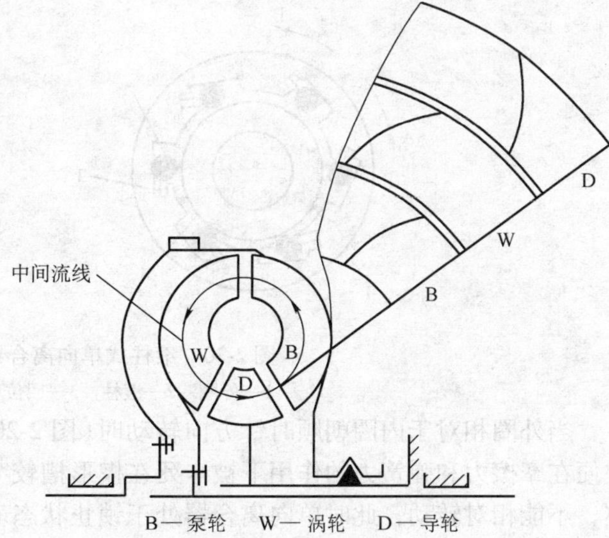

图2-18　液力变矩器工作轮展开示意图

三、单向离合器与锁止离合器的结构特点

1. 单向离合器

单向离合器是只能沿着一个方向运动的控制元件，反方向不能运转，并与导轮连成一体，如图 2-19 所示。

图 2-19 单向离合器结构组成

a）轮毂式 b）花键式

日前最常见的单向离合器有滚柱式和楔块式两种。

（1）滚柱式单向离合器 滚柱式单向离合器由外圈、内圈、滚柱和回位弹簧组成，如图 2-20 所示。

内圈通常用内花键和自动变速器壳体前端导轮固定轴连接，外圈则与导轮叶片连接。在外圈的内表面制有与滚柱相同数目的楔形槽，内外圈之间的楔形槽内装有滚柱和弹簧。弹簧的弹力将各滚柱推向楔形槽较窄的一端。

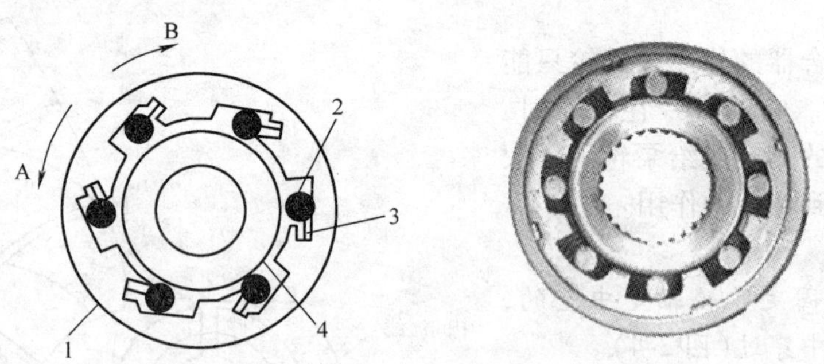

图 2-20 滚柱式单向离合器工作示意图

1—外圈 2—滚柱 3—回位弹簧 4—内圈

当外圈相对于内圈朝顺时针方向转动时(图 2-20 中 B 向)，在刚刚开始转动的瞬间，滚柱便在摩擦力和弹簧力的作用下被卡死在楔形槽较窄的一端，于是内外圈互相连接为一个整体，不能相对转动，此时单向离合器处于锁止状态。与外圈连接的基本元件便被固定住，或者和内圈相连接的元件连成一个整体。

当外圈相对于内圈朝逆时针方向旋转时(图 2-20 中 A 向)，滚柱在摩擦力的作用下，克服弹簧的弹力，滚向楔形槽较宽的一端，出现打滑现象，外圈相对于内圈可以自由滑转，此时单向离合器脱离锁止而处于自由状态。

（2）楔块式单向离合器　楔块式单向离合器的结构与滚柱式单向离合器相似，也有外圈、内圈、楔块(滚子)、端盖、保持架等，如图 2-21 所示。

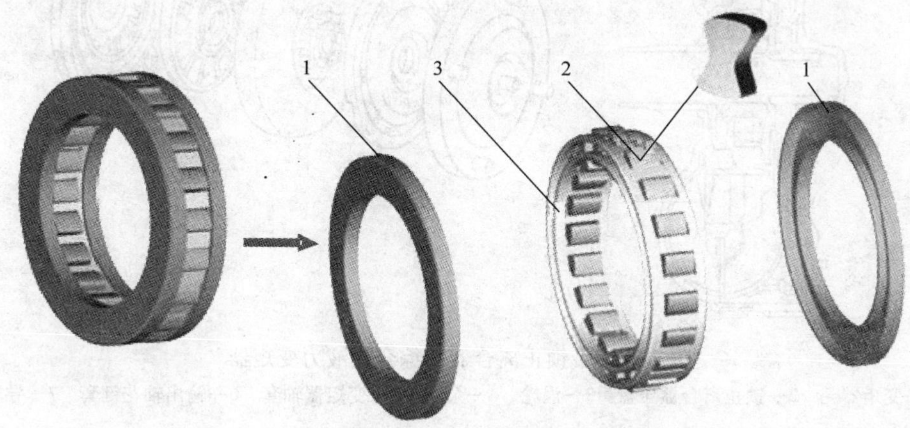

图 2-21　楔块展示图

1—端盖　2—楔块　3—保持架

它与滚柱式单向离合器不同之处在于，它的外圈或内圈都没有楔形槽，其滚子不是圆柱形状，而是楔块。

当外圈相对于内圈朝顺时针方向旋转时(图 2-22 中 B 向)，楔块在摩擦力的作用下立起，因自锁作用而被卡死在内外圈之间，使内外圈无法相对滑转，此时单向离合器处于锁止状态。

当外圈相对于内圈朝逆时针方向旋转时(图 2-22 中 A 向)，楔块在摩擦力的作用下倾斜，脱离自锁状态，内外圈可以相对滑转，此时单向离合器处于自由状态。

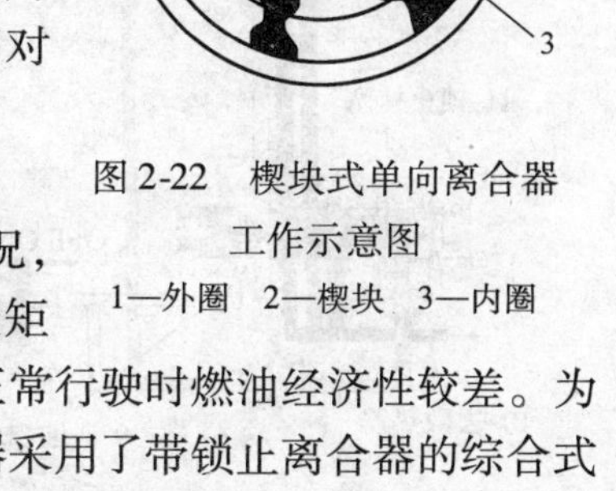

图 2-22　楔块式单向离合器工作示意图

1—外圈　2—楔块　3—内圈

2. 锁止离合器

液力变矩器工作时，无论在零速工况，还是在高速工况，泵轮和涡轮之间都存在转速差和内部液力损失。因此液力变矩器的传动效率不如手动变速器高，采用液力变矩器的汽车在正常行驶时燃油经济性较差。为了提高汽车的传动效率，减少燃油消耗，绝大多数自动变速器采用了带锁止离合器的综合式液力变矩器，如图 2-23 所示。它可以使变矩器输入轴与输出轴刚性连接，提高传动效率，并防止自动变速器油过热。

在自动变速器中设置锁止离合器的主要目的就是将发动机的动力以更高的效率传递至自动变速器。

目前很多轿车的自动变速器采用了锁止离合器，它的主动盘是变矩器壳体，从动盘是一个可轴向移动的压盘。它通过花键和花键毂与涡轮连接。压盘靠涡轮一侧的自动变速器油与变矩器泵轮、涡轮中的自动变速器油相通，保持一定的油压(该压力称为变矩器压力)；压盘与变矩器壳体之间的自动变速器油通过变矩器输出轴中间的控制油道与阀板总成上的锁止

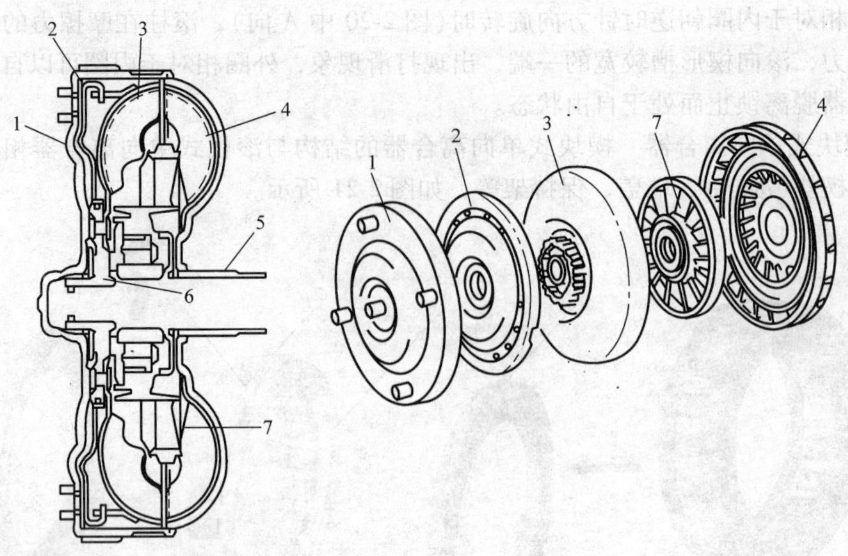

图 2-23　带锁止离合器的综合式液力变矩器

1—变矩器壳　2—锁止离合器压盘　3—涡轮　4—泵轮　5—变矩器轴套　6—输出轴花键套　7—导轮

控制阀相通。

在电控液力自动变速器中锁止控制阀由自动变速器电脑通过锁止电磁阀来控制，如图 2-24 所示。

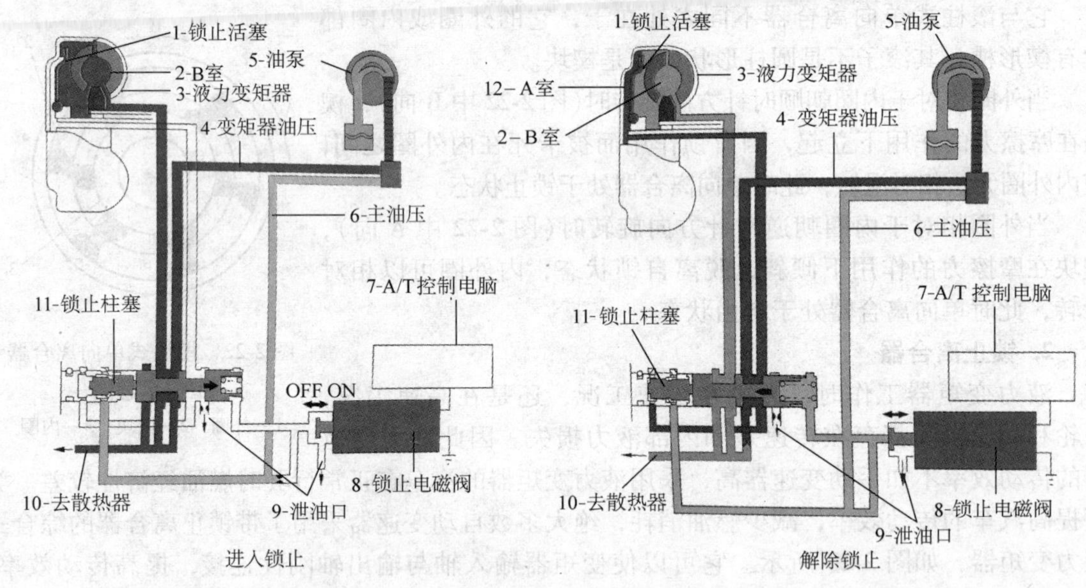

图 2-24　电子—液压锁止控制

在液力自动变速器中锁止离合器由锁止信号阀和锁止中继阀来控制，如图 2-25 所示。

锁止离合器安装在涡轮轮毂上，并加装了一个摩擦式压盘，压盘上粘有一圈摩擦环，防止离合器接合时打滑。减振弹簧在锁止离合器接合时，吸收扭力，防止产生振动，如图 2-26 所示。

当锁止离合器接合时，车速须达到 50km/h 以上，锁止离合器压盘左侧卸压而右侧加

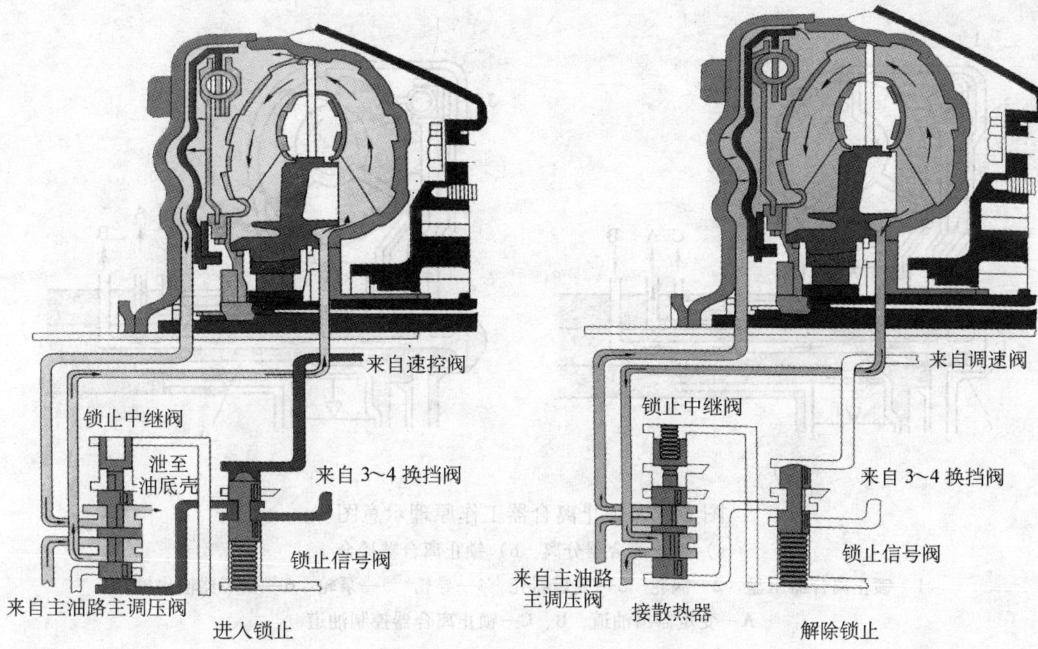

图2-25 液压锁止控制

压，使锁止离合器、涡轮、泵轮和变矩器壳体一起转动。这时泵轮与涡轮转速差为0，没有涡流产生。动力传递路线是：动力输入—锁止离合器—动力输出。

当锁止离合器分离时，动力传递路线是：动力输入—泵轮—导轮—涡轮—动力输出。

锁止离合器的接合（锁止）与分离（解锁）由液力变矩器中的自动变速器油的流向来决定的，如图2-27所示。

当车速较低时，锁止控制阀让自动变速器油从油道B进入变矩器，使锁止离合器压盘两侧保持相同的油压，锁止离合器处于分离状态，这时输入变矩器的动力完全通过工作液传至涡轮，如图2-27a所示。

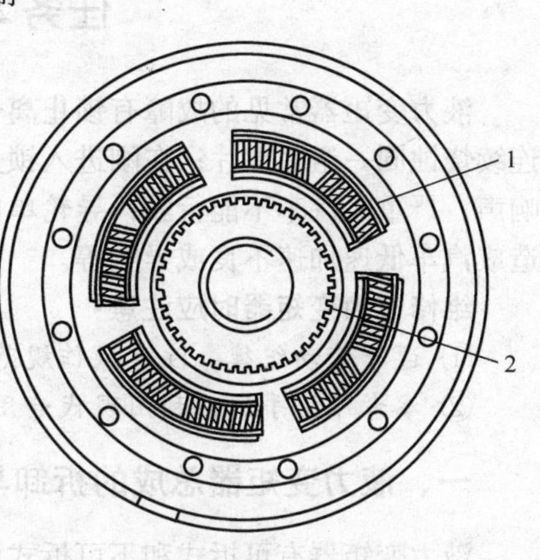

图2-26 压盘

1—减振弹簧 2—花键套

当汽车在良好道路上高速行驶，且车速、节气门开度、变速器工作液温度等因素符合一定要求时，锁止控制阀控制工作液从油道C进入变矩器，油道B与泄油口相通，使锁止离合器压盘左侧的油压下降。由于压盘靠涡轮一侧的工作液压力仍为变矩器压力，从而使压盘在前后两面压力差的作用下压紧在主动盘（变矩器壳体）上，如图2-27b所示。变矩器的动力通过锁止离合器的机械连接，由压盘直接传至涡轮输出，传动效率接近100%。另外，锁止离合器在接合时还能减少变矩器中的工作液因液体摩擦而产生的热量，有利于降低自动变速器油的温度。

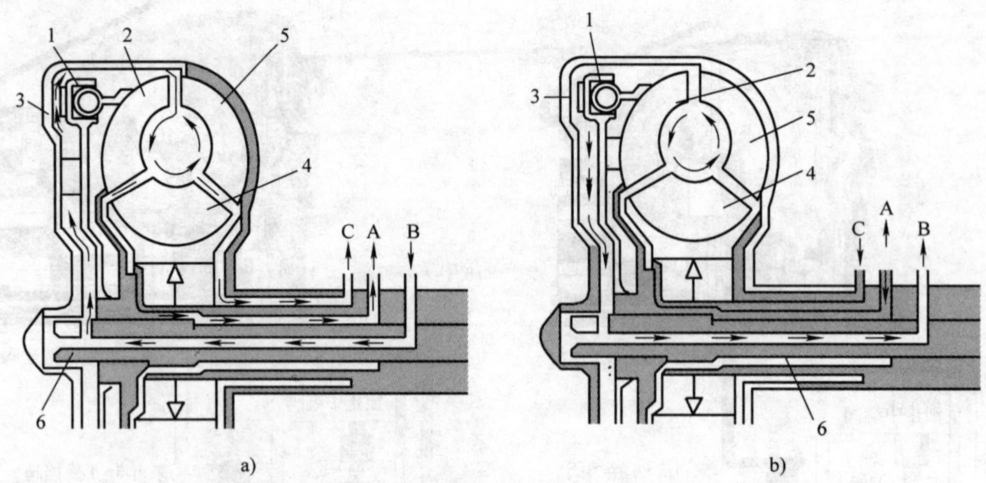

图2-27　锁止离合器工作原理示意图
a）锁止离合器分离　b）锁止离合器接合
1—锁止离合器压盘　2—涡轮　3—变矩器壳　4—导轮　5—泵轮　6—变矩器输出轴
A—变矩器出油道　B、C—锁止离合器控制油道

任务2　液力变矩器检修

液力变矩器常见的故障有锁止离合器摩擦片力矩不足；汽车高速行驶时动力不足，导致连续烧蚀同一组摩擦片；在刚进入锁止工况的20km/h车速内会因为高频振动，而出现异常响声，严重时汽车不能行驶；导轮单向离合器卡死造成汽车没有高速；导轮单向离合器打滑造成汽车低速加速不良或异响等。

维修液力变矩器时应注意：

① 遵守劳动纪律，注重操作规范，充分注意安全。

② 参考维修手册，利用现代专用仪器和设备，利用现代汽车自诊断系统查找故障码。

一、液力变矩器总成的拆卸与检测

液力变矩器有可拆式和不可拆式两种。可拆式液力变矩器虽然维修方便，但平衡精确度不高，目前很少应用。当前汽车大部分采用的是不可拆式液力变矩器。这种液力变矩器轮与轮之间留有很小间隙，没有机械摩擦，极少发生故障，如图2-28所示。

日本丰田A43D型(辛普森式)液力变矩器总成(整体)拆卸步骤及检测要领：

1）拆卸蓄电池搭铁线前要注意电控单元(ECU)控制音响、时钟等位置，然后拆下搭铁线。拧松节气门拉索上的调整螺钉，从托架上拆下拉索套管，取出拉索；拆下空挡起动开关、倒车灯和低速挡开关的拉索。

2）举升起汽车，热车后放出自动变速器油液。拆下变速杆、里程表软芯，拆下传动轴、排气管夹和排气管。拆除所有安装在自动变速器壳体上的附属装置，如加油管、挡位开关、车速传感器、输入轴传感器等。用千斤顶托架支撑变速器，拆下变速器与发动机固定连接螺栓及夹板，如图2-29所示。

3）撬开发动机后边检修孔盖，转动曲轴，拆下6个液力变矩器螺栓(图2-29中10)；

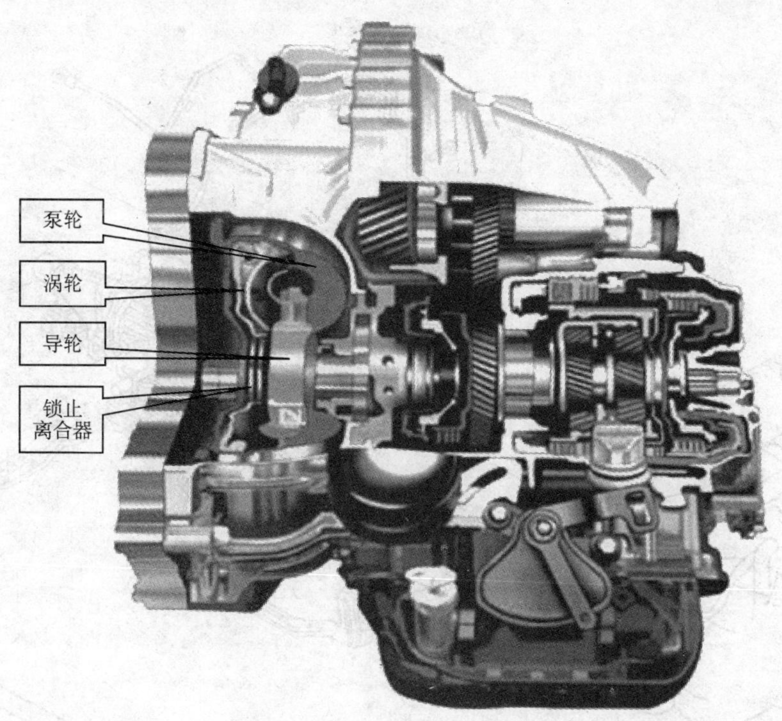

图 2-28 液力变矩器位置示意图

用专用导销装入变矩器螺栓孔中，使其固定在变速器上，再向后拉动千斤顶托架拉出自动变速器。

4）从自动变速器前方取下变矩器，倒出残留自动变速器油，并清洗干净。

注意： 倒出残留自动变速器油时，要注意检查是否有过量摩擦材料或其他金属材料中的微粒；检查自动变速器油中的杂质。微粒或杂质多，是液力变矩器损坏的主要原因，应更换液力变矩器。

清洗的方法是：先用汽油或煤油加注到液力变矩器中，双手平稳来回晃动数次，清洗干净。再用自动变速器油进行最后的清洗。

5）检查外部是否烧灼发蓝，若轻微，查明原因予以排除，可以继续使用；如果外部有裂纹，则更换液力变矩器。

6）用专用工具或自动变速器输入轴插入液力变矩器，如图 2-30 所示。转动单向离合器内座圈，顺时针转动时应灵活无卡滞现象；逆时针则不能转动。否则，更换液力变矩器。

7）将液力变矩器安装在发动机飞轮上，转动飞轮，检查它的同心度，百分表指针摆差应小于 0.02mm。否则，需转换一个角度重新安装，再进行测量。如果同心度在允许的范围内，应作一个飞轮与液力变矩器配合的记号，以保证安装准确性，否则更换液力变矩器。

8）导轮和涡轮之间的检查如图 2-31 所示。将液力变矩器与飞轮连接侧朝下放在台架上，然后装入油泵总成，确保液力变矩器油泵驱动毂与油泵主动部分接合好。把变速器输入轴(涡轮轴)插入涡轮轮毂中，使油泵和液力变矩器保持不动，然后顺时针、逆时针反复转动涡轮轴，如果转动不顺畅或有噪声，则更换液力变矩器。

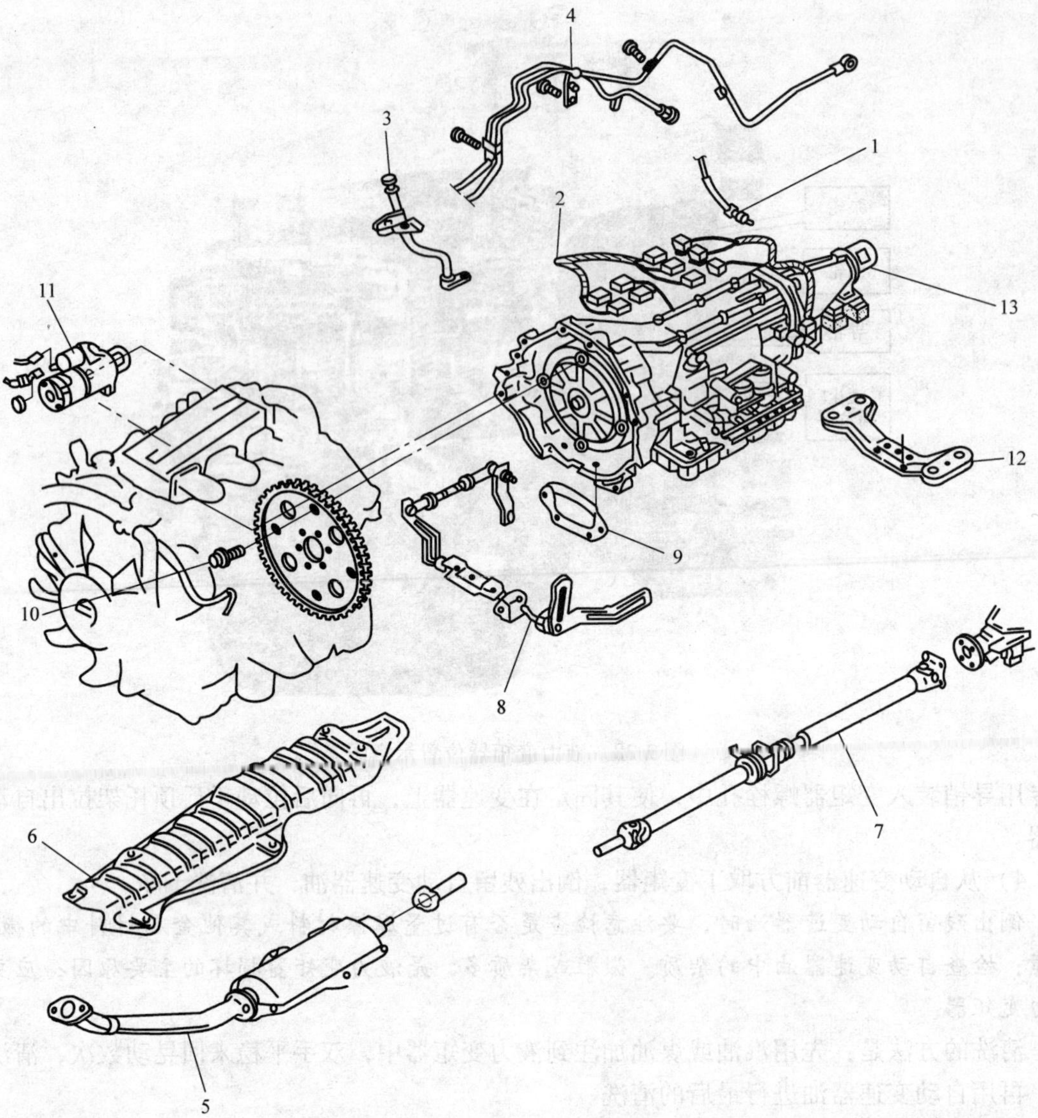

图 2-29 液力变矩器总成的拆卸

1—车速表软轴 2—线束 3—油尺及加油管 4—散热器油管 5—排气管中段 6—排气管护罩 7—传动轴 8—变速杆拉杆 9—飞轮壳盖板 10—变矩器与飞轮的连接螺栓 11—起动机 12—支架 13—自动变速器

9）导轮和泵轮之间的检查如图 2-32 所示。将油泵放在台架上，并把液力变矩器安装在油泵上，旋转液力变矩器使液力变矩器的油泵驱动毂与油泵主动部分接合好，然后固定住油泵并逆时针转动液力变矩器。如果转动不顺畅或有噪声，则更换液力变矩器。

10）汽车保持稳定(60～80km/h)车速，突然紧急制动，发动机熄火，说明锁止离合器不能解除锁止。

11）检查液力变矩器的外部。目视检查液力变矩器的外部有无损坏和裂纹，油泵驱动毂外径有无磨损，缺口有无损伤。如有异常应更换液力变矩器。

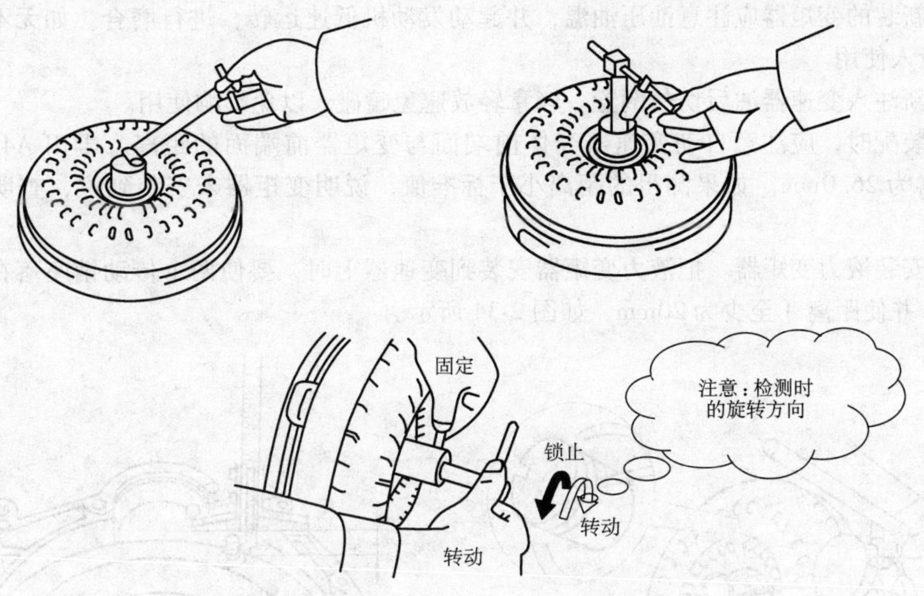

图 2-30　导轮单向离合器的检查

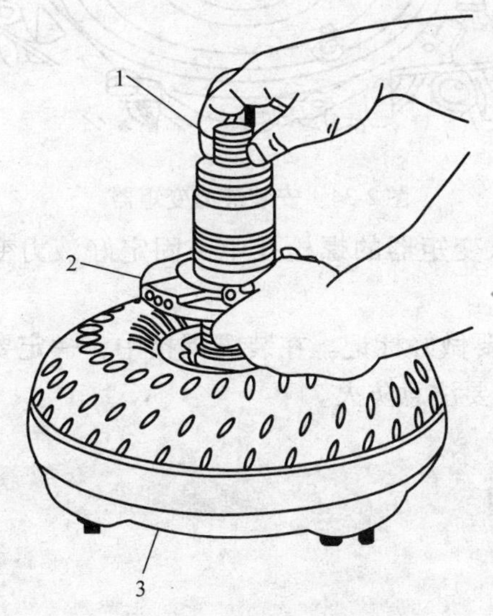

图 2-31　导轮和涡轮之间的检查

1—涡轮轴　2—油泵总成　3—液力变矩器总成

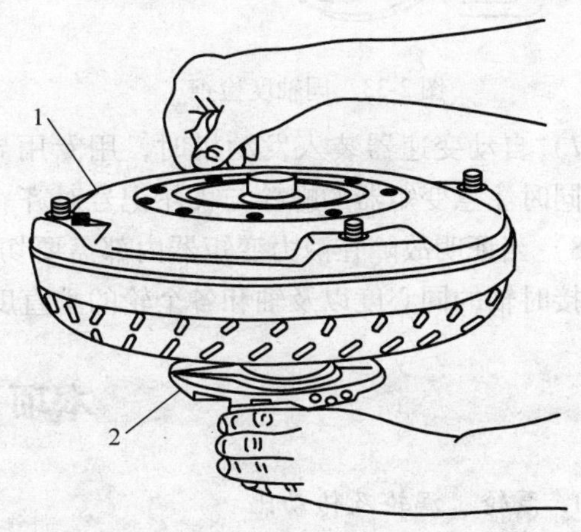

图 2-32　导轮和泵轮之间的检查

1—液力变矩器总成　2—油泵总成

二、液力变矩器的维修与装配

1）装配的顺序与拆卸顺序相反，也就是后拆的先装，先拆的后装。

特别注意的是：曲轴中心线、变矩器中心线和输入轴中心线必须在一条直线上。

保证油泵衬套完好，骨架油封密封性能好。装配完成后转动变矩器灵活而无噪声。检查方法是：将百分表固定在发动机上，表针指在变矩器壳体外端面上，转动变矩器壳体一周，观察百分表偏差量，如大于 0. 20mm 应更换变矩器总成，如图 2-33 所示。

2）装配前应先向液力变矩器注入厂家推荐的自动变速器油，严禁混用。

3）新装的变矩器应注意油压油温，并起动发动机低速运转，进行磨合。如无不正常情况可以投入使用。

4）新注入变速器油后切勿倒置。轻拿轻放避免磕碰，以免影响使用。

5）装配时，应注意自动变速器壳体前端面与变矩器前端面的距离。丰田 A43D 型自动变速器为 26.0mm。如果测得的距离小于标准值，说明变矩器未安装到位，查明原因并排除。

6）安装液力变矩器。把液力变矩器安装到变速器上时，要使两个传动销座落在油泵的切口内，并使距离 A 至少为 20mm，如图 2-34 所示。

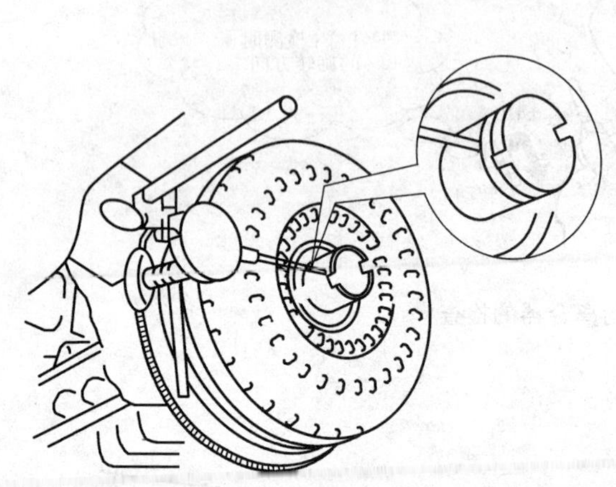

图 2-33　同轴度检查

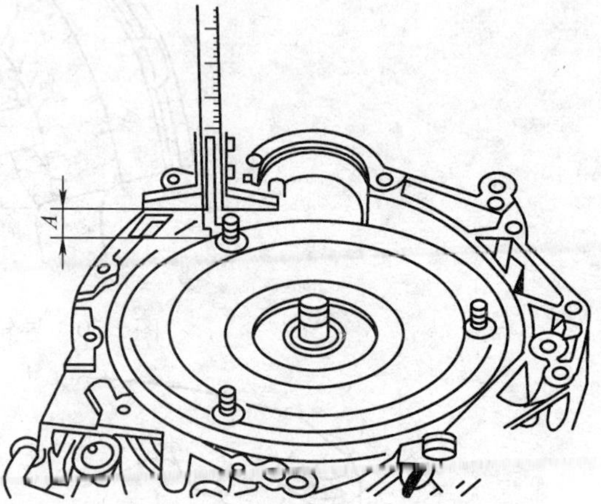

图 2-34　安装液力变矩器

7）自动变速器装入发动机时，用专用导销插入变矩器的螺栓孔中，固定好液力变矩器。同时注意变矩器的螺栓与飞轮记号对齐。

8）当证明故障在液力变矩器内部需要切割时，要做好标记。在装配焊接中，一定要注意焊接时轴的同心度以及轴和各个轮的垂直度，一定要注意防火。

本项目小结

1. 泵轮、涡轮及传动比

泵轮能将发动机的机械能转变为液体的动能；涡轮能将液体的能量转变为涡轮轴上的机械能；导轮可以改变液体流动的方向，起到变矩的作用。

泵轮与涡轮之间的传动比不能满足汽车行驶的需要。

2. 导轮的作用

导轮空转就失去了变矩的功能，只有液力耦合传递动力的功能。导轮不转的范围称为变矩器的范围，此时导轮的作用是改变自动变速器油流向，增大转矩。

3. 单向离合器与锁止离合器不同点

单向离合器与导轮连成一体，只能朝一个方向转动，不能反转。可改变自动变速器油流动方向，增大转矩，实现变矩。

锁止离合器的功能是在条件设定的范围内，将泵轮和涡轮锁止在一起，从而实现接近

100%的传动效率。

在锁止离合器接合时，减振弹簧吸收扭力，防止产生振动。在变矩器壳体(锁止离合器主动盘)粘有摩擦材料，防止离合器打滑。锁止离合器的接合与分离是由液力变矩器中的自动变速器油流向的改变来实现的。

4. 在维修过程中：要熟练掌握拆除蓄电池搭铁线的方法；液力变矩器装车前应先注入自动变速器油；掌握正确的操作手法和工作程序。

练习与思考

1. 液力变矩器由哪几部分组成？请说出它们的名称。
2. 泵轮、涡轮、导轮各有何作用？
3. 单向离合器有几种形式？它们起到什么作用？
4. 锁止离合器有什么作用？
5. 如何判断锁止离合器打滑？
6. 修理液力变矩器时，要在几个部位作记号？并注意哪些事项？
7. 如何清洗液力变矩器？
8. 什么叫做失速点？

项目三 变速齿轮机构

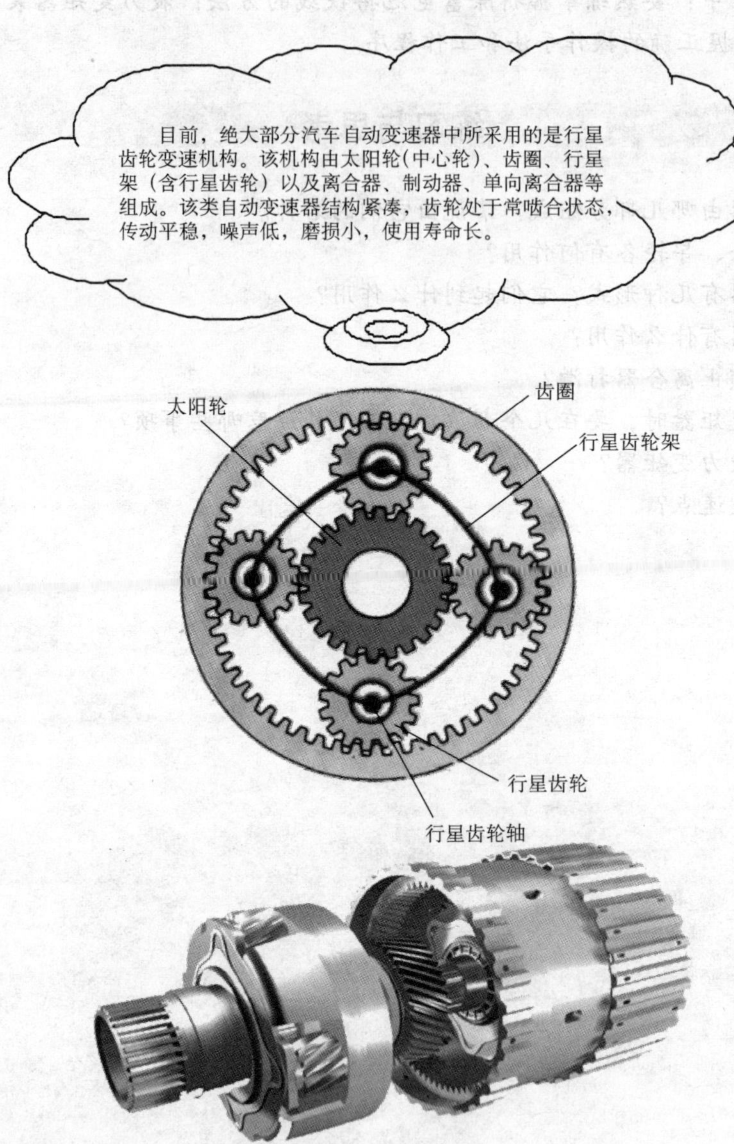

【学习目标】

◇ 了解行星齿轮机构的变速原理及传动比

◇ 掌握辛普森(Simpson)行星齿轮机构的结构组成及动力传递路线

◇ 掌握行星齿轮机构的拆卸与检测规程

◇ 学会行星齿轮机构的维修与装配

任务1 行星齿轮机构的变速原理和结构

汽车自动变速器中的齿轮变速机构，绝大多数采用的是行星齿轮机构。辛普森式、拉维娜式、莱派特式等自动变速器都属于行星齿轮式自动变速器。行星齿轮结构简单，便于布置。而且，齿面都是斜齿轮，又常啮合在一起，损坏率极低。

提示：直齿轮损坏多于斜齿轮；滑动齿轮损坏多于常啮合齿轮。

它与普通变速器一样，有空挡、倒挡，它还有自动前进挡和手动低速挡。在自动前进挡上，根据驾驶人的意志来进行自动换挡控制，而不是通过驾驶人的肢体来操作，具有极高的舒适性。

一、行星齿轮机构的结构组成

行星齿轮机构由行星排和换挡执行机构两大部分组成。

1. 行星排

（1）行星排的组成　行星排由太阳轮（中心轮）、齿圈和行星架（含行星齿轮）组成，如图3-1所示。

（2）行星排的结构特点　行星齿轮机构中的太阳轮、齿圈及行星架有一个共同的固定轴线，行星齿轮支承在固定于行星架上的行星齿轮轴上，并同时与太阳轮和齿圈啮合。

当行星齿轮机构运转时，空套在行星架行星齿轮轴上的几个行星齿轮一方面可以绕着自己的轴线自转，另一方面又可以随着行星架一起绕着太阳轮公转。就像天上的行星那样，既有自转又有公转（行星齿轮的名称由此而来）。在行星排中，具有固定轴线的太阳轮、齿圈和行星架称为行星排的3个基本元件。

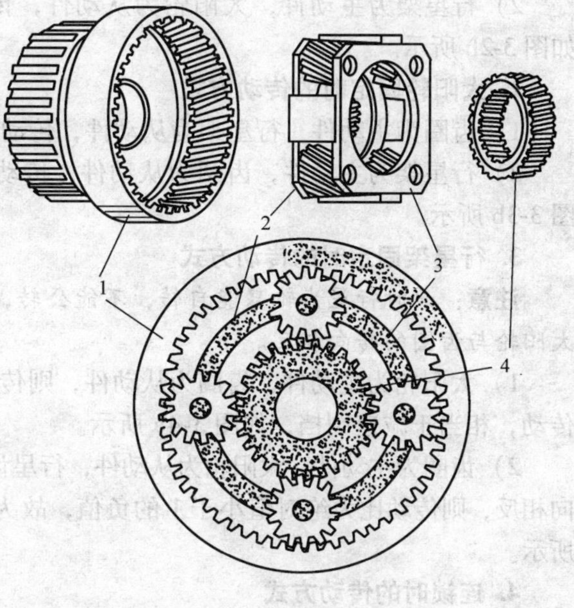

注意：它们齿数关系是行星架大于齿圈，齿圈大于太阳轮。

图3-1　行星排的组成

1—齿圈　2—行星齿轮　3—行星架　4—太阳轮

2. 行星齿轮机构的作用

行星齿轮机构的作用是改变传动比，构成不同的挡位，弥补液力变矩器传动比不足的缺陷；改变汽车行驶方向；在各挡位上保证发动机不熄火。

二、行星齿轮机构的变速原理及传动比

在一个行星排中，具有共同轴线的太阳轮、齿圈和行星架是行星齿轮机构变速和动力传递的三个基本元件。

提示： 如果把太阳轮、齿圈和行星架放在普通变速器中，就得出小、中、大齿轮这样的结论。这一点很重要，对我们了解变速原理及传动比有着很大的影响，并能悟出很多的道理。

由于单排行星齿轮机构有两个自由度，它没有固定的传动比，不能直接用于变速传动。为了组成一定传动比的传动机构，必须将太阳轮、齿圈和行星架三个基本元件变换成两个(一对传动副)基本元件。将三个传力元件变换成两个传力元件的方法不外乎：一是将其中的任意元件进行固定(也称为制动)使其转速为零；二是将任意两个元件互相连接在一起使其合二为一。通过以上两种方法使行星排变为只有一个自由度的传力机构，从而获得确定的传动比。

在行星排三个基本元件中，任意选两个基本元件，分别作为主动件和从动件，而让第三个基本元件有确定的转速，即被固定或与其他两个基本元件的任一元件进行连接，即可推算出该机构的传动比。

行星齿轮机构的变速原理及传动比分析：

1. 齿圈固定时的传动方式

1）太阳轮为主动件，行星架为从动件，传动比大于1，为减速传动，如图3-2a所示。

2）行星架为主动件，太阳轮为从动件，传动比小于1，为增速传动，相当于超速挡，如图3-2b所示。

2. 太阳轮固定时的传动方式

1）齿圈为主动件，行星架为从动件，传动比也大于1，为减速传动，如图3-3a所示。

2）行星架为主动件，齿圈为从动件，传动比小于1，为增速传动，相当于超速挡。如图3-3b所示。

3. 行星架固定时的传动方式

注意： 此时行星齿轮只能自转，不能公转，行星排成为一个定轴式齿轮传动机构，而且太阳轮与齿圈的转向相反。

1）太阳轮为主动件，齿圈为从动件，则传动比为绝对值大于1的负值，故为反向减速传动，相当于减速倒挡，如图3-4a所示。

2）齿圈为主动件，太阳轮为从动件，行星齿轮只能自转，不能公转。主从动件的旋转方向相反，则传动比为绝对值小于1的负值，故为反向增速传动，相当于超速倒挡，如图3-4b所示。

4. 连锁时的传动方式

若将三个基本元件中的任意两个基本元件互相连接起来，则第三个基本元件的转速与方向必与前两个基本元件的转速和方向相同，即三个基本元件以同样的转速和方向一同旋转。此时，不论谁是主动件，谁是从动件，其传动比均为1，相当于直接挡，如图3-5所示。

5. 空挡时的传动方式

三个基本元件都没有固定，各基本元件都可以自由转动，则该机构有两个自由度。因此，不论以哪两个基本元件为主动件或从动件，都不能传递动力，相当于空挡，如图3-6所示。

6. 单排行星齿轮机构传动方案

具体方案见表3-1。

表 3-1　单排行星齿轮机构传动方案

方案	固定件	主动件	从动件	传动比	输出转速	输出转矩	相当于传动挡
1	齿圈	太阳轮	行星架	$1+\alpha>1$	下降	增大	1 挡
2		行星架	太阳轮	$1/(1+\alpha)<1$	上升	减小	超高速挡
3	太阳轮	齿圈	行星架	$(1+\alpha)/\alpha>1$	下降	增大	2 挡
4		行星架	齿圈	$\alpha/(1+\alpha)<1$	上升	减小	超速挡
5	行星架	太阳轮	齿圈	$-\alpha$	下降	增大	减速倒挡
6		齿圈	太阳轮	$-1/\alpha$	上升	减小	超速倒挡
7	无	任意两个	另一个	1	相等	相等	直接挡
8	所有元件都不固定			两个自由度			空挡

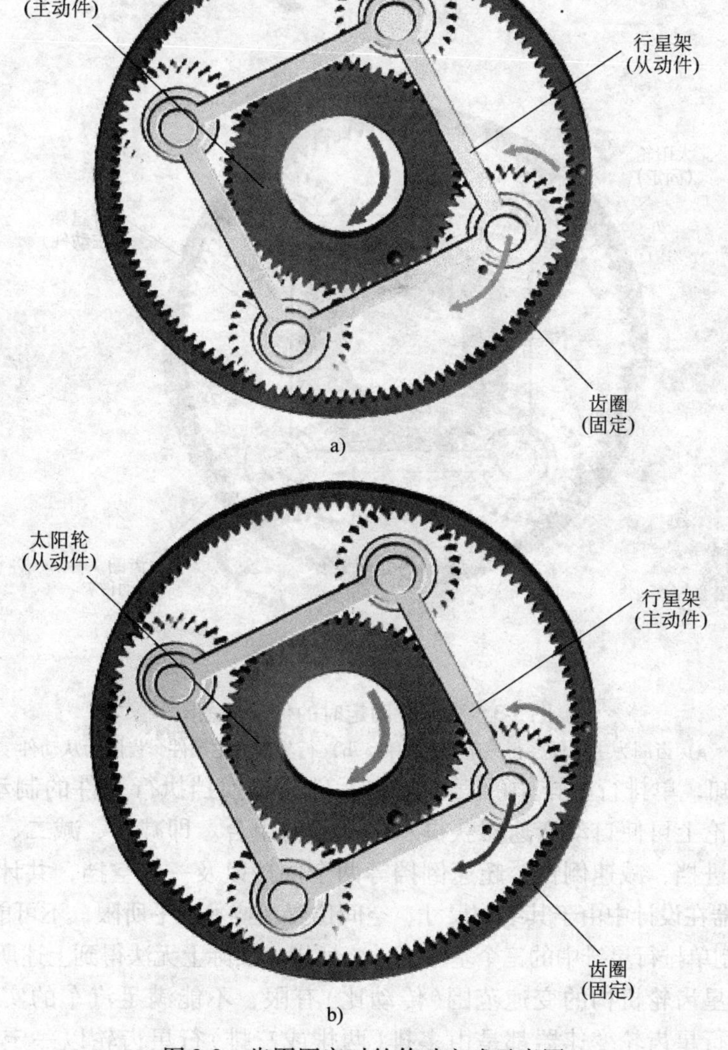

图 3-2　齿圈固定时的传动方式示意图

a）太阳轮为主动件，行星架为从动件　b）行星架为主动件，太阳轮为从动件

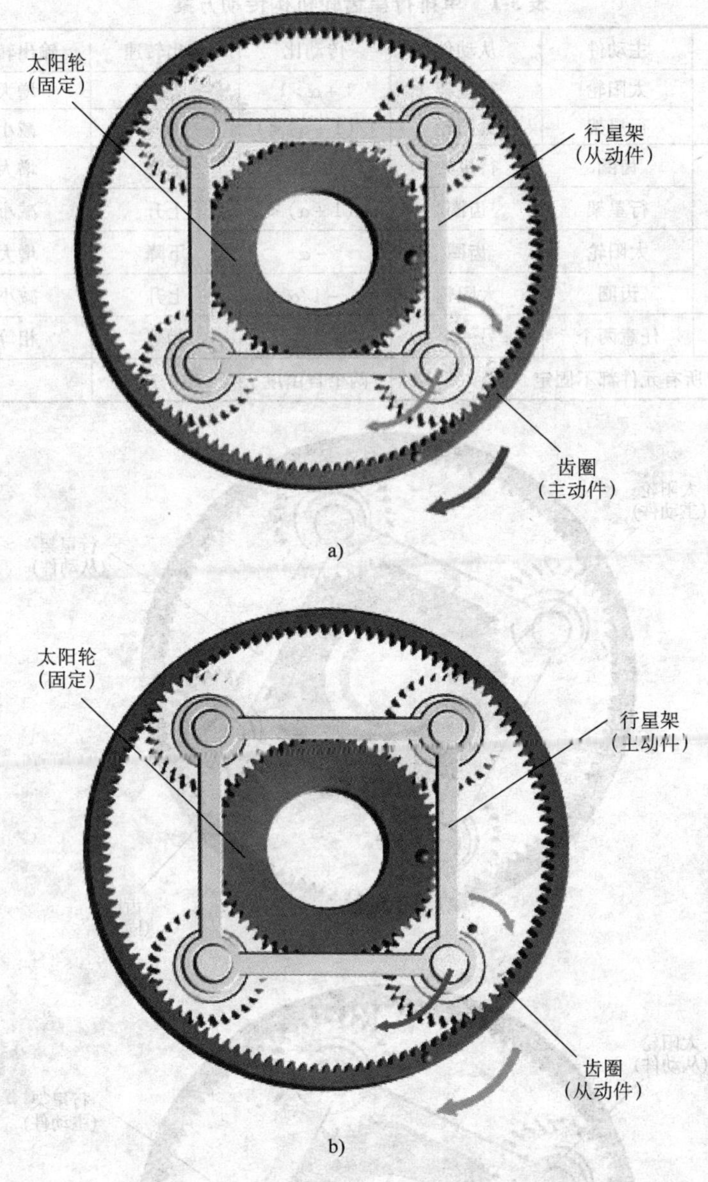

图 3-3　太阳轮固定时的传动示意图

a）齿圈为主动件，行星架为从动件　b）行星架为主动件，齿圈为从动件

由表 3-1 可知，单排行星排中的三个基本元件通过换挡执行元件的制动、释放、连接、锁止等措施，理论上可使自动变速器获得八种不同的组合。即减一、减二、直三、超四、超高速五等五个前进挡，减速倒挡、超速倒挡等两个倒挡以及一个空挡，共计八个挡位。

但自动变速器在设计中由于其结构尺寸、空间位置及技术水平所限，不可能配置那么多的执行元件来同时控制单排行星排中的三个基本元件。所以，实际上无法得到上述所谓的八个挡位。

由于单排行星齿轮机构的变速范围(传动比)有限，不能满足汽车的实际行驶需要，因此实际应用中的行星齿轮变速器都是由多排(两排或三排)行星齿轮以一定的方式连接起来组合而成的。如：前后两个行星排共用一个太阳轮的辛普森式自动变速器；前后两个行星排

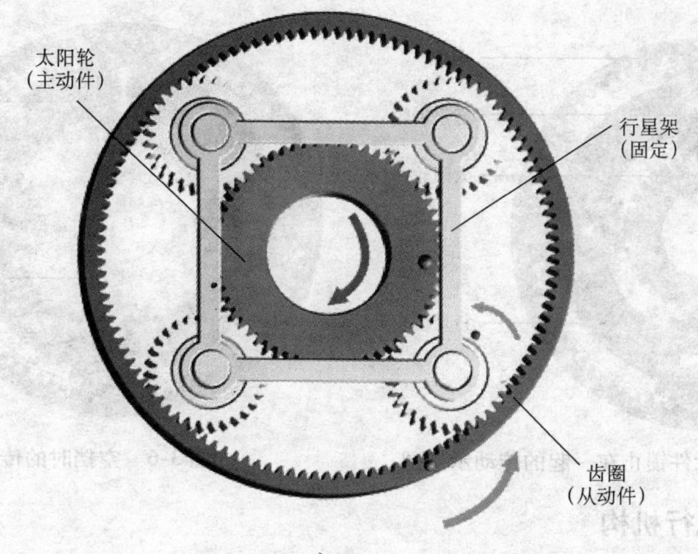

a)

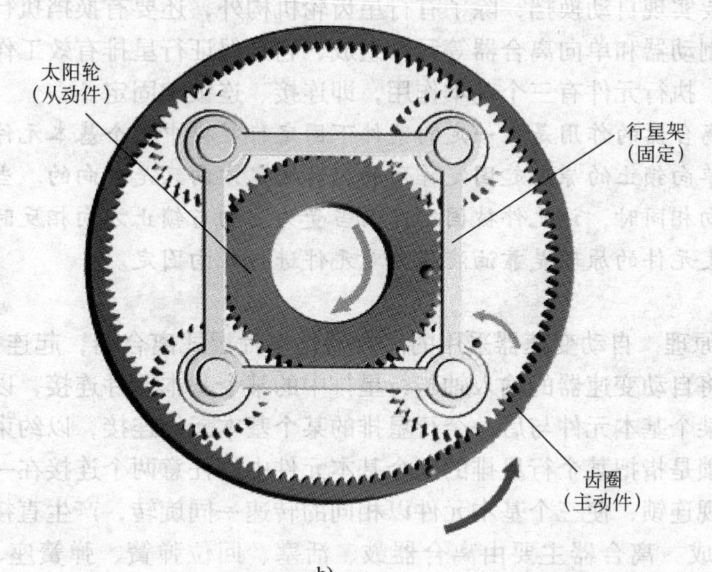

b)

图 3-4　行星架固定时的传动示意图

a）太阳轮为主动件，齿圈为从动件　b）齿圈为主动件，太阳轮为从动件

共用一个行星架的拉维挪式自动变速器；前行星排齿圈与后行星排的行星架连接在一起的串联式自动变速器。

提示：

多排行星排的传动比可根据单排行星齿轮的运动方程式来推导。

结论：

在单排行星排的太阳轮、齿圈、行星架三个基本元件中，只要固定行星架，不管其他两个元件中的任何一个作主动件还是作从动件，都可得倒挡；只要连接其中任何两个基本元件，都可得直接挡；只要行星架作主动件，都可得超速挡；只要行星架作从动件，都可得减速挡。

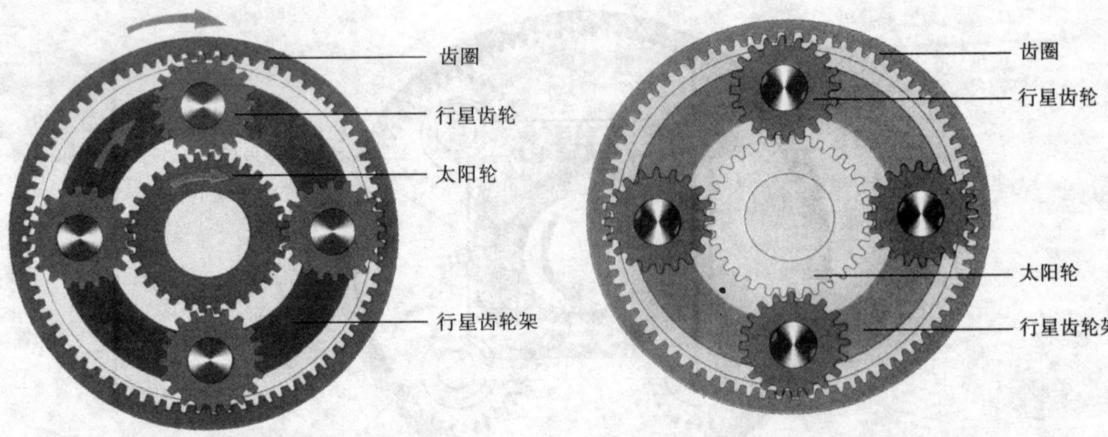

图 3-5　任意两元件锁止在一起的传动示意图　　图 3-6　空挡时的传动示意图

三、换挡执行机构

自动变速器要实现自动换挡，除了有行星齿轮机构外，还要有换挡执行机构。换挡执行机构由离合器、制动器和单向离合器等元件组成，它是保证行星排有效工作、实现挡位变换的重要组成部分。执行元件有三个基本作用，即连接、连锁和固定。

注意：单向离合器的作用是在一定的条件下固定行星排中某个基本元件。与制动器不同的是，它是依靠单向锁止的原理起固定作用的，其固定方向只是单向的。当与之相连元件受力方向与锁止方向相同时，该元件被固定；而当受力方向与锁止方向相反时，该元件即被放松。而制动器固定元件的原理是靠油液压力对元件进行双向固定。

1. 离合器

（1）作用及原理　自动变速器采用的离合器是多片湿式离合器，起连接和连锁的作用。所谓连接，是指将自动变速器的输入轴与行星排中的某个基本元件连接，以传递动力；或将前一个行星排的某个基本元件与后一个行星排的某个基本元件连接，以约束这两个基本元件的运动。所谓连锁是指把某个行星排的三个基本元件中的任意两个连接在一起，从而将行星排锁止在一起实现连锁，使三个基本元件以相同的转速一同旋转，产生直接传动。

（2）结构组成　离合器主要由离合器鼓、活塞、回位弹簧、弹簧座、钢片、摩擦片、调整垫片、离合器毂及密封圈等组成，如图 3-7 所示。

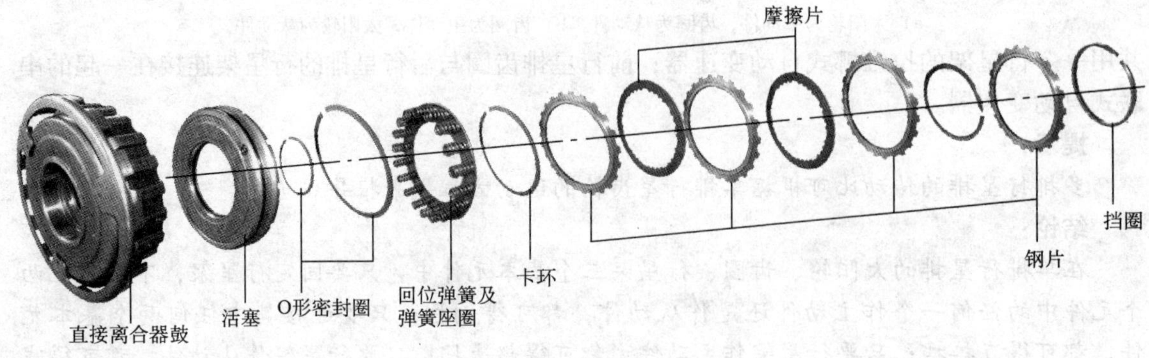

图 3-7　离合器的结构组成

注意：离合器鼓和离合器毂的功用不同，不可混为一谈。一般“外为鼓，内为毂”。

离合器鼓和离合器毂分别以一定的方式与变速器输入轴或行星排某个基本元件连接。

一般离合器鼓为主动件，离合器毂为从动件。离合器活塞安装在离合器鼓内，它是一种环状活塞，由活塞内外密封圈保证密封，从而和离合器鼓一起形成一个密封的环状液压缸，并通过离合器鼓内圆轴颈上的进油孔与控制油道相通。

钢片和摩擦片交替排列，统称为离合器片。钢片外花键连接离合器鼓；而摩擦片内花键则连接离合器毂。摩擦片两面均有摩擦系数较大的铜基粉末冶金层或合成纤维层，受压力和温度变化影响较小，并且在摩擦衬面上都带有油槽。其作用是：破坏油膜，提高摩擦系数，保证液体流动，以冷却摩擦片表面。钢片也称为“光片”，如图3-8所示。

图3-8　钢片和摩擦片结构

注意：当离合器处于接合状态时，互相压紧在一起的钢片和摩擦片之间要有足够的摩擦力，以保证传递动力时不产生打滑现象。离合器所能传递动力的大小主要取决于摩擦片的面积、片数及钢片和摩擦片之间的压紧力。钢片和摩擦片之间压紧力的大小由作用在离合器活塞上的油压及活塞的面积决定。当压紧力一定时，离合器所能传递的动力的大小就取决于摩擦片的面积和片数。在同一个自动变速器中通常有几个离合器，它们的直径、面积基本上相同或接近，但它们所传递的动力的大小往往有很大差异。为了保证动力的传递，每个离合器所使用的摩擦片的片数也各不相同。离合器所要传递的动力越大，其摩擦片的片数也就越多。一般离合器摩擦片的片数为2~6片。离合器钢片的片数应多于摩擦片的片数，以保证每片摩擦片的两边都有钢片。此外，同一厂家生产的同一类型的自动变速器可以在不改变离合器外形、尺寸的情况下，通过增减各个离合器摩擦片的片数来形成不同型号的自动变速器，以满足不同排量车型的使用要求。在这种情况下，当减少或增加摩擦片的片数时，要相应增加或减少钢片的片数或增减调整垫片的厚度，以保证离合器的自由间隙不变。因此，有些离合器在相邻两个摩擦片之间装有两片钢片，这是为了保证自动变速器在改型时的灵活性，并非漏装了摩擦片。

提示：自动变速器的离合器片虽然采用多片式设计，但由于厚度薄，接触面小，因此本身难以承受太大的扭力，属于消耗性零件。如果经常大脚踩加速踏板，很高转速才换挡，离合器片寿命自然无法维持长久而发生打滑现象。在使用中还必须注意离合器的自由间隙。自由间隙过大，传动时打滑；自由间隙过小，分离不彻底。

离合器的自由间隙是指：离合器活塞与离合器片或离合器片与卡环之间的间隙。是保证钢片和摩擦片之间在离合器分离时无任何轴向压力。离合器自由间隙的大小可以用压盘的厚度来调整。一般自由间隙为0.5～2.0㎜。离合器自由间隙标准的大小取决于离合器摩擦片的片数和工作条件，离合器片数越多或该离合器交替工作越频繁，其自由间隙就越大。

离合器活塞回位弹簧有四种形式，即圆周均布螺旋弹簧式、中央螺旋弹簧式、波形弹簧式和膜片弹簧式。圆周均布螺旋弹簧式，压力分布均匀，轴向尺寸小，成本低，为绝大部分自动变速器的离合器所采用。其缺点是要占据较大的径向空间，见图3-9中圈中部分。

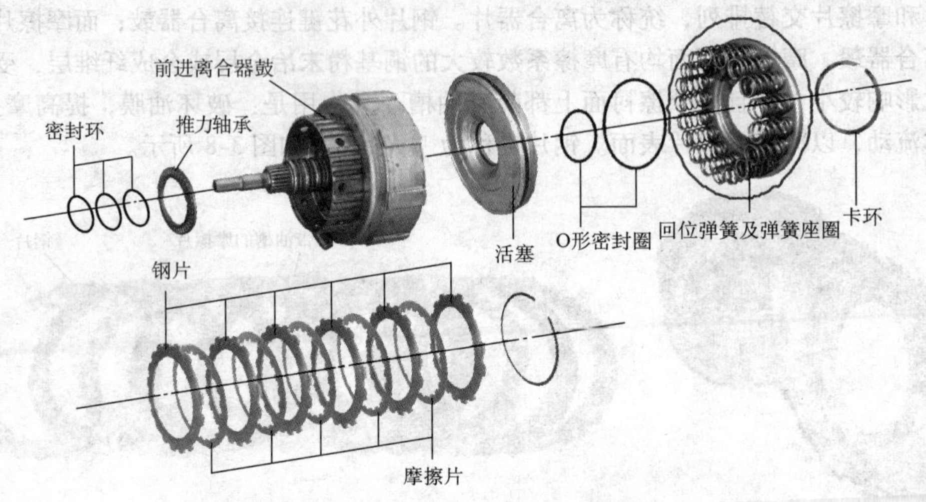

图3-9　圆周均布螺旋弹簧式回位弹簧结构示意图

2. 单向阀

单向阀又称单向球阀、止逆球或放松球，其工作过程如下：

当离合器处于分离状态时，活塞缸内仍残留少量自动变速器油。由于离合器鼓是随同输入轴或行星排某个基本元件一同高速旋转，残留在活塞缸内的自动变速器油在离心力的作用下被甩向活塞缸外缘处，并在该处产生一定的油压。若离合器鼓的转速较高，这一压力有可能推动离合器活塞压向离合器片，使离合器处于半接合状态，导致钢片和摩擦片因互相接触摩擦而产生不应有的磨损，影响离合器的使用寿命。为了防止这种情况的出现，在离合器活塞或离合器鼓的液压缸壁面上设置一个由钢球、弹簧等组成的单向阀。

当自动变速器油进入液压缸时，放松球在油压的推动下压紧在阀座上，单向阀处于关闭状态，保证了活塞缸的密封；当活塞缸内的油压被解除后，放松球在离心力的作用下离开阀座，使单向阀处于开启状态，如图3-10所示。

3. 制动器

（1）作用　制动器是一种起固定约束作用的执行元件，它将行星排中的三个基本元件中任一元件与壳体相连，使该元件被固定而不能旋转。

（2）结构类型　制动器种类较多，目前最常见的有带式制动器和片式制动器两种。

1）带式制动器。带式制动器主要由制动带、液压缸、回位弹簧、制动鼓和活塞等组成，如图3-11所示。

带式制动器是利用围绕在制动鼓周围的制动带收缩而产生制动效果的一种制动器。优点是有良好的抱合性能、占用变速器的空间较小等。

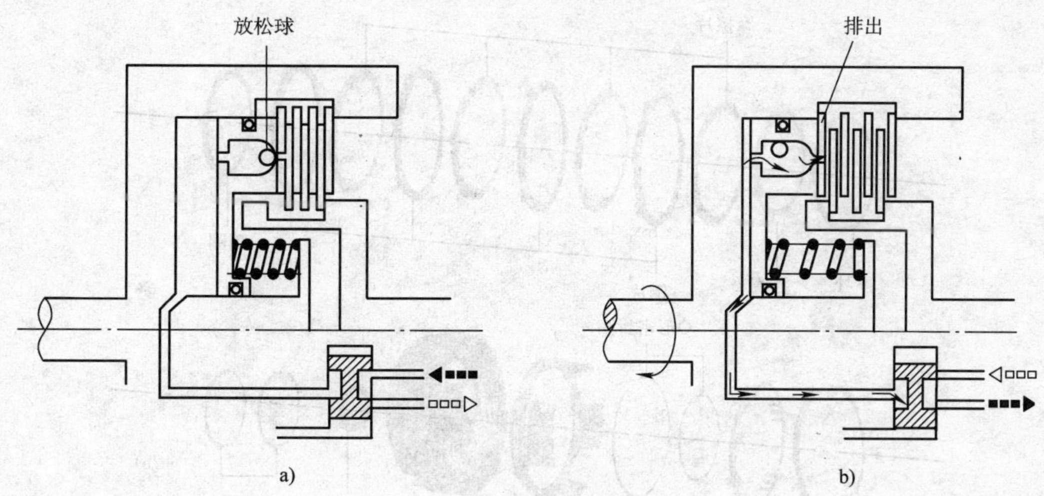

图 3-10　多片离合器的接合与释放

a）接合　b）释放

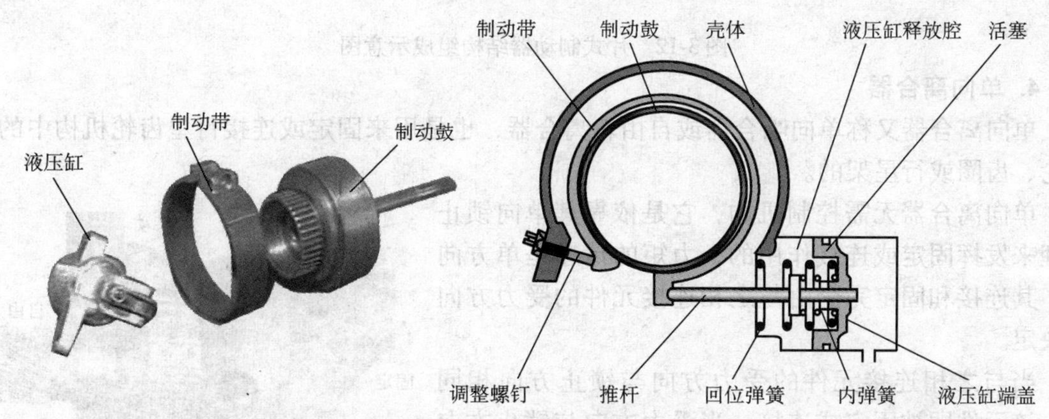

图 3-11　带式制动器的结构组成

带式制动器中的制动带是制动器的关键元件之一。它是由在卷绕的钢带底板上粘接摩擦材料制成的。厚的钢带能产生大的夹紧力，可用于发动机功率大的汽车自动变速器。薄的钢带施加的夹紧力小，但其柔性好，自增力作用强，也能够产生较大的制动力。

2）片式制动器。它与多片湿式摩擦离合器基本相同，但片式制动器的制动鼓(相当于离合器鼓)是固定在变速器壳体上的。钢片通过外花键齿安装，固定于变速器壳体上的制动鼓内，或直接安装在变速器壳体上的内花键齿槽中，摩擦片则通过内花键齿和制动毂外花键齿连接，如图 3-12 所示。

当制动器不工作时，钢片和摩擦片之间没有压力，制动器毂可以自由旋转。当制动器工作时，来自控制阀的自动变速器油进入液压缸中，油压作用在制动器活塞上，推动活塞将制动器摩擦片和钢片压紧在一起，与行星排某一基本元件连接的制动器毂就被固定住而不能旋转。

片式制动器的工作平顺性优于带式制动器，因此近年来在轿车自动变速器中采用的越来越多。另外，片式制动器也易于通过增减摩擦片的片数来满足不同排量发动机的要求。

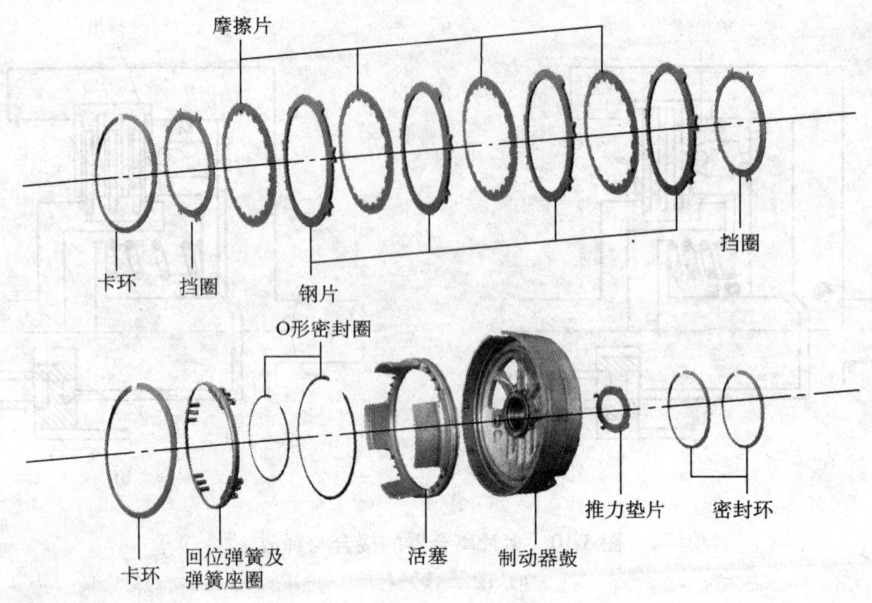

图 3-12　片式制动器结构组成示意图

4. 单向离合器

单向离合器又称单向啮合器或自由轮离合器，也是用来固定或连接行星齿轮机构中的太阳轮、齿圈或行星架的。

单向离合器无需控制机构，它是依靠其单向锁止原理来发挥固定或连接作用的，力矩的传递是单方向的，其连接和固定完全由与之相连接元件的受力方向所决定。

当与之相连接元件的受力方向与锁止方向相同时，该元件即被固定或连接；当受力方向与锁止方向相反时，该元件即被释放或脱离连接，如图 3-13 所示。

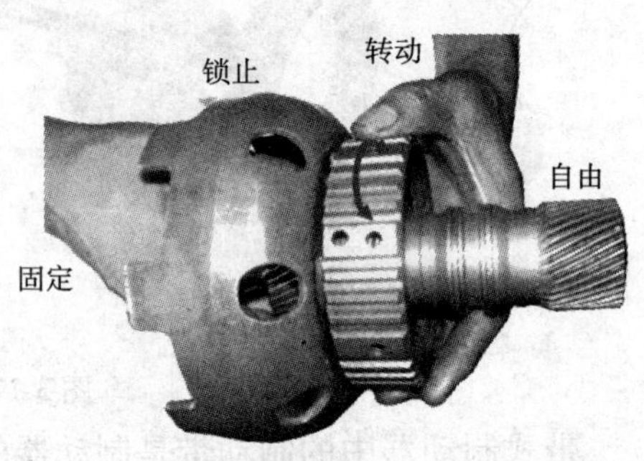

图 3-13　单向离合器工作原理示意图

自动变速器中常用的单向离合器有滚柱式和楔块式两种类型。

单向离合器的工作原理在本书项目二液力变矩器中已述及，这里不再赘述。

四、辛普森(Simpson)行星齿轮机构的结构及动力传递路线

日本丰田系列汽车所装配的自动变速器几乎都采用辛普森式(Simpson)行星齿轮变速机构。如 A140E、A240E、A241E、A340E、A350E、A430E 以及 A540E 等型号的自动变速器均采用了辛普森(Simpson)行星齿轮机构，图 3-14 所示为 A340E 型自动变速器。

1. 结构组成

辛普森式行星齿轮变速机构主要由行星齿轮机构和换挡执行元件组成。辛普森式自动变速器一般采用的是双行星排行星齿轮机构，如图 3-15 所示为典型双排四速改进型辛普森式行星齿轮自动变速器的结构简图。本书将着重介绍三速辛普森式行星齿轮自动变速器相关知识。

图 3-14 辛普森式行星齿轮变速器外观图

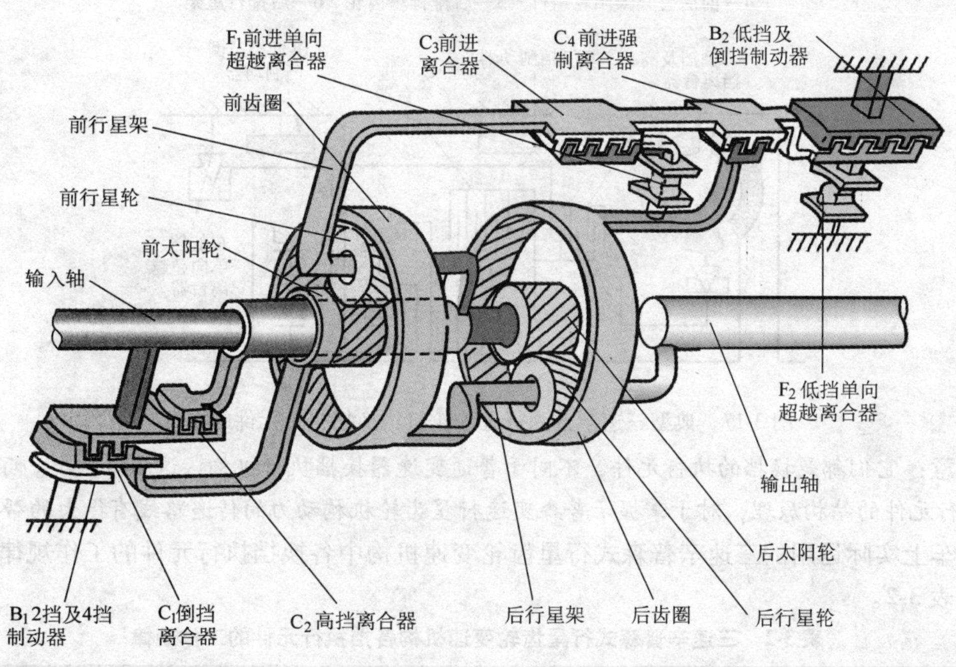

图 3-15 典型四速改进型辛普森行星齿轮自动变速器

（1）传力元件布置形式　辛普森式行星齿轮变速机构中齿轮传力元件的布置形式如图 3-16所示。

其结构特点是：前、后两个行星排的太阳轮连接在一起，形成前后太阳轮组件(即公共太阳轮,这是辛普森式行星齿轮变速机构最显著的特点)；前行星架和后齿圈连成一体，形成前行星架和后齿圈组件，输出轴通常与该组件相连。

经过这样的组合，该行星齿轮机构只有 4 个独立元件，即前排齿圈、前后太阳轮组件、后排行星架以及前行星架和后齿圈组件。

（2）换挡执行元件布置形式　C 代表离合器，B 代表制动器，F 代表单向离合器。

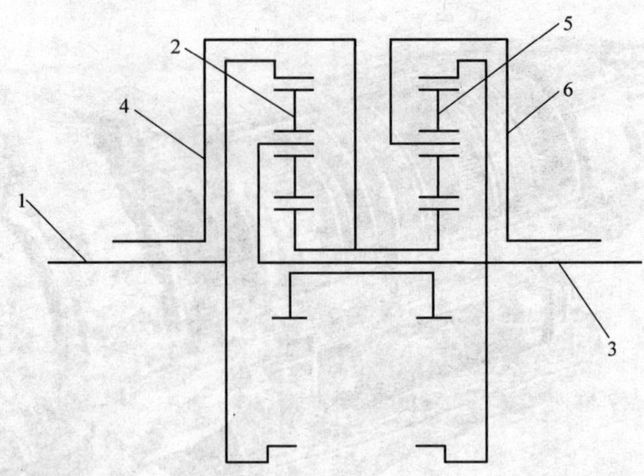

图 3-16 典型三速辛普森行星齿轮机构传力元件的布置

1—前排齿圈 2—前排行星齿轮 3—前排行星架与后排齿圈组件 4—前后公共太阳轮组件 5—后排行星齿轮 6—后排行星架

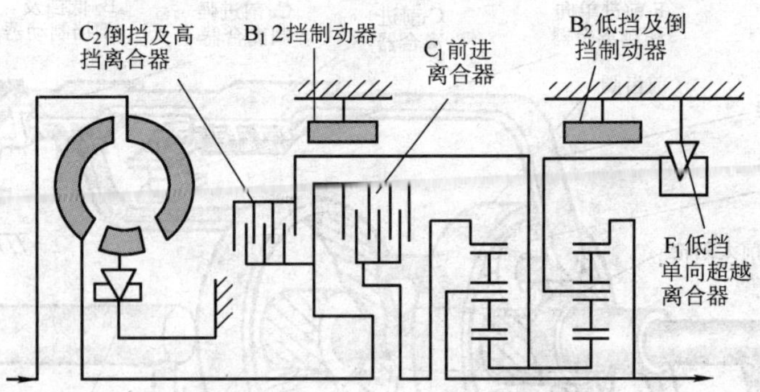

图 3-17 典型三速辛普森行星齿轮机构换挡执行元件的布置

注意：它们都是换挡的执行元件，不同于普通变速器换挡执行机构，这点很重要。了解这些换挡执行元件的结构原理，对于掌握辛普森变速行星齿轮机构动力的传递路线有很大的帮助。

汽车上实际运用的三速辛普森式行星齿轮变速机构中各换挡执行元件的工作规律，见图 3-17 和表 3-2。

表 3-2 三速辛普森式行星齿轮变速机构各挡执行元件的工作规律

变速杆位置	挡 位	换挡执行元件				
		C_1	C_2	B_1	B_2	F_1
D	1 挡	○				○
	2 挡	○		○		
	3 挡	○	○			
R	倒挡		○		○	
S，L 或 2，1	1 挡	○			○	
	2 挡	○		○		

注：○—表示结合、制动或锁止。

辛普森变速行星齿轮机构传递动力的特点如下。

优点：结构紧凑、相互啮合齿数多，传递转矩较大。

缺点：结构较复杂，维修较困难，成本高。

2. 三速辛普森式行星齿轮变速机构动力传递路线分析

三速辛普森式行星齿轮变速机构是一个具有三个前进挡和一个倒挡的变速系统，其传力与换挡执行元件的布置方式如图 3-18 和图 3-19 所示。

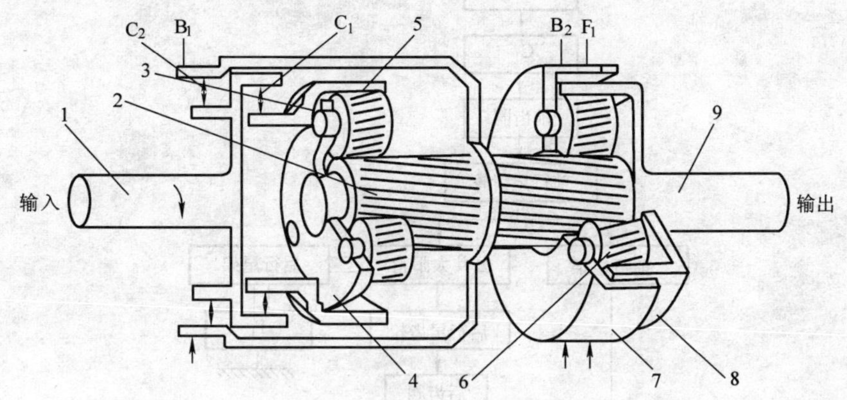

图 3-18 辛普森式三速行星齿轮机构传力元件结构布置示意图

1—输入轴 2—公共太阳轮 3—前行星齿轮 4—前行星架 5—前齿圈 6—后行星齿轮 7—后行星架 8—后齿圈 9—输出轴

C_1—前进挡离合器 C_2—高、倒挡离合器 B_1—2 挡制动器 B_2—低、倒挡制动器 F_1—低挡单向超越离合器

它的换挡执行元件设置了五个，分别是：前进离合器 C_1、倒挡及高挡离合器 C_2、2 挡制动器 B_1、低挡及倒挡制动器 B_2 和低挡单向超越离合器 F_1。

各挡位状态下执行元件的工作情况见表 3-2。下面着重分析三速辛普森式行星齿轮变速器各挡的动力传递路线及传动比。

(1) 前进 1 挡(D 位 1 挡) 前进离合器 C_1 接合，低速挡单向超越离合器 F_1 处于自锁状态，输入轴与前行星排齿圈连成一体，后行星架被固定。

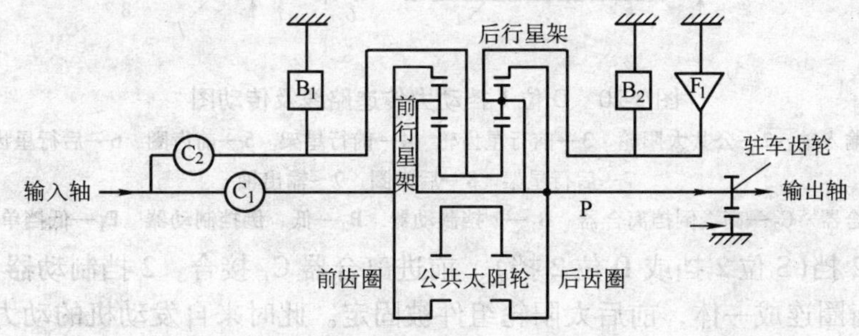

图 3-19 辛普森式三速行星齿轮机构换挡执行元件结构布置示意图

来自发动机的动力经液力变矩器传至输入轴、前进离合器 C_1 和前齿圈，使前齿圈顺时针方向转动。此时由于汽车载荷的作用，与输出轴相连的前排行星架在汽车起步前转速为 0。因此前行星轮在前齿圈的驱动下朝顺时针方向公转，并力图带动前行星架以同样的方向旋转。另一方面，行星轮还顺时针方向自转，并带动前后太阳轮组件朝逆时针方向转动。

在后行星排中，后行星轮在太阳轮的驱动下顺时针方向自转，对后行星架产生逆时针方向的转矩，而低挡单向超越离合器 F_1 对后行星架逆时针方向的转动具有锁止作用，因此后行星架固定不动，使后齿圈顺时针转动，从而与前行星架一起，驱动输出轴转动，汽车起步。起步后，前后行星排各元件的运动状态依然不变，此时前行星架是以低速顺时针旋转，如图 3-20 所示。

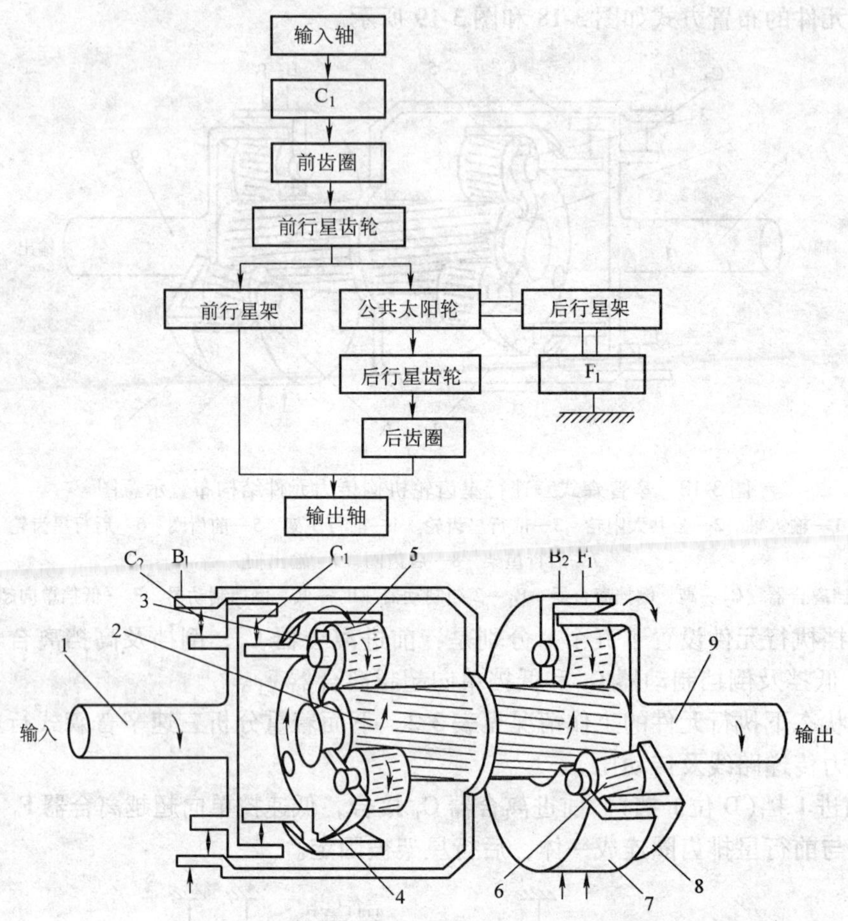

图 3-20 D 位 1 挡动力传递路线及传动图

1—输入轴 2—公共太阳轮 3—前行星齿轮 4—前行星架 5—前齿圈 6—后行星齿轮 7—后行星架 8—后齿圈 9—输出轴

C_1—前进挡离合器 C_2—高、倒挡离合器 B_1—2 挡制动器 B_2—低、倒挡制动器 F_1—低挡单向超越离合器

（2）前进 2 挡（S 位 2 挡或 D 位 2 挡） 前进离合器 C_1 接合，2 挡制动器 B_1 制动，输入轴与前行星排齿圈连成一体，前后太阳轮组件被固定。此时来自发动机的动力仍经液力变矩器传至输入轴、前进离合器 C_1 和前齿圈，使前齿圈顺时针方向转动。由于前太阳轮被固定，前行星轮在前齿圈的驱动下一方面顺时针方向自转，另一方面还顺时针方向公转，同时带动前行星架及输出轴顺时针方向转动。此时后行星排处于自由状态，发动机的动力全部经前行星排传至输出轴，如图 3-21 所示。

（3）前进 3 挡（D 位 3 挡） 前进离合器 C_1 和倒挡及高挡离合器 C_2 同时处于接合状态，此时前后太阳轮组件和前行星排齿圈均与输入轴相连，由于此时前行星排中有两个基本元件

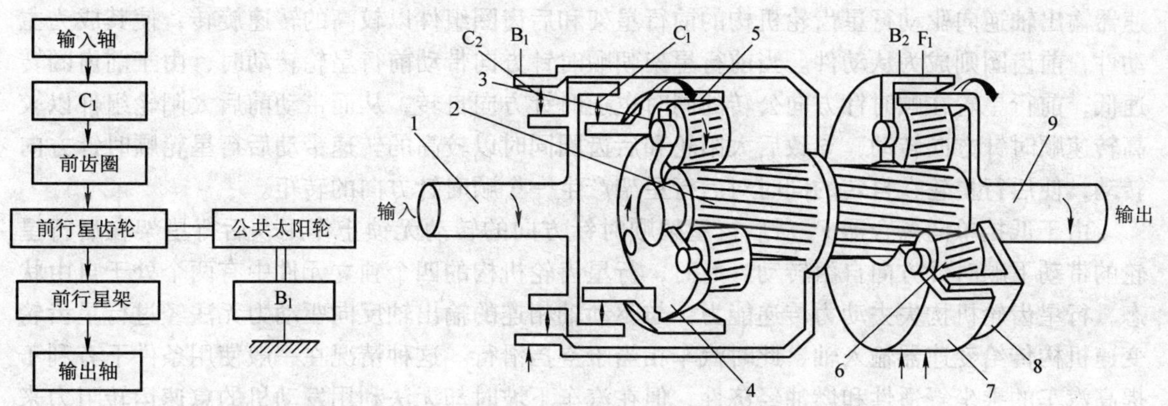

图 3-21　S 位 2 挡或 D 位 2 挡动力传递路线及传动图

图注同图 3-18

互相连接，从而使前行星排固定连成一体而旋转，输入轴的动力通过前行星排直接传给输出轴，其传动比为 1，即为直接挡，如图 3-22 所示。

注意：此时后排行星齿轮机构处于空转状态。

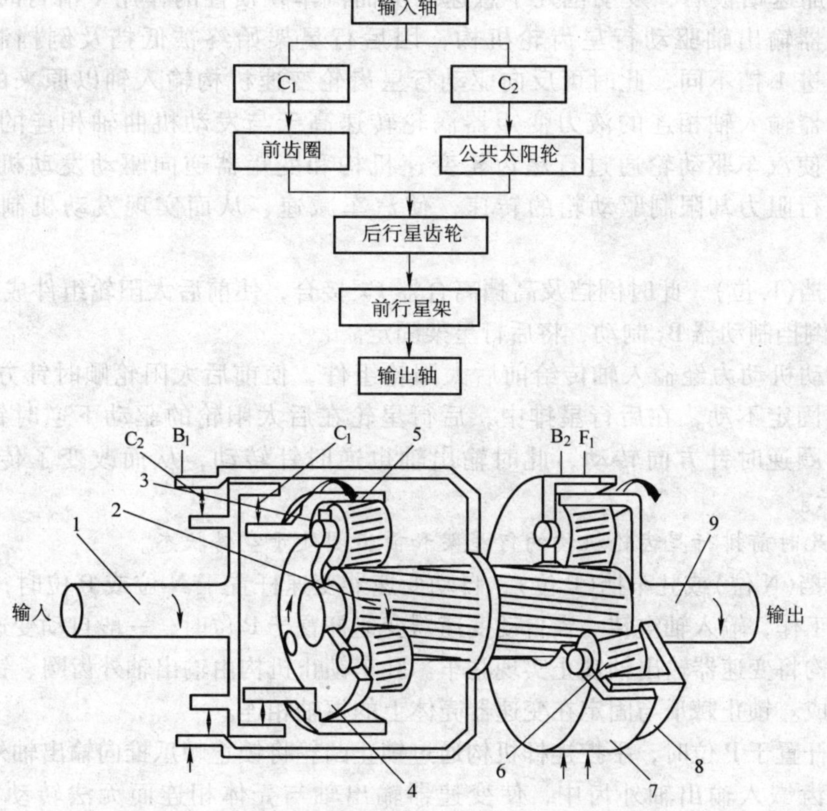

图 3-22　D 位 3 挡或直接挡动力传递路线及传动图

图注同图 3-18

（4）手动 1 挡（1 位或 L 位 1 挡）　当汽车在行驶过程中处于 D 位 1 挡时，若驾驶人突然松开加速踏板，发动机转速将立即降至怠速。此时由于汽车的惯性作用，驱动轮将通过变速器输出轴逆向驱动行星齿轮机构的前行星架和后齿圈组件以较高的转速旋转，使其成为主动件，前齿圈则成为从动件。当前行星架朝顺时针方向带动前行星轮转动时，由于前齿圈转速低，前行星轮在顺时针方向公转的同时也逆时针方向自转，从而带动前后太阳轮组件以较高转速顺时针方向转动，导致后太阳轮和后齿圈同时以较高的转速带动后行星轮顺时针方向转动，使后行星轮在自转的同时对后行星架产生一个顺时针方向的转矩。

由于低挡单向离合器 F_1 对后行星架顺时针方向的转动无锁止作用，后行星架在后行星轮的带动下顺时针方向自由转动。此时，行星齿轮机构的四个独立元件中有两个处于自由状态，行星齿轮机构失去动力传递能力，与驱动轴相连的输出轴反向驱动力无法经过行星齿轮变速机构传给变速器输入轴，此时汽车相当于空挡滑行。这种情况在一般使用条件下有利于提高汽车的乘坐舒适性和燃油经济性，但在汽车下坡时却无法利用发动机的怠速运转阻力来实现发动机制动，让汽车减速。

为了利用发动机制动，可将变速器变速杆从 D 位移至 1 位(或 L 位)。自动变速器变速杆在 1 位(或 L 位)时，前进离合器 C_1 接合，低挡及倒挡制动器 B_2 制动，输入轴与前行星排齿圈连成一体，后行星排行星架制动。其动力传递路线及传动比与自动变速器变速杆在 D 位 1 挡时完全相同。

当松开加速踏板后，发动机处于怠速工况而汽车在惯性的作用下滑行时，汽车驱动轮通过变速器输出轴驱动行星齿轮机构，因后行星架始终被低挡及倒挡制动器 B_2 固定，则与前进 1 挡不同，此时可反向驱动行星齿轮变速机构输入轴以原来的转速旋转，导致与变速器输入轴相连的液力变矩器涡轮转速高于与发动机曲轴相连的液力变矩器泵轮转速，使汽车驱动轮通过行星齿轮变速机构和变矩器逆向驱动发动机曲轴。而发动机怠速运行阻力却限制驱动轮的转速，使汽车减速，从而实现发动机制动，如图 3-23 所示。

(5) 倒挡(R 位)　此时倒挡及高挡离合器 C_2 接合，使前后太阳轮组件成为输入元件，同时低挡及倒挡制动器 B_2 制动，将后行星架固定。

此时发动机动力经输入轴传给前后太阳轮组件，使前后太阳轮顺时针方向转动。由于后行星架固定不动，在后行星排中，后行星轮在后太阳轮的驱动下逆时针方向转动，并带动后齿圈逆时针方向转动，此时输出轴也逆时针转动，从而改变了传动方向，如图 3-24 所示。

注意：此时前排行星齿轮机构的行星架和前齿圈处于空转状态。

(6) 空挡(N 位)或驻车挡(P 位)　自动变速器变速杆置于 N 位或 P 位时，所有换挡执行元件都不工作，输入轴空转。当自动变速器变速杆置于 P 位时，一般自动变速器都是通过驻车锁止机构将变速器输出轴锁止实现驻车。驻车锁止机构由输出轴外齿圈、锁止棘爪、锁止凸轮等组成。锁止棘爪与固定在变速器壳体上的枢轴相连。

当变速杆置于 P 位时，手控连杆机构通过锁止凸轮将锁止棘爪推向输出轴外齿圈，使锁止棘爪上的齿嵌入输出轴外齿中，使变速器输出轴与壳体相连而无法转动，如图 3-25a 所示。

当自动变速器变速杆处于除 P 位以外的任一位置时，锁止凸轮退回，锁止棘爪在回位弹簧弹力的作用下从输出轴外齿圈中弹出并压紧在锁止凸轮表面，撤销锁止，如图 3-25b 所示。

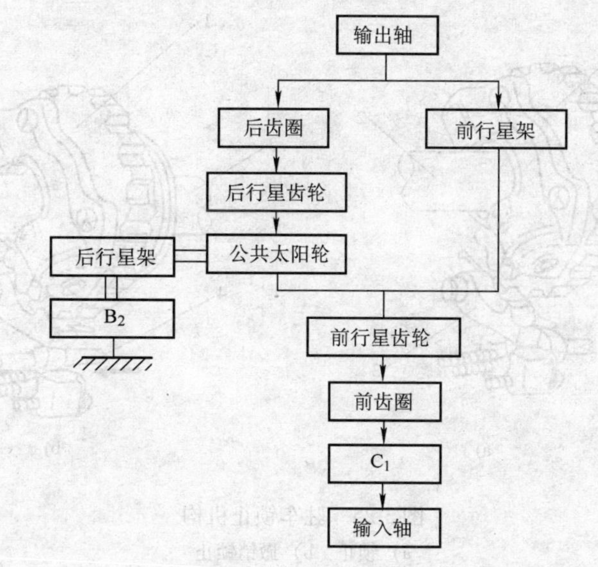

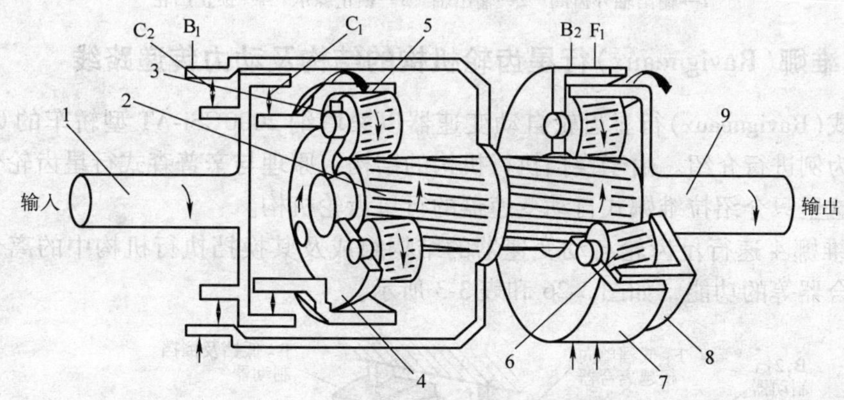

图 3-23 L 位 1 挡(发动机制动)动力传动路线及传动图

图注同图 3-18

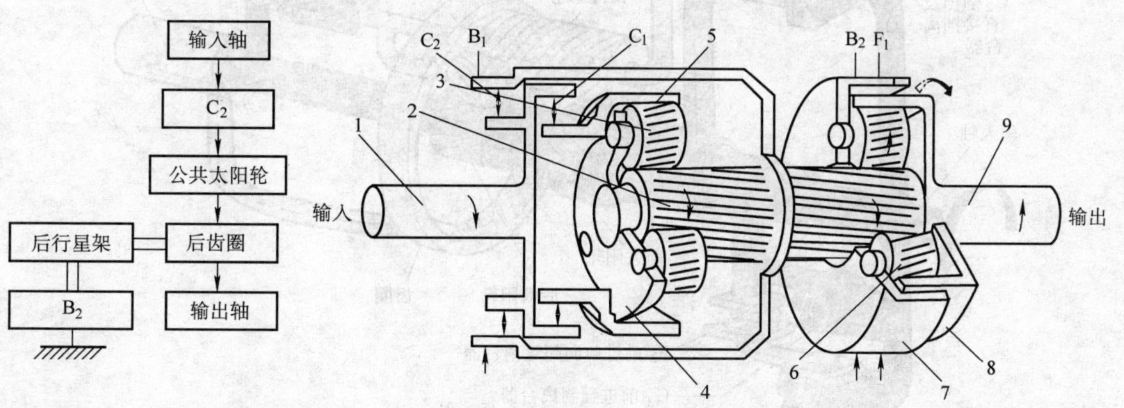

图 3-24 倒挡动力传递路线及传动图

图注同图 3-18

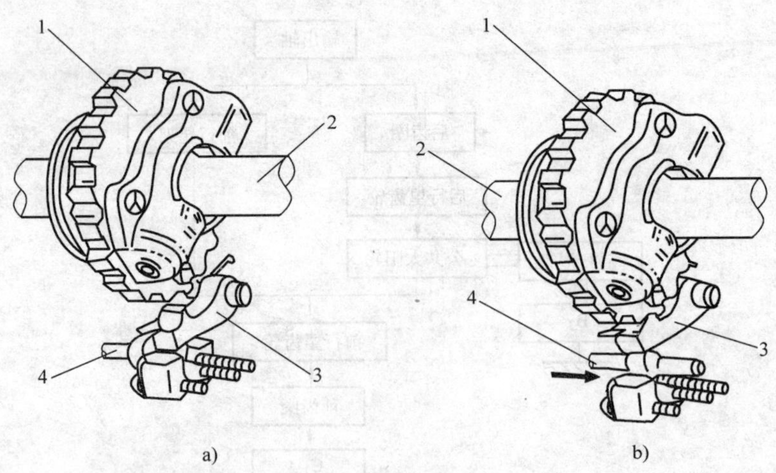

图 3-25 驻车锁止机构

a）锁止 b）撤销锁止

1—输出轴外齿圈 2—输出轴 3—锁止棘爪 4—锁止凸轮

五、拉维娜(Ravigneaux)行星齿轮机构的结构及动力传递路线

拉维娜式(Ravigneaux)行星齿轮自动变速器以桑塔纳 2000GSi-AT 型轿车的 01N 型 4 速自动变速器为例进行介绍。由于换挡执行机构的结构、原理与辛普森式行星齿轮变速器大同小异，因此这里只介绍拉维娜式自动变速器的行星齿轮机构。

典型拉维娜 4 速行星齿轮自动变速器的结构组成及其换挡执行机构中的离合器、制动器、单向离合器等的功能，如图 3-26 和表 3-3 所示。

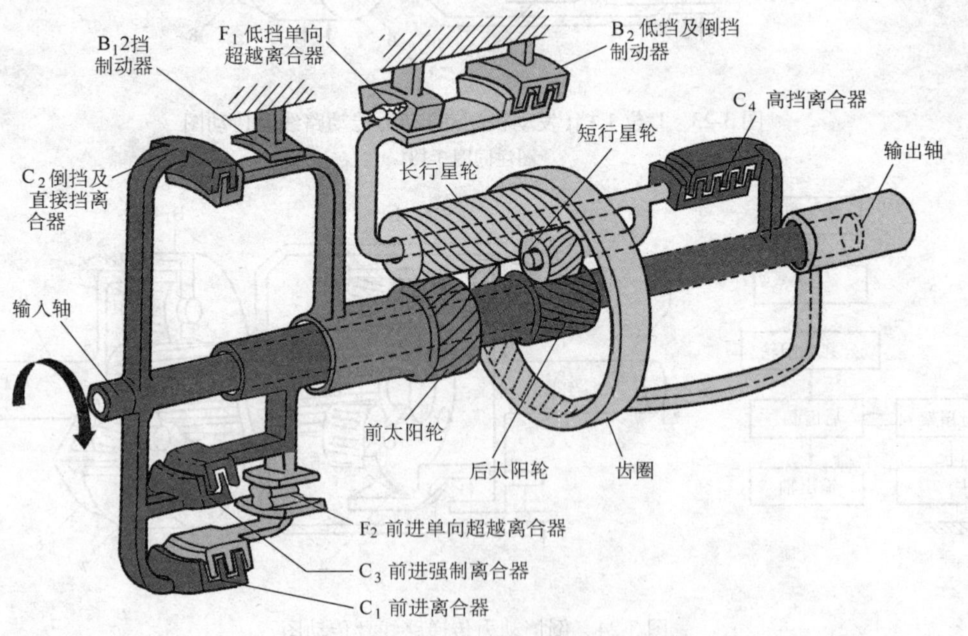

图 3-26 拉维娜式 4 速行星齿轮自动变速器

表 3-3　换挡执行元件的功能

换挡执行元件		功　能
C_1	前进挡离合器	通过 F_2 连接输入轴与后太阳轮
C_2	倒挡及直接挡离合器	连接输入轴与前太阳轮
C_3	前进挡强制离合器	连接输入轴与后太阳轮(即不经过 F_2 连接)
C_4	高挡离合器	连接输入轴与行星架组件(即公共行星架)
B_1	2 挡制动器	制动前太阳轮
B_2	低挡及倒挡离合器	制动行星架组件(即公共行星架)
F_1	低挡单向超越离合器	单向制动前太阳轮
F_2	前进单向超越离合器	单向连接 C_1 与后太阳轮

1. 拉维娜行星齿轮机构组成

拉维娜行星齿轮机构由双行星排组成，包括大太阳轮、小太阳轮、长行星轮、短行星轮、齿圈和行星架。大、小太阳轮采用分段式结构，使 3 挡到 4 挡的转换更加平顺。传力元件布置情况如图 3-27 所示。

短行星轮与小太阳轮啮合，长行星轮同时与大太阳轮、短行星轮及齿圈啮合，动力通过齿圈输出。两个行星轮共用一个行星架(这是拉维娜式行星齿轮自动变速器最显著的结构特点,参见图 3-26)。

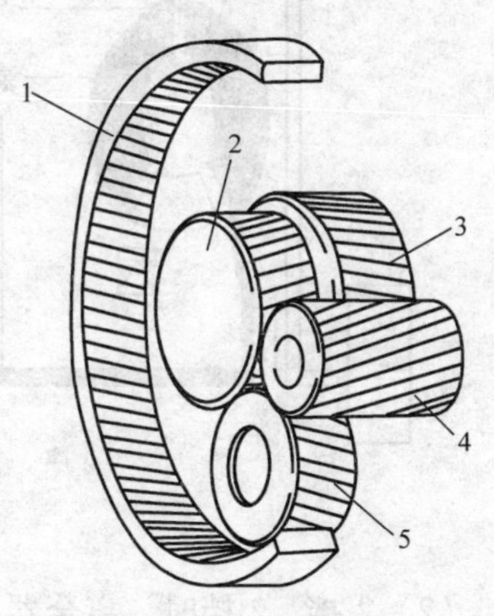

图 3-27　拉维娜行星齿轮机构传力元件布置简图

1—齿圈　2—小太阳轮　3—大太阳轮　4—长行星轮　5—短行星轮

2. 桑塔纳 2000 轿车 01N 型 4 速拉维娜行星齿轮自动变速器各挡传动路线

桑塔纳 2000 轿车 01N 型拉维娜行星齿轮自动变速器换挡执行元件的布置如图 3-28 所示。其中离合器 K_1 用于驱动小太阳轮，离合器 K_2 用于驱动大太阳轮，离合器 K_3 用于驱动行星架，制动器 B_1 用于制动行星架，制动器 B_2 用于制动大太阳轮，单向离合器 F 防止行星架逆时针转动，锁止离合器 LC 将变矩器的泵轮和涡轮刚性连在一起。

各挡位换挡执行元件的工作规律见表 3-4。

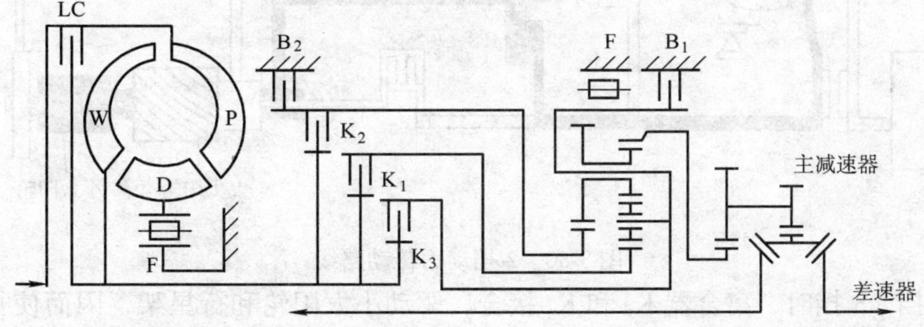

图 3-28　01N 型拉维娜行星齿轮自动变速器换挡执行元件布置示意图

表 3-4　拉维娜式 4 速行星齿轮自动变速器换挡执行元件工作规律

挡　位	B_1	B_2	K_1	K_2	K_3	F
倒挡	○			○		○
1 挡			○			○
2 挡		○	○			
3 挡			○		○	
4 挡		○			○	

各挡动力传动路线如下。

（1）1 挡　1 挡时，离合器 K_1 接合，单向离合器 F 工作，如图 3-29 所示。动力传动路线为：泵轮→涡轮→涡轮轴→离合器 K_1→小太阳轮→短行星轮→长行星轮→齿圈。

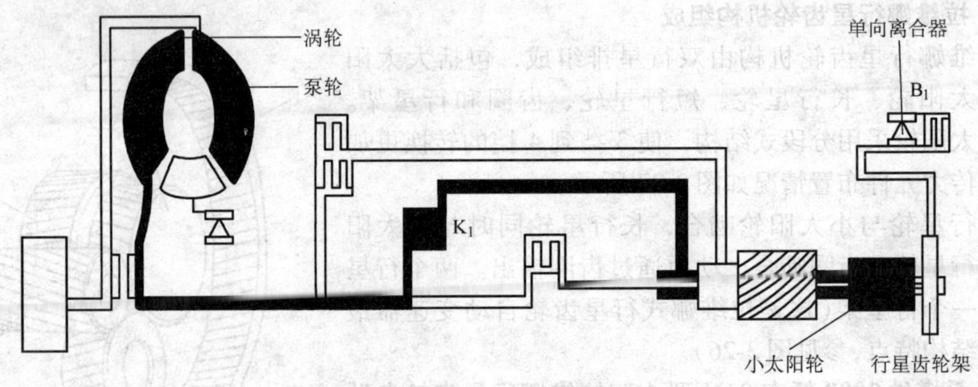

图 3-29　1 挡动力传动路线

（2）2 挡　2 挡时，离合器 K_1 接合，制动器 B_2 制动大太阳轮，如图 3-30 所示。动力传动路线为：泵轮→涡轮→涡轮轴→离合器 K_1→小太阳轮→短行星轮→长行星轮，长行星轮围绕大太阳轮转动并驱动齿圈。

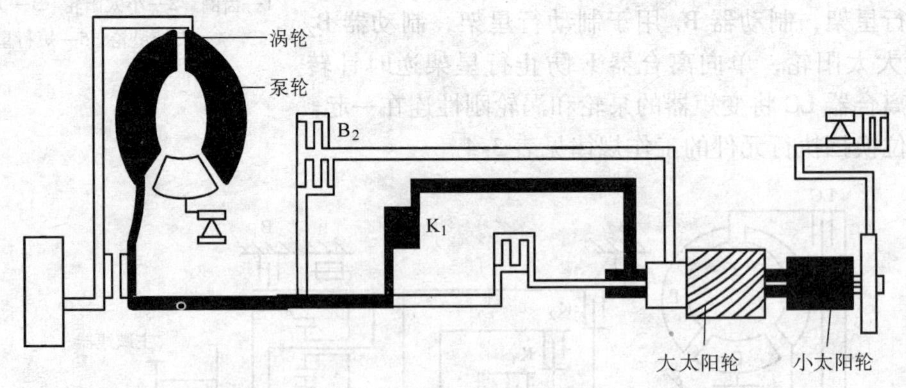

图 3-30　2 挡动力传动路线

（3）3 挡　3 挡时，离合器 K_1 和 K_3 接合，驱动小太阳轮和行星架，因而使行星齿轮机构锁止并一同转动，如图 3-31 所示。动力传动路线为：泵轮→涡轮→涡轮轴→离合器 K_1 和 K_3→整个行星齿轮机构共同转动。

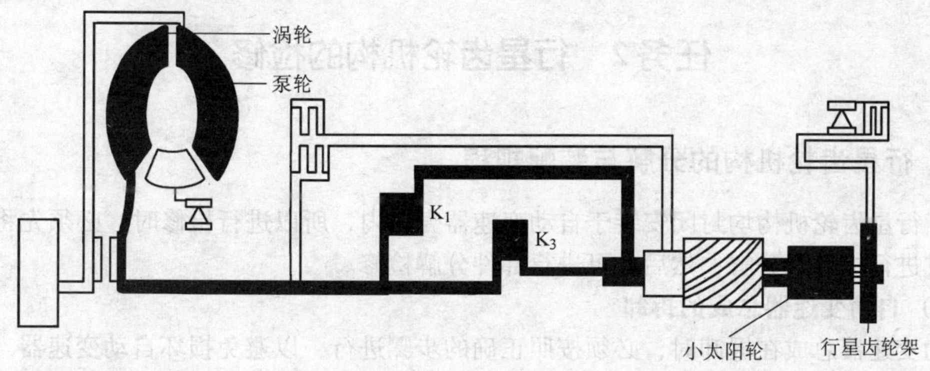

图 3-31　3 挡动力传动路线

（4）4 挡　4 挡时，离合器 K_3 接合，制动器 B_2 工作，使行星架工作，并制动大太阳轮，如图 3-32 所示。动力传动路线为：泵轮→涡轮→涡轮轴→离合器 K_3→行星架→长行星轮，长行星轮围绕大太阳轮转动并驱动齿圈。

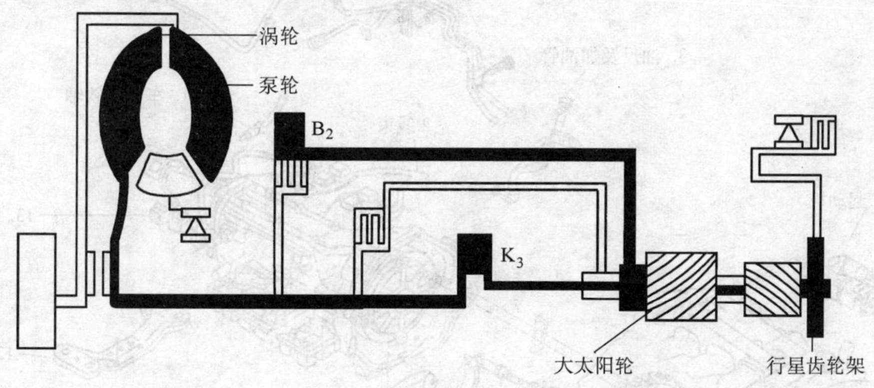

图 3-32　4 挡动力传动路线

（5）倒挡　变速杆在 R 位时，离合器 K_2 接合，驱动大太阳轮；制动器 B_1 工作，使行星架制动，如图 3-33 所示。动力传动路线为：泵轮→涡轮→涡轮轴→离合器 K_2→大太阳轮→长行星轮，长行星轮反向驱动齿圈。

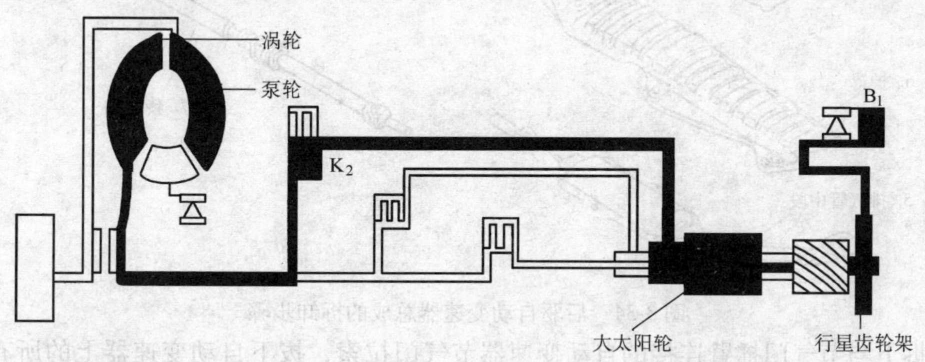

图 3-33　倒挡动力传动路线

任务2　行星齿轮机构的检修

一、行星齿轮机构的分解与装配规程

由于行星齿轮机构均封闭安装于自动变速器壳体内，所以进行检修时，必须先将自动变速器总成进行拆卸和分解，然后才可进行部件分解检修。

（一）自动变速器总成的拆卸

自动变速器总成在拆卸时，必须按照正确的步骤进行，以避免损坏自动变速器。

1. 后驱自动变速器总成的拆卸步骤

在拆卸自动变速器总成之前，应关闭汽车的点火开关，拆下蓄电池负极电缆，放掉自动变速器中的自动变速器油，然后按下列步骤进行拆卸，如图 3-34 所示。

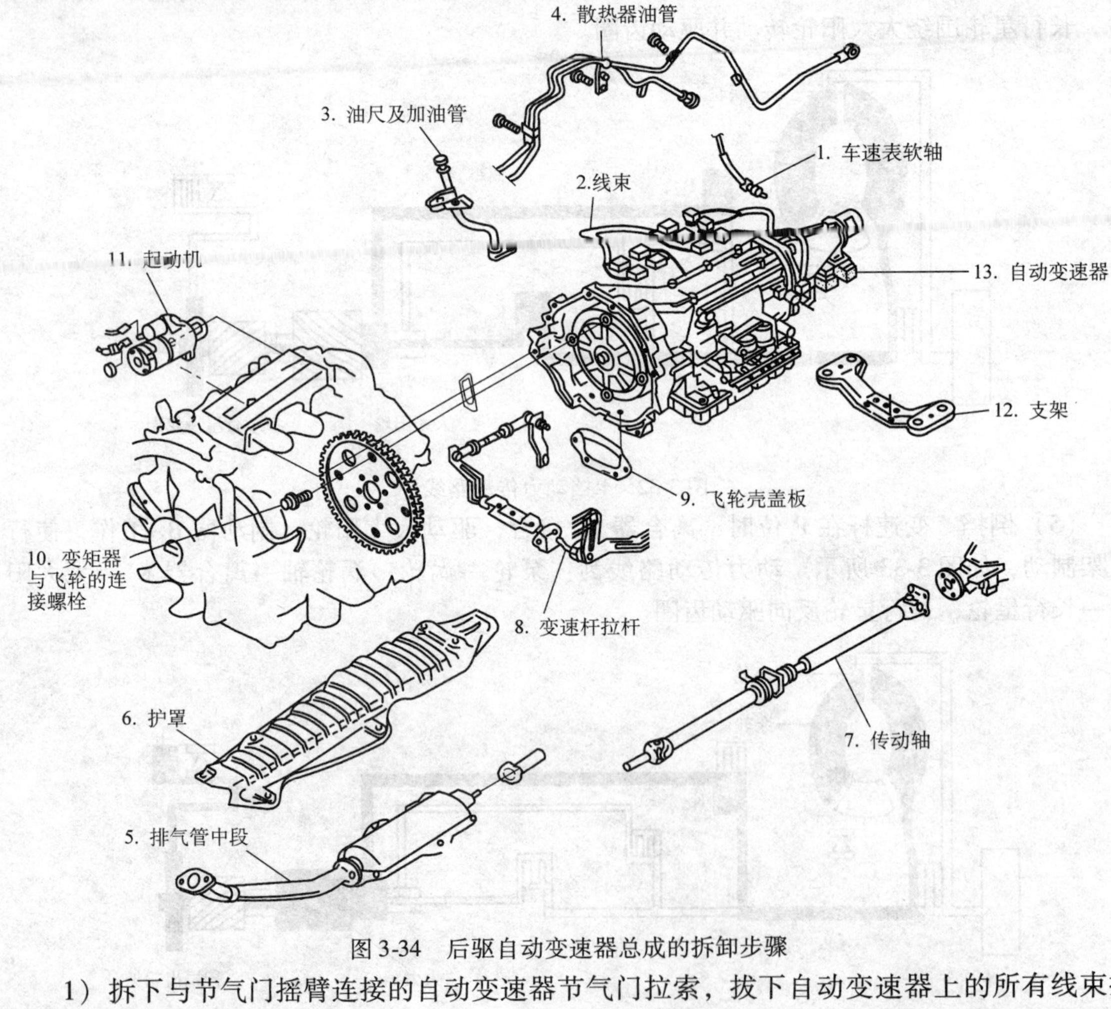

图 3-34　后驱自动变速器总成的拆卸步骤

1）拆下与节气门摇臂连接的自动变速器节气门拉索，拔下自动变速器上的所有线束插头，拆除车速表软轴、自动变速器油加油管、散热器油管、变速杆与手动阀摇臂的连接杆等所有与自动变速器连接的零部件。

2）拆去排气管中段，拆除自动变速器下方的护罩、护板等。

3）松开传动轴与自动变速器输出轴的连接螺栓，拆下传动轴。

4）拆下飞轮壳盖板，用螺钉旋具撬动飞轮，逐个拆下飞轮与变矩器的连接螺栓。

5）拆下起动机。

6）拆下自动变速器与车架的连接支架，用千斤顶托住自动变速器。

7）拆下自动变速器和飞轮壳的连接螺栓，将变矩器和自动变速器一同抬下。在抬下自动变速器时，应扶住变矩器，以防止滑落。

2. 前驱自动变速器总成的拆卸步骤

在拆卸前驱动自动变速器时，应先拆除变速器上方的有关部件，如蓄电池、空气滤清器、进气管等，同时还应拆去左右前轮和半轴。再按图 3-35 所示顺序拆除其他零件，并用

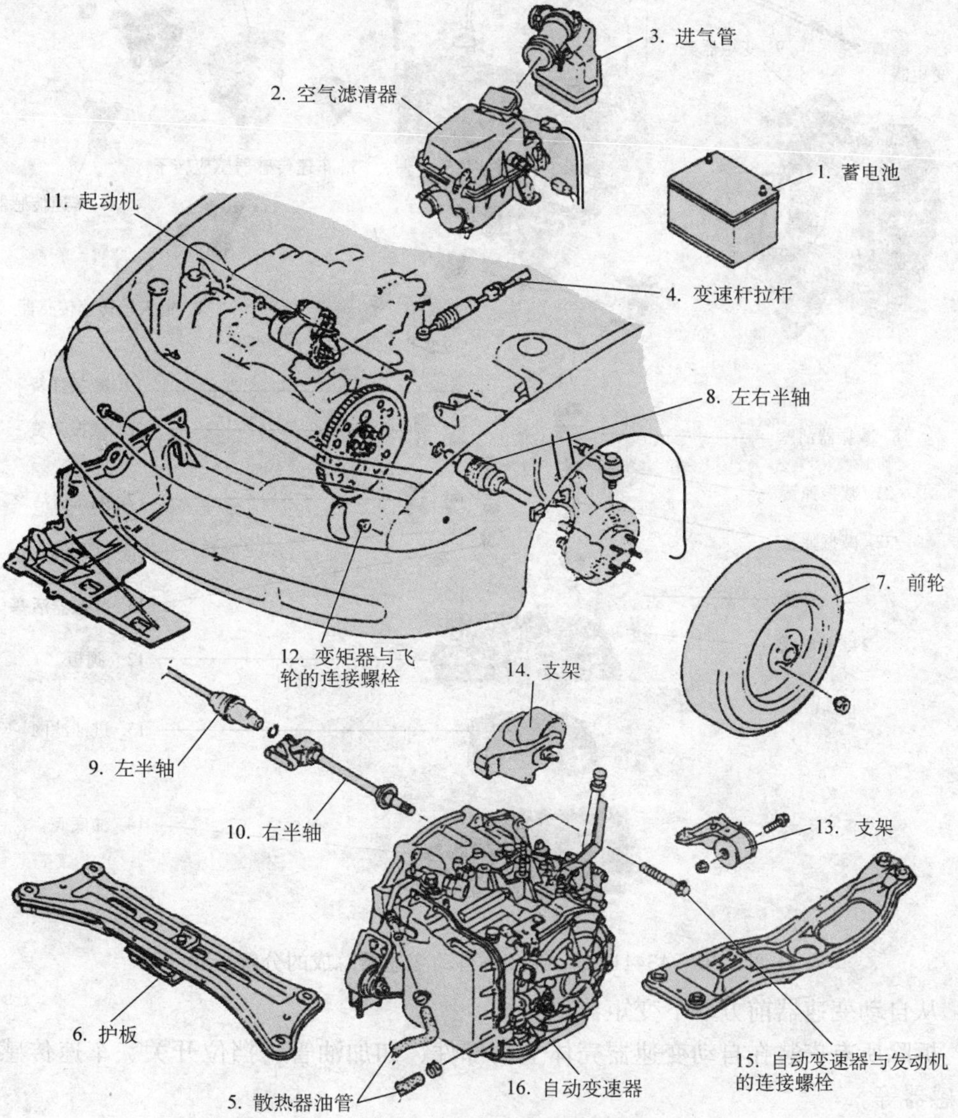

图 3-35 前驱自动变速器总成的拆卸步骤

专用支架将发动机吊住。

（二）自动变速器总成的分解

自动变速器总成的分解步骤以雷克萨斯 LS400 A341E 与 A342E 为例进行介绍，其他结构类型的自动变速器可参照进行。

A341E(含 A342E)自动变速器总成的分解步骤如下(图 3-36)。

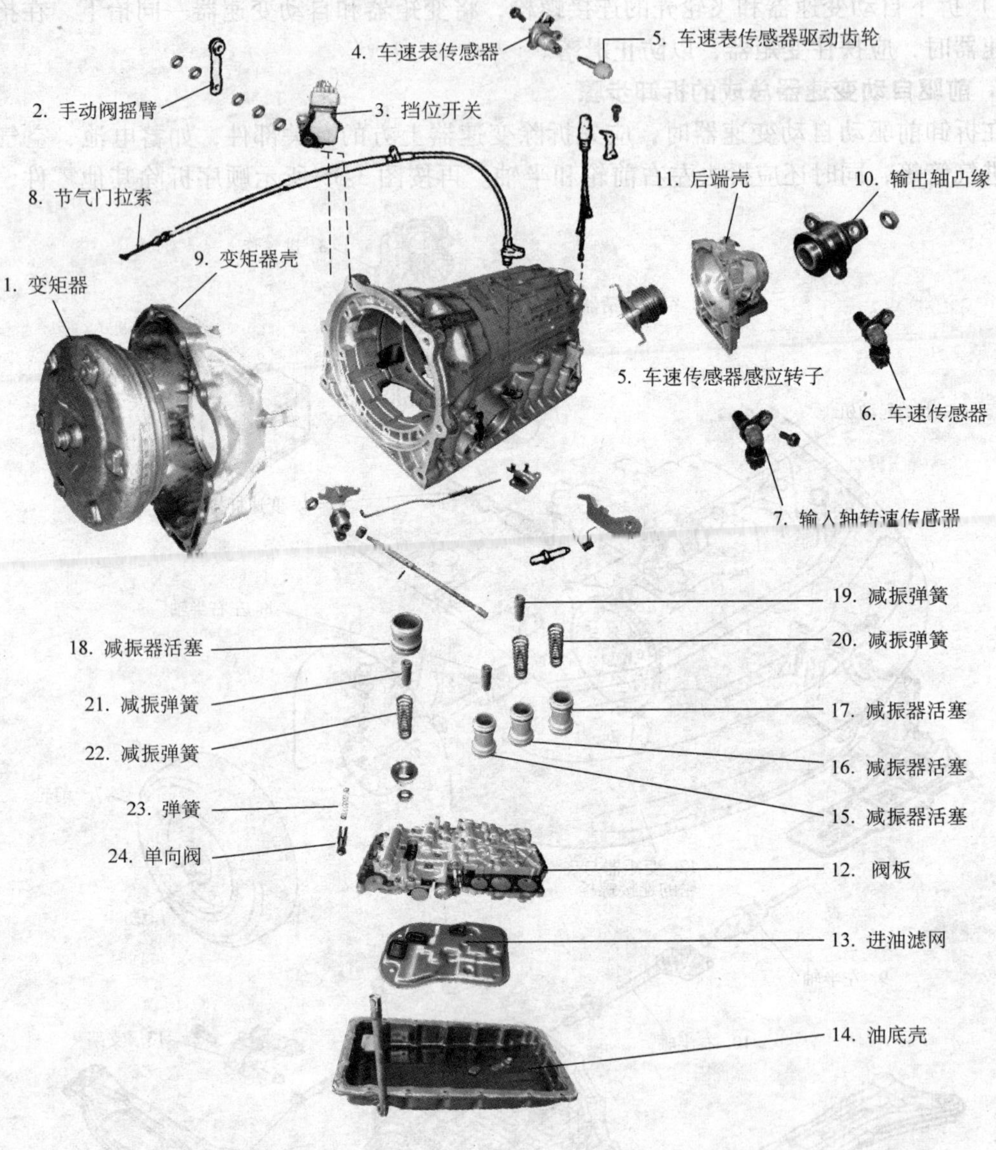

1. 变矩器
2. 手动阀摇臂
3. 挡位开关
4. 车速表传感器
5. 车速表传感器驱动齿轮
5. 车速传感器感应转子
6. 车速传感器
7. 输入轴转速传感器
8. 节气门拉索
9. 变矩器壳
10. 输出轴凸缘
11. 后端壳
12. 阀板
13. 进油滤网
14. 油底壳
15. 减振器活塞
16. 减振器活塞
17. 减振器活塞
18. 减振器活塞
19. 减振弹簧
20. 减振弹簧
21. 减振弹簧
22. 减振弹簧
23. 弹簧
24. 单向阀

图 3-36　A341E(含 A342E)自动变速器总成的分解步骤

1）从自动变速器前方取下变矩器。

2）拆除所有安装在自动变速器壳体上的部件，如加油管、挡位开关、车速传感器、输入轴传感器等。

3）松开紧固螺栓，拆下自动变速器前端的变矩器壳。

4）拆除输出轴凸缘和自动变速器后端壳，从输出轴上拆下车速传感器感应转子。

5）拆下油底壳，松开进油滤网与阀板之间的固定螺栓，从阀板上拆下进油滤网。

6）拔下连接在阀板上的所有线束插头，拆除与节气门阀连接的节气门拉索，松开阀板与自动变速器壳体之间的固定螺栓，取下阀板总成。

7）取出自动变速器壳体油道中的单向阀和弹簧(图3-37a)。

8）取出自动变速器壳体上的减振器活塞。方法是：用手指按住减振器活塞，从减振器活塞周围相应的油孔中吹入压缩空气(图3-37b)，将减振器活塞吹出。

a)

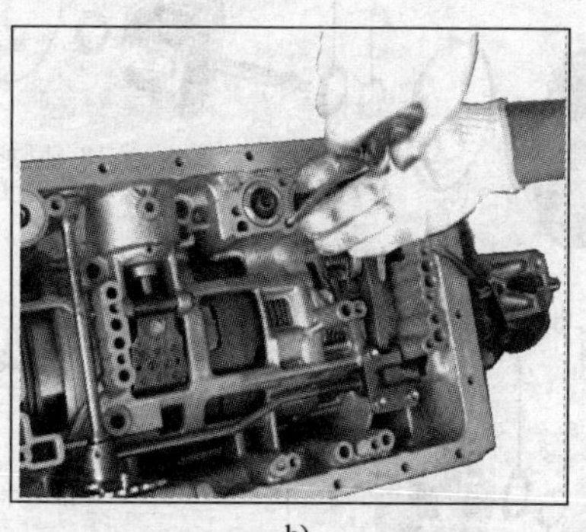

b)

图3-37 取出单向阀和减振器活塞操作要领

a）取出单向阀 b）取出减振器活塞

（三）行星齿轮机构部件的分解与检修

1. 自动变速器行星齿轮机构总体分解步骤

自动变速器行星齿轮机构的分解以A341E(含A342E)自动变速器为例，其分解步骤如图3-38所示。

1）从自动变速器前方取出超速行星架和直接离合器组件及超速齿圈。

2）拆卸超速制动器。

3）拆卸2挡强制制动带活塞。

4）取出中间轴、高挡及倒挡离合器和前进离合器组件。

5）拆出2挡强制制动带销轴，取出制动带。

6）拆出前行星排。

7）取出前后太阳轮组件和低挡单向超越离合器。

8）拆卸2挡制动器。

9）拆卸输出轴、后行星排和低挡及倒挡制动器组件。

2. 自动变速器行星齿轮机构中各换挡执行元件的分解步骤

(1) 直接离合器(C_0)的分解

1）从超速行星架和直接离合器组件上取下直接离合器(图3-39)。

2）用螺钉旋具拆除卡环，取出挡圈、摩擦片、钢片。

3）使用专用工具，将活塞回位弹簧座圈压下，用卡环钳或螺钉旋具拆下卡环，取出弹簧座圈和回位弹簧。

4）先将油泵装在变矩器上，再将直接离合器装在油泵上，方法是向油道内吹入压缩空气，取出活塞。

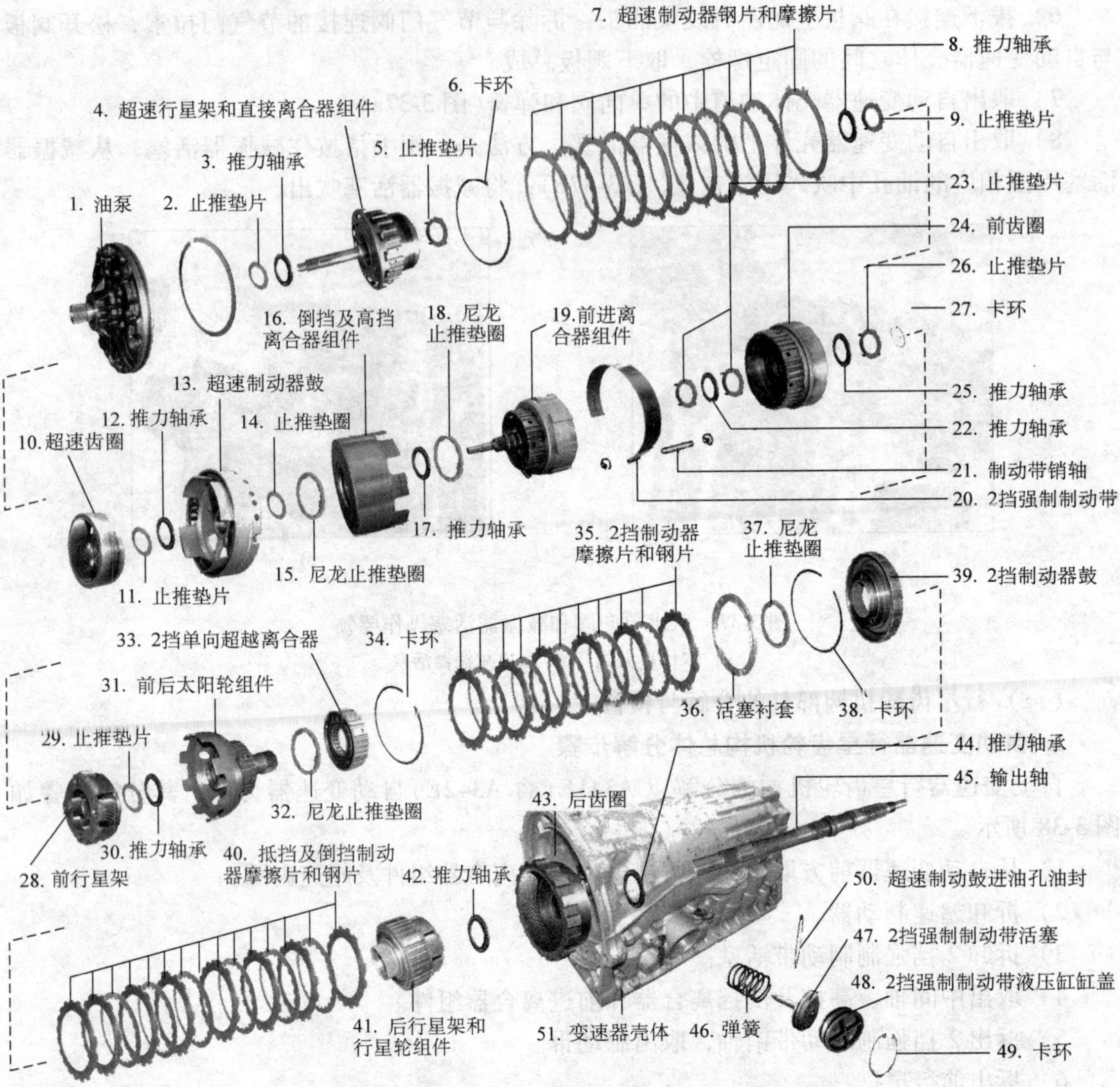

1. 油泵
2. 止推垫片
3. 推力轴承
4. 超速行星架和直接离合器组件
5. 止推垫片
6. 卡环
7. 超速制动器钢片和摩擦片
8. 推力轴承
9. 止推垫片
10. 超速齿圈
11. 止推垫片
12. 推力轴承
13. 超速制动器鼓
14. 止推垫圈
15. 尼龙止推垫圈
16. 倒挡及高挡离合器组件
17. 推力轴承
18. 尼龙止推垫圈
19. 前进离合器组件
20. 2挡强制制动带
21. 制动带销轴
22. 推力轴承
23. 止推垫片
24. 前齿圈
25. 推力轴承
26. 止推垫片
27. 卡环
28. 前行星架
29. 止推垫片
30. 推力轴承
31. 前后太阳轮组件
32. 尼龙止推垫圈
33. 2挡单向超越离合器
34. 卡环
35. 2挡制动器摩擦片和钢片
36. 活塞衬套
37. 尼龙止推垫圈
38. 卡环
39. 2挡制动器鼓
40. 抵挡及倒挡制动器摩擦片和钢片
41. 后行星架和行星轮组件
42. 推力轴承
43. 后齿圈
44. 推力轴承
45. 输出轴
46. 弹簧
47. 2挡强制制动带活塞
48. 2挡强制制动带液压缸缸盖
49. 卡环
50. 超速制动鼓进油孔油封
51. 变速器壳体

图 3-38　A341E(含 A342E)自动变速器行星齿轮机构的分解步骤

5）拆下活塞上的 O 形密封圈。

(2）超速制动器(B_0)的分解　在分解自动变速器时，超速制动器(图 3-40)的摩擦片和钢片已经拆出，这里只要进一步分解超速制动器鼓即可。

1）使用专用工具，将活塞回位弹簧座圈压下，用螺钉旋具拆下卡环，取出回位弹簧和弹簧座圈。

2）将超速制动器鼓装在倒挡及高挡离合器上，方法是从油道内吹入压缩空气，取出活塞。

3）拆下活塞内外圆上的 O 形密封圈及制动鼓后端轴颈上的密封环和推力轴承座。

(3）倒挡及高挡离合器(C_1)的分解

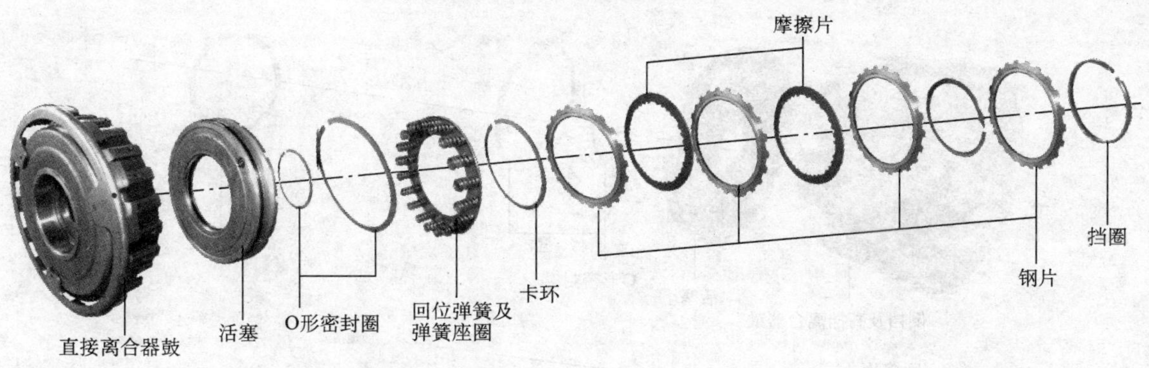

图 3-39 A341E（含 A342E）自动变速器直接离合器的分解步骤

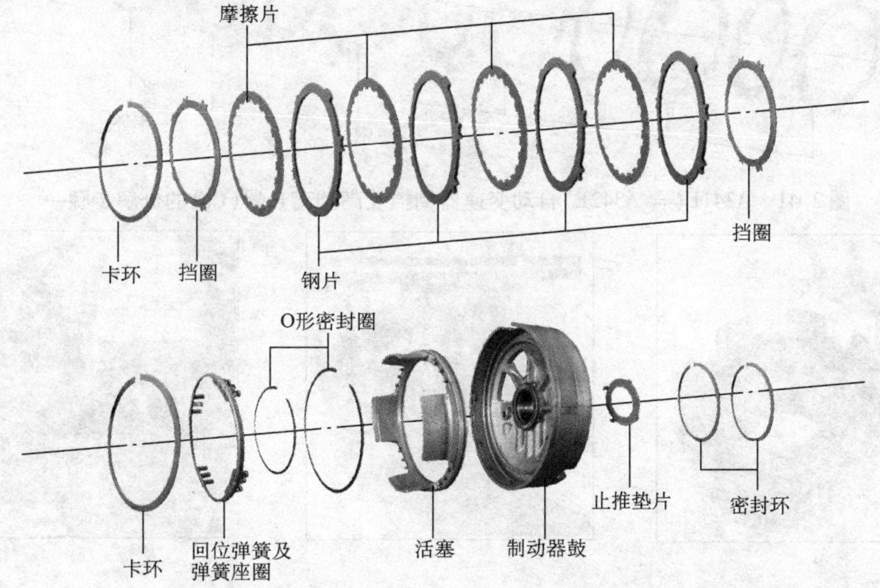

图 3-40 A341E（含 A342E）自动变速器超速制动器的分解步骤

1）用螺钉旋具拆下卡环，取出倒挡及高挡离合器（图 3-41）的挡圈、摩擦片、钢片（图 3-42a）。

2）使用专用工具，将倒挡及高挡离合器活塞回位弹簧座圈压下，用卡环钳或螺钉旋具拆下卡环，取出回位弹簧及弹簧座圈（图 3-42b）。

3）将倒挡及高挡离合器装在超速制动器鼓上，按图 3-42c 所示方向向油道内吹入压缩空气，取出活塞。

4）取下活塞内外圆上的两个 O 形密封圈。

（4）前进离合器（C_2）的分解

1）用螺钉旋具拆下卡环，取出前进离合器（图 3-43）的挡圈、摩擦片、钢片（图3-44a）。

2）使用专用工具，将前进离合器活塞回位弹簧座圈压下，用卡环钳或螺钉旋具拆下卡环，取出回位弹簧及弹簧座圈（图 3-44b）。

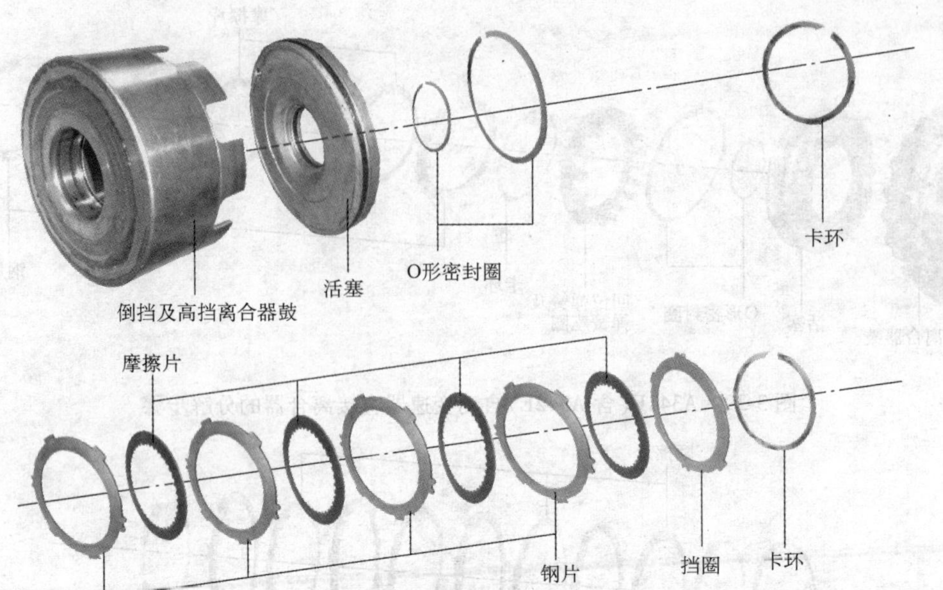

图 3-41 A341E(含 A342E)自动变速器倒挡及高挡离合器(C_1)的分解步骤一

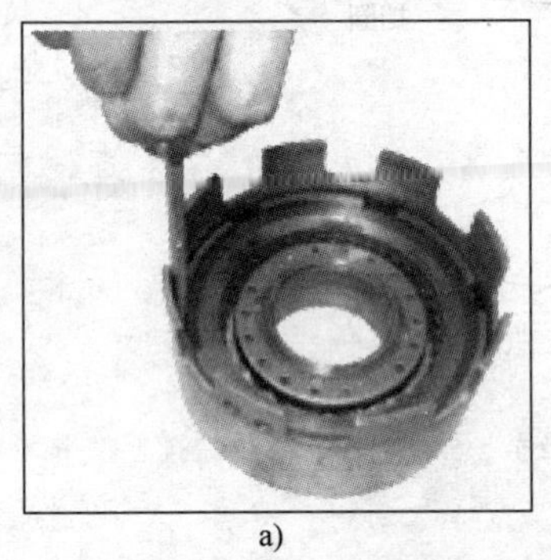

a)

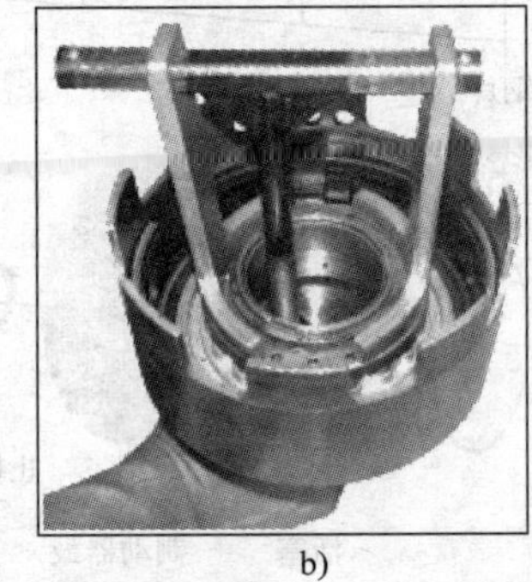

b)

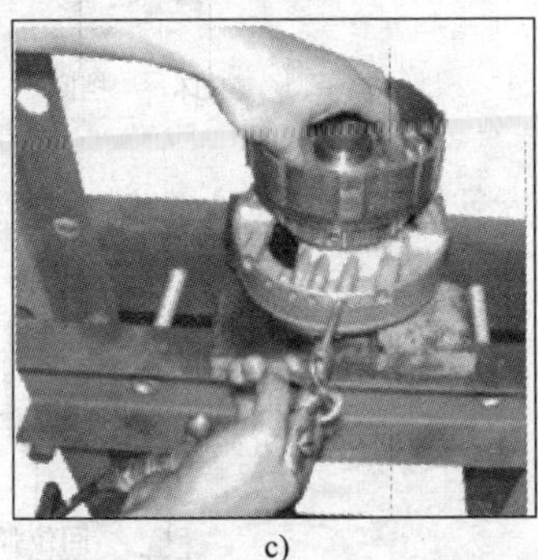

c)

图 3-42 A341E(含 A342E)自动变速器倒挡及高挡离合器(C_1)的分解步骤二

a) 取出挡圈、摩擦片、钢片 b) 拆下卡环，取出回位弹簧及弹簧座圈 c) 取出活塞

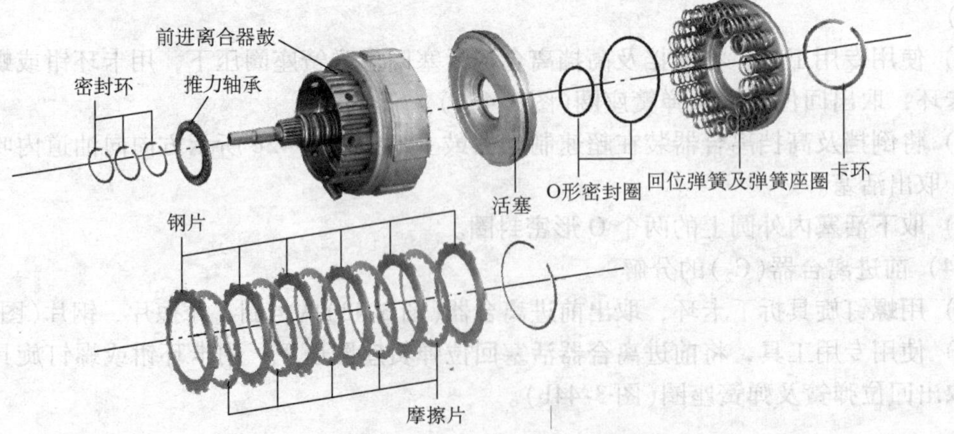

图 3-43 A341E(含 A342E)自动变速器前进挡离合器的分解步骤一

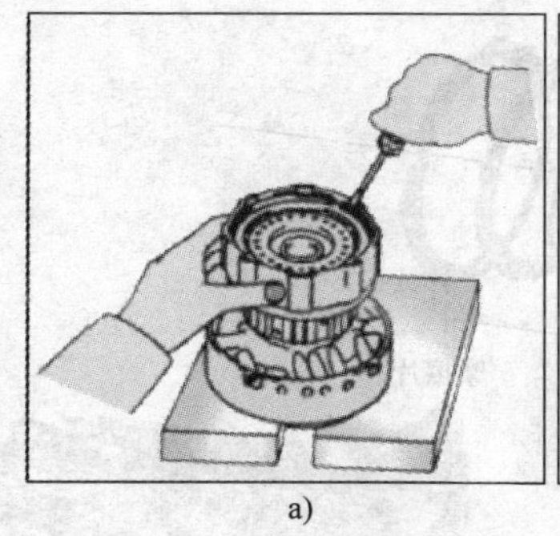

a)

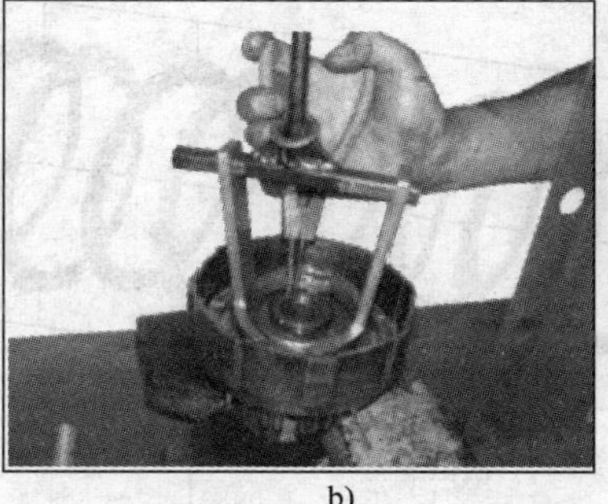

b)

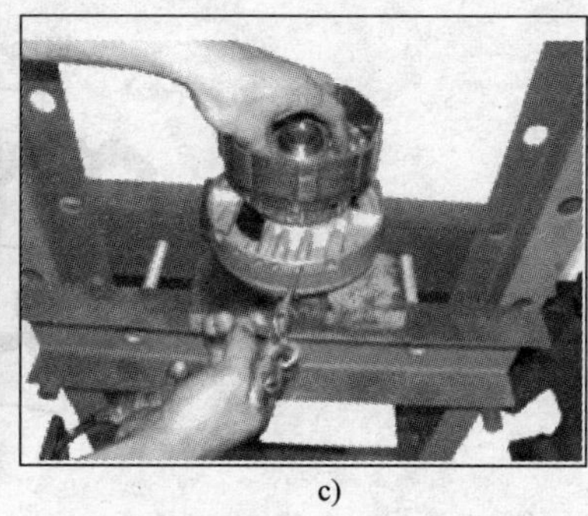

c)

图 3-44　A341E(含 A342E)自动变速器前进挡离合器的分解步骤二

a）取出挡圈、摩擦片、钢片　b）拆下卡环，取出回位弹簧及弹簧座圈　c）取出活塞

3）将前进离合器装在超速制动器鼓上，按图 3-44c 所示方法向油道内吹入压缩空气，取出前进离合器活塞。

4）取下活塞内外圆上的两个 O 形密封圈及前进离合器鼓前端轴颈上的密封环。

（5）2 挡制动器(B_1)的分解　在分解自动变速器时 2 挡制动器(图 3-45)的摩擦片和钢片已经拆出，这里只要进一步分解 2 挡制动器鼓即可。

1）使用专用工具，将 2 挡制动器活塞回位弹簧座圈压下，用螺钉旋具或卡环钳拆下卡环，取出回位弹簧及弹簧座圈。

2）从 2 挡制动器鼓外圆上的油孔处吹入压缩空气，取出活塞。

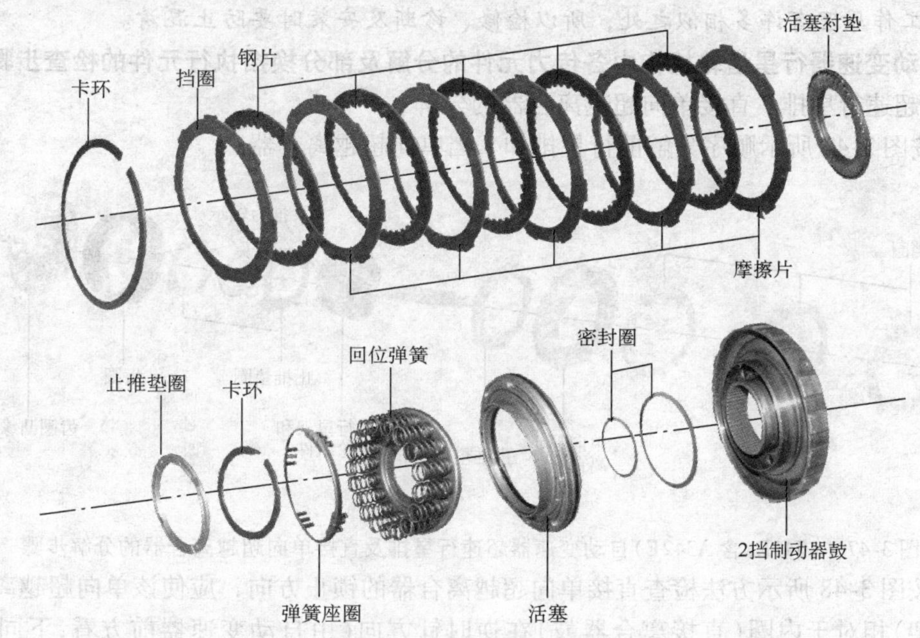

图 3-45　A341E(含 A342E)自动变速器 2 挡制动器的分解步骤

（6）低挡及倒挡制动器(B_2)的分解

1）使用专用工具，将自动变速器壳内的低挡及倒挡制动器(图 3-46)活塞的回位弹簧座圈压下，用螺钉旋具或卡环钳拆下卡环。

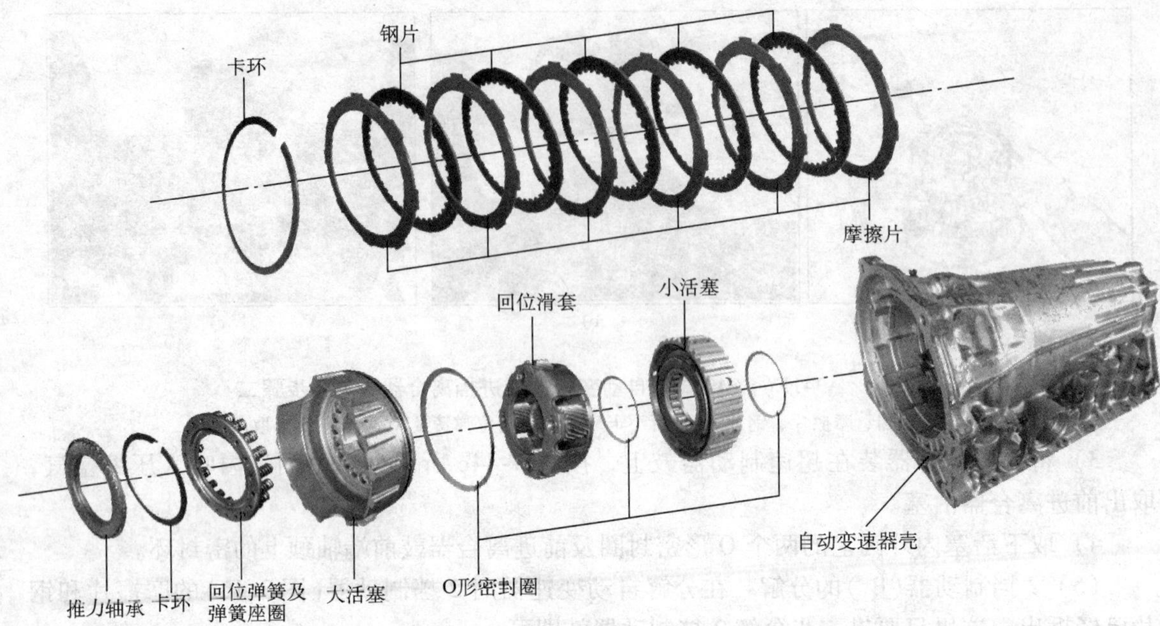

图 3-46　A341E(含 A342E)自动变速器低挡及倒挡制动器(B_2)的分解步骤

2）从壳体上的低挡及倒挡制动器进油孔处吹入压缩空气，取出大活塞。

注意：自动变速器行星齿轮机构中的单向离合器、离合器和制动器等换挡执行元件的结构组成及工作原理有许多相似之处，所以检修、诊断及安装时要防止混淆。

3. 自动变速器行星齿轮机构中各传力元件的分解及部分换挡执行元件的检查步骤

（1）超速行星排、直接单向超越离合器的分解

1）按图 3-47 所示顺序分解前行星排和 2 挡单向超越离合器。

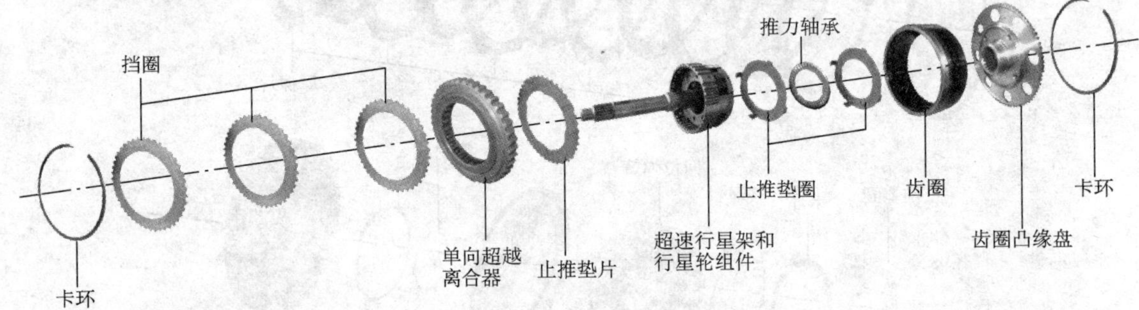

图 3-47　A341E(含 A342E)自动变速器超速行星排及直接单向超越离合器的分解步骤

2）按图 3-48 所示方法检查直接单向超越离合器的锁止方向，应使该单向超越离合器外圈(行星架)相对于内圈(直接离合器鼓)在逆时针方向(由自动变速器前方看,下同)锁止，在顺时针方向可以自由转动。

（2）行星排、2 挡单向超越离合器的分解

1）按图 3-49 所示顺序分解前行星排和 2 挡单向超越离合器。

2）用左手握住太阳轮驱动鼓、右手转动 2 挡单向超越离合器外圈，检查 2 挡单向超越

离合器的锁止方向(图 3-50)，应使外圈相对于内圈在逆时针方向锁止，在顺时针方向能自由转动。

(3) 后行星排、低挡单向超越离合器的分解

1) 按图 3-51 所示顺序分解后行星排和低挡单向超越离合器。

2) 按图 3-52 所示用左手握住后行星架，右手转动低挡单向超越离合器内圈，检查其锁止方向。应使内圈相对于外圈在顺时针方向锁止，在逆时针方向可以自由转动。

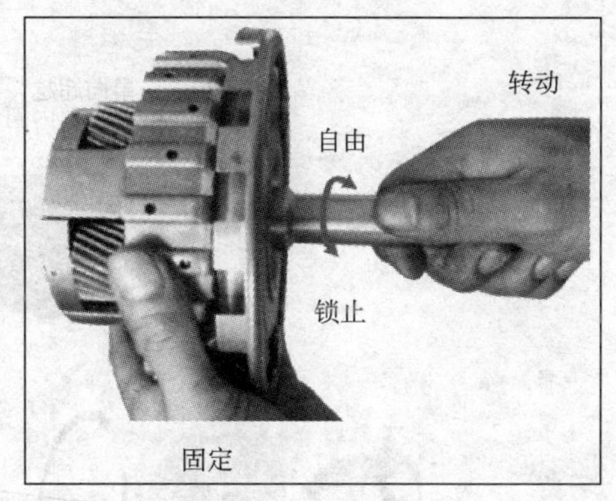

图 3-48 A341E(含 A342E)自动变速器直接单向超越离合器锁止方向的检查

注意： 行星齿轮机构中的传力元件都是机械组合而成的，所以在故障码上较难反映。掌握好传力元件的结构对故障点的判断尤为重要，对此，可结合道路试验一并进行。

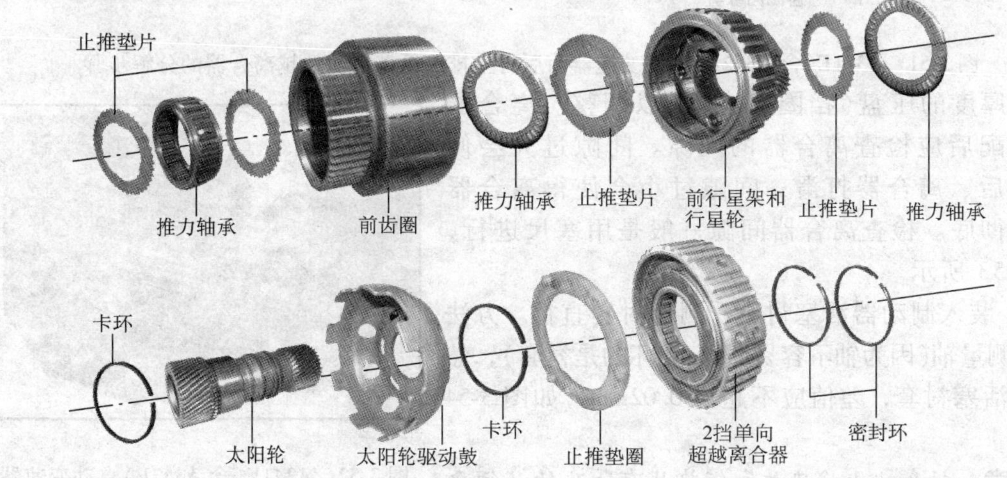

图 3-49 A341E(含 A342E)自动变速器前行星排和 2 挡单向超越离合器的分解步骤

(四) 行星齿轮机构的装配规程

行星齿轮机构的装配顺序与分解顺序相反，但要注意的是行星齿轮机构进行装配时，要边装配，边测量，边试转。为避免装完后齿轮机构出现不能正常运转或卡死等现象，装配行星齿轮机构时应按以下规程进行。

1) 将推力轴承和装配好的输出轴，后行星排和低、倒挡制动器组件装入变速器壳，装入制动器鼓。

注意： 将制动器鼓上的进油孔朝向自动变速器下方。

2) 用塞尺测量低、倒挡制动器及各离合器的自由间隙，并使其符合标准。如不符合标准，应取出低、倒挡制动器或不符合规定的离合器，更

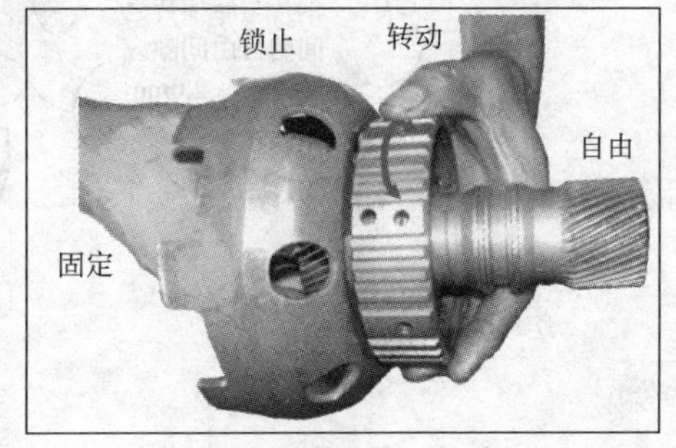

图 3-50 A341E(含 A342E)自动变速器 2 挡单向超越离合器的检查

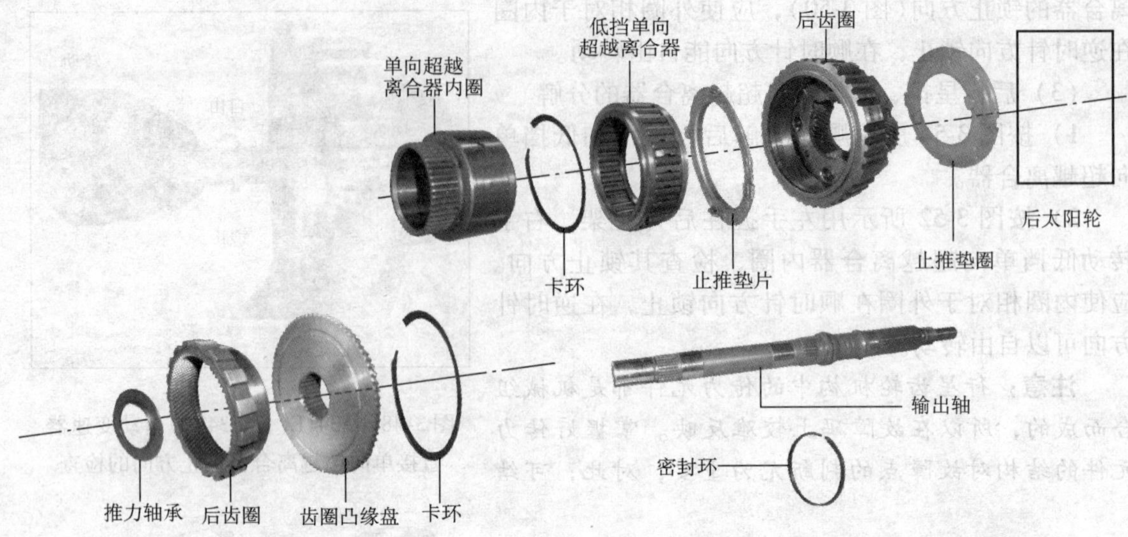

图 3-51　A341E(含 A342E)自动变速器前后行星排和低挡单向超越离合器的分解步骤

换不同厚度的压盘(挡圈)，并予以调整。离合器重新装配后应检查离合器的间隙。间隙过大会使换挡滞后、离合器打滑；间隙过小会使得离合器分离不彻底。检查离合器间隙一般是用塞尺进行，如图 3-53 所示。

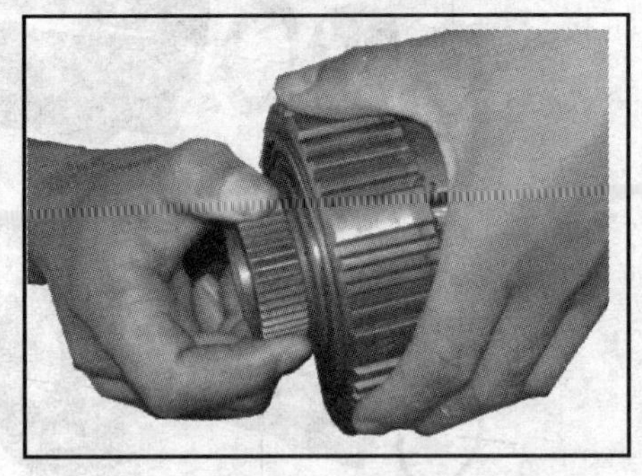

图 3-52　A341E(含 A342E)自动变速器低挡单向超越离合器锁止方向的检查

3）装入制动器活塞衬套，测量衬套直径。方法是：先测量轴(因为轴不容易磨损,损坏的是衬套)，然后测量活塞衬套，差值应不超过 0.02mm，如图 3-54 所示。

注意：*衬套、止推垫片和铜垫片有油孔的必须要对准油孔。*

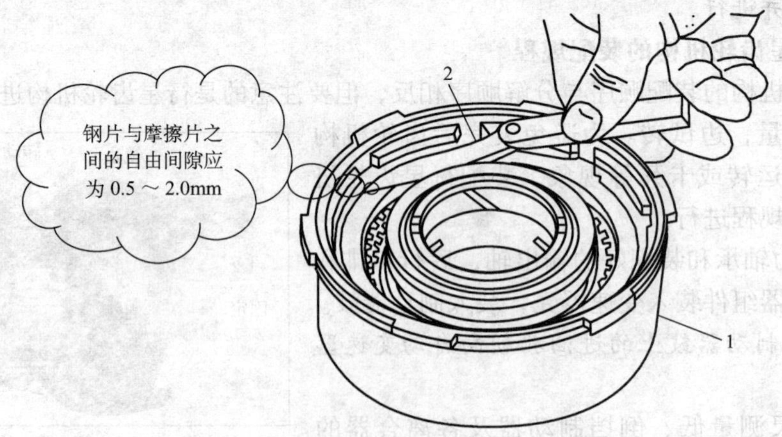

图 3-53　检查离合器间隙

1—离合器总成　2—塞尺

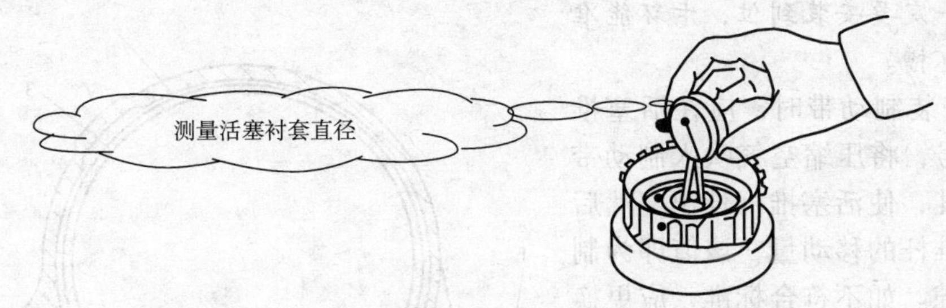

图 3-54 测量活塞衬套直径

4）检查单向离合器。方法是：一手握住单向离合器，一手顺时针转动灵活无卡滞，逆时针锁住转不动，否则应更换，如图 3-55 所示。

5）将制动器的钢片和摩擦片装入变速器壳体，装入卡环。用塞尺测量制动器自由间隙，使之符合标准。如不符合标准，应更换不同厚度的挡圈，并予以调整。

6）安装离合器时，钢片与摩擦片交错排列；检查活塞密封性和活塞的自由行程。方法是用 L 形传动标与百分表、支架测量。通 170 ~ 240kPa 气压测量，行程应为 1.45 ~ 1.70mm，否则更换压盘(挡圈)，如图 3-56 所示。

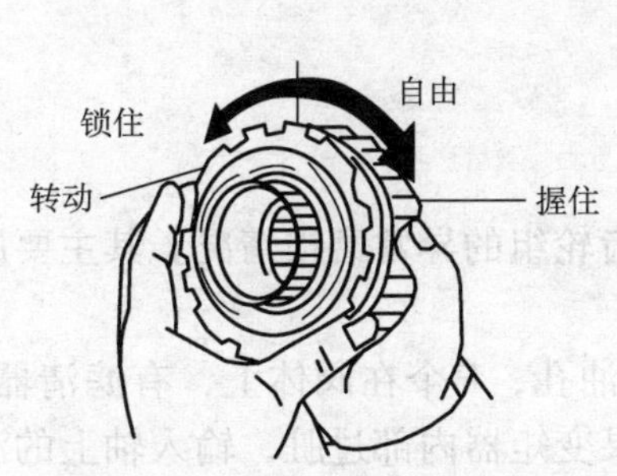

图 3-55 检查单向离合器

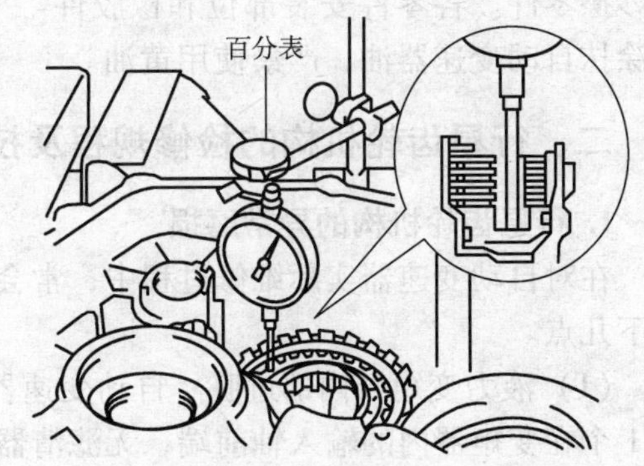

图 3-56 测量活塞的自由行程图

7）装入前后太阳轮组件、前行星架和行星齿轮组件及推力轴承。将自动变速器立起，用木块垫住输出轴；安装前行星架上的卡环及止推垫片，安装 2 挡强制制动带及制动带销轴，如图 3-57 所示。

注意：将自动变速器立起，不仅仅是保护好零件，更重要的是保证安装准确到位。

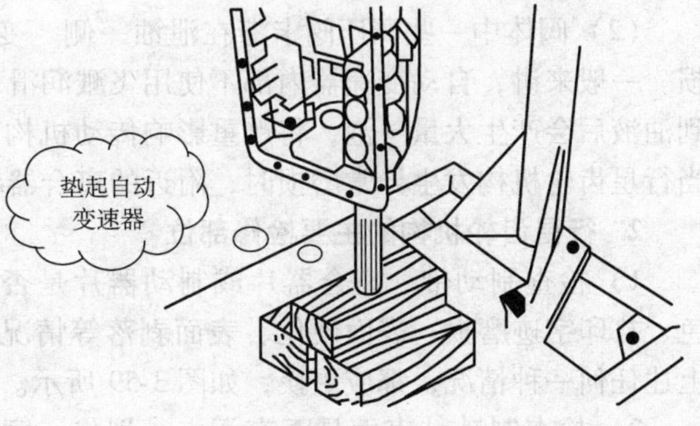

图 3-57 前后太阳轮组件等的安装

8）将已装配好的高、倒挡离合器组件，前进挡离合器组件及前齿圈组装在一起，注意安装好各组件之间的推力轴承及止推垫片。在向壳体安装的过程中，如组件不好装，可以分成各个零件单独安装。

注意：一定要安装到位，卡环能准确安装到卡环槽。

9）在安装制动带时，应在活塞推杆上做一记号，将压缩空气吹入制动带液压缸进油孔，使活塞推杆伸出，然后用塞尺测量推杆的移动量，该值即为制动带自由间隙。如不符合标准，应更换不同长度的活塞推杆，并予以调整。

方法是：将调整螺钉上的锁紧螺母拧松并退回大约五圈，然后用扭力扳手按规定转矩将调整螺钉拧紧，再按维修手册的要求将调整螺钉退回一定圈数，最后用锁紧螺母紧固，如图3-58所示。

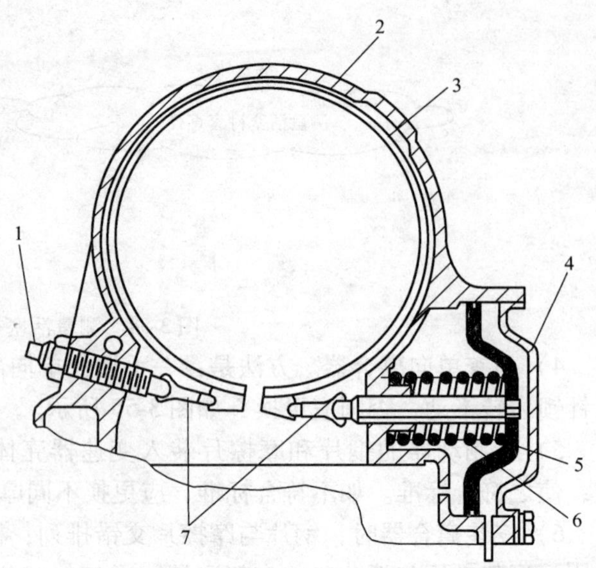

图3-58　带式制动器活塞推杆的调整原理

1—调整螺钉（固定支承端）　2—制动带　3—制动鼓　4—液压缸盖　5—活塞　6—回位弹簧　7—支柱

10）装配自动变速器时，严禁使用棉纱擦零件。各零件安装部位和橡胶件应涂抹自动变速器油，严禁使用黄油。

二、行星齿轮机构的检修规程及技术要求

1. 行星齿轮机构的异常磨损

在对自动变速器实际维修过程中，常会遇到行星齿轮组的异常磨损情况。其主要原因有以下几点。

（1）液力变矩器内部过脏　自动变速器的2个进油孔，1个在阀体上，有滤清器保护，另1个在变矩器内的输入轴前端，无滤清器保护。如果变矩器内部过脏，输入轴上的润滑油路有可能被堵塞，导致行星齿轮润滑不良，造成早期磨损。变矩器内部过脏可能是由摩擦片烧蚀产生的粉末进入造成的。

（2）阀体中一些调压阀卡滞在泄油一侧　变速器的油液液面过高也会造成部件异常磨损。一般来讲，自动变速器内部不使用飞溅润滑，若使用飞溅润滑，则行星齿轮机构在接触到油液后会产生大量气泡，将严重影响传动机构的润滑效果，从而导致传动机构过早磨损。当行星齿轮机构发生异常磨损时，附近的离合器和制动器会出现严重烧蚀。

2. 行星齿轮机构的主要检修部位

1）检查制动带、离合器片或制动器片是否破裂、变色、打印字迹磨损、表面硬化、表面剥落等情况，如果有上述任何一种情况，都应更换，如图3-59所示。

2）检查制动鼓表面是否有污点、划伤、磨光、变形等缺陷，如图3-60所示。

3）检查活塞回位弹簧的长度和弹力。可用一根新弹簧与旧弹簧作长度和弹力的对比。也可用游标卡尺测量，如图3-61所示。检查单向球阀密封性，如图3-62所示。

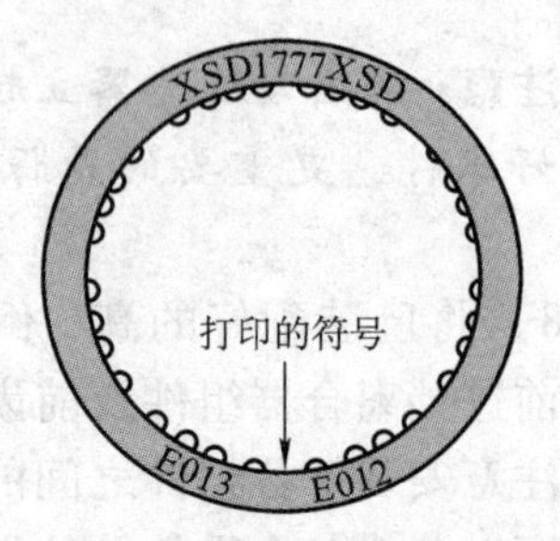

图3-59　打印字迹磨损应更换

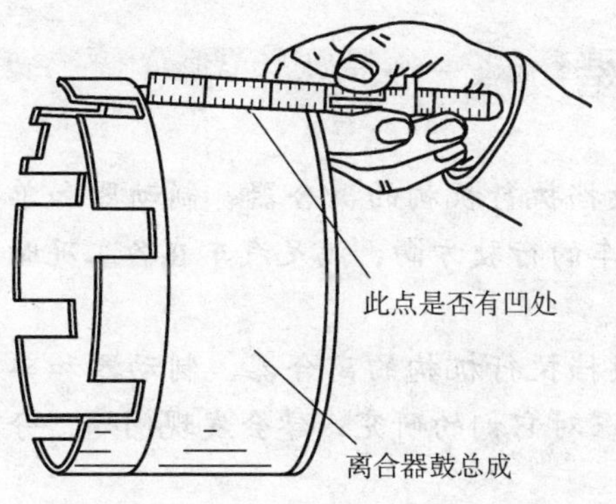

图 3-60 用钢直尺检查凹处

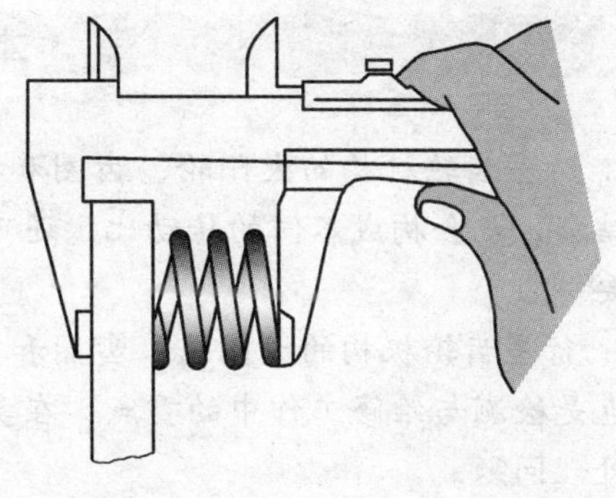

图 3-61 检查活塞回位弹簧长度

4）检查行星齿轮轴，用塞尺检查其轴向间隙，一般标准为 0.2～0.6mm，使用极限为 1mm。用手左右晃动检查其径向间隙，应无明显松动的感觉，如图 3-63 所示。

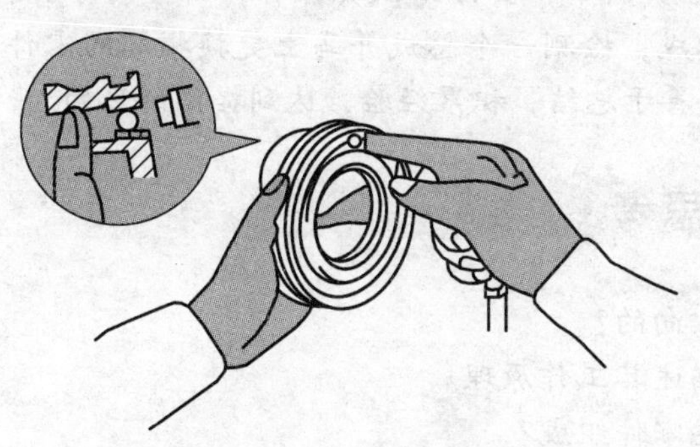

图 3-62 检查活塞单向球阀密封性

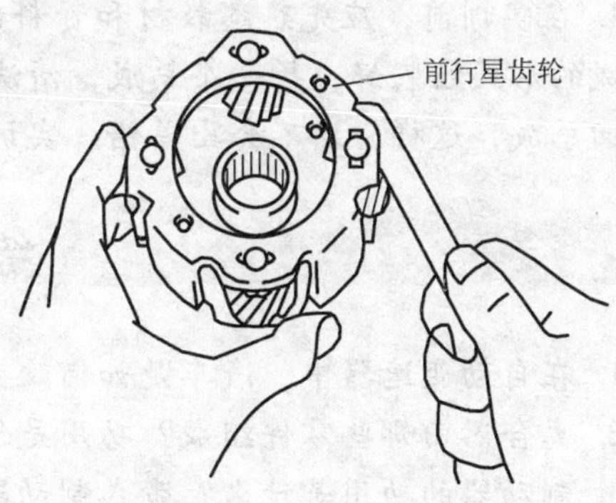

图 3-63 检查轴向间隙
（行星轮与行星架间隙）

5）将所有拆卸组件和零件按分解顺序依次排放，以便于检修和组装。

要特别注意：各个止推垫片、推力轴承的位置不可错乱。

6）对前置前驱自动变速器，在检查差速器总成时，应用专用工具拆卸，将专用工具固定到车速表主动齿轮开口部位上，并从差速器壳体上拆下轴承，如图 3-64 和图 3-65 所示。

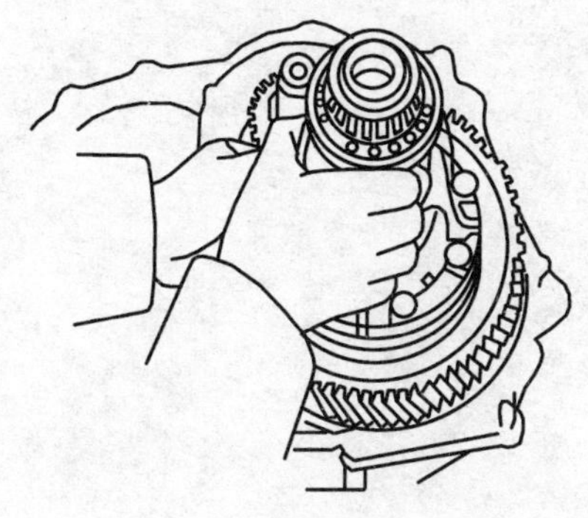

图 3-64 拆卸前差速器总成

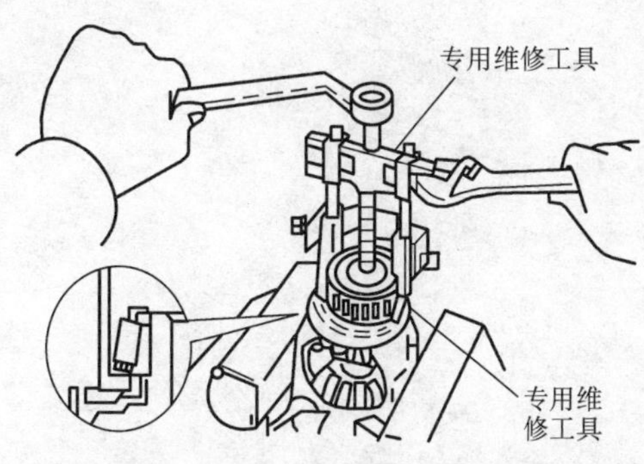

图 3-65 拆卸前主动小齿轮前圆锥滚子轴承

本项目小结

1. 行星齿轮机构的太阳轮、齿圈和行星架与换挡执行机构的离合器、制动器和单向离合器结合，就会构成不同的传动比，还可以改变汽车的行驶方向，满足汽车在各工况时不同的需要。

2. 行星齿轮机构的太阳轮、齿圈和行星架与换挡执行机构的离合器、制动器和单向离合器也是检测与维修工作中的重点，在实训中要加深对它们的研究，学会发现问题，分析问题和处理问题。

3. 辛普森式自动变速器在前置后驱发动机上应用广泛，拉维娜式自动变速器在前置前驱发动机上应用广泛。掌握三速辛普森式自动变速器和四速拉维娜式自动变速器的动力传递路线，对找出故障点，能起到事半功倍的作用。

4. 在实训前，应先熟悉教材和资料的内容。实训中，要仔细认真操作，拆卸的零部件以总成的形式组装好，拆一个总成，清洗一个总成，检测一个总成并马上更换损坏的零件，再装回总成，这样，才不会出差错。实训后，要善于总结，积累经验，达到提高的目的。

练习与思考

1. 在自动变速器中，汽车是如何改变行驶方向的？
2. 离合器由哪些零件组成？功用是什么？描述其工作原理。
3. 制动器的功用是什么？带式制动器由哪些零件组成？
4. 单向离合器安装时，应注意什么？
5. 为什么要测量离合器的自由间隙？如何调整？
6. 辛普森式自动变速器的特点是什么？
7. 试述拉维娜式自动变速器倒挡传动路线。
8. 试述三速辛普森式自动变速器 D 位 3 挡的传动路线。
9. 拉维娜式自动变速器 K_1 损坏，还能传递动力吗？
10. 在实训中结合你的体会，写出一份实训报告。

项目四　液压控制系统

不论是液控液压式自动变速器还是电控液压式自动变速器，最终都依靠液压控制系统中的各种液压控制阀来控制自动变速器中的相应换挡执行元件而实现挡位的变换。

这种控制系统的大部分控制阀都位于阀板总成中，通过变速器壳体和变速器轴上的油道与油泵、变矩器及各个换挡执行元件相通。液压控制系统按各个控制阀的作用不同，可分为油压调节装置、换挡控制装置和变矩器控制装置三个部分。

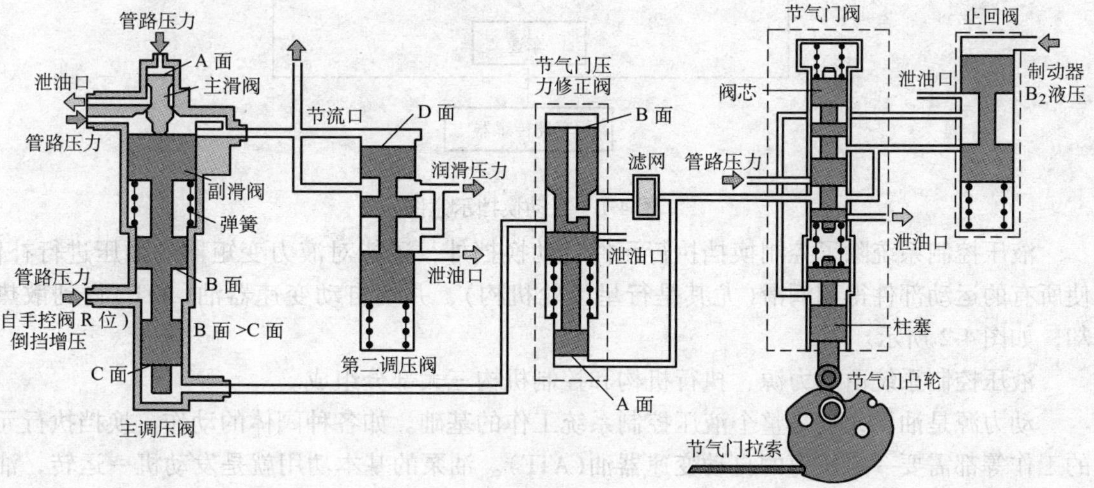

【学习目标】

◇ 了解液压控制机构工作原理

◇ 掌握油泵工作过程和检测方法

◇ 掌握控制系统各液压阀的工作过程

◇ 学会液压控制机构的维修与装配

任务 1　液压换挡操纵机构及液压控制系统主要元件

液控液压自动变速器是将发动机的负荷(节气门开度)和车速信号转换为液压控制信号，

进而控制换挡执行元件(锁止离合器、制动器和制动带)而变换挡位。液力变矩器和行星齿轮机构组成了自动变速器的液力机械传动部分，也提供了若干个传动比，以满足汽车在不同工况下行驶的需要。在发动机动力不中断的情况下可以实现不同挡位的变换，这一变换挡位的过程都是在液压控制系统的控制下完成的。

来源于液压控制系统控制自动换挡的信息主要有三个：变速杆(控制手动选挡阀的位置)位置、节气门开度和汽车行驶速度，如图 4-1 所示。

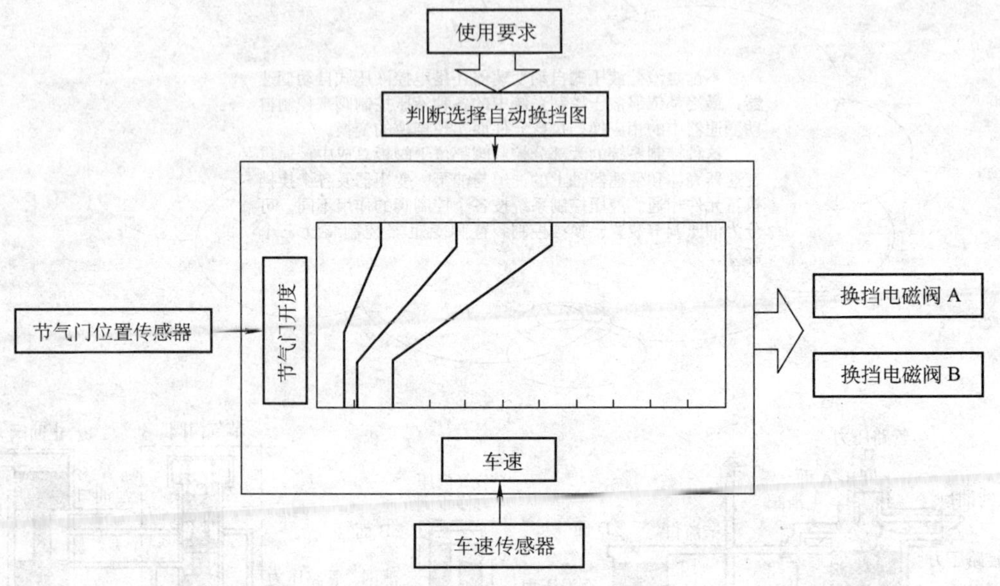

图 4-1　自动换挡示意图

液压控制系统除了控制换挡执行元件自动换挡外，还能对液力变矩器的油压进行补偿，使所有的运动部件得到润滑(尤其是行星齿轮机构)，并使自动变速器油(ATF)得到散热冷却，如图 4-2 所示。

液压控制系统由动力源、执行机构和控制机构三大部分组成。

动力源是油泵，它是整个液压控制系统工作的基础。如各种阀体的动作、换挡执行元件的工作等都需要一定压力的自动变速器油(ATF)。油泵的基本功用就是发动机一运转，油泵就开始泵油，提供满足工作需求的具有一定流量和压力的自动变速器油(ATF)。

执行机构主要由离合器、制动器液压缸等组成。其功用是在控制油压的作用下，实现离合器的接合和分离、制动器的制动和解除，以便得到相应的挡位。

控制机构包括阀体和各种阀，包括主调压阀、手动阀、换挡阀、节气门阀、速控阀(调速器)、蓄压器、强制降挡阀等。

液压控制系统还包括一些辅助装置，如用于防止换挡冲击的变矩器阀、缓冲阀和单向阀等。

各种控制阀、阀门和油路设置在一个板块内，称为阀体总成。不同型号的自动变速器阀体总成的安装位置有所不同，有的装置于上部，有的装置于侧面，纵置的自动变速器一般装置于下部，如图 4-3 所示。

在液压控制系统中，增设控制某些自动变速器油路的电磁阀，就成了电气控制的换挡控

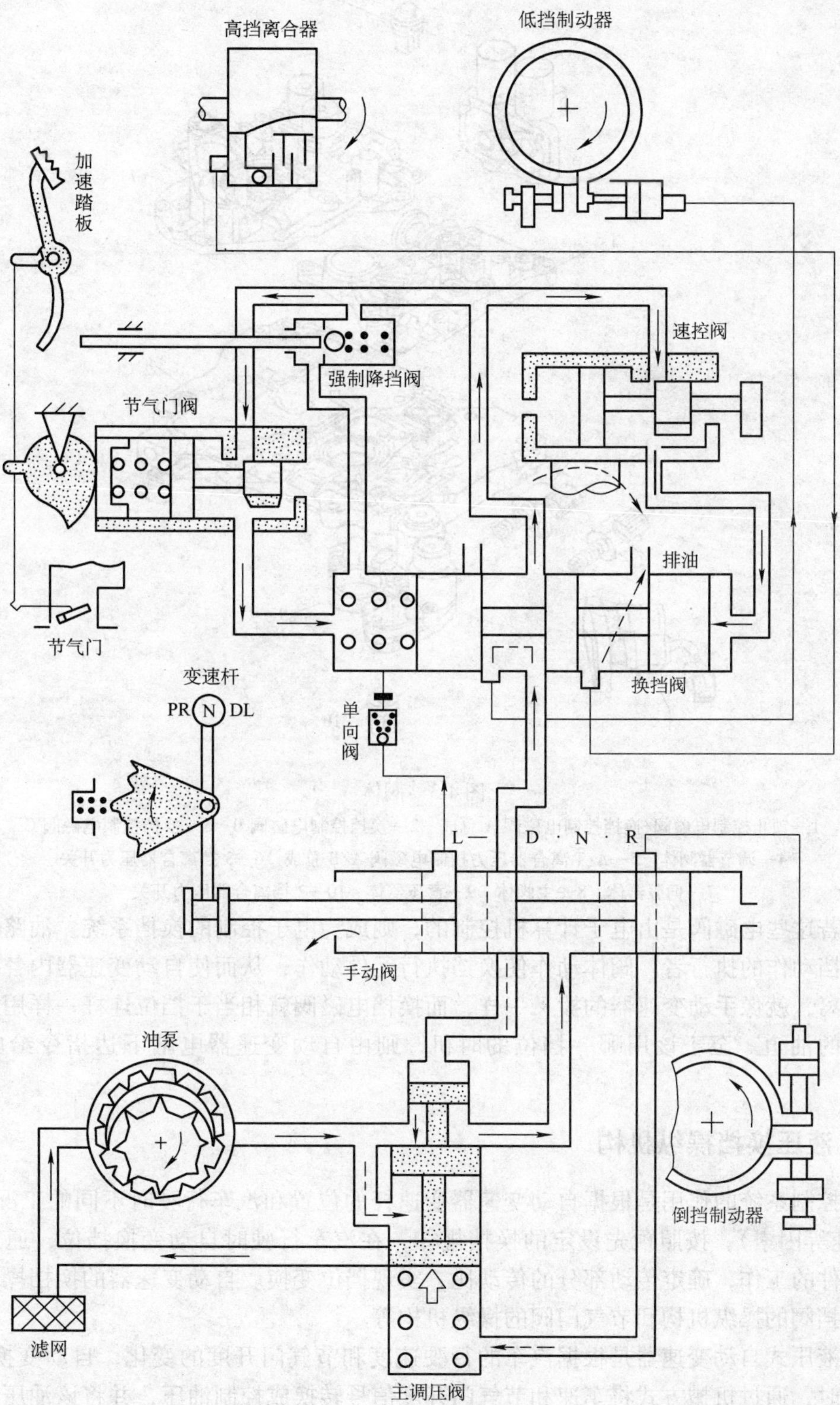

图 4-2　液压控制系统组成示意图

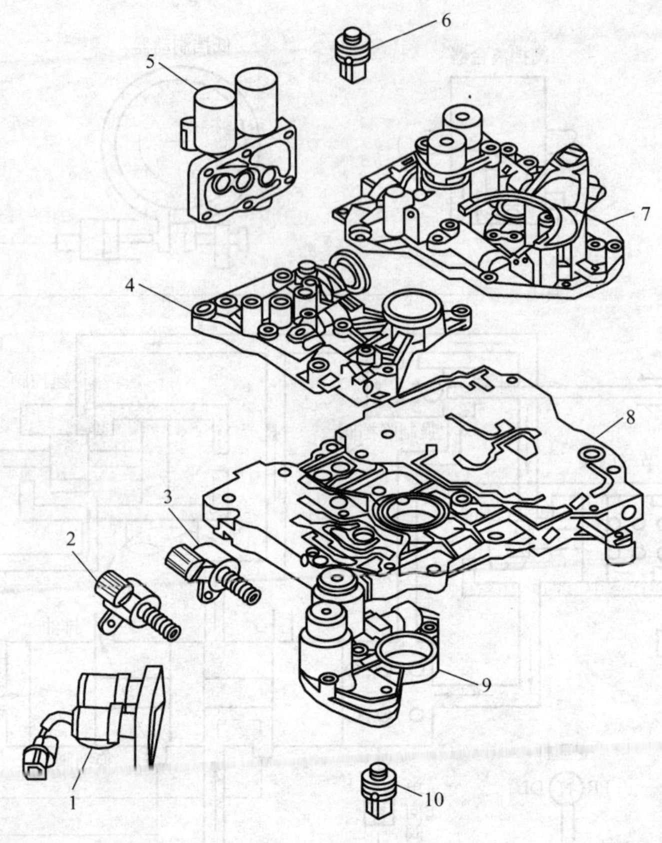

图 4-3　阀体

1—锁止控制电磁阀/换挡控制电磁阀 A 总成　2—换挡控制电磁阀 B　3—换挡控制电磁阀 C
4—调节器阀体　5—A/T 离合器压力控制电磁阀 A/B 总成　6—3 挡离合器压力开关
7—伺服器体　8—主阀体　9—蓄压器体　10—2 挡离合器压力开关

制系统；若这些电磁阀是由电子计算机控制的，则成为电子控制的换挡系统。油路阀体和电磁阀是换挡动作的执行者。阀体动作使换挡执行元件动作，从而使自动变速器内各挡位齿轮接合或分离，就像手动变速器的拨叉一样，而换挡电磁阀就相当于挡位连杆一样用来切换各挡位所属的油道。至于该用哪一挡位的时机，则由自动变速器电脑下达指令给电磁阀来决定。

一、液压换挡操纵机构

液压控制系统的作用是根据自动变速器变速杆的位置和汽车行驶时不同的工况（节气门开度、车速等因素），按照预先设定的换挡规律，在汽车行驶时自动变换挡位，通过控制换挡执行元件的工作，确定传动部分的传动比，实现挡位变换。自动变速器的换挡操纵机构包括手动换挡阀的操纵机构和节气门阀的操纵机构等。

液控液压式自动变速器是根据汽车的行驶速度和节气门开度的变化，自动变换挡位的。换挡控制时，通过机械方式将车速和节气门开度信号转换成控制油压，并将该油压加到换挡阀的两端，以控制换挡阀的位置，从而改变换挡执行元件（离合器液压缸和制动器液压缸）的油路。这样，自动变速器油进入相应的执行元件，使离合器接合或分离，制动器制动或解

除，控制行星齿轮变速器的升挡或降挡，从而实现自动变速，如图 4-4 所示。

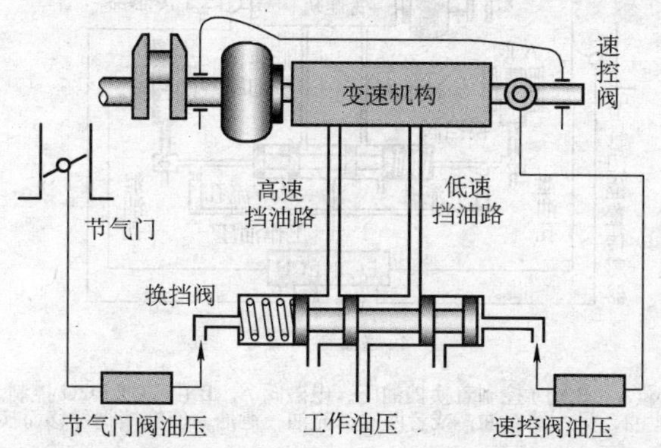

换挡阀原理：作用在换挡阀两端的分别是节气门阀油压和速控阀油压。换挡时，两端油压发生变化，使换挡阀产生位移，改变了油路，从而实现换挡。

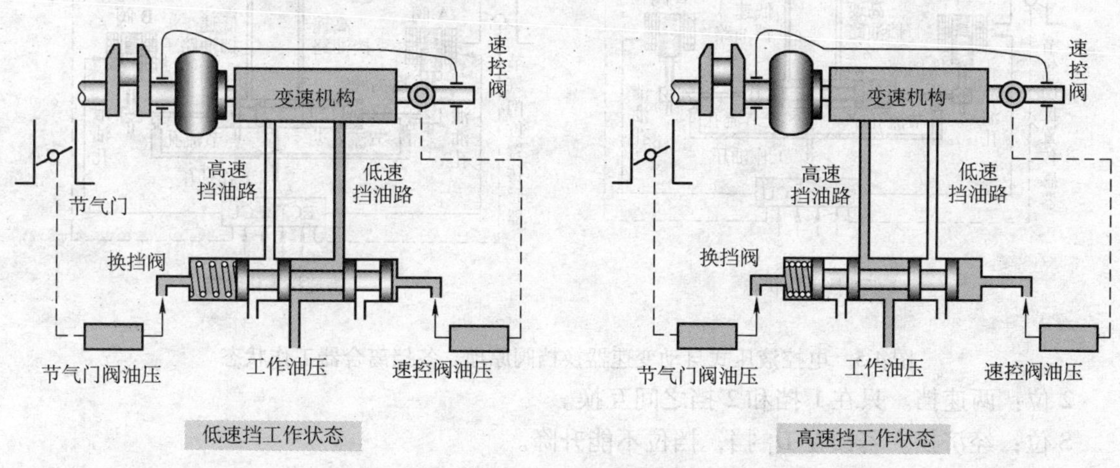

图 4-4　液控液压式自动变速器换挡阀原理、各挡离合器工作状态

电控液压式自动变速器(即微机控制自动变速器)利用车速传感器(车速信号)、节气门位置传感器(节气门开度信号)、行驶模式传感器(行驶方式信号)、冷却液温度传感器(冷却液温度信号)和空挡起动开关(换挡位置信号)等反映发动机和汽车运行工况的传感器信号，并将车速和节流阀开关等转换成电信号输入自动变速器微机控制单元(ECU)计算处理，再适时地输出给电磁阀，利用这些电磁阀来控制油压回路，以此来实现换挡的目的。其控制原理如图 4-5 所示。

控制阀体是自动变速器液压换挡操纵机构的主要组成部分。在控制阀体内装有很多控制阀。

P 位：驻车挡。机械锁止变速器输出轴，可以起动发动机。

N 位：空挡。可以起动发动机。

R 位：倒车挡。

D 位：前进挡。

L 位：低速挡。多用于不平坦路面的行驶。不能升降挡。

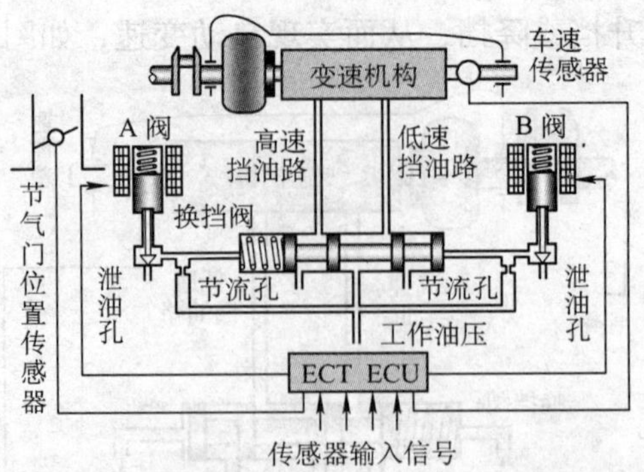

电磁阀 (A、B 阀) 控制着换挡油压。电磁阀 A、B 由 ECT ECU 控制。换挡时一端泄油，另一端充油；或者两端都充油、泄油，使换挡阀位移而换挡。

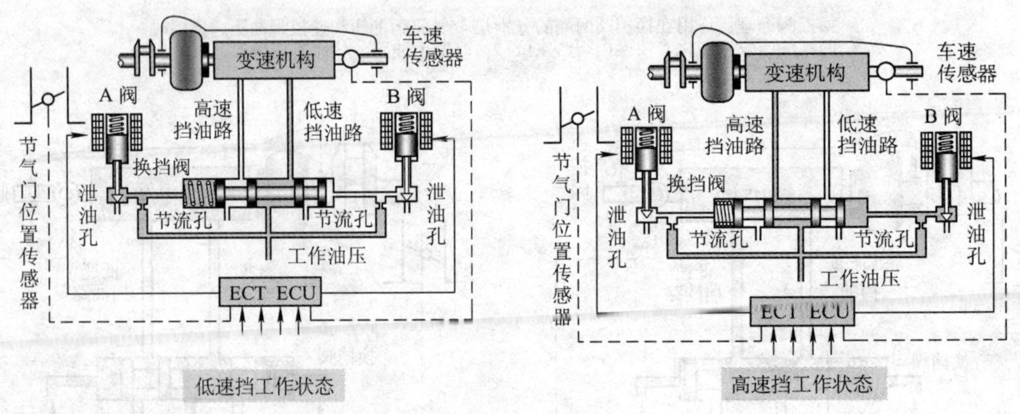

图 4-5　电控液压式自动变速器换挡阀原理、各挡离合器工作状态

2 位：两速挡。只在 1 挡和 2 挡之间互换。

S 位：经济挡。若锁在 D_1 挡，挡位不能升降。

另外，有的自动变速器设有超速(OD)挡，由电磁阀单独控制。

自动换挡过程以辛普森式 3N71B 型自动变速器为例，对各挡位油路进行分析。

3N71B 型是一种采用辛普森式行星齿轮结构的 3 速自动变速器，它的控制系统由主油路调压阀、手动阀、2 个换挡阀、真空式节气门阀、调速器、强制降挡阀及 2 挡锁止阀等组成。其控制对象是 4 个换挡执行元件和变矩器。油泵输出的自动变速器油进入控制系统，在主油路调压阀的调节下成为主油路压力油，并经过油路被送至手动阀、节气门阀、强制降挡阀。节气门阀产生的负荷油压经油路作用在主油路调压阀下端，使主油路油压随节气门开度的增大而升高。主油路调压阀还控制变矩器的工作，它将主油路压力减压后输入变矩器。从变矩器出来的自动变速器油经散热器冷却后被送至齿轮变速机构中，对行星齿轮机构进行润滑。

1. 空挡(N 位)

如图 4-6 所示，当变速杆位于 N 位时，手动阀将主油路关闭，此时 2 个换挡阀、4 个换挡执行元件及调速器均不工作，使自动变速器处于空挡状态。

2. 驻车挡(P 位)

如图 4-7 所示，当变速杆位于 P 位时，手动阀打开两条油路：

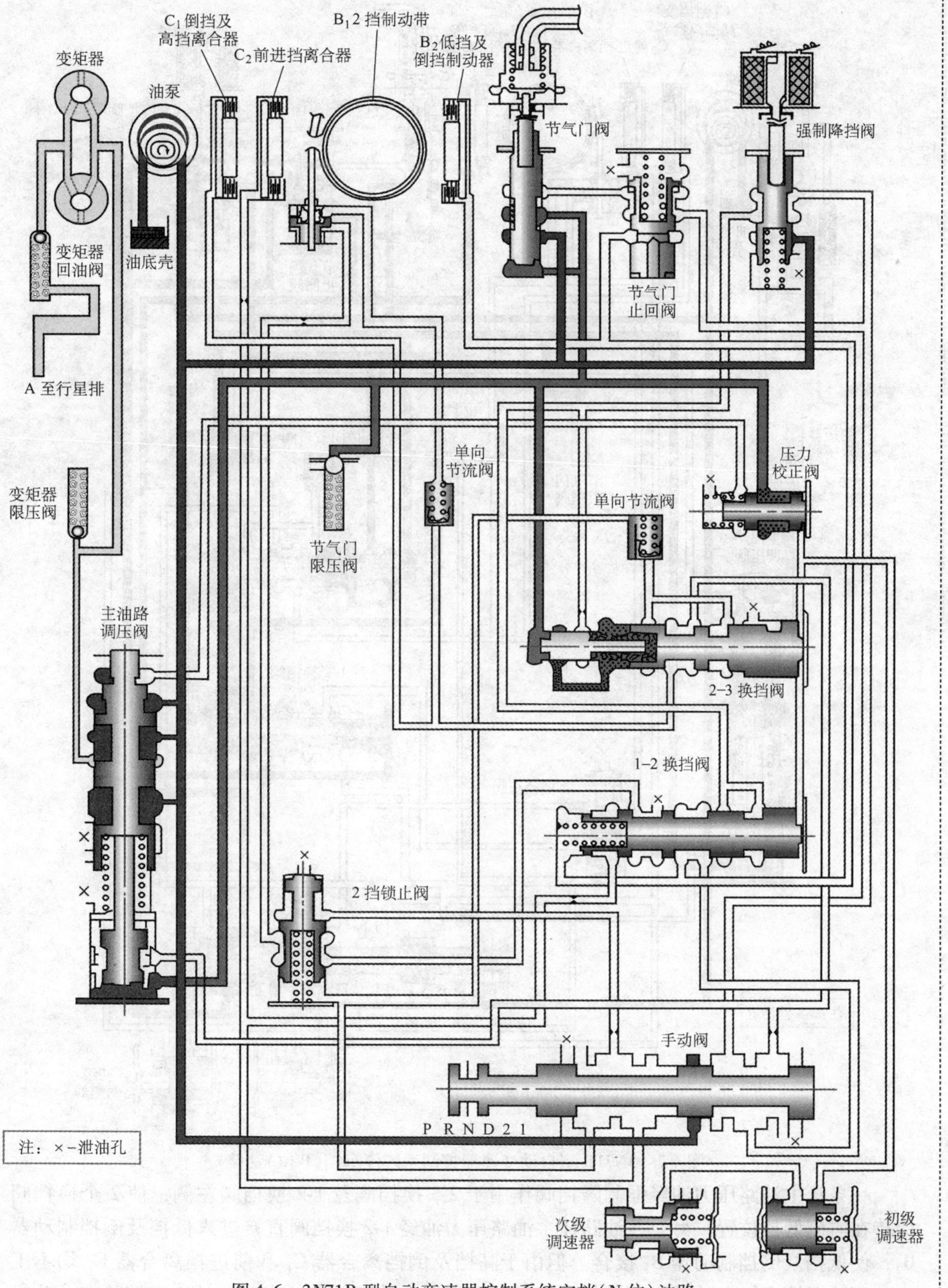

C_1倒挡及高挡离合器
C_2前进挡离合器
$B_1$2 挡制动带
B_2低挡及倒挡制动器
变矩器
油泵
变矩器回油阀
油底壳
A 至行星排
节气门阀
强制降挡阀
节气门止回阀
变矩器限压阀
单向节流阀
节气门限压阀
单向节流阀
压力校正阀
主油路调压阀
2–3 换挡阀
1–2 换挡阀
2 挡锁止阀
手动阀
P R N D 2 1
注：×–泄油孔
次级调速器
初级调速器

图 4-6　3N71B 型自动变速器控制系统空挡（N 位）油路

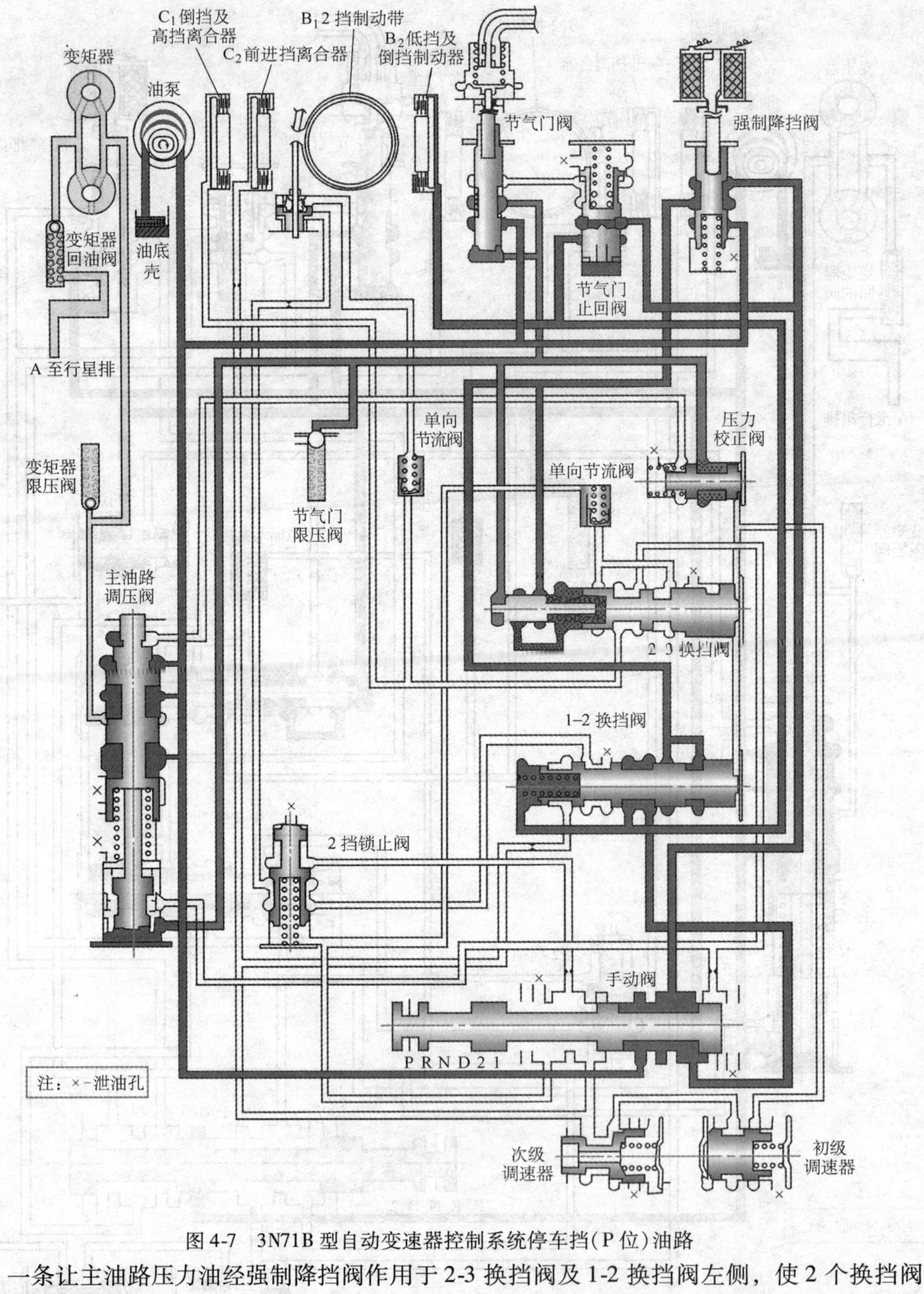

图 4-7　3N71B 型自动变速器控制系统停车挡（P 位）油路

一条让主油路压力油经强制降挡阀作用于 2-3 换挡阀及 1-2 换挡阀左侧，使 2 个换挡阀保持在右侧低挡位置；另一条油路让主油路压力油经 1-2 换挡阀直接进入低挡及倒挡制动器 B_2，使低挡及倒挡制动器 B_2 接合。但由于高挡及倒挡离合器 C_1 和前进挡离合器 C_2 均不工作，变速器输入轴上的动力不能传至行星齿轮机构，使行星齿轮变速器处于空挡状态。此时

变速器输出轴被停车挡机构锁止，使输出轴和驱动轮不能转动。

3. 倒挡（R 位）

如图 4-8 所示，当变速杆位于 R 位时，手动阀打开 3 条油路，其中两条即上述 P 位打开

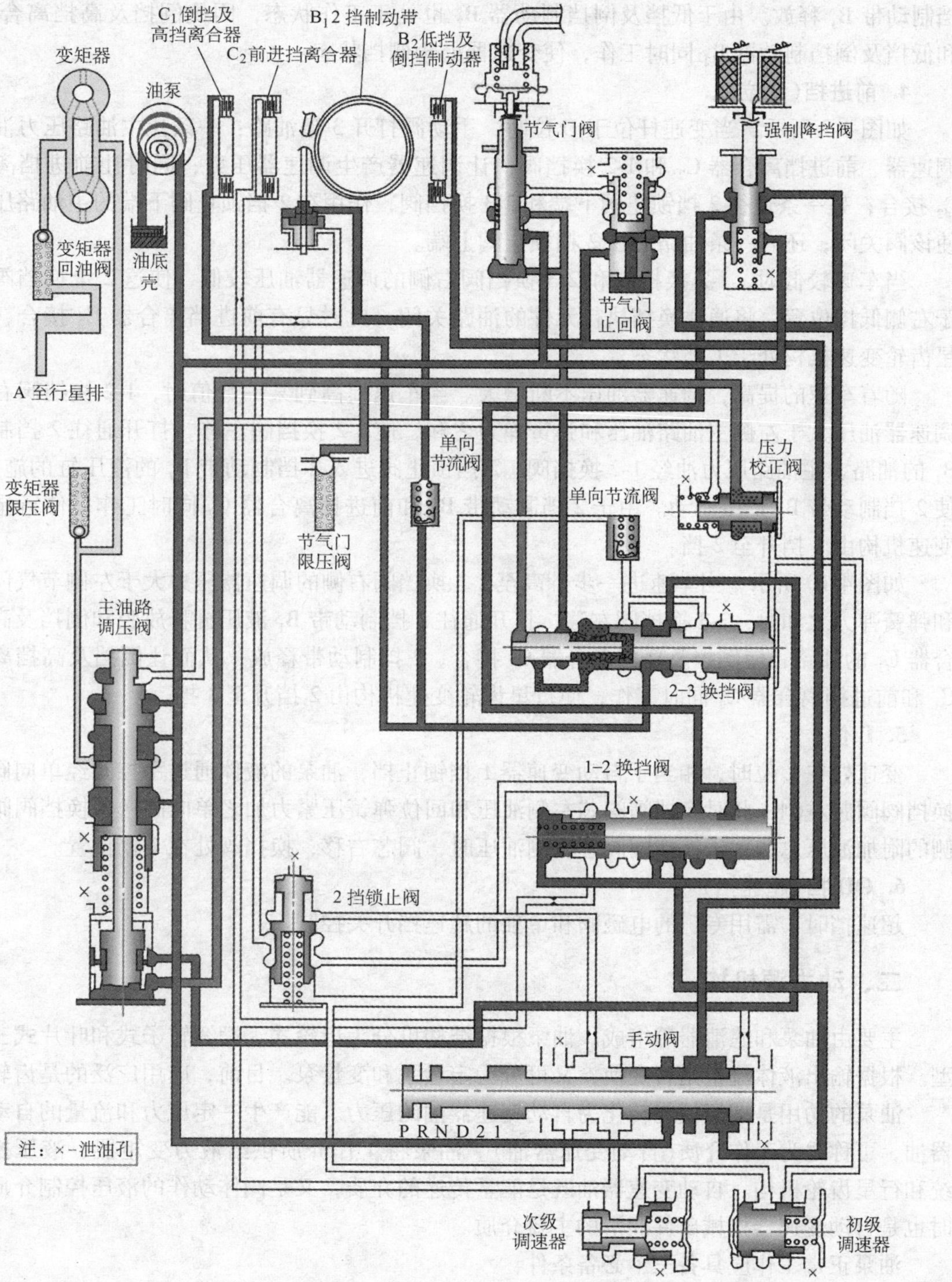

图 4-8 3N71B 型自动变速器控制系统倒挡（R 位）油路

的油路，另一条油路让主油路压力油分成两部分：一部分通往主油路调压阀下端，使倒挡时的主油路油压升高，以满足倒挡时换挡执行元件的工作需要；另一部分经 2-3 换挡阀分别通往高挡及倒挡离合器 C_1 和 2 挡制动带 B_1 液压缸的释放腔，使倒挡及高挡离合器 C_1 接合，2 挡制动带 B_1 释放。由于低挡及倒挡制动器 B_2 也处于工作状态，因此倒挡及高挡离合器 C_1 和低挡及倒挡制动器 B_2 同时工作，使变速器处于倒挡状态。

4. 前进挡（D 位）

如图 4-9 所示，当变速杆位于 D 位时，手动阀打开 3 条油路：一条让主油路压力油通往调速器、前进挡离合器 C_2 和 1-2 换挡阀，让调速器产生调速器压力，同时让前进挡离合器 C_2 接合；另一条通往 2 挡锁止阀下端和 2-3 换挡阀，作用在 2 挡锁止阀下端的主油路压力油使该阀关闭；还有一条油路通往 2 挡锁止阀上端。

当车速较低时，1-2 换挡阀和 2-3 换挡阀右侧的调速器油压较低，使这 2 个换挡阀均处于右侧低挡位置，将通往换挡执行元件的油路关闭，此时只有前进挡离合器 C_2 接合，使行星齿轮变速机构处于 1 挡状态。

随着车速的提高，调速器油压不断增大。当车速提高到某一数值时，1-2 换挡阀右侧的调速器油压大于左侧主油路油压和弹簧弹力之和，使 1-2 换挡阀左移，打开通往 2 挡制动带 B_1 的油路，主油路压力油经 1-2 换挡阀、2 挡锁止阀进入 2 挡制动带 B_1 的液压缸的施压腔，使 2 挡制动带 B_1 产生制动。由于 2 挡制动带 B_1 和前进挡离合器 C_2 同时工作，使行星齿轮变速机构由 1 挡升至 2 挡。

如图 4-10 所示，当车速进一步升高至 2-3 换挡阀右侧的调速器压力大于左侧节气门油压和弹簧弹力之和时，2-3 换挡阀左移，打开通往 2 挡制动带 B_1 液压缸释放腔和倒挡及高挡离合器 C_1 的油路，使倒挡及高挡离合器 C_1 接合、2 挡制动带释放，从而让倒挡及高挡离合器 C_1 和前进挡离合器 C_2 同时工作，使行星齿轮变速机构由 2 挡升至 3 挡。

5. L 位

变速杆在 L 位时，相当于自动变速器 1 挡锁止挡，油泵的液体通过手控阀经单向阀送入换挡阀阀芯左侧，此时换挡阀阀芯左侧油压和回位弹簧压紧力加之单向阀送入换挡阀阀芯左侧的附加油压总和大于换挡阀阀芯右侧油压时，阀芯右移，换挡阀处在 1 挡位置。

6. OD 挡（超速挡）

超速挡时，需用专门的电磁阀和单独的超速挡开关控制。

二、动力源机构

主要由油泵和滤清器等组成。油泵根据结构可分为齿轮式、摆线转子式和叶片式三种类型。根据输出液体流量是否变换，又可分为定量泵和变量泵。目前，应用广泛的是齿轮泵。

油泵的功用是把机械能转化为自动变速器油的压力。能产生一定压力和流量的自动变速器油，可称之为工作介质（自动变速器油）。油泵将工作介质供给液力变矩器、液压控制系统和行星齿轮机构。自动变速器油既是能量传递的介质，又是阀体动作的液压控制介质，同时也是自动变速器机械部件润滑的主要介质。

油泵正常工作应具备三个必备条件：

1）必须具有一个运动件和一个非运动件所构成的密闭容积。

2）密闭容积的大小，随运动件的运动作周期性变化。容积由小变大（吸油），由大变小

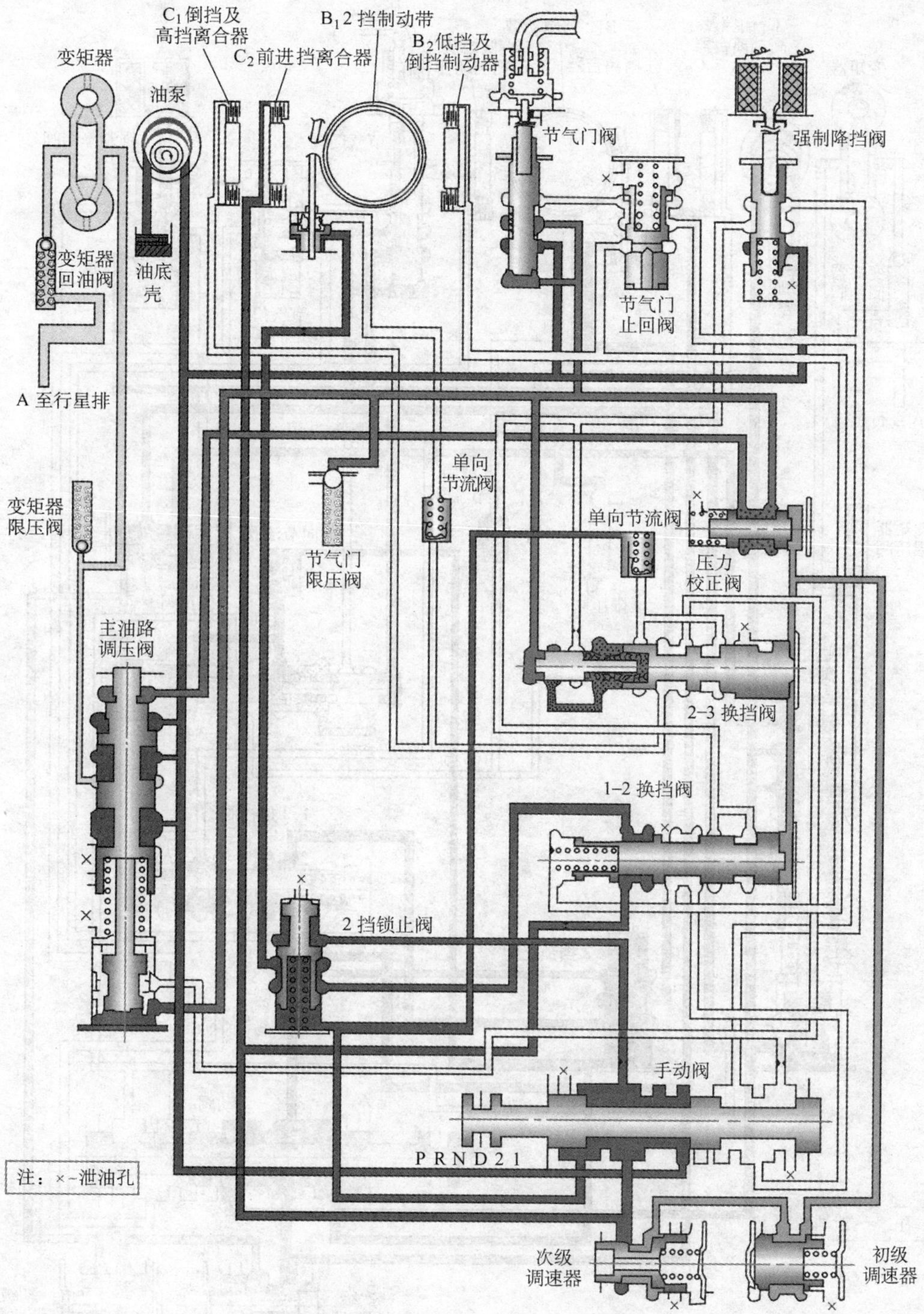

图 4-9　3N71B 型自动变速器控制系统前进挡（D_2）油路

（出油）。

3）密闭容积增大到极限时，先要与吸油腔隔开，然后再转为出油；密闭容积减小到极限时，先要与出油腔隔开，然后再转为吸油。

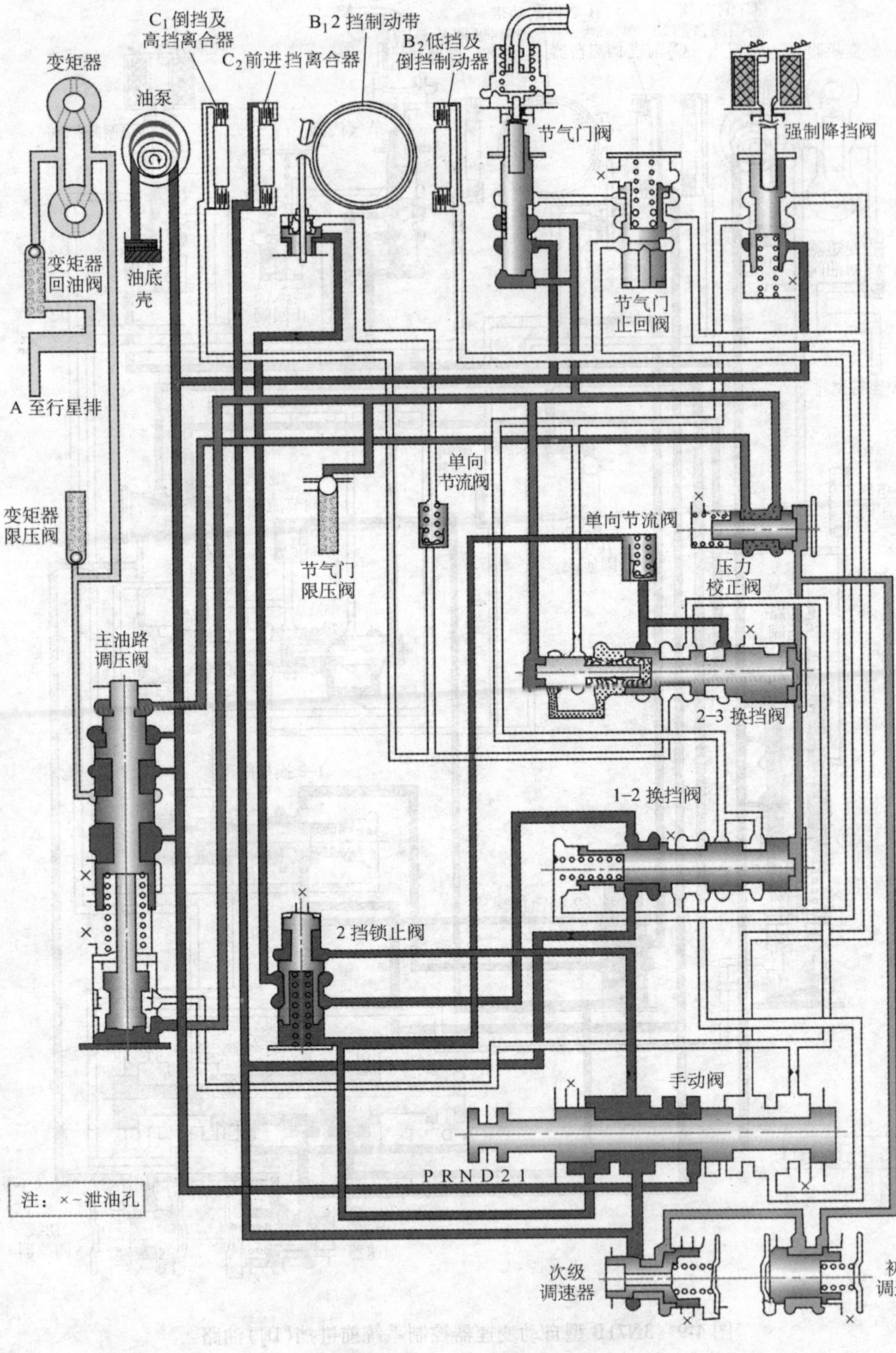

图 4-10　3N71B 型自动变速器控制系统前进挡(D_3)油路

1. 内啮合齿轮泵

如图 4-11 所示，主要由主动齿轮、从动齿轮、月牙形隔板、壳体等组成。主动齿轮为

月牙形隔板内小齿轮，从动齿轮为月牙形隔板外大齿轮。在壳体上有一个月牙形隔板，把主、从动齿轮不啮合的部分隔开，并形成两个工作腔，分别为进油腔和出油腔。进油腔与泵体上的进油口相通，出油腔与泵体上的出油口相通。主动齿轮内径上有两个对称的凸键或花键套(箭头所示)，与液力变矩器后端油泵驱动毂的键槽或平面相配合。因此，只要发动机转动，油泵便转动并开始供油。

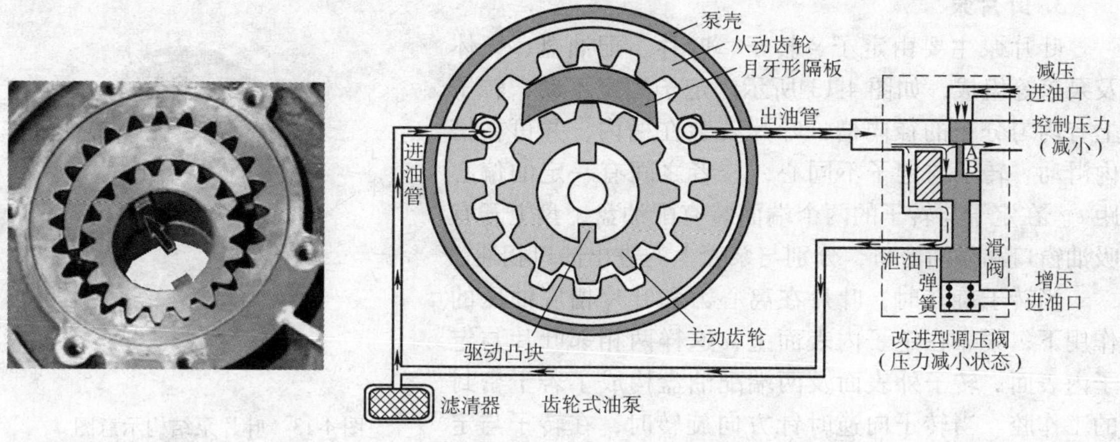

图 4-11　内啮合齿轮泵结构与原理示意图

2. 摆线转子泵

转子泵由起主动作用的内转子(外齿轮)、起从动作用的外转子(内齿轮)、泵壳和泵盖等组成，如图 4-12 所示。内外转子的旋转中心不同，两者之间的偏心距为 e。一般内转子的齿数为 4、6、8、10 等，而外转子比内转子多一个齿。内转子的齿数越多，出油脉动就越小。通常自动变速器上所用摆线转子泵的内转子都是 10 个齿。

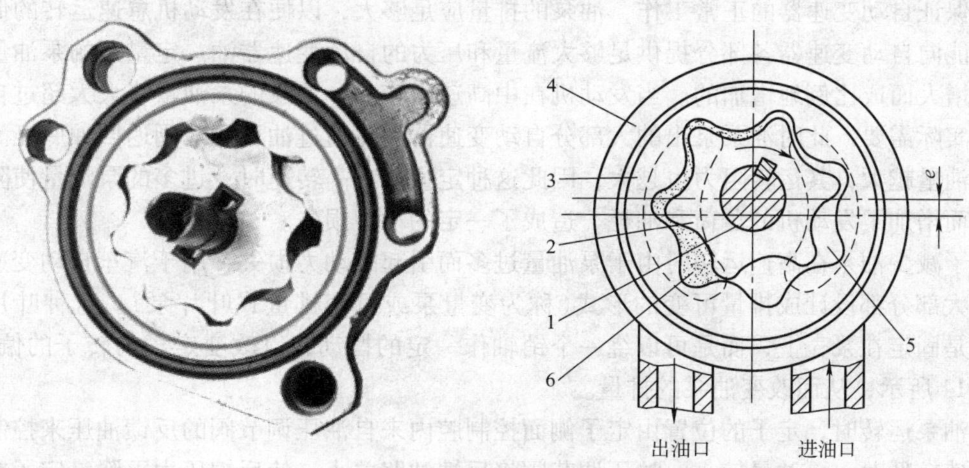

图 4-12　摆线转子泵结构示意图

1—驱动轴　2—内转子　3—外转子　4—泵壳
5—进油腔　6—出油腔　e—偏心距

发动机运转时，驱动轴带动油泵内外转子同向旋转。内转子为主动齿，外转子的转速比内转子每圈慢一个齿。内外转子的齿廓能保证在油泵运转时，各齿均处于啮合状态，从而在内转子、外转子之间形成与内转子齿数相同个数的工作腔。这些工作腔的容积随着转子的旋转而不断变化，当转子顺时针方向旋转时，内转子、外转子中心线左侧的各个工作腔的容积由大变小，将自动变速器油从出油口排出。这就是转子泵的工作过程。

转子泵是一种特殊齿形的内啮合齿轮泵，它具有结构简单、尺寸紧凑、噪声小、运转平稳、高速性能良好等优点；缺点是流量脉动大，加工精度要求高。

3. 叶片泵

叶片泵主要由定子、转子、叶片、配油盘、壳体及泵盖等组成，如图 4-13 所示。定子固定不动，转子上有均匀分布的径向槽，叶片安装在槽内，并可在槽内滑动。转子与定子不同心，二者之间有一定的偏心距 e。在定子与转子的两个端面装有配油盘，盘上开有吸油窗口和排油窗口，分别与泵壳上的进出油口相通。

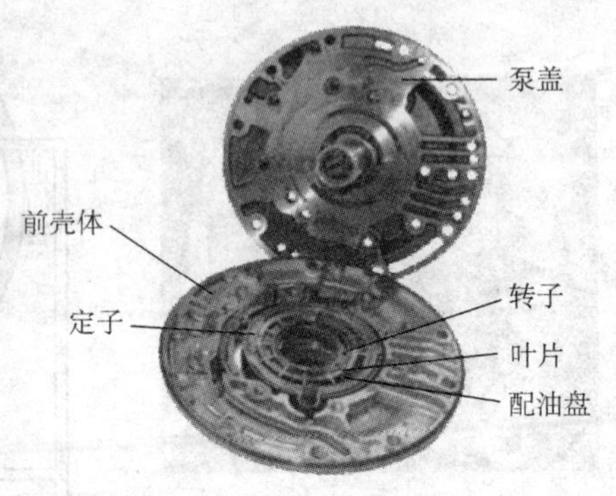

图 4-13　叶片泵结构示意图

当转子旋转时，叶片在离心力和叶片槽底油压的作用下，紧靠在定子内表面上，这样两相邻叶片与定子内表面、转子外表面及两端配油盘构成了若干密封的工作腔。当转子向逆时针方向旋转时，在转子与定子中心连线的右半部的工作腔容积逐渐增大，形成局部真空，油液经配油盘的吸油口进入工作腔，此即为吸油过程。而在左半部工作腔逐渐减小，将油液以一定的压力从配油盘的出油口排出，此即为排油过程。

叶片泵具有运转平稳、噪声小、泵油油量均匀、容积效率高等优点，但它结构复杂，对自动变速器油的污染比较敏感。

4. 变量泵

为保证自动变速器的正常工作，油泵的排量应足够大，以便在发动机怠速运转的低速工况下也能向自动变速器各部分提供足够大流量和压力的自动变速器油。定量泵的泵油量是随转速的增大而成比例地增加的。当发动机在中高速运转时，油泵的泵油量将大大超过自动变速器的实际需要，此时油泵泵出的大部分自动变速器油将通过油压调节阀返回油底壳。由于油泵泵油量越大，其运转阻力也越大，因此这种定量泵在高转速时，过多的泵油量使阻力增大，从而增加了发动机的负荷和油耗，造成了一定的动力损失。

为了减少油泵在高速运转时由于泵油量过多而引起的动力损失，用于汽车自动变速器的叶片泵大部分都设计成排量可变的形式(称为变量泵或可变排量式叶片泵)。这种叶片泵的定子不是固定在泵壳上，而是可以绕一个销轴作一定的摆动，以改变定子与转子的偏心距，如图 4-14 所示，从而改变油泵的排量。

在油泵运转时，定子的位置由定子侧面控制腔内来自油压调节阀的反馈油压来控制。当油泵转速较低时，泵油量较小，油压调节阀将反馈油路关小，使反馈压力下降，定子在回位弹簧的作用下绕销轴向顺时针方向摆动一个角度，加大了定子与转子的偏心距，油泵的排量随之增大；当油泵转速升高时，泵油量增大，出油压力随之上升，推动油压调节阀将反馈油路开大，使控制腔内的反馈油压上升，定子在反馈油压的推动下绕销轴朝逆时针方向摆动，定子与转子的偏心距减小，油泵的排量也随之减小，从而降低了油泵的泵油量，直到出油压力降至原来的数值。

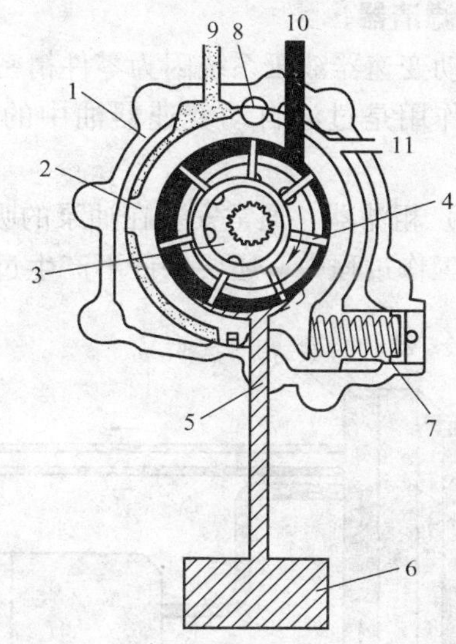

图 4-14　变量泵结构式意图

1—泵壳　2—定子　3—转子　4—叶片　5—进油口　6—滤网　7—回位弹簧
8—销轴　9—反馈油道　10—出油口　11—卸压口

变量泵的泵油量在发动机转速超过某一数值后就不再增加，保持在一个能满足油路压力的水平上，从而减小了油泵在高转速时的运转阻力，提高了汽车的燃油经济性，如图 4-15 中圆圈所示为变量油泵的安装位置。

图 4-15　变量油泵在变速器上的安装位置

5. 油底壳

自动变速器液压系统都要有油底壳储存油液，并散发油中的热量，使混在油中的气体逸出，油中的污物沉淀，以保证持续地向液压系统供油。油底壳容量如太小，会使油温上升。油底壳容量一般设计为泵每分钟流量的 2 ~4 倍；或当所有管路及元件均充满油时，油面需高出过滤器 50 ~100mm，而液面高度为油底壳高度约 80% 时较为合适。

自动变速器的油箱，可分为整体式和分离式两种类型。

自动变速器还需要有油冷却系统。这是因为自动变速器油在传递动力过程中，会使油温急剧升高，而油温是影响自动变速器油使用寿命的主要因素。为了保证正常的油温(50 ~80℃)，自动变速器油工作后，去油冷却器(装在发动机散热器前端附近)经过散热后，再回至油底壳。如图 4-16 所示。

此外，在油底壳中还有检查油平面高度的标尺，正确的油平面高度应在 HOT(热)的位置。油平面高度过高或过低都会影响自动变速器工作。详见项目六油尺检查图。

6. 滤清器

自动变速器液压系统因为零件精密，工作性能灵敏，所以对液体的清洁度要求极高。滤清器的作用是过滤自动变速器油中的杂质，保证油液的清洁度。一般设有三种形式的滤清器。

（1）粗滤器　通常安装在油泵的吸油管端，用以防止较大的颗粒或杂质进入液压系统。在过滤工作过程中，还要保证不产生过大的真空度，如图 4-17 所示。

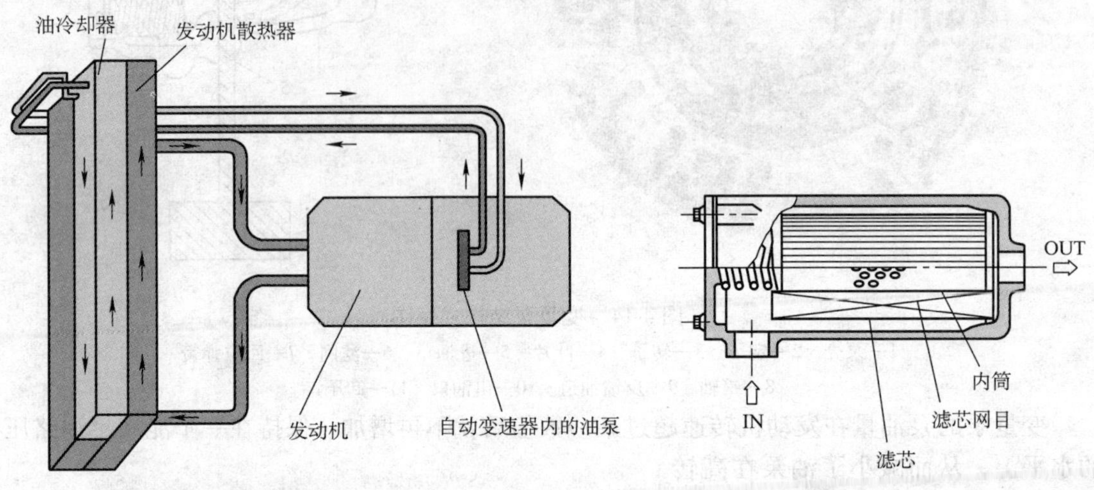

图 4-16　油冷却器安装部位示意图　　图 4-17　粗滤器结构示意图

（2）精滤器　通常安装在回油管道或油泵的输出管道上(见图中圆圈)，它的作用是滤去油液中的各种微小颗粒，提高油液的清洁度，如图 4-18 所示。

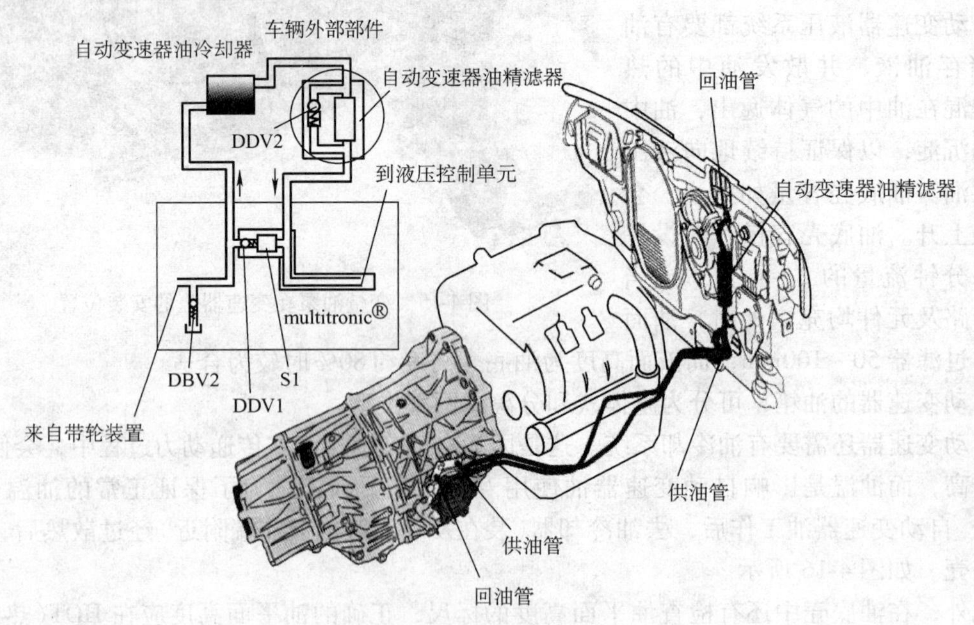

图 4-18　精滤器结构示意图

注意：粗滤器在吸油管路工作，精滤器在回油管路工作。主要目的是不产生过大的真空度。

（3）阀前专用小滤清器 通常安装在阀体中，常设置在一些关键精密的控制阀（如各种电磁阀）前，如图4-19所示。

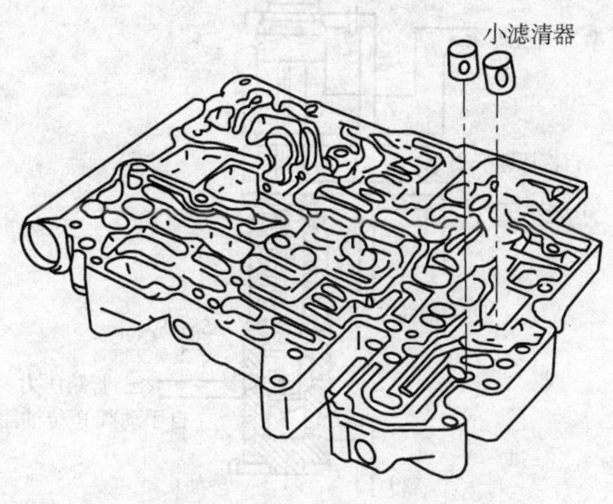

图4-19 小滤清器结构示意图

三、液压控制系统主要元件

液压控制系统主要元件有油泵、主调压阀、次调压阀、手动阀、换挡阀、节气门阀、速控阀（调速器）、强制降挡阀等。

液压控制元件的作用是：控制液压系统中液体流动的方向、流量的大小和油压的高低，以满足执行元件工作的需要。

1. 主调压阀

（1）功用 主调压阀是主油路压力调节阀的简称，也称为第一调压阀。其功用是根据车速、节气门开度和变速杆位置自动控制主油压（管道压力），保证液压系统油压稳定，并将油压控制在一定的范围内。

（2）组成 其组成如图4-20所示，主要包括阀芯、柱塞套筒和调压弹簧等。一般该调压阀为阶梯形滑阀，可接受多路油压的变化，以满足各种工况的需要。

油泵是由发动机驱动的，随着发动机转速的增加，油泵输出的油量和油压就会增加，反之就会降低。但自动变速器的正常工作需要相对稳定的油压。如果油压过高，会导致离合器、制动器接合过快而出现换挡冲击。如果油压过低，会导致离合器、制动器接合不紧而打滑、烧毁。所以必须要有油压调节装置。

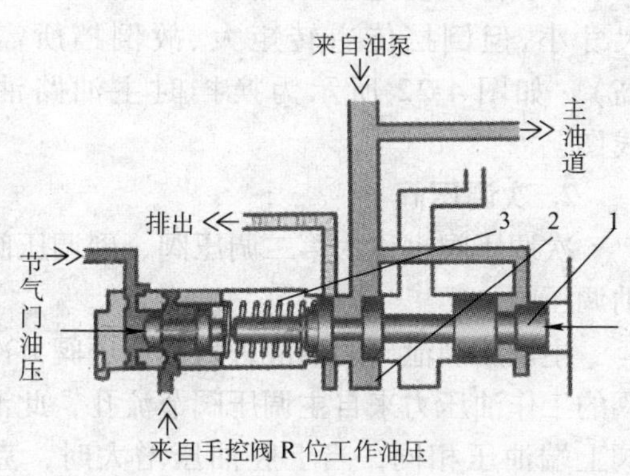

图4-20 主油路压力调节阀结构示意图

1—阀芯 2—柱塞套筒 3—调压弹簧

（3）主调压阀的工作原理 如图4-21所示，当发动机转速使油泵输出油压升高时，作用在阀芯上部A处的油压也升高，使阀芯向下移动并压缩调压弹簧，出油口打开，从出油口排出的油液被推出。通过调节出油口的面积，使油液压力调到规定值。

加大节气门开度，发动机转速提高，油泵转速随着加快，油泵输出油压也会升高，作用在阀芯B面上的作用力增大，起初有一部分油液经出油口流出，使主油路油压下降；但同时节气门阀油压升高，使调压弹簧弹力增大，使阀芯又上移，油压增大，因此调压阀保证主油路油压稳定。

在调压阀的上下两端分别施加两个独立的由手动控制阀来的油压。当将变速器挂入D位（前进挡）时，在调压阀上端相当于加上外加的压力D，阀芯下移，出油口打开，主油路油压下降。当变速杆挂入R位（倒挡）时，在调压阀下端相当于加上外加的压力R，阀芯上移，出油口关小，主油路油压升高，从而满足了倒挡时所需要的油

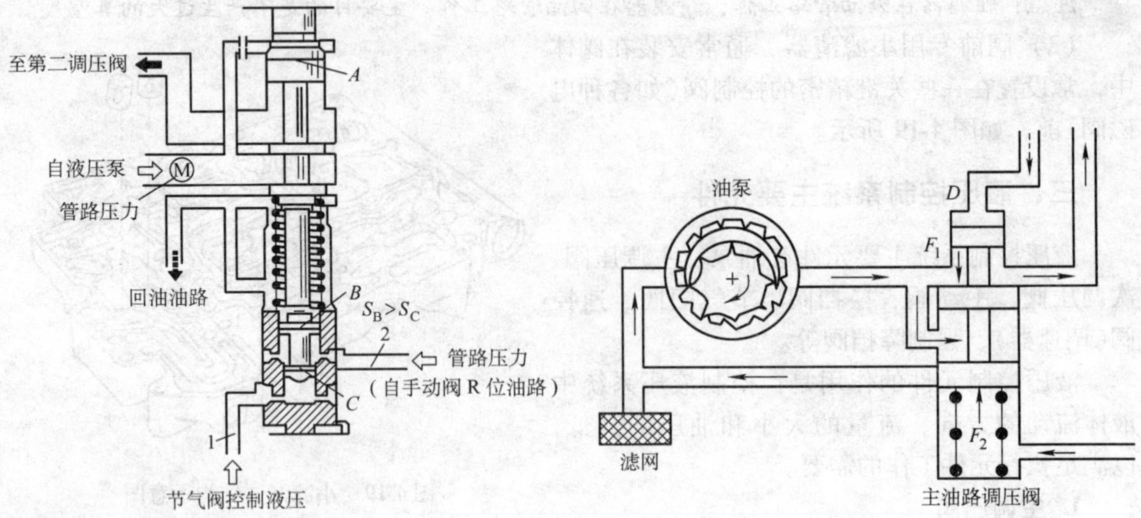

图 4-21　主调压阀结构原理示意图

1—接负荷油路　2—接手动控制阀油路

压(由于自动变速器结构限制,倒挡执行元件尺寸小,但倒挡传递转矩大、故倒挡所需油压高)，如图 4-22 所示为换挡时主油路油压曲线图。

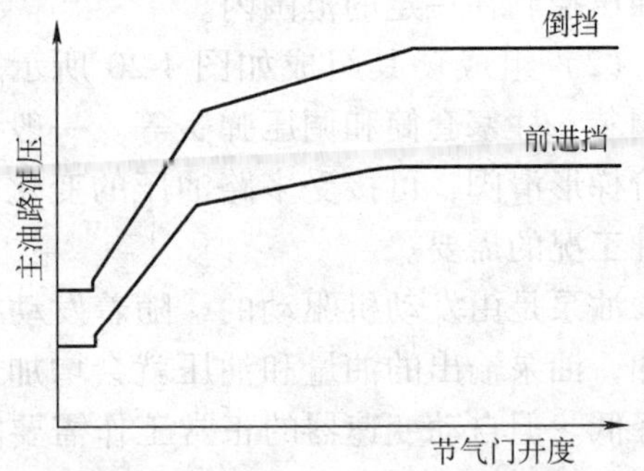

图 4-22　换挡时主油路油压曲线图

2. 次调压阀

次调压阀也称为第二调压阀、副调压阀或辅助调压阀。

主调压阀泄出的油液进入次调压阀，次调压阀的工作油压力来自主调压阀节流孔，此油压与阀上端油压相同，当上腔油压增大时，克服下端调压弹簧的推力，使滑阀下移，将工作油压与冷却器油压接通。而泄油时工作油压降低，从而上腔油压下降，在调压弹簧的作用下，使滑阀上移，使泄油口减小，工作油压又再次升高，如此反复，使油压相对稳定。

此油压有两方面的用处，即调节控制液力变矩器的液压，同时保证齿轮变速器传动机构内部各摩擦点的润滑。

变矩器液压的大小随车速和节气门开度的变化而改变。当发动机怠速运转，车辆低速行驶时，为防止功率损失，油压较小；当高速、大负荷行驶时，油压升高。

变速器油经变矩器后，油液极易发热，经过节流后，到冷却器冷却，如图 4-23 所示。

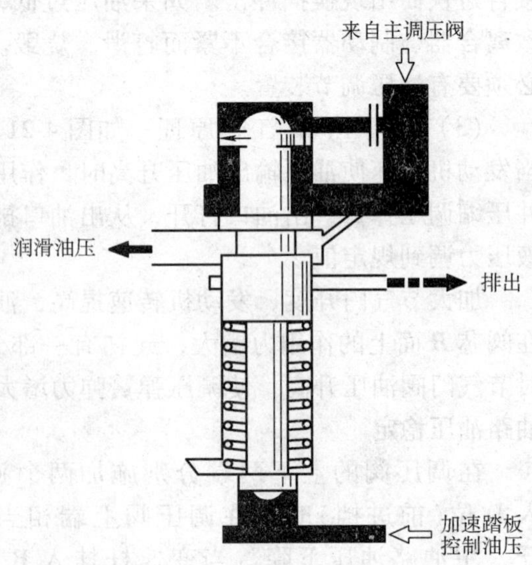

图 4-23　次调压阀结构原理示意图

3. 换挡阀

换挡阀又称为自动式滑阀，相当于一个液压开关。其功用是根据发动机负荷(节气门开度)、汽车行驶速度、行驶模式以及 ATF 温度等的变化，控制换挡信号或油压，切换挡位油路，以实现两个挡位间的转换，多个换挡阀组合可实现多个挡位间的自动互换。换挡阀的数量取决于自动变速器的挡位数。一般，四速自动变速器需要三个换挡阀，即 1-2 挡换挡阀、2-3 挡换挡阀和 3-4 挡换挡阀，如图 4-24 所示。

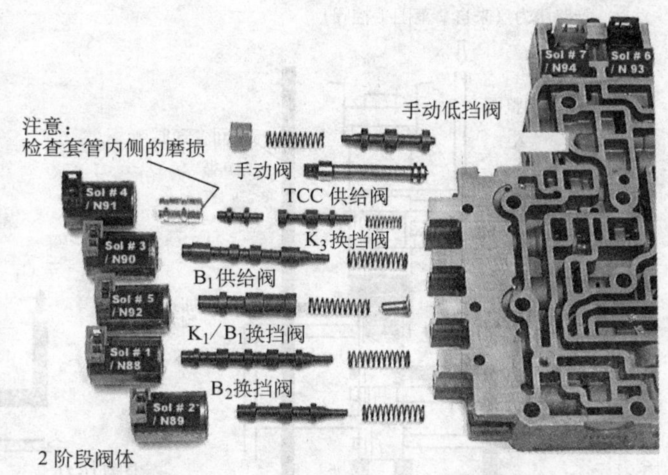

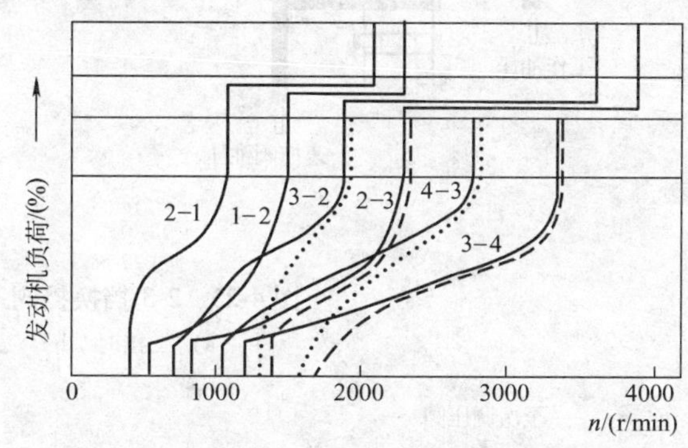

图 4-24 各换挡阀结构及自动换挡曲线示意图

换挡阀直接与换挡控制元件(离合器、制动器)相通，当换挡阀动作后，会切换相应的油道以便给相应挡位的离合器和制动器供油，得到所需要的挡位。

换挡阀工作原理：在换挡阀的左端作用来自主油路的油压，右端作用来自节气门油压和换挡阀弹簧的弹力。换挡阀的位置取决控制油压压力的大小。当左端主油压小于右端节气门油压和换挡阀弹簧弹力之和时，换挡阀保持在左端，接通主油路与低挡油路，低挡换挡元件接合工作，在低挡上行驶。当左端的主油压高于右端节气门油压和换挡阀弹簧弹力之和时，换挡阀移至右端，从而接通主油路与高挡油路，使之在高挡上行驶。

换挡阀具体原理以 2-3 挡换挡阀为例进行介绍。如图 4-25a 所示为二挡时的情况，此时在节气门油压、速控油压及弹簧作用下，2-3 挡换挡阀处于下方位置，主油压不能到达离合器 C_1，所以自动变速器处于 D_2 挡；当车速增加到一定程度，速控油压大于节气门油压和弹簧弹力之和时，2-3 挡换挡阀上移处于上方位置，如图 4-25b 所示，此时主油压经过 2-3 挡换挡阀到达离合器 C_1，自动变速器换至 D_3 挡。

4. 节气门阀

(1) 功用 节气门阀的功用是产生与节气门开度成正比的控制油压(节气门油压)，并传给主调压阀和换挡阀，以控制主油路油压和自动换挡，如图 4-26 所示。

注意： *反映节气门开度信号的节气门阀油压和车速信号的速控阀(亦称调速器阀)油压是液控自动变速器自动换挡的两个重要参数，如图 4-27 所示。*

(2) 结构类型 节气门阀有机械式节气门阀和真空式节气门阀两种结构类型。

(3) 节气门阀工作原理 机械式节气门阀的结构如图 4-28 所示，由强制降挡柱塞、节

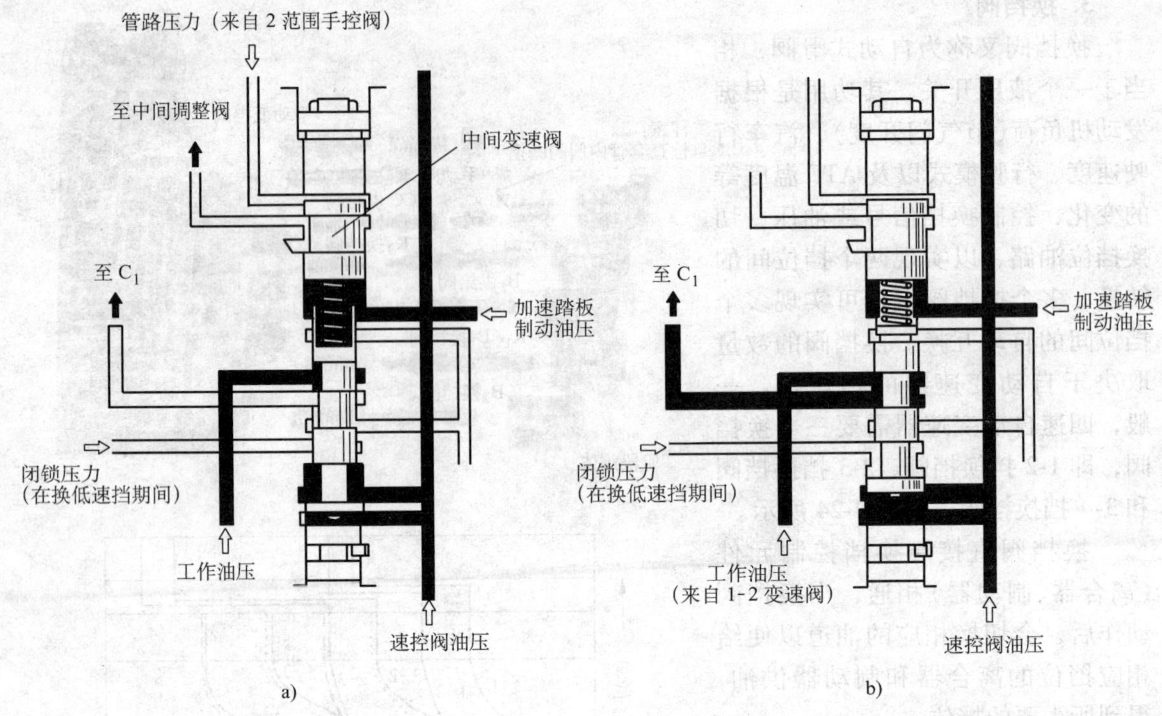

图 4-25　2 3 挡换挡阀工作示意图

a）二挡时　b）三挡时

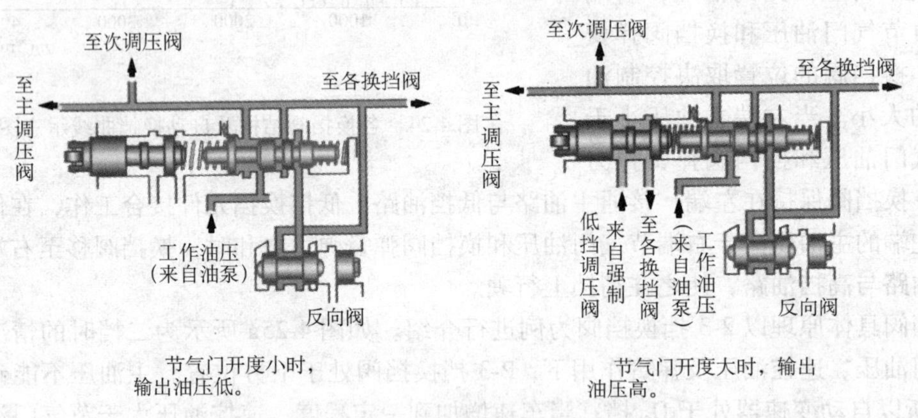

图 4-26　节气门阀结构与原理示意图

气门阀、弹簧等组成。强制降挡柱塞装有滚轮，与节气门凸轮相接触。节气门凸轮经拉索与加速踏板相连。当踩下加速踏板，节气门开度增加时，节气门拉索拉动节气门凸轮转动，将强制降挡柱塞上推，并通过弹簧将节气门阀体上推，使节流口开大，输出的节气门油压增加，使得节气门油压与节气门开度成正比。反之，当节流口最小时，节气门开度也最小（发动机怠速），输出的节气门油压也最低。

真空式节气门阀的结构原理如图 4-29 所示，由真空气室、弹簧、膜片、推杆和滑阀等组成。来自于节气门下方的进气歧管真空度，随节气门开度大小而变化，膜片右方通大气，并与阀芯相连。当节气门开度发生变化时，来自进气歧管的真空度发生变化，拉动阀芯位

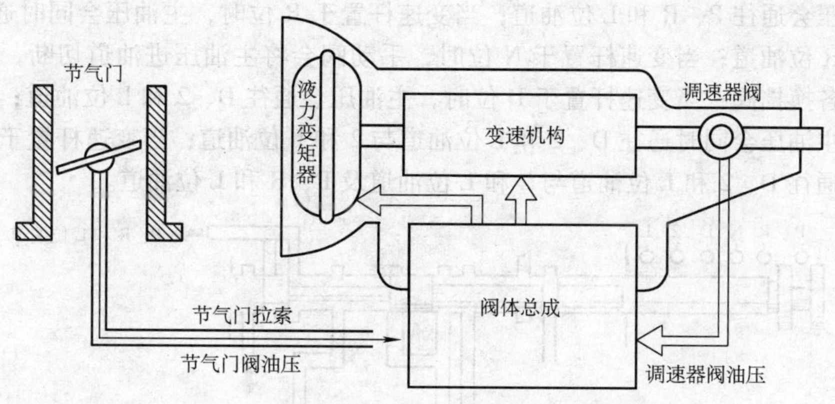

图 4-27 液控式自动变速器换挡原理简图

移，开闭进、排油口，从而随节气门开度变化，使输出油压和空气气压发生变化。

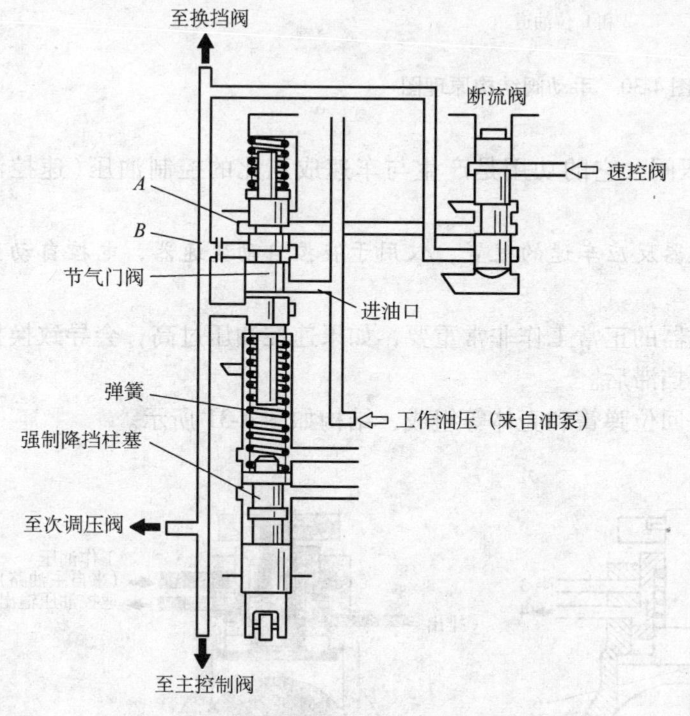

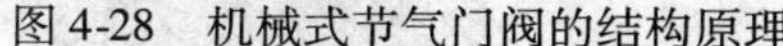

图 4-28 机械式节气门阀的结构原理

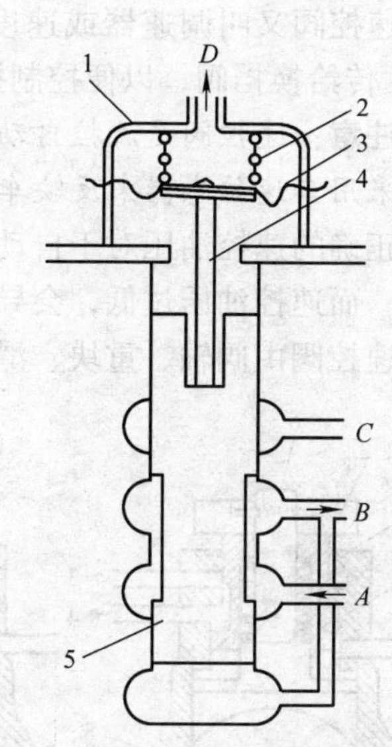

图 4-29 真空式节气门阀结构原理

1—真空膜片室 2—膜片弹簧
3—膜片 4—推杆 5—滑阀
A—主油路进油口 B—节气门油压出油口 C—泄油口 D—真空接口

5. 手动阀

手动阀又称为手控阀或手动换挡阀，用拉索与驾驶室内的变速杆相连。

根据驾驶人的意愿，手动阀将主油路的油压送到换挡阀或直接送到执行机构(如:前进挡离合器等)进行换挡。它还有泄油道，在需要时可排泄管路中不使用但具有一定压力的自动变速器油，如图 4-30 所示。

当驾驶人操纵变速杆时，手动阀会移动，使主油压通往不同的油道。如当变速杆置于 P

位时，主油压会通往 P、R 和 L 位油道；当变速杆置于 R 位时，主油压会同时通往 P、R 和 L 位油道与 R 位油道；当变速杆置于 N 位时，手动阀会将主油压进油道切断，从而不会有主油压通往各换挡阀；当变速杆置于 D 位时，主油压会通往 D、2 和 L 位油道；当变速杆置于 2 位时，主油压会同时通往 D、2 和 L 位油道与 2 和 L 位油道；当变速杆置于 L 位时，主油压会同时通往 D、2 和 L 位油道与 2 和 L 位油道及 P、R 和 L 位油道。

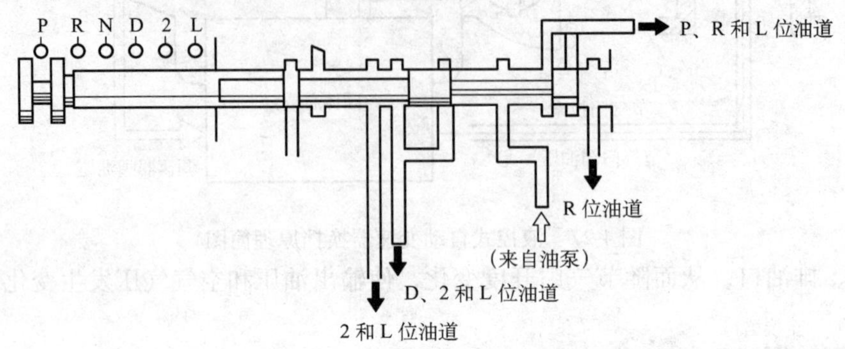

图 4-30　手动阀结构原理图

6. 速控阀

速控阀又叫调速器或速度调压阀，它的功用是产生与车速成正比的控制油压（速控油压），传给换挡阀，以便控制换挡。

注意： 速控阀是液控自动变速器反应车速的装置，仅用于液控自动变速器，电控自动变速器采用车速传感器来反映车速。

正确的速控油压对于自动变速器的正常工作非常重要，如果速控油压过高，会导致换挡提前；而速控油压过低，会导致换挡滞后。

速控阀由阀轴、重块、滑阀、回位弹簧和壳体等组成，结构如图 4-31 所示。

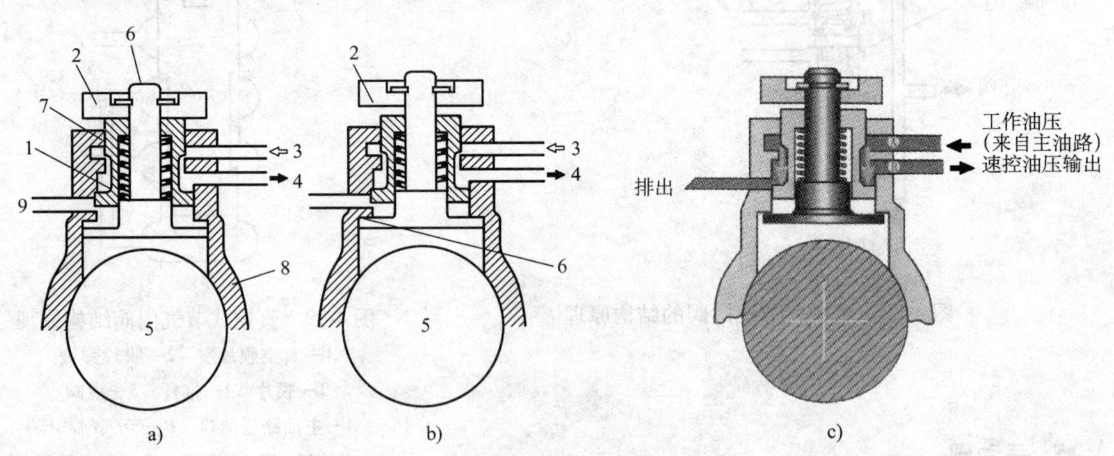

图 4-31　速控阀结构原理示意图

1—滑阀　2—重块　3—进油口　4—出油口　5—输出轴　6—阀轴　7—弹簧　8—调速器外壳　9—泄油口

速控阀安装在变速器输出轴上，与输出轴一起旋转。作用在滑阀上的力包括向外的离心力和向内的速控油压力。当汽车低速行驶时，随着变速器输出轴转速的增加，阀轴和滑阀构成一体，在重块和滑阀的离心力作用下使滑阀向上移动，此时进油口开大，出油口关小，主

油路的油液进入速控阀滑阀内腔，并输出油液压力，输出油液压力的数值随车速升高而迅速增大。

速控油压随着车速的增大而增大。当车速增大到一定程度时，阀轴被壳体内部台阶限位而不再向外移动，此时滑阀向上移动仅能靠自身的离心力，速控阀输出油液压力随变速器输出轴转速的升高而缓慢增大。这样可防止在高速区频繁换挡，使车速稳定。

在汽车停驶时，由于变速器输出轴没有转动，重块和滑阀均处在自由状态，输出油液压力值为零。

由以上可知，速控阀输出油压与输出轴转速的关系分成两级，即用两个重块所产生的离心力不同，使输出油压有一个转折点，提高了汽车低速时的换挡性能。

7. 强制降挡阀

强制降挡阀的功用是汽车在高车速下行驶，将加速踏板踩到底而提速不快时，则将自动变速器在瞬间强制降低一个挡位，即强制降挡。因为此时车速较高，液力变矩器已在耦合器工况或者锁止工况工作，传动比为1，起不到增大转矩的作用，而加速踏板踩到底(节气门全开)，功率输出几乎达到最大。此时自动变速器降一挡，则传动比会增加，输出转矩增大，在短时间内起到迅速加速作用，通常用于短距离超车。当加速要求得到满足后，应立即松开加速踏板，否则会对高速挡摩擦元件造成损害。

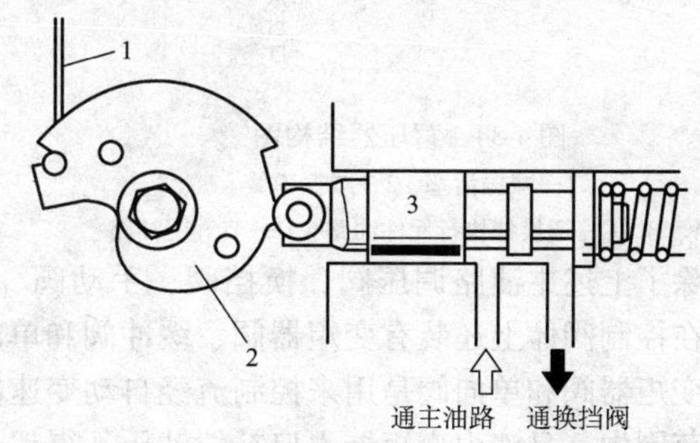

图 4-32 滚轮式强制降挡阀结构原理示意图

1—节气门拉索 2—节气门阀凸轮 3—强制降挡阀

常见强制降挡阀有两种，分别是滚轮式和电磁式，分别如图4-32 和图4-33所示。

强制降挡阀的工作原理：对于液控自动变速器，强制降挡阀与节气门阀安装在一起，来自主油路的压力油与节气门阀油压共同作用于换挡阀体相同的一端，作用力通过强制降挡柱塞使主油压能到达相应换挡阀，使换挡阀动作，在当前挡位上降低一挡。

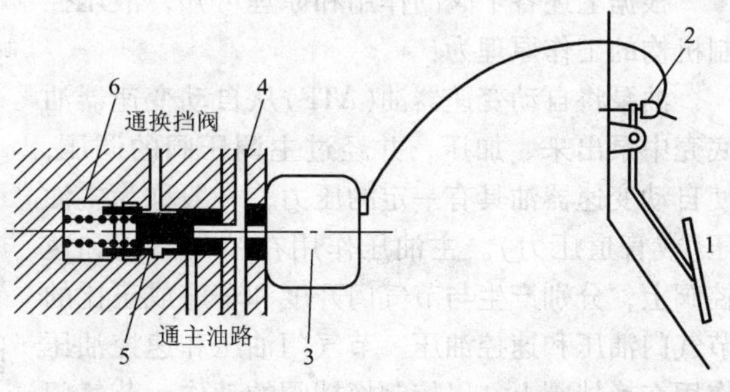

图 4-33 电磁式强制降挡阀

1—加速踏板 2—强制降挡开关 3—强制降挡电磁阀

4—阀杆 5—阀芯 6—弹簧

电磁式强制降挡阀主要由电磁阀、强制降挡开关等组成。强制降挡开关安装在加速踏板下，加速踏板接近踩到底时，强制降挡开关闭合，向电磁阀供电，阀芯受到电磁力的作用而移动，打开油路，油液压力作用在阀芯上，阀芯向降挡方向移动，自动变速器降低一挡工作。

8. 蓄压器

如图 4-34 所示为蓄压器(也称为储压器、减振器)是减少换挡冲击最有效的部件，与相对应的换挡执行元件并联。

在换挡时，来自换挡阀的主油压进入换挡执行元件的同时，也进入蓄压器活塞中。在换挡执行元件接合的初期，油压迅速增大，推动执行元件钢片与摩擦片接合，会产生较大的冲击，若此时将一部分液体引入蓄压器活塞上方，克服蓄压器活塞下方的弹簧弹力，使蓄压器活塞下移，分流一部分液体进入蓄压器中，使换挡执行元件接合时，油压减小，会减小换挡执行元件接合时的冲击，如图4-35所示。

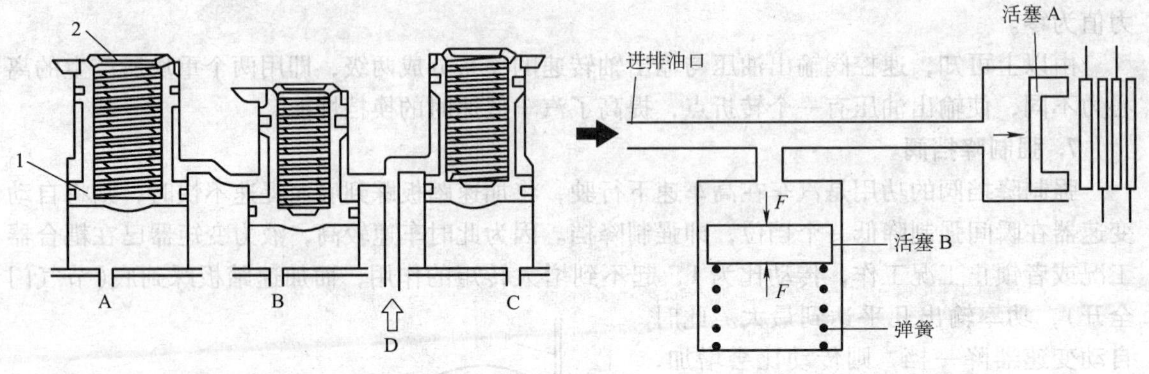

图4-34　蓄压器结构图
1—减振活塞　2—减振弹簧
A、B、C—通换挡执行元件油路　D—节气门油路

图4-35　蓄压器工作示意图

除了上述主油路调压阀、换挡阀、手动阀、节气门阀、蓄压器、速控阀和强制降挡阀外，在控制阀体上还装有变矩器阀、缓冲阀和单向阀等。

变矩器阀和单向阀是用来控制流经自动变速器冷却器、精滤器的自动变速器油的压力在一定范围内，且液力变矩器入口补偿油压不得超过0.42MPa。

缓冲阀(也称为软接合阀)可控制直接挡离合器的接合与分离；可控制低挡制动器的制动与释放。可使换挡平顺，防止在换挡过程中因车速变化而影响汽车的舒适性。

根据上述各个阀的作用和原理可知，液压控制机构的工作原理为：

油泵将自动变速器油(ATF)从自动变速器油底壳中泵出来、加压，并经过主调压阀的调压，使自动变速器油具有一定的压力，一般称为主油压(或管道压力)。主油压作用在节气门阀和速控阀上，分别产生与节气门开度和车速成正比的节气门油压和速控油压。节气门油压和速控油压作用在换挡阀上，以控制换挡阀的动作。节气门油压和速控油压还要反馈给主调压阀，以根据节气门的开度和车速调节主油压。主油压经过手动阀后作用在各换挡阀上，换挡阀的动作切换油道，使经过手动阀的主油压作用到不同的换挡执行元件(离合器、制动器)以得到不同的挡位，如图4-36所示为几种阀组合工作示意图。

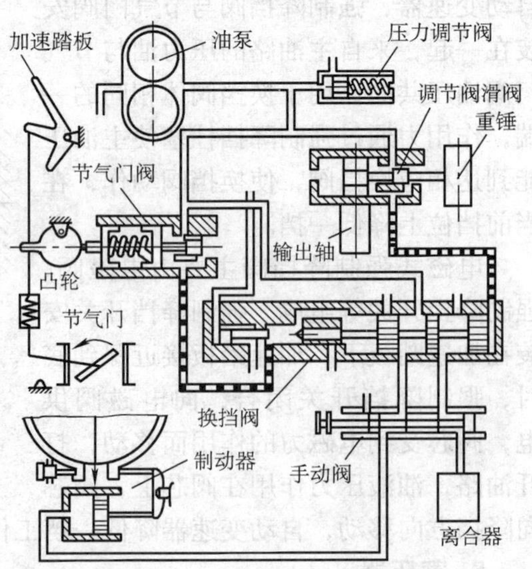

图4-36　液压组合阀工作示意图

任务2　液压控制系统检修

液压控制系统是自动变速器上分布广，结构复杂、隐蔽，装配要求精度高的系统。为此，在检修时应注意：

1）液压控制系统零件精度高，技术复杂，检修时要十分认真仔细。

2）在检测阀体中的各个阀时，要十分注意阀体中的小钢球和小滑块的位置，并防止掉落。

3）在检测过程中，严禁使用带有棉纱的擦布擦拭零件。

一、液压控制系统的拆卸与检测规程及技术要求

1. 液压控制系统部分零件的拆解规程

以丰田 A341E 和 A342E 为例进行讲解，如图 4-37 所示。

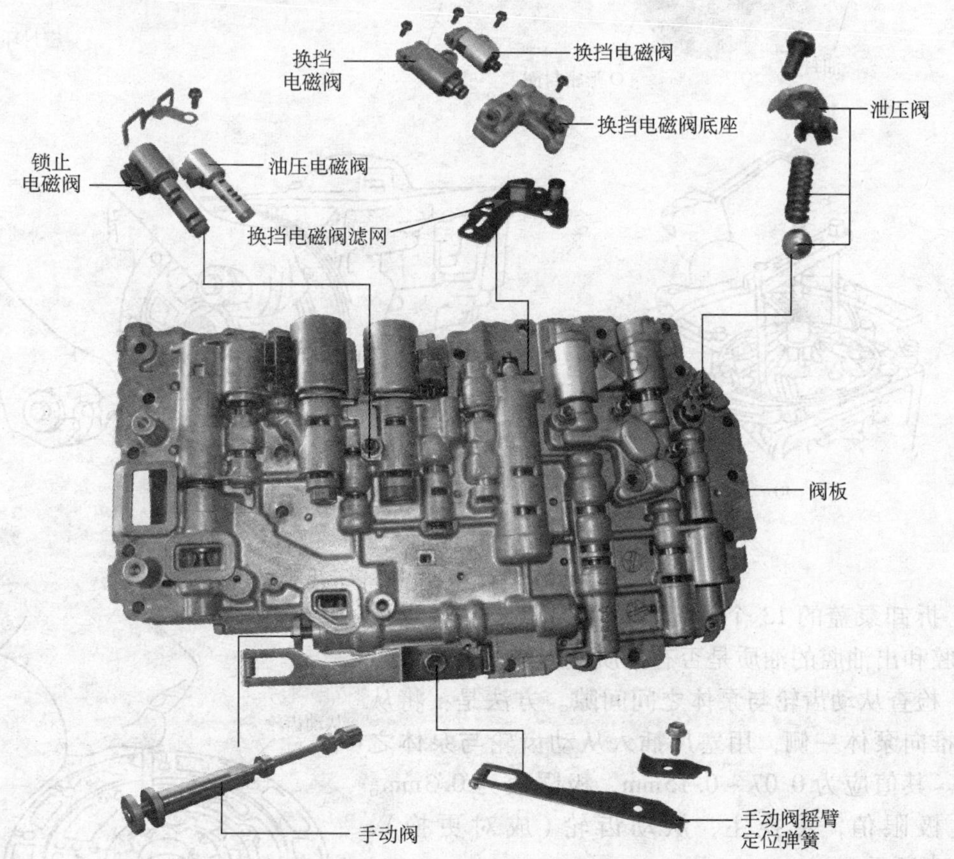

图 4-37　A341E 和 A342E 自动变速器手动阀和电磁阀的拆解示意图

2. 油泵的拆卸与检测规程

油泵一旦发生故障会对整个自动变速器液压系统产生影响，尤其对各挡位的工作影响较

大。而且油泵故障对每一挡位的影响是不同的，一般对低挡影响大，而对高挡影响小。总的来说，油泵故障会引起在前进挡和倒挡车辆均不能移动；前进挡和倒挡起步无力；自动变速器打滑。叶片泵故障还会引起自动变速器换挡冲击、异响等故障。下面以内啮合齿轮泵为例，其拆装规程及技术要求如下。

1）从自动变速器上拆下油泵的6个固定螺栓，用专用拉拔器拉出油泵总成，如图4-38所示，放置在工作台上并用木块垫好，并取下小O形油封环和大O形油封环。

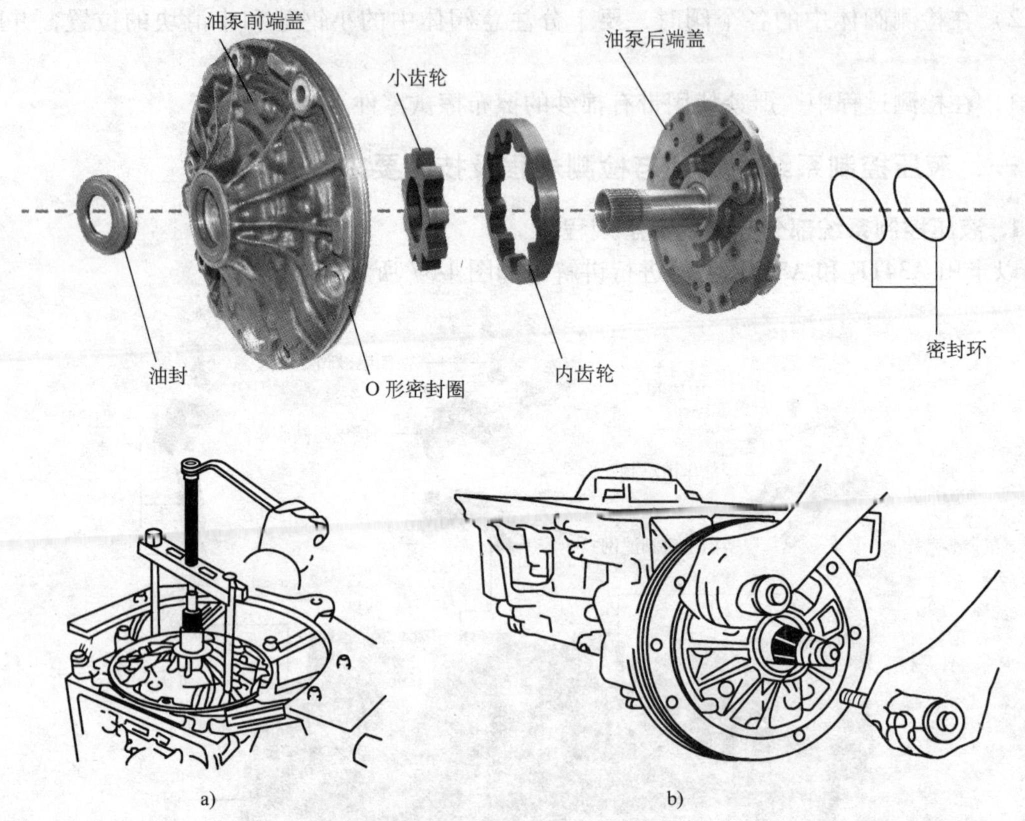

图4-38　拆卸油泵

a）用拉拔器拉出油泵　b）用惯性锤拉出油泵

2）拆卸泵盖的13个螺钉，取下泵盖，并注意检查吸油腔和出油腔的油质是否有杂质或形成油膏状。

3）检查从动齿轮与泵体之间间隙。方法是：将从动齿轮推向泵体一侧，用塞尺插入从动齿轮与泵体之间缝隙。其值应为0.07～0.15mm，极限值为0.3mm。如超过极限值，更换主、从动齿轮（成对更换），如图4-39所示。

4）检查从动齿轮与月牙隔板之间间隙。其值应为0.11～0.14mm，极限值为0.3mm，如图4-40所示。

5）检查齿轮与泵盖之间间隙，其值应为0.02～0.05mm，极限值为0.1mm，如图4-41所示。

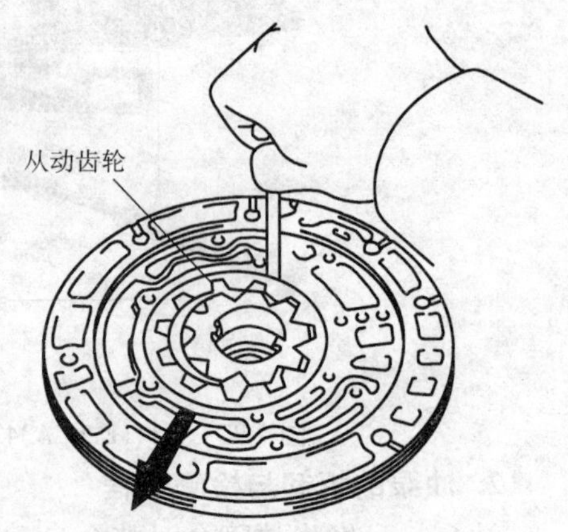

图4-39　检查从动齿轮与泵体之间间隙

图 4-40　检查从动齿轮与月牙隔板之间间隙

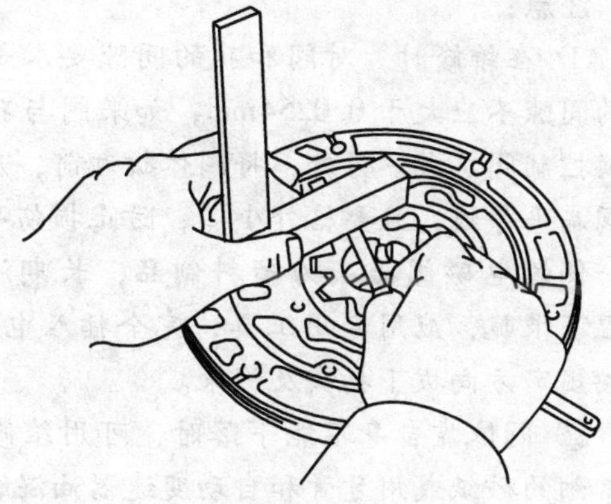

图 4-41　检查齿轮与泵盖之间间隙

6）用塞尺和钢直尺检查油泵表面的平面度。用手转动油泵查听油泵有无卡滞和异响，如图 4-42 所示。

图 4-42　检查油泵齿轮端面壳体平面和油泵性能

3. 阀体的拆卸与检测规程

自动变速器阀体是换挡控制中心，如果出现故障会引起各式各样的故障。如：不能行驶、打滑、驱动无力、换挡冲击、频繁跳挡等。

自动变速器的电控系统、液压系统、机械传动装置三者是相互紧密联系的。而液压系统中尤以油路控制阀体甚为精密。像迷宫般的油道，大小不一的阀芯，长短粗细不一的弹簧，钢珠、塑料球、滤网座圈、限位片、蓄压器等可谓是五花八门；零件方向、位置和大小，可谓眼花缭乱。

注意：对阀体进行修理一定要有详细的资料，充分了解和审视后才能动手。对于电液式自动变速器而言，只有当摩擦片严重烧损、行星齿轮磨损、车辆行驶里程过长和使用年限过长，ATF 严重脏污才会考虑对阀体进行解体清洗检修。

电控液压自动变速器油路控制阀体失效的原因多为内部过脏、堵塞油路所造成的。解体清洗阀体是大修自动变速器不可缺少的一个重要内容。

下面以丰田 A341E 和 A342E 型自动变速器阀体分解为例，讲解其分解规程及技术要求。

1）抬升起自动变速器，拆卸油底壳，然后拆卸阀体（不可以将自动变速器倒置进行拆卸），如图 4-43 所示。

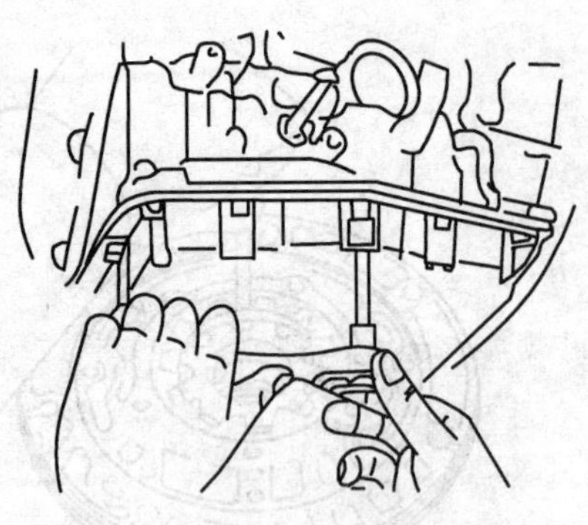
图 4-43　拆卸油底壳

注意：

① 在维修时，对阀和孔的间隙要求是很严格的，二者的间隙不应大于 0.0254mm，如果阀与孔磨损，则必须更换控制阀总成。另外，将阀体拆卸前，应先拆卸外部电磁阀扁平导线，且要格外小心，防止损伤导线。由于扁平线一侧的电磁阀接头为塑料制品，长期浸没在 ATF 中，高温下很脆，应用专用工具，完全插入电磁阀插头下边，并按规定方向拔下插头及线束。

② 阀依靠自身不能下落时，可用维修仪器用的颗粒非常细的砂纸或用牙膏和自动变速器油混合成膏剂，对其表面进行抛光。

2）拆下阀体上的手动阀阀芯、连接杆、精滤器及电磁阀等零件，如图 4-44 和图 4-45 所示。

图 4-44　拆卸手动阀连接杆

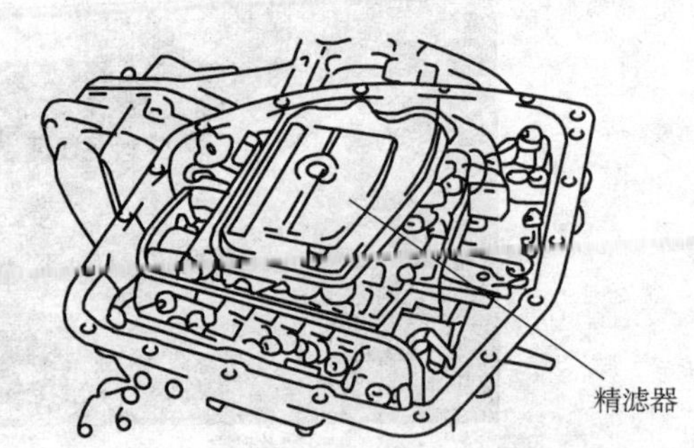

图 4-45　拆卸自动变速器精滤器

3）松开上下阀体之间的固定螺栓，将上下阀体分开。在拿起上阀体时，为了防止上阀体油道内的单向阀阀球掉落，应将上下阀体之间的隔板和上阀板一同拿起，并将上阀体油道一面朝上放置后再取出隔板，如图 4-46 所示。

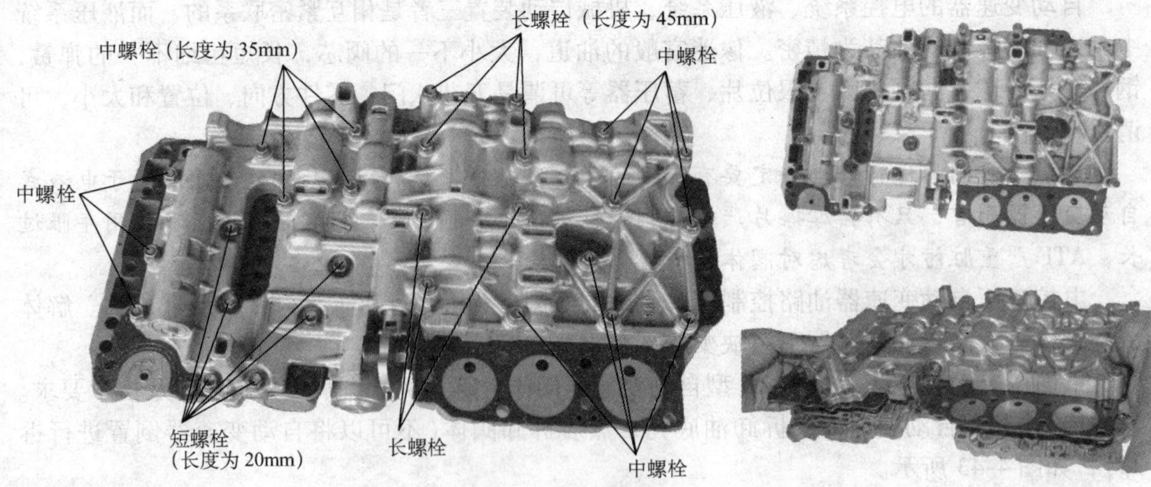

图 4-46　A341E 和 A342E 自动变速器上下阀体分解示意图

4）如图 4-47 所示，将上阀体翻转过来使中间隔板向上，这样不会使阀体油道内的单向阀阀球跌落；对钢球和滑块可拍照存档，以便装配。也可利用油路隔板上的残油，用 1 张稍厚的白纸板复印下油路隔板图，并将油路隔板中所有零件逐一地在图上标明，以便装复时参考备查。

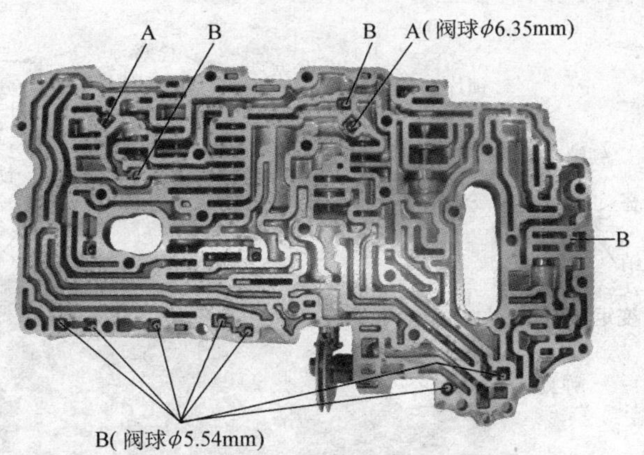

图 4-47　A341E 和 A342E 自动变速器阀球的安装位置及规格

5）如图 4-48 所示，按顺序拆出上阀体中所有的控制阀。

注意：

① 在拆出每个控制阀时，应先取出锁销和栓塞，再让阀芯和弹簧从阀孔中自由落出。

② 若阀芯在阀孔中有卡滞，不能自由落出，可用木锤或橡皮锤敲击阀体，将阀芯震出或用压缩空气吹出；不要用铁丝或钳子伸入阀孔去取阀芯，以免损坏阀孔内径或阀芯。

③ 检查阀芯是否卡滞，在控制阀体中除手控阀阀芯没有限位装置可直接拿出外，其余所有阀芯的外端都有限位装置，限位装置有圆柱、卡片和开口销三种。圆柱形限位装置只需向内轻推阀芯，限位销便可脱落，卡片或开口销则需用工具进行拆卸，在拆卸过程中需用手指或旋具抵住阀芯，以防限位装置拆出的瞬间，阀芯在里面弹簧的作用下弹出。

④ 在分解、装配阀体时，要有详细的技术资料（如阀板分解图）作为对照。拆下的各个控制阀零件要按顺序排放，以便重装。

⑤ 在分开上下阀体时，要特别注意不要使阀体油道中的阀球、滤网等小零件掉出。在拿起上面的阀体时，要将隔板连同阀体一同拿起，待翻转阀体使油道一面朝上后再拿开隔板；认明上下阀体油道中所有阀球等零件的位置并画在简图上，同时测量并记下不同直径的阀球的位置，然后才能取出阀球等零件，做进一步分解及阀体清洗工作。

6）用低压压缩空气吹出 C_1 蓄能器活塞，如图 4-49 所示。并用同样的方法吹出 C_2、C_3 和 B_2 蓄能器活塞。

7）拆卸制动器活塞和密封圈，如图 4-50 所示。

8）拆卸下阀体，不要使阀芯等重要零件掉落；不要用密封胶粘住小零件；不要用磁性物件去吸小零件；不要用螺钉旋具或类似工具伸到阀孔和阀槽中。

9）如图 4-51 所示，按顺序拆出下阀体中所有的控制阀，并摆放有序。对小零件取一件，清洗一件，检查一件，吹干一件，装好一件。

注意：将阀体、垫片等零件放在煤油或自动变速器油中浸泡数分钟，用刷子把阀体清洗干净，并用压缩空气吹干。严禁用棉布或棉纱擦拭，以防棉纤维粘在阀体上。

二、液压控制系统的维修与装配规程

1. 内啮合齿轮泵的检修

该类齿轮泵的检修项目主要有：油泵内齿轮外圈与壳体间隙、齿轮端隙、齿顶与月牙隔板间隙、壳体衬套内径、转子轴套前端直径，转子轴套后端直径，如图 4-52 所示。相关图

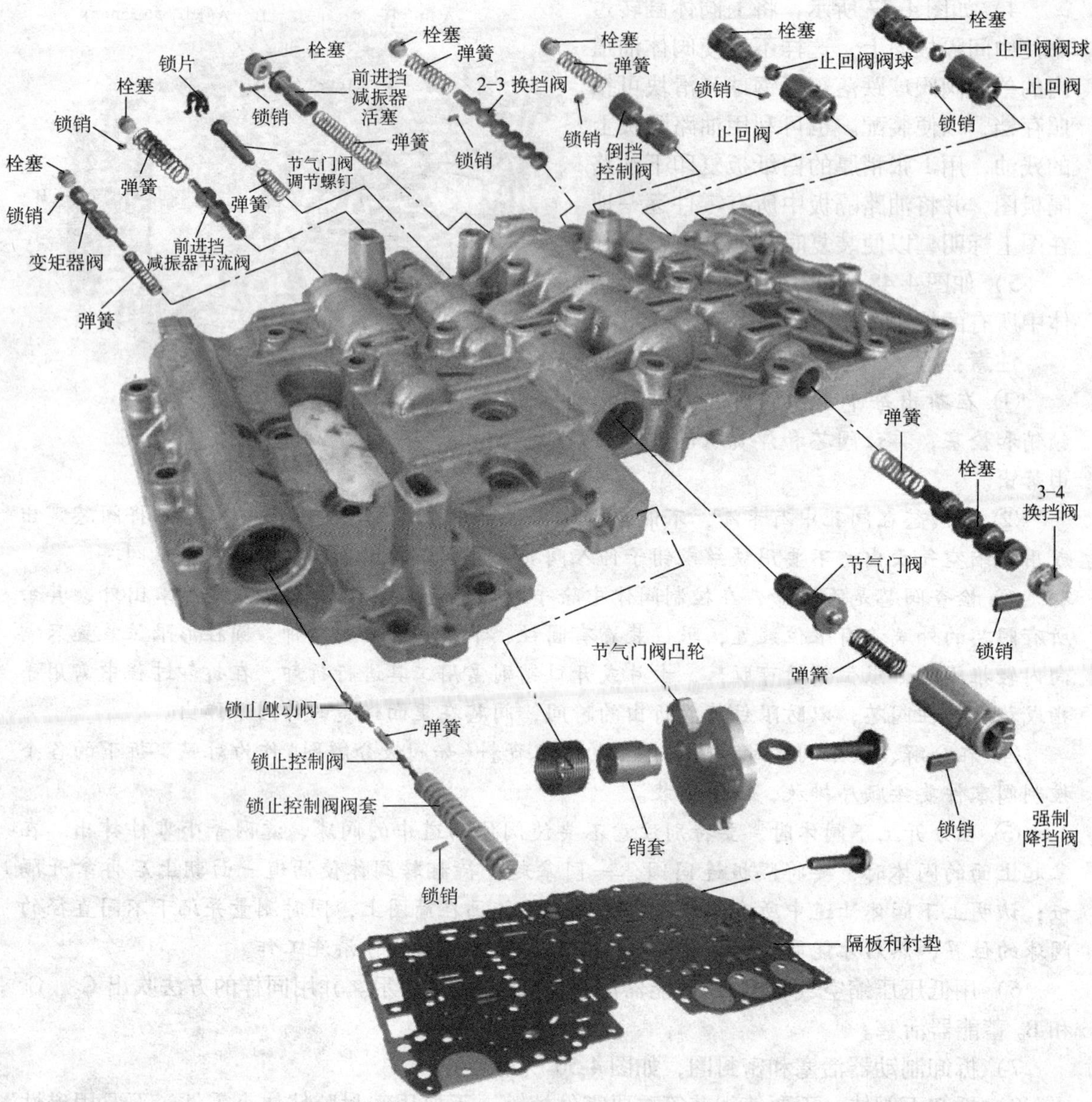

图 4-48　A341E 和 A342E 自动变速器上阀板分解示意图

示，参见油泵拆卸部分。

油泵测量标准如下。

1）内齿轮与壳体间隙应为 0.07 ~ 0.15mm，极限值为 0.3mm；齿顶与月牙隔板间隙应为 0.11 ~ 0.14mm，极限值为 0.3mm；齿轮端隙应为 0.02 ~ 0.05mm，极限值为 0.1mm。

2）检查油泵小齿轮、内齿轮、泵壳端面有无肉眼可见的磨损痕迹。如有，应更换新件。

3）用量缸表或内径百分表，测量泵体衬套内径。最大直径应为 38.19mm。如果衬套直径大于规定值，则更换油泵体。

4）测量转子轴衬套内径，测量衬套前、后端的直径。前端最大直径为 21.58mm，后端

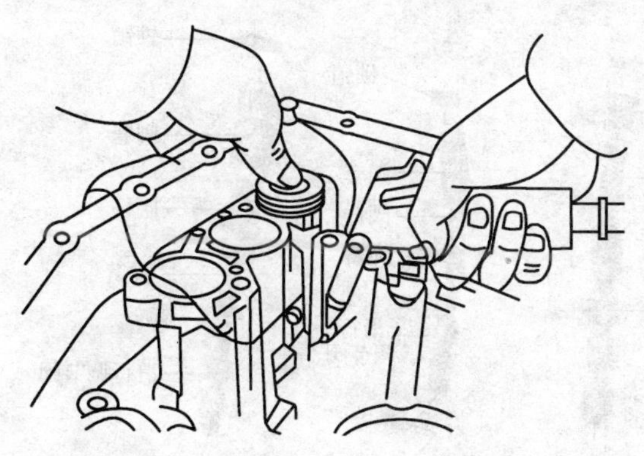

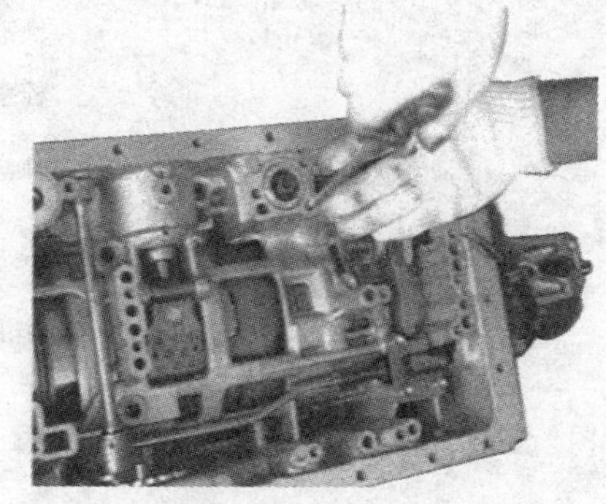

图 4-49　拆下 C_1 蓄能器活塞

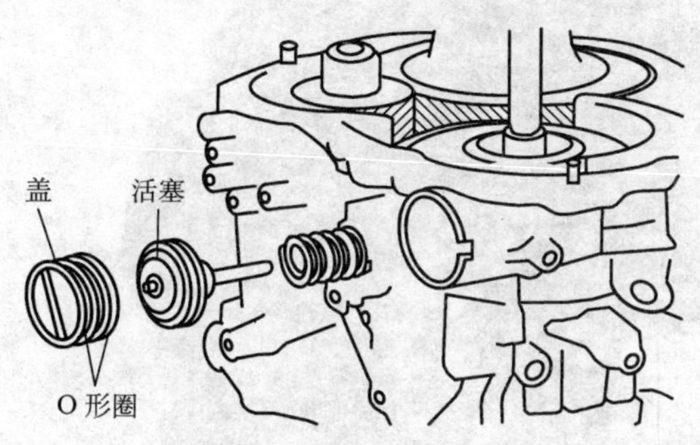

图 4-50　拆卸制动器活塞和密封圈

最大直径为 27. 08mm。如果衬套内径超出规定值，则更换转子轴。

5）更换所有 O 形圈和橡胶件。装配时应加注自动变速器油。

2. 阀体维修

阀体易发生故障的主要表现为阀的卡滞或阀运动迟缓。产生该故障的原因是缺少日常的维护；自动变速器油太脏或自动变速器油型号不对；自动变速器过热引起的积炭会粘住阀体中的滑阀。相关图示，参见阀体拆卸部分。

1）将所有的阀、弹簧取出放置好后，将阀体和隔板用酒精或化油器清洗剂浸泡几分钟（隔板的浸泡时间不要超过 5min），然后用水清洗，确保阀体中所有的通道都畅通和洁净。然后用干燥的压缩空气仔细吹干每一个部件。

2）清洗后仔细检查每一个部件，隔板和垫片不能有缺陷；阀体通道中不能有阻碍运动的漆膜状沉积物；螺纹孔不得有损伤；阀不得有刻痕、毛刺、裂缝现象；阀与相关孔应配合良好。将阀体竖起来，将没有涂上油的阀（有油的阀会产生粘附作用）插入孔内，阀应能靠自身重量下落到底。阀不能在孔中自由运动，说明有可能存在小的毛刺或轻微的划痕。

3）在维修时，阀和孔的间隙是要求很严的，二者的间隙不应大于 0. 0254mm，如果阀与孔被磨损，则必须更换控制阀总成。

4）装配阀体时，应检查各控制阀阀芯是否能在阀孔中活动自如。如有卡滞，应拆下，经清洗后重新安装。

5）不要在阀体衬垫及控制阀的任何零件上使用密封胶或粘合剂。

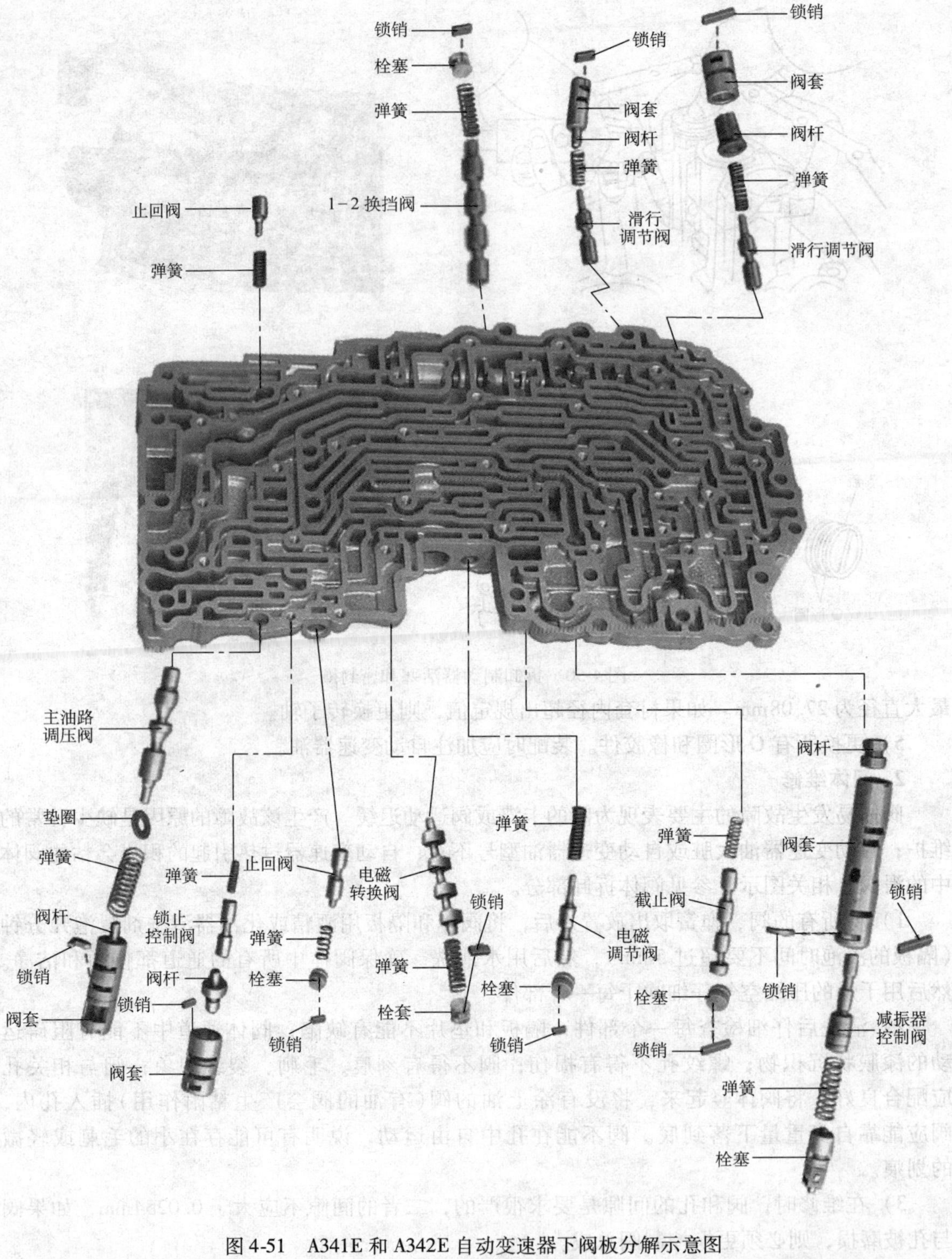

图 4-51　A341E 和 A342E 自动变速器下阀板分解示意图

6）在更换隔板衬垫时，应将新旧件进行对比，确认无误后再装入，以防止因零件规格不符而影响自动变速器的正常工作。有些自动变速器的修理包中没有阀体隔板衬垫，在维修中如果旧衬垫破损，可用清克纸（即电工用绝缘纸）自制，方法是：将旧衬垫的形状画在清

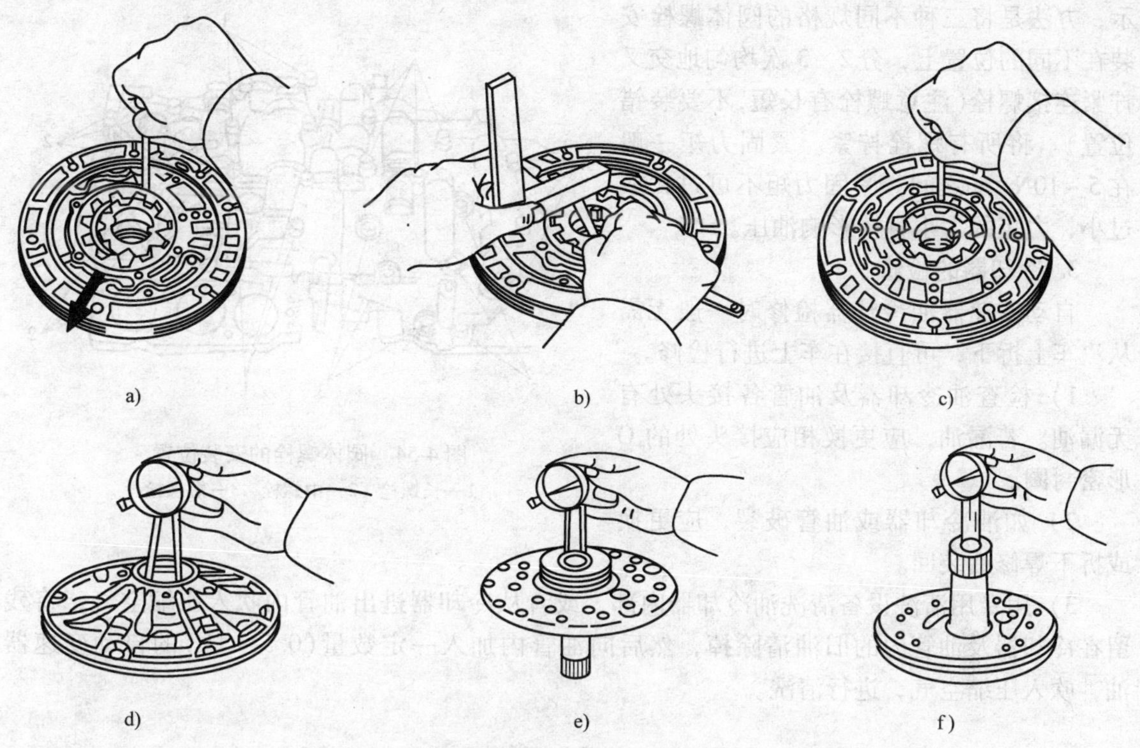

图 4-52　内啮合齿轮泵各项技术参数检查示意图

a）内齿轮与壳体间隙　b）齿轮端隙　c）内齿轮与壳体间隙

d）壳体衬套内径　e）转子轴套前端直径　f）转子轴套后端直径

克纸上，用割纸刀和圆冲照原样刻出。

7）在装配阀体时，要有详细的技术资料（如阀板分解图）作为对照。拆下各个控制阀零件。将清洗后的上下阀体和所有控制阀零件放在干净的自动变速器油中浸泡几分钟。

8）按拆卸相反的顺序安装上下阀体各控制阀，注意各控制阀弹簧的安装位置，切不可将各控制阀的弹簧装错。逐一对照维修手册上的资料，检查阀体内所有弹簧的自由长度和直径是否符合标准。新换弹簧也需要做这方面的检查。

注意：漏装单向球阀会造成相关挡位出现严重换挡冲击，同时节气门阀减振块装错位置也会造成换挡冲击（阀体中部位置，样子像卡片）。一定要注意所有部件的前、后、左、右相邻位置，任何一点小小的失误将会导致阀体无法正常工作。

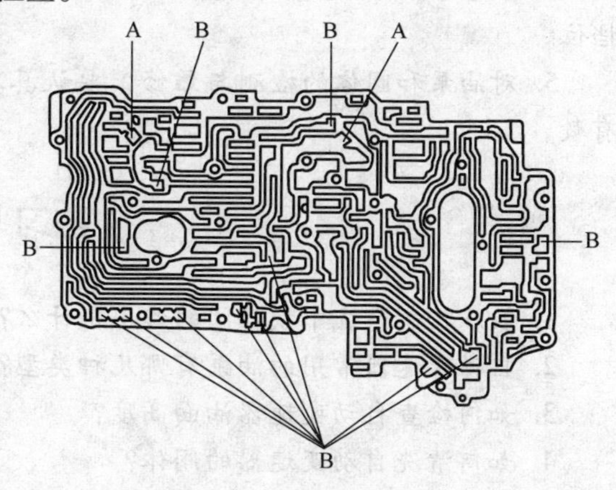

图 4-53　球阀安装位置

按图 4-53 所示，将上阀体油道内的阀球装入。

9）用螺钉将隔板及隔板衬垫固定在上阀体上。

10）将上下阀体合在一起，按图 4-54 所示，方法是将三种不同规格的阀体螺栓安装在不同的位置上，分2~3次均匀地交叉拧紧连接螺栓(注意螺栓有长短,不要装错位置)。将所有螺栓拧紧。紧固力矩一般在5~10N·m之间。紧固力矩不可过大或过小，力矩的大小直接影响油压。

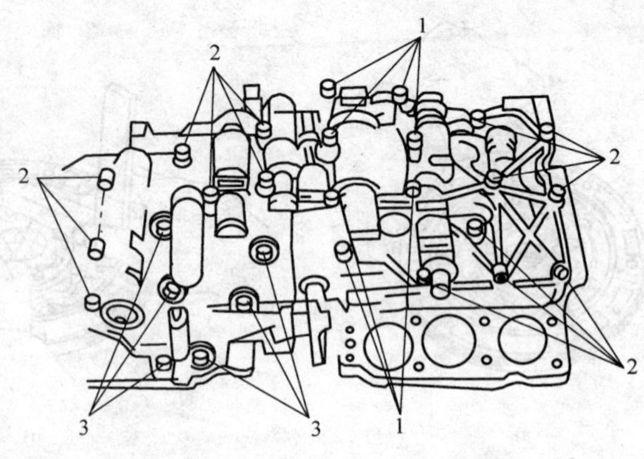

图4-54　阀体螺栓的安装位置

1—长螺栓　2—中螺栓　3—短螺栓

3. 冷却器的检修

自动变速器油冷却器检修时一般无需从汽车上拆下，可直接在车上进行检修。

1）检查油冷却器及油管各接头处有无漏油。若漏油，应更换相应接头处的O形密封圈。

2）如油冷却器或油管破裂，应更换或拆下焊修后装回。

3）用专用清洗设备清洗油冷却器内部，或者从冷却器进出油管内吹入压缩空气，将残留在冷却器及油管内的旧油清除掉，然后向油管内加入一定数量(0.5~1L)的自动变速器油，吹入压缩空气，进行清洗。

本项目小结

1. 液压控制系统控制的是自动变速器中的机械传动部分，是控制中心。

2. 阀体是液压控制系统核心部分，各种阀大部分安装在阀体内。结构复杂，精度高，要求严格。

3. 油泵是自动变速器中的动力源。分为内啮合式齿轮泵、摆线转子泵和叶片泵。注意叶片泵中的定子。定子固定不动为定量泵，定子摆动为变量泵。

4. 注意各种阀的阀芯和压缩弹簧，压缩弹簧的预紧度决定着阀芯打开的程度，阀芯打开的程度又决定着油压的高低。这样的变化过程，又决定了自动变速器自动换挡的挡位。当然，还有变速杆的位置，节气门的开度和汽车行驶的速度也决定了自动变速器自动换挡的挡位。

5. 对油泵和阀体的检测与维修，要认真准备，熟悉资料，多看多想多拍照，做到心中有数。

练习与思考

1. 液压控制系统中换挡阀的作用是什么？
2. 自动变速器常用的油泵有哪几种类型？
3. 如何检查自动变速器油面高度？
4. 如何清洗自动变速器的阀体？
5. 自动变速器油面高度过低有什么危害？

6. 画图说明主调压阀的工作原理。
7. 自动变速器换挡的条件是什么？
8. 画图说明节气门阀的工作原理。
9. 对内啮合齿轮泵如何检修？
10. 液压控制系统中的执行机构由哪些部件组成？

项目五　电子控制系统

在液压控制自动变速器的基础上，新增加一套电子控制系统，由电脑(ECU)控制各个电磁阀，由电磁阀来控制液压阀，由液压阀来控制液压控制机构中的油压，来完成挡位的变换。

电控自动变速器在结构上看起来复杂，但实际在维修过程中更快捷和简便。另外，电控自动变速器还有阀体简单、换挡速度快等许多优点。

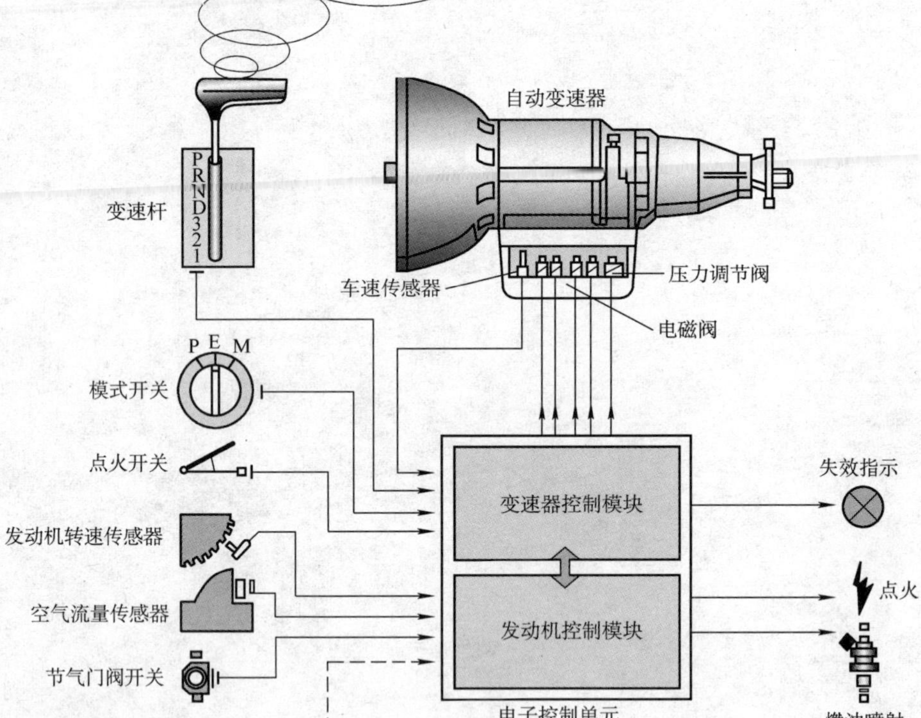

【学习目标】

◇ 掌握电控单元的组成及工作原理

◇ 了解各种传感器和电控执行元件的结构原理及组成

◇ 掌握电子控制系统的检测(故障码的提取)方法

◇ 掌握电子控制系统的检测注意事项

任务 1 电子控制系统的组成和工作原理

电子控制系统是在原有液压控制系统的基础上新增加一套电子控制系统，比液压控制更先进，更准确，目前在越来越多的汽车上得到应用。它是在液压控制系统中增加若干个电磁阀，电控单元控制这些电磁阀，再由电磁阀的通断来改变油路，参与液压系统的控制，如图 5-1所示。

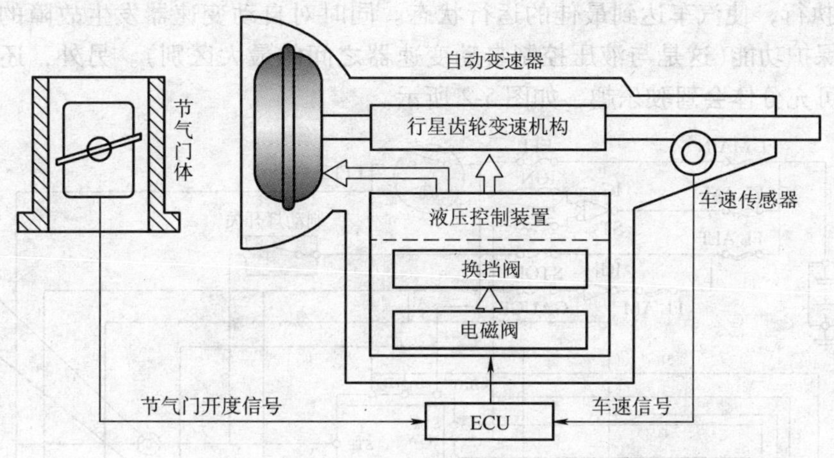

图 5-1 电控液压自动变速器示意图

早期的自动变速器通常都是机械控制的，只有少量电子元件作为辅助。机械式的自动变速器油路结构复杂，成本高，而且耐用性差，需要经常维护，维修费用也高。目前，大部分自动变速器已经采用了电液一体化的设计。所谓电液一体化，就是指用电子方式控制自动变速器油路。这样就省去了各种复杂的液压控制阀和控制管路。直接用电磁阀取代液压阀最大的好处就是布置方便，可靠性好，响应速度高。

我们完全可以想象，是布置复杂的液压回路容易一些，还是布置电线容易一些？答案当然是后者。

电液一体化变速控制除了上述优点以外，还有一个很大的好处就是控制方法更加智能化。因为电磁阀是直接与电脑相连的，电脑可以很容易地根据汽车的各种状态调整控制模式。不像纯液压控制那样，控制模式是固定不变的。所以在很多配备了电液一体化式自动变速器的汽车上，有经济模式、运动模式、雪地模式等可供选择。在经济模式下，电脑控制变速器在低转速升挡以达到省油的目的；在运动模式下电脑控制变速器在高转速升挡发挥发动机的动力性能；在雪地模式下，电脑控制自动变速器直接用 2 挡起步，避免因轮胎打滑而失控。所以，这种电液控制的自动变速器给人的感觉就是智能化。而所有的控制模式只需要修改电脑程序就可实现，硬件方面不需要做任何改动，所以成本比传统自动变速器更低，性能却更高。

电子控制单元英文缩写为 ECU，俗称电脑，又称电控单元或控制单元。自动变速器 ECU 具有换挡控制、锁止离合器控制、换挡平顺性控制、故障诊断、失效保护等功能。

早期的电控自动变速器中，控制锁止离合器的电磁阀采用开关式电磁阀，即通电时锁止离合器接合，断电时锁止离合器分离。目前许多新型电控自动变速器采用占空比式电磁阀作为锁止离合器电磁阀，电脑在控制锁止离合器接合时，通过改变脉冲电信号的占空比，让锁止离合器电磁阀的开度缓慢增大，以减小锁止离合器接合时所产生的冲击，使锁止离合器的接合过程变得更加柔和。

电控单元(ECU)是控制核心，通过自动变速器相对应的若干传感器，将接收到的汽车运行状态参数转变为电信号。它不但能够把有关的数值、程序存入到电子控制单元(ECU)，而且还能对汽车行驶中反馈的各种信息进行比较、计算、分析和处理，然后发出指令由执行器(电磁阀)执行，使汽车达到最佳的运行状态。同时对自动变速器发生故障的部位，有自诊断和失效保护功能(这是与液压控制自动变速器之间的最大区别)。另外，还有驾驶模式选择功能，可充分体会驾驶乐趣，如图 5-2 所示。

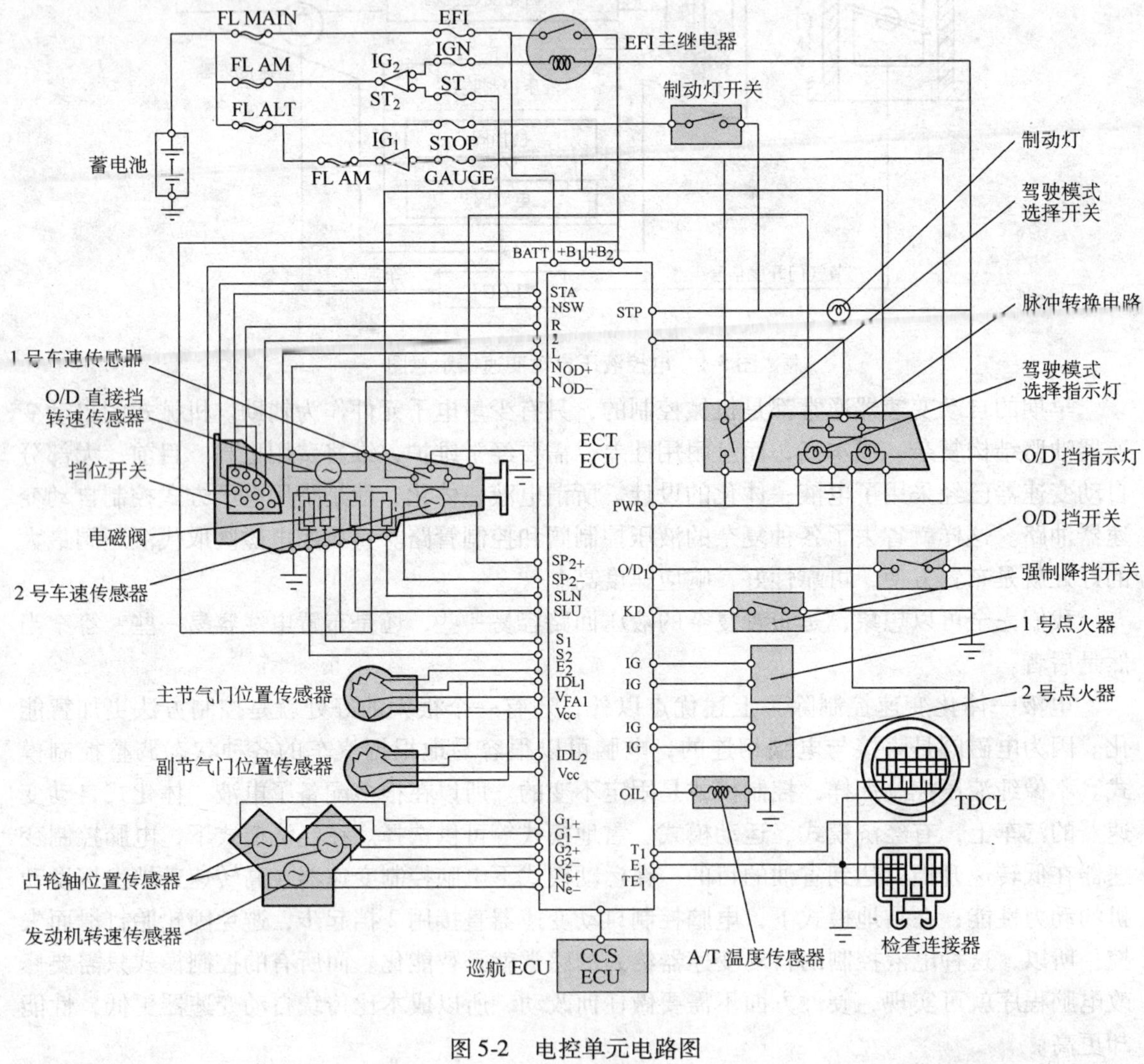

图 5-2　电控单元电路图

电子控制系统根据加速踏板的位置，确定自动变速器相应的挡位，使自动变速器自动完成换挡。

自动变速器的电子控制系统包括传感器、电子控制单元(ECU)和执行器三部分，其控

制流程如图 5-3 所示。

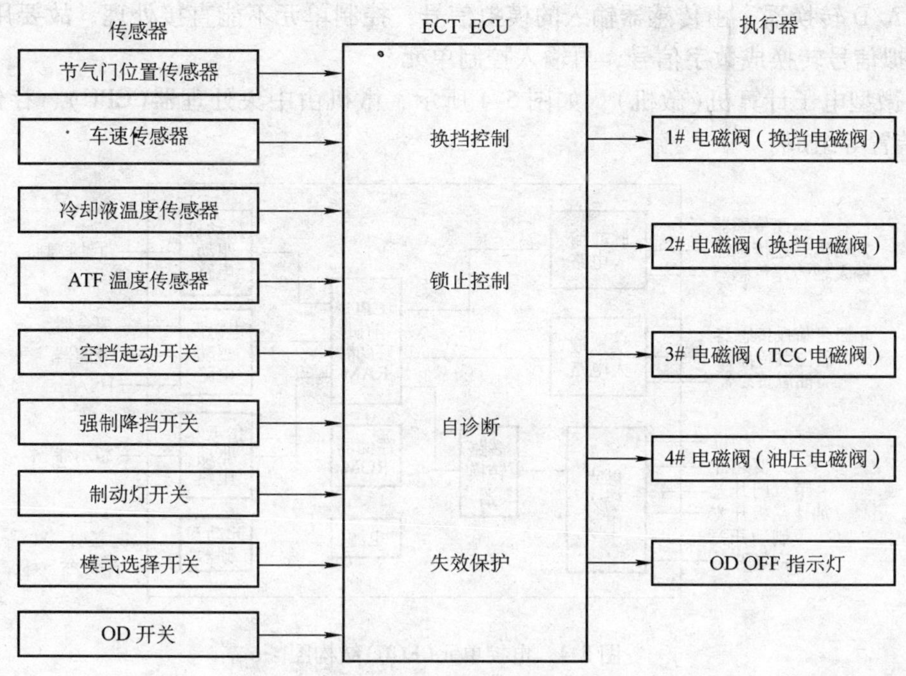

图 5-3　自动变速器电子控制系统流程图

一、电子控制单元的组成与功能

电子控制单元包括：输入回路、A/D 转换器（模拟信号转换成数字信号或模拟信号转换成脉冲信号）、微型电子计算机和输出回路。

1. 控制单元的功能

1）接受传感器输入的信息，控制相应的电磁阀工作。并给传感器提供 2V、5V、9V 或 12V 的基准电压，将输入的信息转变为控制单元所能接受的信号。

2）存储、计算、分析处理信息，计算出输出值所用的程序，存储该车型特点参数，存储运算中的数据（随存随取），存储故障信息。

3）运算分析。根据信息参数求出执行命令数值，将输出的信息与标准值对比，查出故障。

4）输出执行命令。把弱信号变为强的执行命令，输出执行命令，发现故障信息后输出故障信息。

5）自我修正功能。

自动变速器的控制单元，不仅用来控制停车或空挡位置起动发动机，同时还具有检测车速、油温以及驾驶模式选择和强制降挡等多种功能。

2. 控制单元的组成

（1）输入回路　输入控制单元的传感器信号有多种：如模拟信号、数字信号、脉冲信号和电压信号等。信号的类型不同，输入控制单元后的处理方法就不一样。

从传感器输出的信号输入控制单元后，先要通过输入回路，其中模拟信号由 A/D 转换器转换成数字信号后再输入控制单元。

（2）A/D 转换器　由传感器输入的模拟信号，控制单元不能直接处理，故要用 A/D 转换器将模拟信号转换成数字信号，再输入控制单元。

（3）微型电子计算机（微机）　如图 5-4 所示，微机由中央处理器（CPU）、存储器和输入/输出装置等组成。

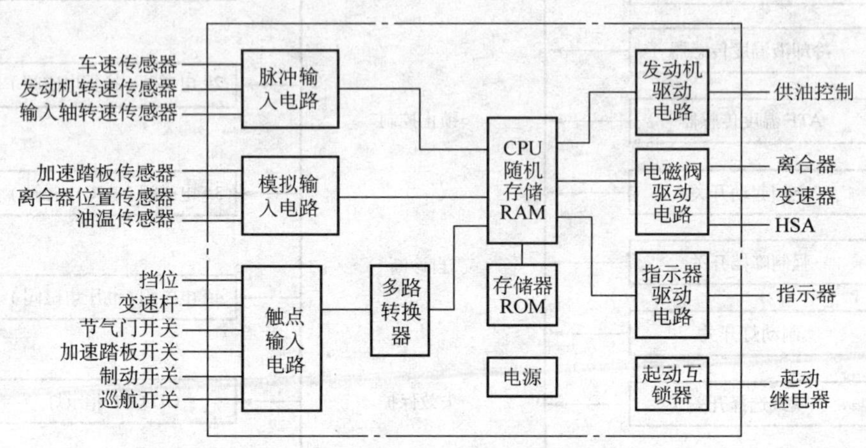

图 5-4　电控单元（ECU）结构图

中央处理器（CPU）的功用是读出命令并执行数据处理任务。

存储器的功用是记忆存储程序和数据。以离合器控制为例，如：

① 离合器接合起始点记忆。

② 汽车起步及换挡时的离合器控制。

③ 离合器的分离控制。

输入/输出装置的功用是根据中央处理器（CPU）的命令，在传感器与执行器之间执行数据传送任务，一般称为 I/O 接口。

（4）输出回路　由于控制单元输出的是很低的电压数字信号，用这种信号是不能直接驱动执行元件的，输出回路的功用就是将控制单元输出的数字信号，转换成可以驱动执行元件的输出信号。

注意：不同车型自动变速器的电子控制系统所控制的范围和功能有所不同，有的功能多一些，有的功能少一些。

二、电子控制系统的控制范围

1. 换挡正时控制

换挡正时控制即换挡点控制，是控制单元最基本的控制范围。换挡点主要由节气门开度和车速决定。换挡车速与节气门开度的关系通常称为换挡规律。在自动变速器控制软件中，有变速器换挡与选挡执行器的控制，以确定最佳挡位的逻辑功能。该逻辑功能能计算出汽车的行驶阻力，并把它与汽车的驱动力作对比，根据行驶阻力和节气门开度按驾驶人意图确定自动变速器的升挡或降挡，如图 5-5 所示。

升挡时只有满足两个条件之一时才能升挡，即按换挡规律作出升挡的判断；以及换入新的挡位后，行驶阻力与汽车的驱动力相对比，驱动力高于行驶阻力。

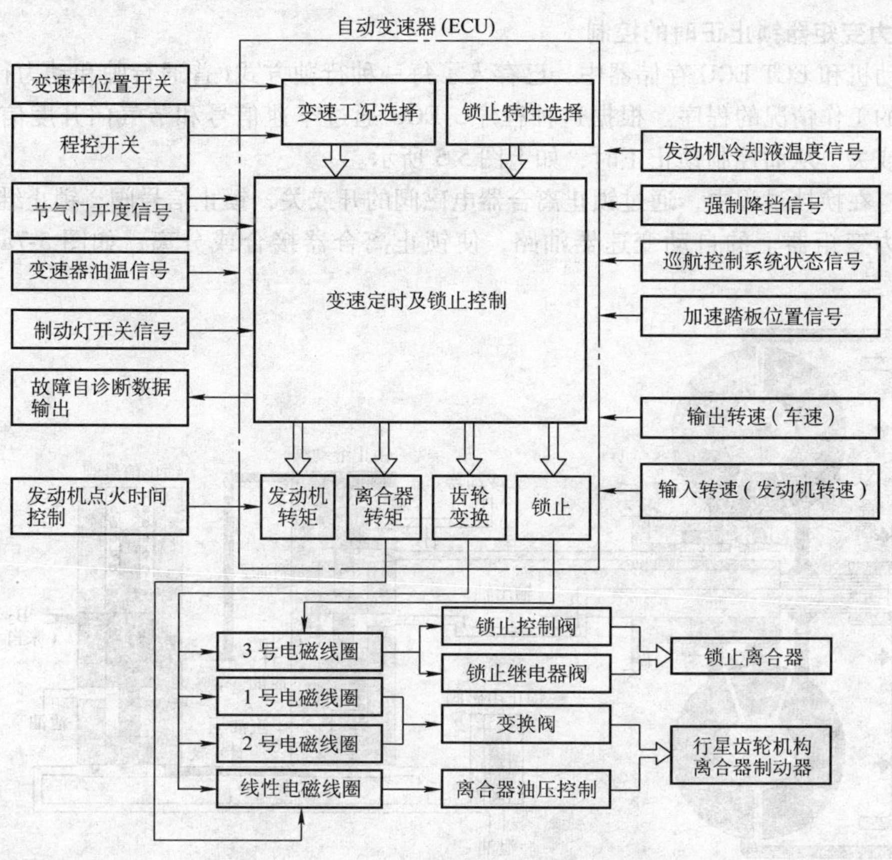

图 5-5　换挡正时、锁止正时的控制示意图

降挡时只有满足两个条件之一时才能降挡，即按换挡规律作出降挡（含强制降挡）的判断；或按现用挡位比较行驶阻力和驱动力，行驶阻力高于驱动力。

由于电子控制自动变速器换挡规律是模拟节气门开度、车速高低以及换挡方式选择的电信号参数，是呈阶梯性变化的信号，因此换挡规律图也呈阶梯性曲线，如图 5-6 所示。

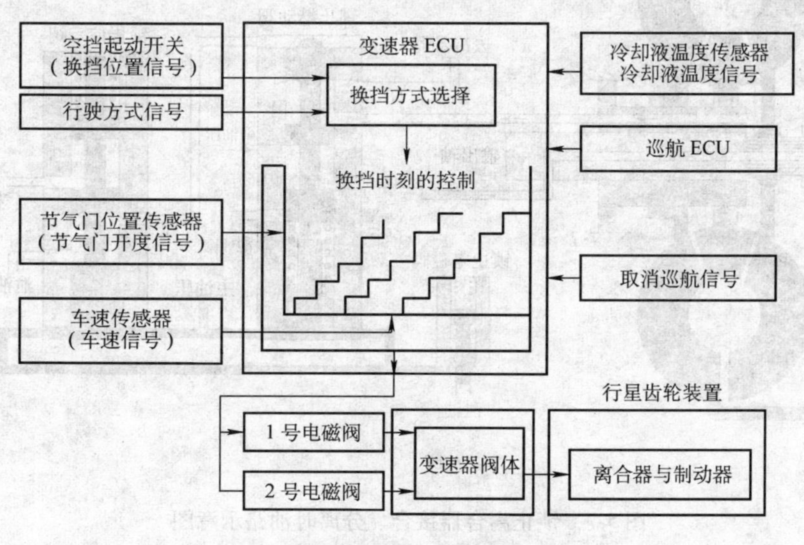

图 5-6　换挡规律曲线图

2. 液力变矩器锁止正时的控制

在发动机和ECT ECU存储器中，已存入了每一种行驶方式(普通行驶和动力行驶)下锁止离合器的工作情况的程序。根据这种程序，ECU通过车速信号和节气门开度信号使锁止电磁阀开或关，从而控制锁止正时，如上图5-5所示。

同时，在换挡过程中，通过锁止离合器电磁阀的开或关，锁止信号阀、锁止继动阀改变作用于液力变矩器上的自动变速器油路，使锁止离合器接合或分离，如图5-7a、图5-7b所示。

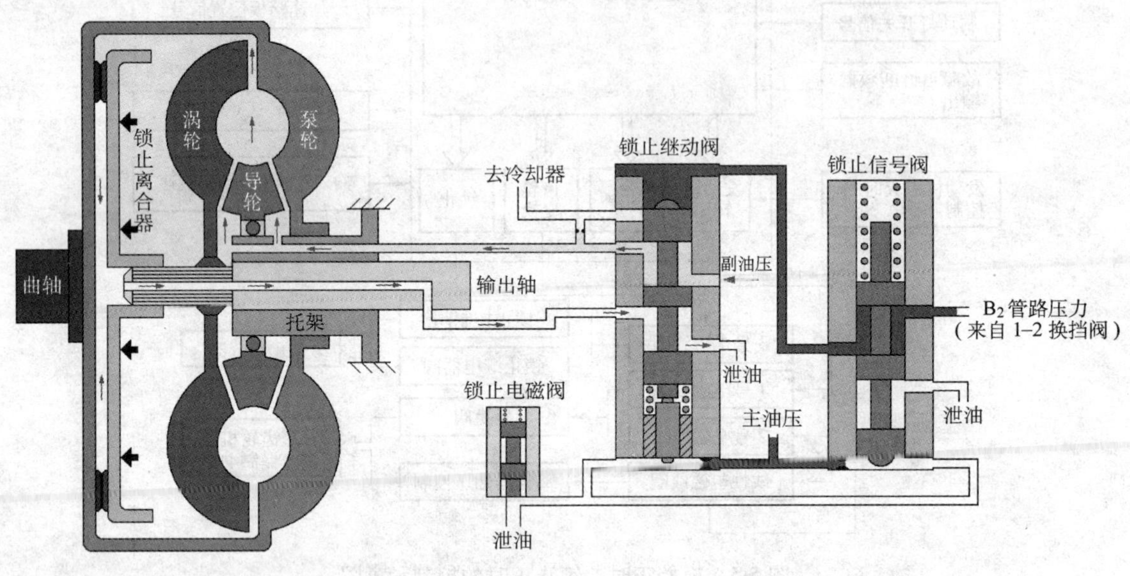

a)

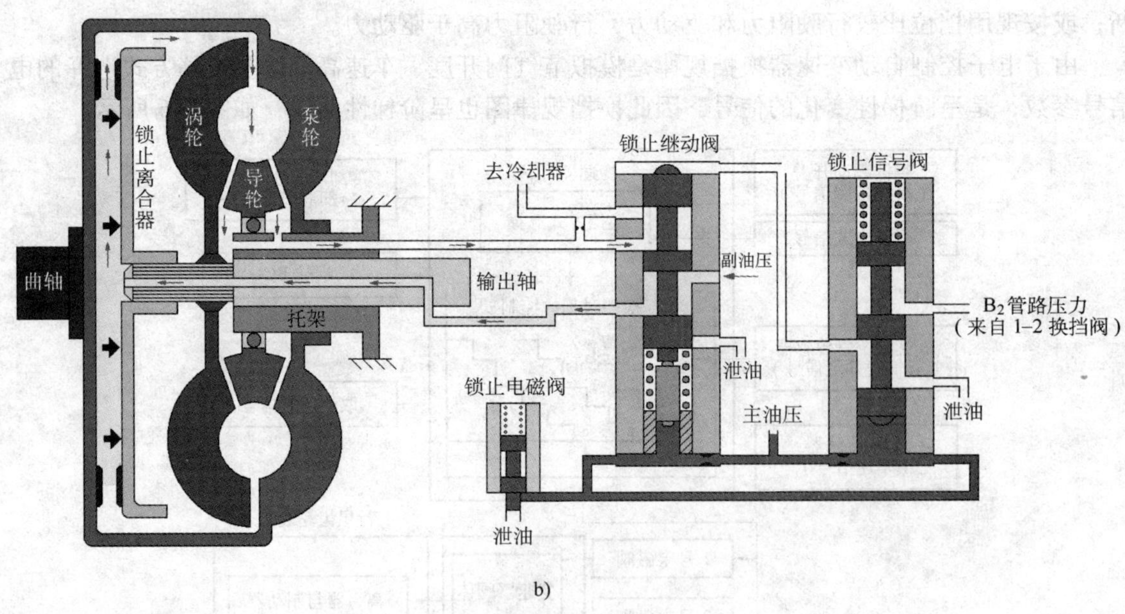

b)

图5-7 锁止离合器接合、分离时油路示意图

a) 接合时 b) 分离时

注意：锁止离合器接合时，其压盘右侧(即前端,向左粗箭头所示)通过锁止继动阀及泵轮与涡轮之间的油道进行加压，而左侧(即后端)则通过变矩器输出轴(即通过花键与涡轮连接的变速器输入轴)和锁止继动阀泄压，如图5-7a所示。

锁止离合器分离时，其压盘右侧(即前端)通过泵轮与涡轮之间的油道和锁止继动阀进行泄压，而左侧(即后端,向右粗箭头所示)则通过锁止继动阀和变矩器输出轴(即通过花键与涡轮连接的变速器输入轴)进行加压，如图5-7b所示。

3. 超速行驶的控制

若超速挡接通(见图5-8中O/D OFF开关位置)，并且变速杆位于D位，汽车才可以用超速挡行驶。自动变速器超速挡的传动比较小，发动机转速是直接挡行驶时的三分之一，不仅发动机油耗降低，而且噪声和磨损减小，因此在平坦良好的路面上小负荷行驶时，应当使用超速挡行驶。

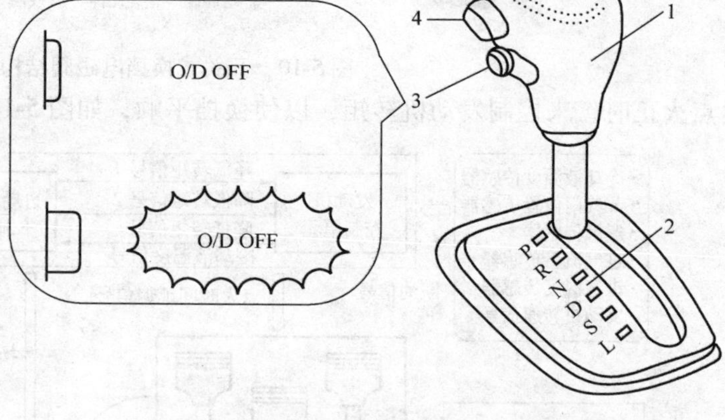

图5-8　自动变速器变速杆挡位的布置
1—变速杆　2—挡位　3—超速挡开关　4—锁止按钮

4. 巡航控制装置(CCS)控制

汽车巡航控制装置是使汽车在发动机有利的转速范围内，保持汽车恒定的自动行驶装置，其控制开关如图5-9所示。

1）功用：在汽车行驶速度达到驾驶人要求时，开启该装置，驾驶人不用踩加速踏板，汽车就会按设定的速度匀速行驶。

2）优点：减轻了驾驶人的工作强度，提高行驶时的舒适性和燃油的经济性，保持稳定的行驶速度。

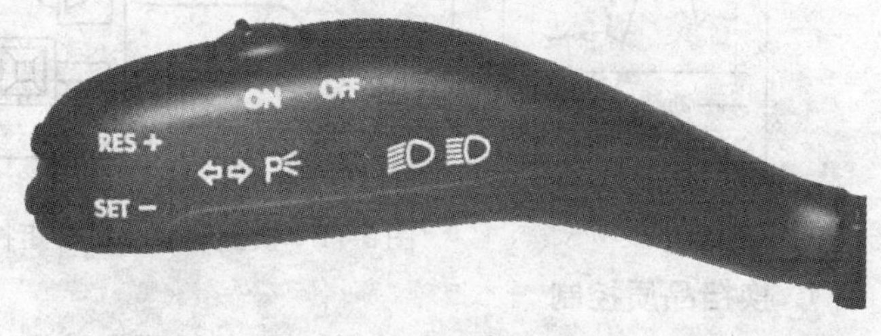

图5-9　巡航控制(CCS)开关

当汽车使用巡航控制系统在超速挡行驶时，若实际车速降到低于设定车速约4km/h的情况下，则巡航控制ECU送一信号到发动机和ECT ECU去，以解除超速挡行驶。在车速达到巡航控制ECU存储器中记忆的设定速度以前，还能防止ECT换回超速挡。

在冷却液温度低于60℃时，这一控制功能还能防止ECT自动升入超速挡。

5. 蓄压器背压力控制

当电控单元ECU判断需要换挡时，在向换挡电磁阀(图5-10)发出控制信号的同时，也向蓄压器背压电磁阀输出控制信号，用来调节蓄压器活塞背压，使离合器和制动器在换挡时接合更加柔和平顺。

6. 发动机转矩控制

当电控单元ECU根据接收的各种信息，判断变速器需要换挡时，会发出一信号暂时延

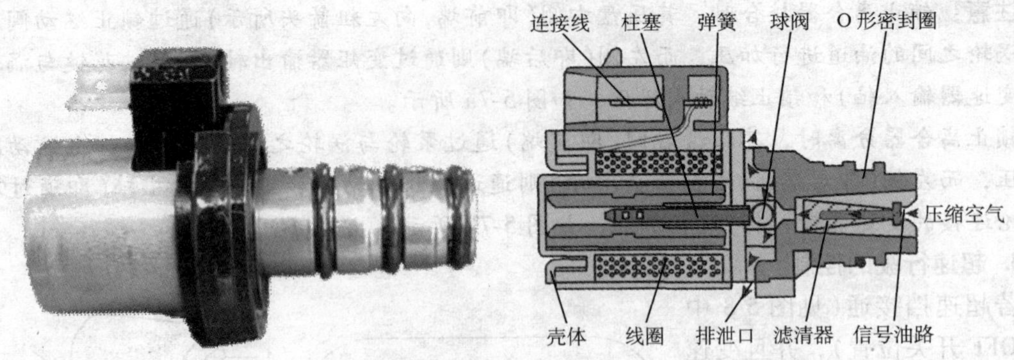

图 5-10　开关式换挡电磁阀结构图

迟点火正时，来控制发动机转矩，以使换挡平顺，如图 5-11 所示。

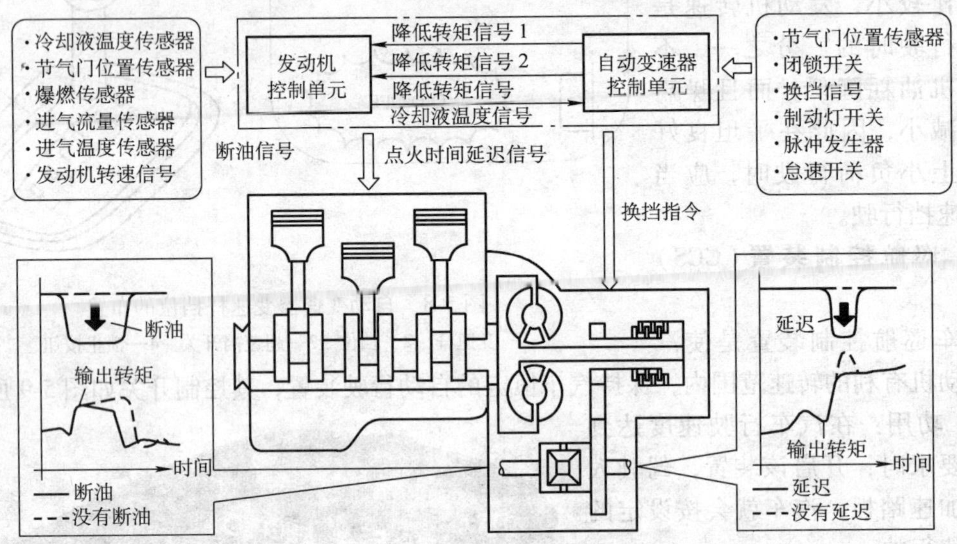

图 5-11　换挡时发动机转矩控制示意图

7. 换挡品质控制

在自动变速器换挡时，电控单元发出延迟发动机点火的信号，通过发动机转矩保证换挡平顺。电控单元还可通过调压电磁阀调节行星齿轮机构的工作压力，使执行元件柔和地接合，进一步提高换挡品质。

目前，常见的改善换挡品质的控制方法有减转矩控制、换挡油压控制和 N-D 换挡控制等。

（1）减转矩控制　在自动变速器换挡的瞬间，通过推迟发动机点火时刻或减少喷油量，减小发动机输出转矩，以减小换挡冲击和输出轴的转矩波动，如图 5-11 所示。

（2）换挡油压控制　自动变速器在升挡和降挡的瞬间，ECU 会通过油压电磁阀适当降低主油路的油压，以减小换挡冲击，改善换挡品质。也有的自动变速器是在换挡时通过电磁阀来减小蓄压器背压，以减缓离合器或制动器油压缸内的油压升高，减小换挡冲击，如图 5-12所示。

（3）N-D 换挡控制　当变速杆由 P 位或 N 位换入 D 位或 R 位时，或由 D 位或 R 位换入

P 位或 N 位时，通过调整喷油量，把发动机转速的变化减小到最低限度，以改善换挡品质，如图 5-13 所示。

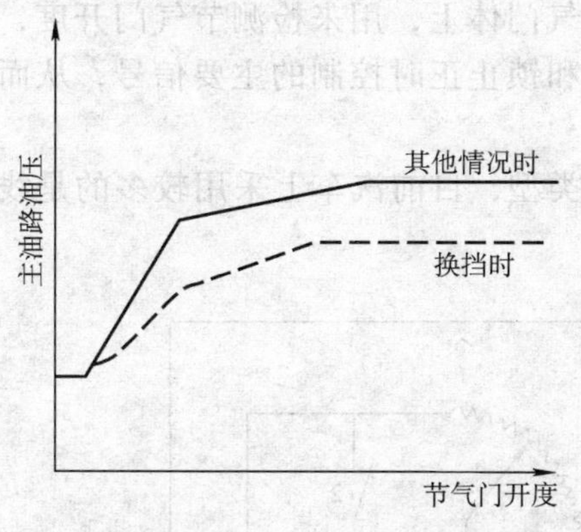

图 5-12　换挡时主油路油压曲线图

变速器
输入轴转速
喷油量
发动机转速
P 位、N 位 → D 位、R 位　D 位、R 位 → P 位、N 位

图 5-13　N-D 换挡控制示意图

8. 自诊断功能

当车速传感器、电控单元本身、电磁阀或降挡开关发生故障时，ECU 自动作出判断，并点亮仪表板指示灯，同时把故障以代码的形式存储在存储器中，以便维修时读取，即使发动机熄火也不会消失。排除故障后，要进行专门的故障码消除程序才能将其从存储器中抹去。

9. 失效保护功能(备用功能)

若电控系统出现故障，ECU 具备电磁阀备用功能和车速传感器备用功能，配合手动换挡，使车辆有继续行驶的能力。当然，在这种状态下，自动变速器的工作性能会受到不同程度的影响，如图 5-14 所示。

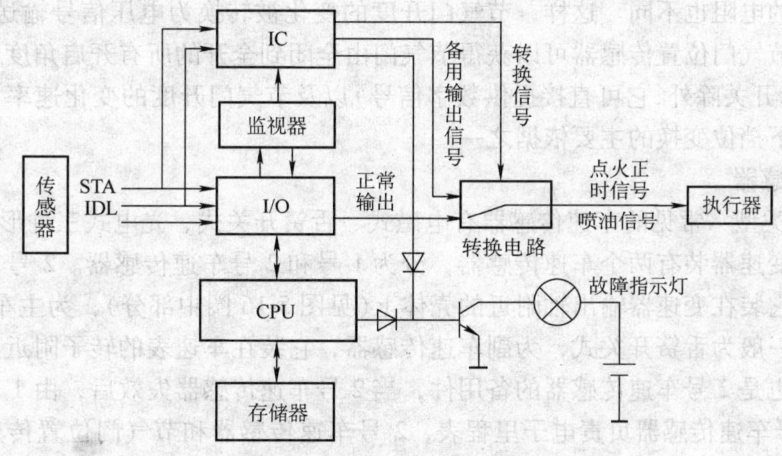

图 5-14　失效防护功能示意图

三、传感器的结构类型及工作原理

传感器与开关主要包括节气门位置传感器、车速传感器、发动机转速传感器、输入轴转速传感器、冷却液温度传感器、ATF 油温传感器、空挡起动开关、强制降挡开关、制动灯开

关、模式选择开关、OD 开关等，参见图 5-3。

1. 节气门位置传感器

（1）功用　节气门位置传感器安装在发动机节气门体上，用来检测节气门开度，并将其转换为电信号传给 ECU，是自动变速器换挡正时和锁止正时控制的主要信号，从而满足自动变速器在任何行驶条件下汽车实际工作的需要。

（2）结构类型　节气门位置传感器有多种结构类型，目前汽车上采用较多的是线性可变电阻型节气门位置传感器，如图 5-15 所示。

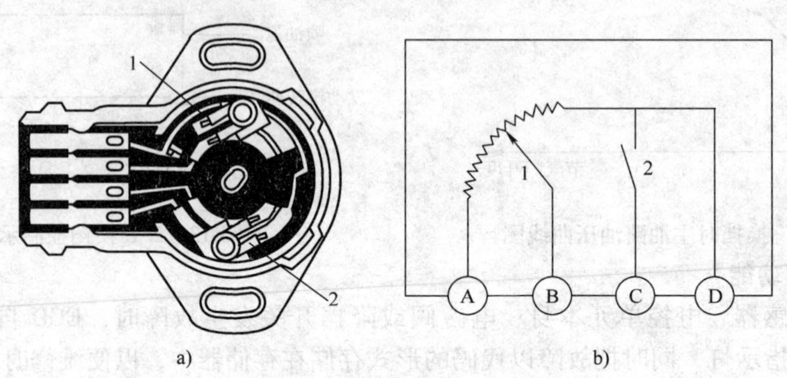

图 5-15　节气门位置传感器

a）结构　b）电路

1—线性电位计滑动触点　2—怠速开关滑动触点

A—基准电压　B—节气门开度信号　C—怠速信号　D—搭铁

（3）工作原理　节气门位置传感器是由节气门轴带动线性电位计及怠速开关滑动触点，当节气门关闭时，怠速开关接通；当节气门开启时，怠速开关断开。当节气门处于不同的位置时，电位计的电阻也不同。这样，节气门开度的变化被转换为电压信号输送给电控单元。电控单元通过节气门位置传感器可以获得节气门由全闭到全开的所有开启角度的连续变化的模拟信号（怠速开关除外，它可直接提供数字信号）以及节气门开度的变化速率，以作为控制不同行驶条件下挡位变换的主要依据之一。

2. 车速传感器

（1）结构类型　常见的车速传感器有电磁式、舌簧开关式、光电式三种形式。

一般自动变速器装有两个车速传感器，分为 1 号和 2 号车速传感器。2 号车速传感器一般为电磁式，它装在变速器输出轴附近的壳体上（见图 5-16 圈中部分），为主车速传感器。1 号车速传感器一般为舌簧开关式，为副车速传感器，它装在车速表的转子附近，负责车速的传输，它同时也是 2 号车速传感器的备用件，当 2 号车速传感器失效后，由 1 号车速传感器代替工作。1 号车速传感器负责电子里程表，2 号车速传感器和节气门位置传感器共同负责换挡点控制。

（2）工作原理　常见的电磁式车速传感器为具有 4 个齿的转子，装在输出轴上，如图 5-17c所示，并随输出轴一同旋转。输出轴旋转时，转子与线圈铁心之间的气隙发生周期性变化，线圈内的磁通也发生变化，磁通的变化可使线圈产生感应电压，电脑通过感应电压的变化周期便可知车辆的车速。如图 5-17b 所示为车速传感器的输出波形。电控单元根据车速传感器的信号计算出车速，并以此信号控制自动变速器的换挡和锁止，如图 5-17a 所示。

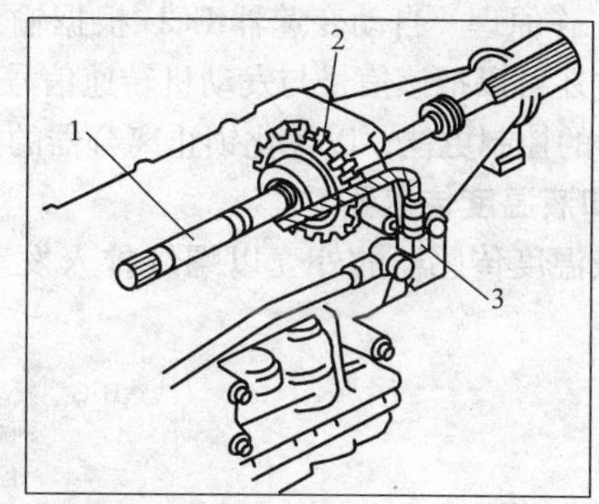

图 5-16 车速传感器布置位置

1—输出轴 2—停车锁止齿轮 3—车速传感器

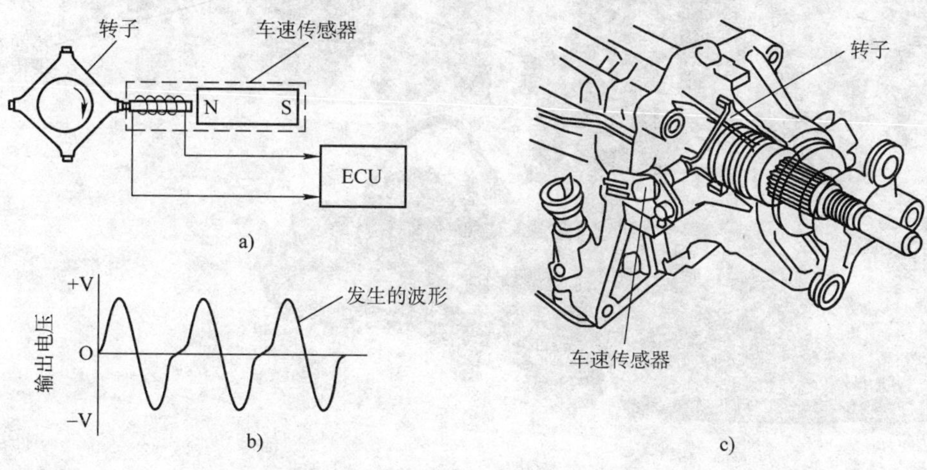

图 5-17 电磁式车速传感器的结构原理图

a）车速传感器原理 b）车速传感器输出波形 c）车速传感器安装位置

3. 输入轴转速传感器

（1）功用 输入轴转速传感器安装在自动变速器行星齿轮机构输入轴附近或与输出轴连接的离合器鼓附近的壳体上（见图 5-18 圈中部分），用于检测输入轴转速。该传感器一般也是采用电磁式，其结构、原理及检测与车速传感器相同。

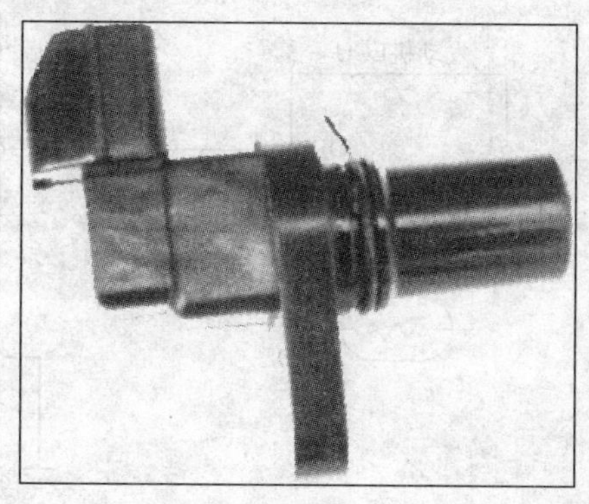

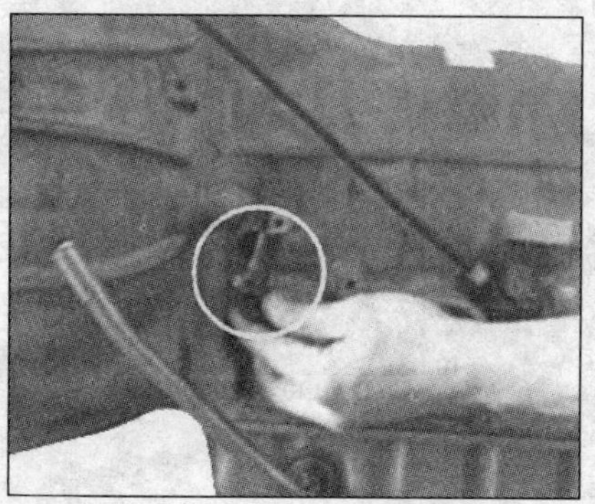

图 5-18 输入轴转速传感器实物及安装位置

（2）工作原理　自动变速器ECU根据输入轴转速传感器的信号可以更精确地控制换挡。另外，ECU还可以把该信号与发动机转速信号进行比较，计算出变矩器的传动比，使主油压和锁止离合器的控制更佳，以优化锁止离合器的控制过程，减小换挡冲击，提高汽车行驶性能。

4. 冷却液温度传感器

冷却液温度传感器的外壳以螺纹拧入发动机冷却系统，通常靠近节温器，见图5-19圈中部分。

图5-19　冷却液温度传感器安装位置

（1）功用　冷却液温度传感器的信号不仅用于发动机的控制，还用于自动变速器的控制。当发动机冷却液温度低于设定温度（如60℃）时，发动机ECU会发送一个信号给自动变速器ECU的巡航控制OD_1端子，以防止自动变速器换入超速挡，同时锁止离合器也不能工作。当发动机冷却液温度过高时，自动变速器ECU会让锁止离合器工作以帮助降低发动机冷却液的温度，防止变速器过热，如图5-20所示。

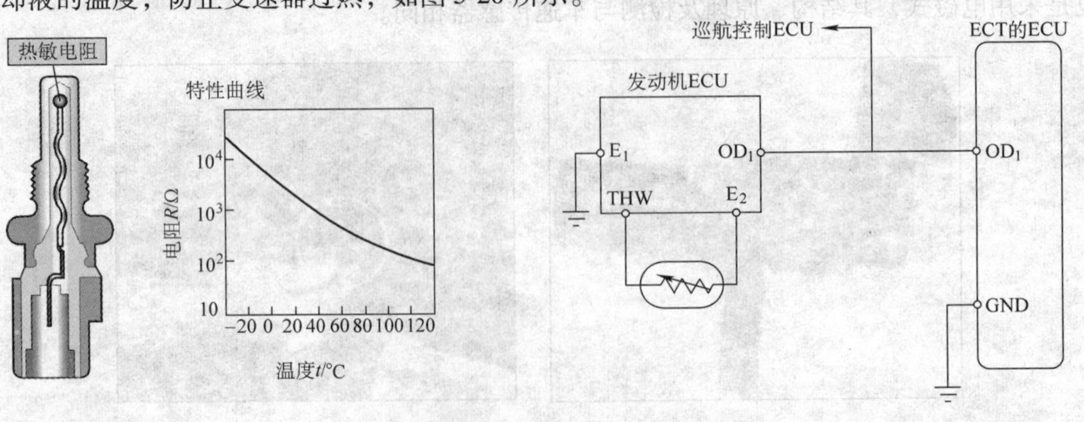

图5-20　冷却液温度传感器工作原理及线路图

如果冷却液温度传感器有故障，发动机 ECU 会自动将冷却液温度设定为 80℃，以便发动机和自动变速器可以工作。

（2）结构原理　冷却液温度传感器一般都采用负温度系数热敏电阻，电脑为它提供一个 5V 左右参考电压。温度升高，电阻值下降；温度降低，电阻值升高。发动机 ECU 在冷却液温度传感器（THW）端子中接收到冷却液温度电压，从而得到冷却液温度信号。

5. 空挡起动开关

（1）功用　空挡起动开关有两个功用，一是给自动变速器 ECU 提供挡位信息，二是保证只有变速杆置于 P 位或 N 位时才能起动发动机，如图 5-21 所示。

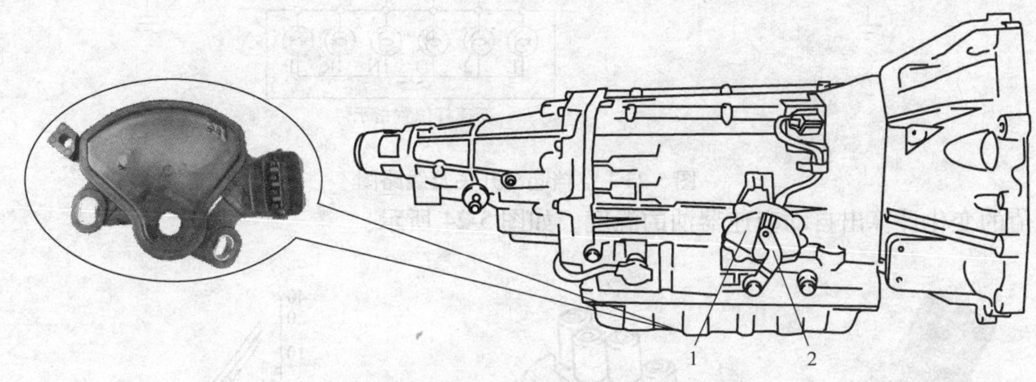

图 5-21　空挡起动开关实物及安装位置

1—空挡起动开关　2—控制臂

（2）工作原理　当变速杆置于不同的位置时，仪表板上相应的挡位指示灯会点亮（如图 5-22 中 P 位灯）。如图 5-23 所示，当 ECU 的端子 N、2 或 L 与端子 E 接通时，ECU 便分别确定变速器位于 N、2 或 L 位；否则，ECU 便确定变速器位于 D 位。只有当变速杆置于 P 位或 N 位时，端子 B 与 NB 接通，才能给起动机通电，使发动机起动。

图 5-22　P 位灯点亮

6. 自动变速器油（ATF）温度传感器

ATF 温度传感器安装在自动变速器油底壳内的阀体上，如图 5-24 所示，用于检测 ATF 温度，是电脑进行换挡控制、油压控制和锁止离合器控制的依据。

在汽车起步或低速大负荷行驶时，液力变矩器转速比小，效率低，发热严重，超过某一温度界限时，变速器要在较高的发动机转速状况下才开始换挡。随着车速的提高，变矩器转速比增大，发热量减小，油温下降，自动变速器又重新开始正常的换挡行驶程序。

ATF 温度传感器内部结构一般为负温度系数热敏电阻。温度越高，电阻越低，电脑根据

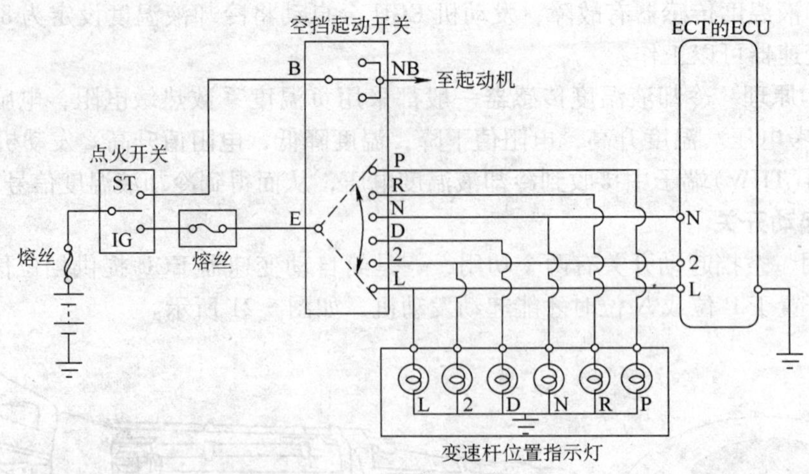

图 5-23　空挡起动开关及线路图

电阻值的变化计算出自动变速器油的温度，如图 5-24 所示。

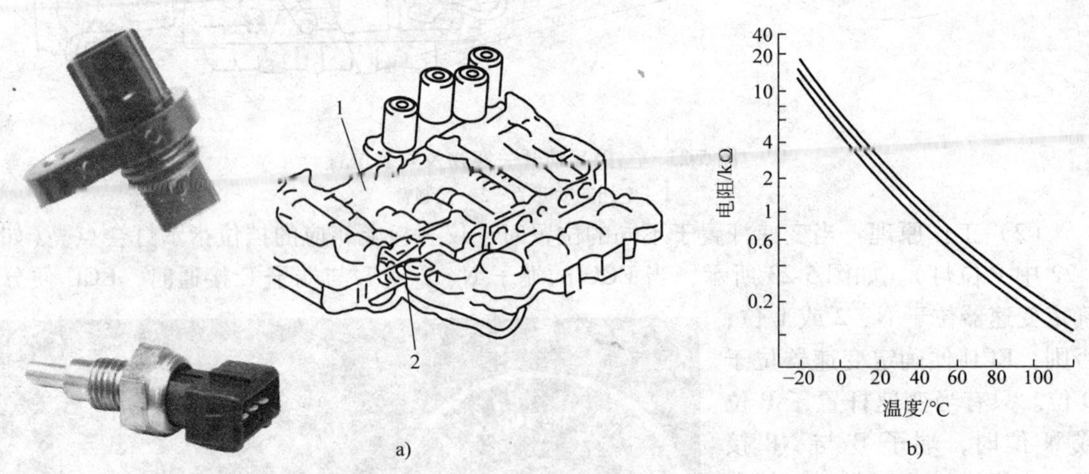

图 5-24　ATF 温度传感器实物、安装位置及原理示意图

a）安装位置　b）电阻变化曲线图

1—阀体　2—油温传感器

7. 超速挡(OD)开关

OD 开关一般安装在变速杆上，由驾驶人操作控制，可以使自动变速器设置或解除超速挡，如图 5-25 所示。

注意：当按下 OD 开关时(接通，即 ON 状态)，OD 开关的触点实际为断开，此时 ECU 的超速主开关 OD_2 端子的电压为 12V，自动变速器可以升至超速挡，且 OD OFF 指示灯不亮(见图 5-25 中方框所示)。

若在 OD 开关处于按下位置时(即 ON 状态)，OD OFF 指示灯闪烁，则说明自动变速器电子控制系统中可能存在故障，应按车辆使用说明手册或相关技术规定读取故障码，按故障码提示排除故障。

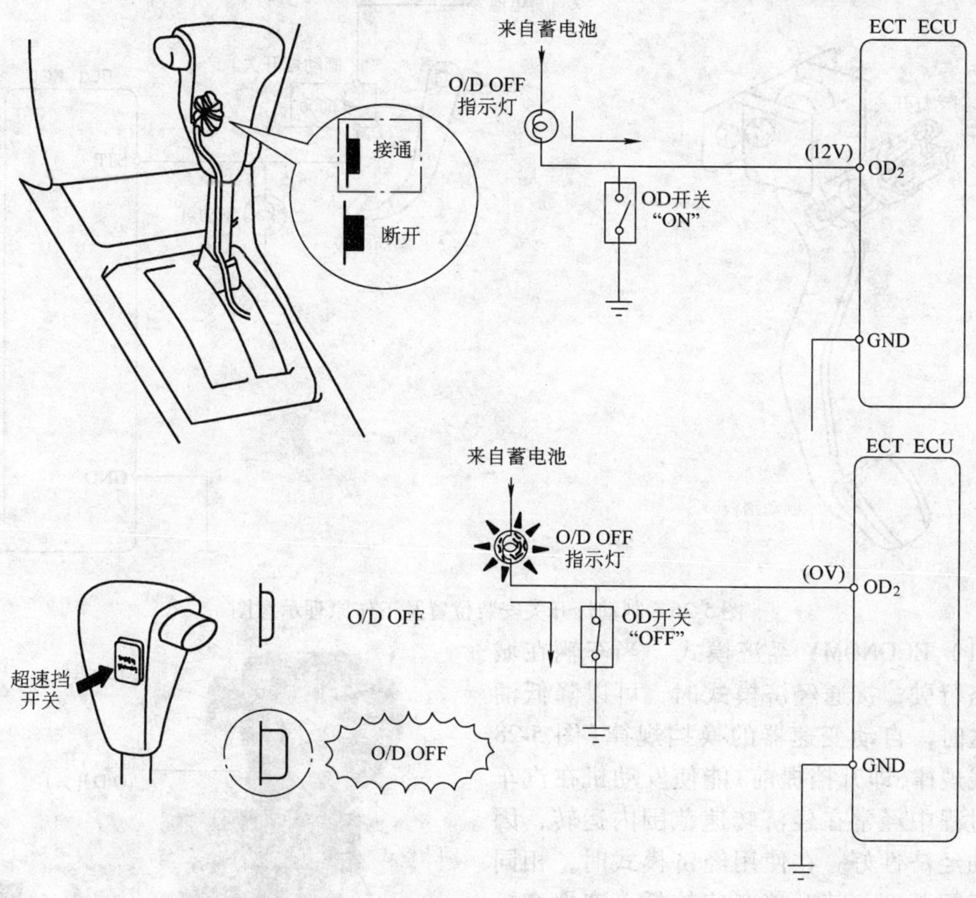

图 5-25　超速挡开关安装位置及使用原理示意图

当再次按下 OD 开关，OD 开关会弹起(断开，即 OFF 状态)，OD 开关的触点实际为闭合，此时 ECU 的 OD_2 端子的电压为 0V，自动变速器不能升至超速挡，且 OD OFF 指示灯点亮(见图 5-25 中圆圈所示)。

8. 制动灯开关

自动变速器制动灯开关信号的作用：一是控制变速杆锁止电磁阀的工作，只有当踩下制动踏板、制动灯开关接合后，变速杆才能从 P 位拨出；二是控制液力变矩器锁止离合器的工作，当 ECU 收到制动信号后，锁止离合器释放，确保发动机在制动时不熄火和免遭大的冲击载荷。

制动灯开关安装在制动踏板支架上。当踩下制动踏板时，开关接通，ECU 的 STP 端子电压为 12V；当松开制动踏板时，开关断开，STP 端子电压为 0V。ECU 根据 STP 端子的电压变化了解制动踏板的工作情况，如图 5-26 所示。

9. 模式选择开关

为了适应不同的行驶道路条件，发挥车辆本身的动力性、经济性，电控自动变速器一般都装有换挡模式选择开关。这些开关安装在变速杆或地板上，如图 5-27 所示。自动变速器换挡模式选择开关一般有以下几种。

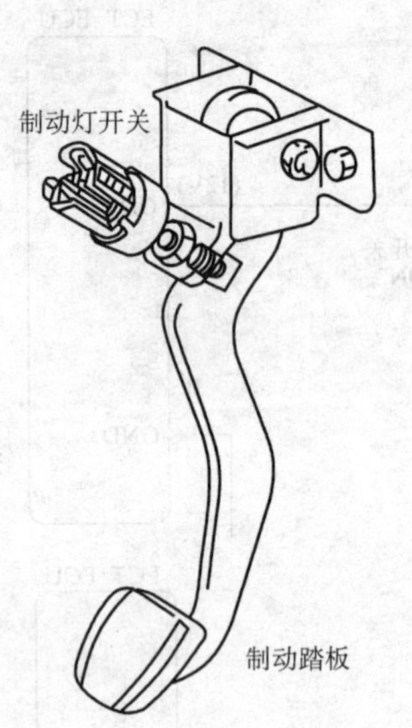

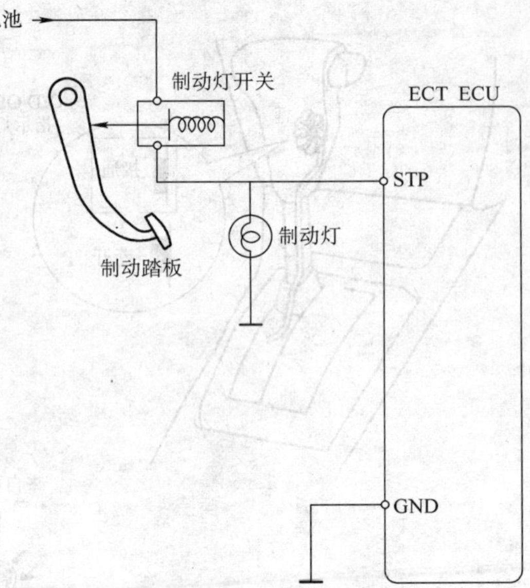

图 5-26　制动灯开关安装位置及工作原理示意图

（1）ECONOMY 经济模式　当车辆在城市道路行驶，接通经济模式时，可以降低油耗。这时，自动变速器的换挡规律（图 5-28 中虚线规律，即升挡提前）能使发动机在汽车行驶过程中经常在经济转速范围内运转，因此燃油经济性好。在使用经济模式时，相同的节气门开度，其升挡车速较低，液力变矩器锁止离合器的工作范围宽，可在较低挡位上实现直接传动。由于液力变矩器锁止离合器的接合，使液力变矩器的涡轮和泵轮接合起来直接传动，减少了液力损失，提高了传动效率，发动机的燃油经济性也得到提高。

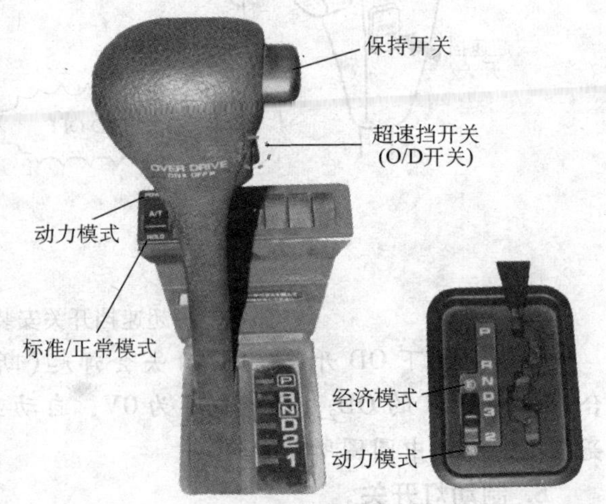

图 5-27　换挡模式选择开关的安装位置

（2）POWER 动力模式　当车辆在上坡或在山路上行驶或希望发动机在高转速下工作时，可选择动力模式。这时，自动变速器的换挡规律（图 5-28 中实线规律，即升挡推迟）能使发动机在车辆运行过程中经常处于大功率范围运转，可大大发挥它的动力性和爬坡能力。汽车在动力模式下行驶，它的加速能力很强。

（3）NORMAL 标准模式　标准模式的换挡规律介于经济模式和动力模式之间。当选择 NORMAL 标准模式时，既可保证一定的动力性，又有较好的燃油经济性。

四、执行器的结构类型及工作原理

执行器主要包括各种电磁阀和故障指示灯。

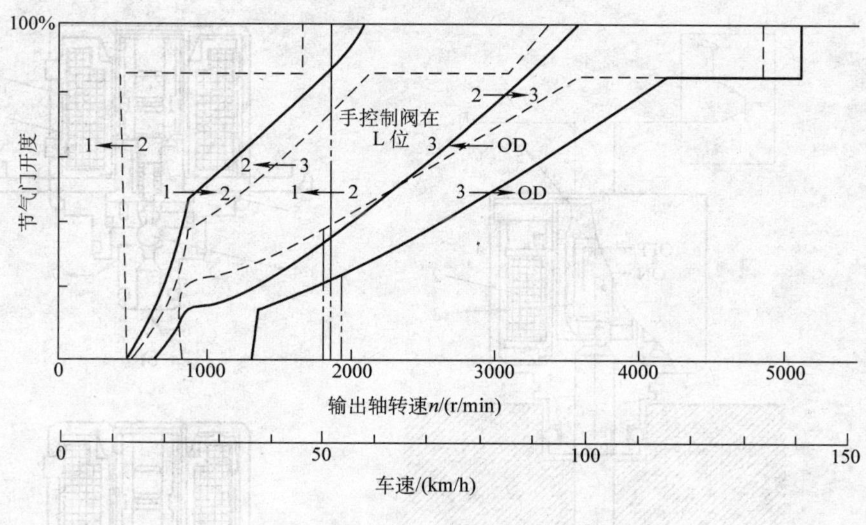

图 5-28 换挡规律图

（一）电磁阀

电磁阀根据功能不同可分为换挡电磁阀、锁止离合器电磁阀和油压电磁阀。根据工作原理不同可分为开关式电磁阀和脉冲线性式(占空比式)电磁阀。不同的自动变速器使用的电磁阀数量不同，一般为 3 ~ 8 个不等。例如，上海通用的 4T65-E 自动变速器电控系统有 4 个电磁阀，其中 2 个是换挡电磁阀、1 个是油压电磁阀、1 个是锁止离合器电磁阀。而一汽大众的 01M 自动变速器电控系统则采用 7 个电磁阀。换挡电磁阀绝大多数采用的是开关式电磁阀；油压电磁阀则采用的是脉冲线性式电磁阀；而锁止离合器电磁阀有采用开关式的，也有采用脉冲式的。

这里以电磁阀的功能为依据着重介绍换挡电磁阀、锁止离合器电磁阀和油压电磁阀的结构类型及工作原理。

1. 换挡电磁阀

(1) 功用 换挡电磁阀基本上都采用开关式电磁阀，其功用是开启或关闭主油道 6 和换挡控制油道 7 之间的自动变速器油路(图 5-29a)，以控制换挡阀动作，从而实现自动换挡。

(2) 结构类型 换挡电磁阀有常开式和常闭式两种。一般由电磁线圈、衔铁、阀芯等组成，如图 5-29 所示。

(3) 工作原理 当电磁阀通电时，在电磁吸力作用下衔铁和阀芯下移，关闭泄油口，在电磁阀的下端建立油压，开启主油道 6 和换挡控制油道 7 之间的自动变速器油路(图 5-29b)；当电磁阀断电时，在回位弹簧的作用下衔铁和阀芯上移，打开泄油口，主油压被泄掉，电磁阀油压为 0(图 5-29c)，这种电磁阀称为常开式电磁阀。相反，在断电的情况下，电磁阀控制的泄油口关闭，在电磁阀的下端建立油压，通电后泄油口打开，电磁阀油压为 0，这种电磁阀称为常闭式电磁阀。

◇ 换挡阀使用实例

丰田车系的四速自动变速器，一般采用“2-3-4”模式(即用 2 个电磁阀控制 3 个换挡阀,得到 4 个前进挡)进行换挡。即用两个换挡电磁阀，四种排列组合得四个前进挡。其换挡

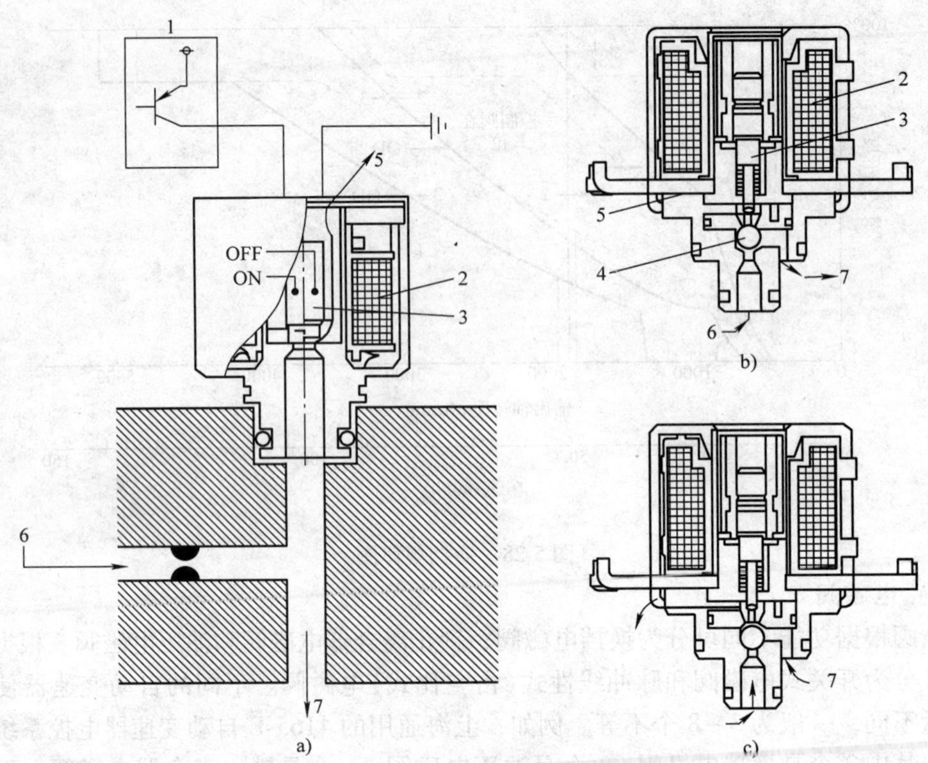

图 5-29 开关式电磁阀结构原理示意图

a）油路 b）结构 c）工作原理

1—电控单元 ECU 2—电磁线圈 3—衔铁和阀芯 4—球阀 5—泄油孔 6—主油道 7—控制油道

情况见表 5-1。

表 5-1 丰田车系的四速自动变速器换挡情况

挡 位	换挡电磁阀		挡 位	换挡电磁阀	
	1 号	2 号		1 号	2 号
1 挡	○	×	3 挡	×	○
2 挡	○	○	4 挡	×	×

注：○表示通电，×表示断电。

当自动变速器 ECU 使 1 号换挡电磁阀通电，2 号换挡电磁阀断电时，则自动变速器为 1 挡。

当自动变速器 ECU 使 1 号和 2 号换挡电磁阀都通电时，则自动变速器为 2 挡。

当自动变速器 ECU 使 1 号换挡电磁阀断电，2 号换挡电磁阀通电时，则自动变速器为 3 挡。

当自动变速器 ECU 使 1 号和 2 号换挡电磁阀都断电时，则自动变速器为 4 挡。

自动变速器的换挡控制还要取决于冷却液温度、ATF 温度等信号。如果冷却液温度、ATF 温度过低，自动变速器不会升挡。

如果自动变速器在工作过程中，满足了锁止离合器的工作情况，自动变速器电脑就会给锁止离合器(TCC)电磁阀(一般称为 3 号电磁阀)通电，切换油路使锁止离合器工作。在换挡过程中，为了防止换挡冲击，自动变速器还会通过 4 号电磁阀控制换挡油压。

2. 锁止离合器电磁阀

锁止离合器电磁阀有采用脉冲线性式的，也有采用开关式的。这里着重介绍脉冲线性式电磁阀的结构原理。

（1）脉冲线性式锁止离合器电磁阀（也称占空比电磁阀）

1）占空比的概念。占空比是指一个脉冲周期内，通电时间 A 所占整个通断脉冲周期（$A+B$）的百分比，即占空比 $=A$ 通 /（A 通 $+B$ 断）$\times 100\%$，因此，占空比在 0 ~ 100%值的范围内进行变化。对油压电磁阀而言，占空比越大，经电磁阀泄油就越多，油压也就越低；反之占空比越小，油压越高。如图 5-30 所示。

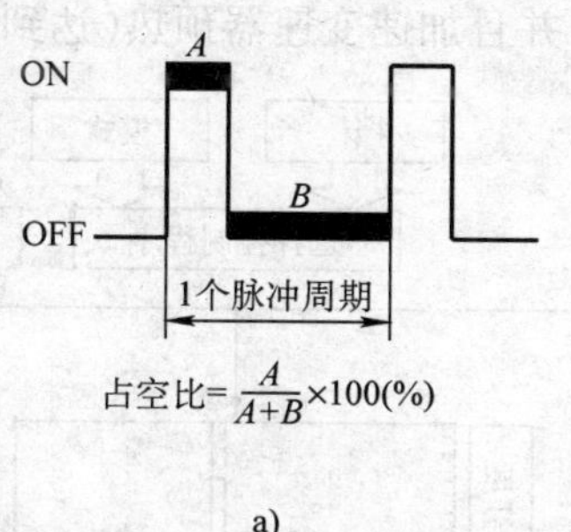

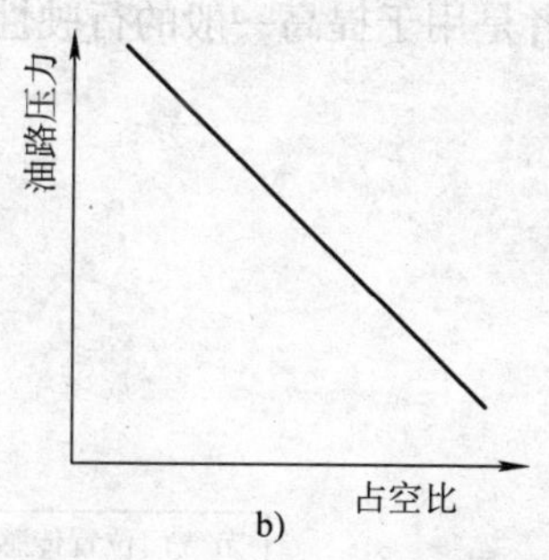

图 5-30　脉冲线性式电磁阀

a）占空比的定义示意图　b）油路压力曲线图

2）脉冲线性式锁止离合器电磁阀的结构组成。脉冲线性式电磁阀有普通脉冲线性式电磁阀和带滑阀的脉冲线性式电磁阀两种结构类型。其结构类型及组成如图 5-31 所示。它通常除了用于控制油路的油压以外，还普遍用于锁止离合器的电磁阀。

注意：与开关式电磁阀不同的是，控制占空比式电磁阀的电信号不是恒定不变的电压信号，而是一个固定频率的脉冲电信号。在脉冲电信号的作用下，电磁阀不断开启、关闭泄油口，以达到控制油路压力以及锁止离合器接合和分离的目的。

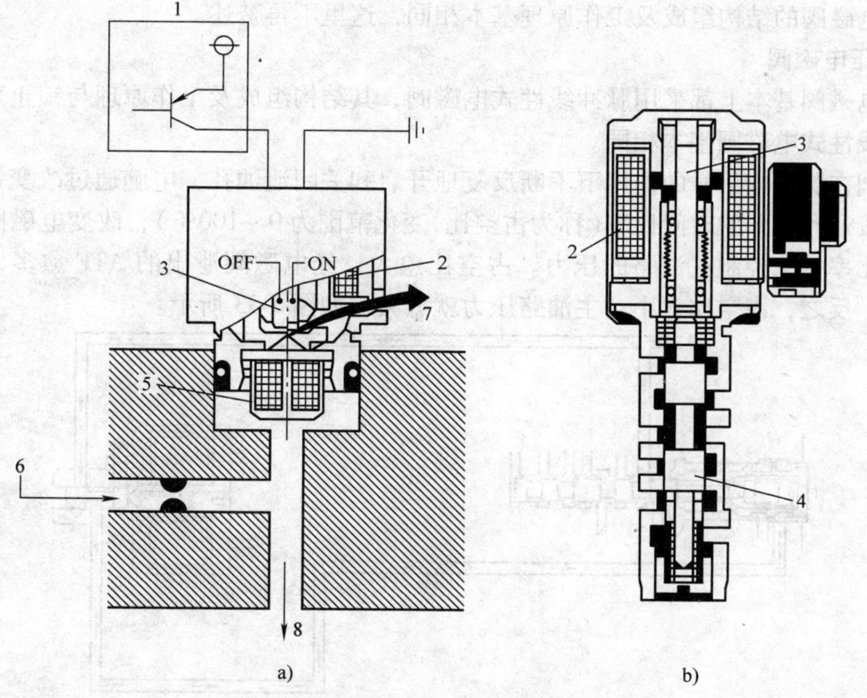

图 5-31　脉冲线性式电磁阀结构原理示意图

a）普通的脉冲线性式电磁阀　b）带滑阀的脉冲线性式电磁阀

1—电控单元 ECU　2—电磁线圈　3—衔铁和阀芯　4—滑阀　5—滤网　6—主油道　7—泄油孔　8—控制油道

3）脉冲线性式锁止离合器电磁阀的工作原理。在升挡或降挡期间，ECU 会把锁止电磁阀电路暂时切断以减轻换挡冲击。此外，若制动开关接通（制动）、节气门位置传感器“IDL”触点闭合（节气门全关）或冷却液温度低于 60℃时，只要发生上述任一情况时，ECU 都将切断锁止电磁阀电路，强制使锁止离合器分离。前两者的目的是防止驱动轮被抱死时发动机失速，后者是用于提高一般的行驶性能，并且加速变速器预热（达到正常工作温度），如图 5-32 所示。

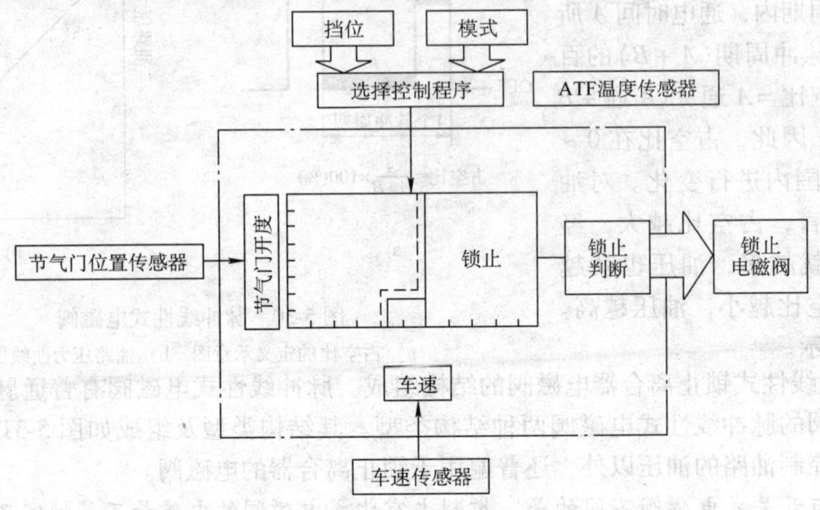

图 5-32　锁止离合器电磁阀控制过程示意图

（2）开关式锁止离合器电磁阀　开关式锁止离合器电磁阀的结构组成及工作原理与开关式换挡电磁阀的结构组成及工作原理基本相同，这里不再赘述。

3. 油压电磁阀

油压电磁阀基本上都采用脉冲线性式电磁阀，其结构组成及工作原理与锁止离合器所采用的脉冲线性式电磁阀基本相同。

电磁阀在脉冲电信号的作用下不断反复地开启和关闭泄油孔，电脑通过改变每个脉冲周期内电流接通和断开的时间比率（称为占空比，变化范围为 0～100%），改变电磁阀开启和关闭的时间比率，来控制主油路的压力。占空比愈大，经电磁阀泄出的 ATF 愈多，主油路压力就愈低；反之，占空比愈小，主油路压力就愈大，如图 5-33 所示。

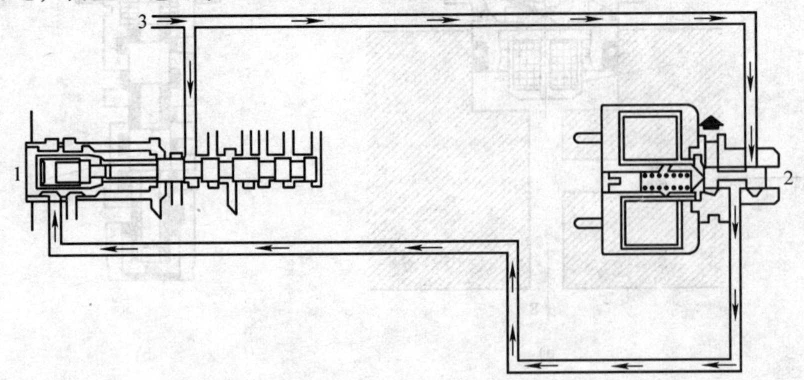

图 5-33　脉冲线性式油压电磁阀调节主油路压力工作原理示意图

1—主油路调压阀　2—油压电磁阀　3—主油路压力油

脉冲线性式电磁阀一般安装在主油路或蓄压器背压油路上。

相关链接——电流控制换挡电磁阀

◇ 组成

电流控制换挡电磁阀也是由电磁线圈、滑阀、滑阀轴和弹簧等组成，其工作原理如图 5-34 所示。

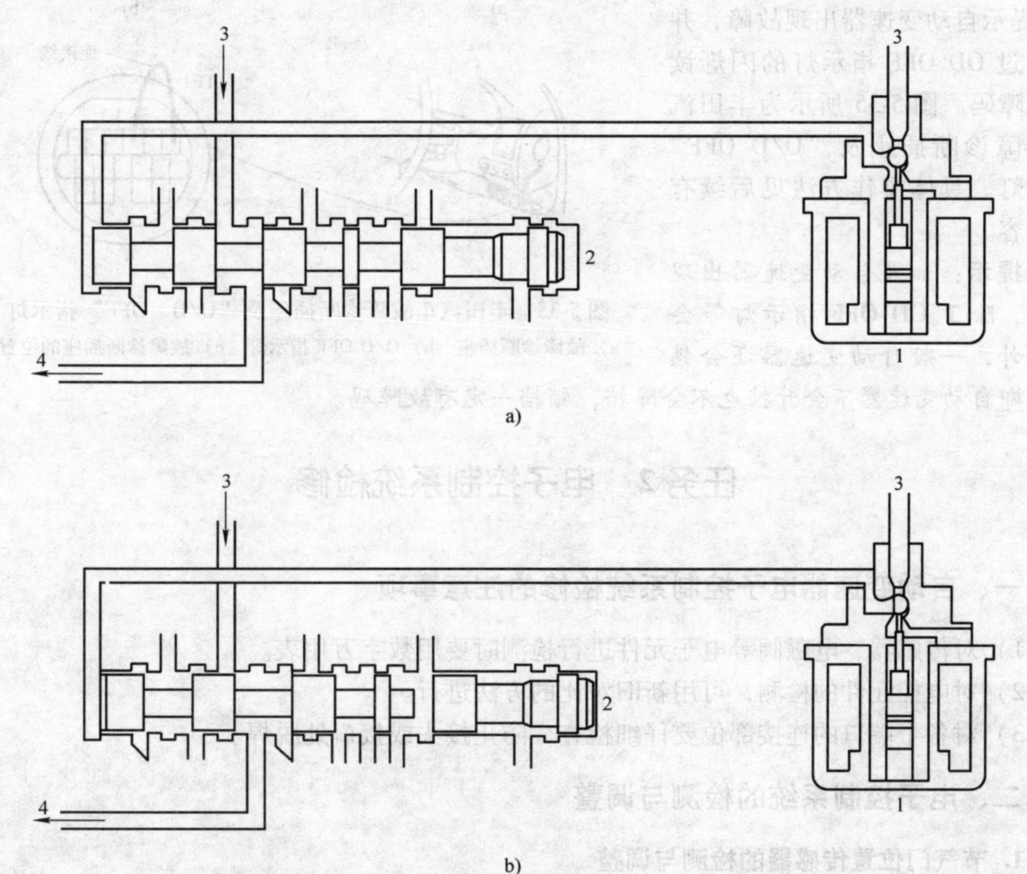

图 5-34 电流控制换挡电磁阀工作原理示意图

a）断电时 b）通电时

1—换挡电磁阀 2—换挡阀 3—主油路压力油 4—至换挡执行元件

◇ 工作原理

当换挡电磁阀断电时，阀芯及球阀在回位弹簧作用下升起，主油压不能到达换挡阀的左侧，则换挡阀处于左端位置，主油压经过换挡阀给换挡执行元件供油，得到相应的挡位，如图 5-34a 所示。

当换挡电磁阀通电时，电磁吸力使阀芯及球阀下移，主油压经过换挡电磁阀到达换挡阀的左侧，换挡阀右移，主油压到达换挡阀后被截至，不能给换挡执行元件供油，得到另外的挡位，如图 5-34b 所示。

（二）故障指示灯

自动变速器 ECU 具有自诊断功能，如果电子控制系统出现故障，电脑会将故障码存储在存储器中，以便读取；另外电脑还会点亮 OD OFF 指示灯（或故障指示灯）提示自动变速器出现故障，并可通过 OD OFF 指示灯的闪烁读取故障码。图 5-35 所示为丰田汽车故障诊断插座及“O/D OFF”指示灯。具体操作方法见后续有关内容。

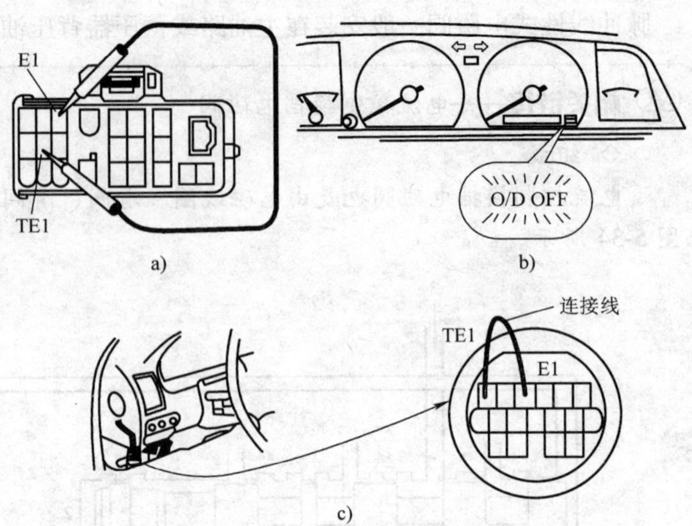

图 5-35　丰田汽车故障诊断插座及“O/D　OFF”指示灯
a）故障诊断插座　b）O/D OFF 指示灯　c）故障诊断插座的位置

提示： 如果自动变速器出现故障，除了 OD OFF 指示灯等会点亮外，一般自动变速器还会锁挡，即自动变速器不会升挡也不会降挡，锁挡一定有故障码。

任务 2　电子控制系统检修

一、自动变速器电子控制系统检修的注意事项

1）对传感器、电磁阀等电子元件进行检测时要用数字万用表。

2）对电控元件的检测，可用新旧对比的方法进行。

3）对各个端口的连接部位要仔细检查，防止接头或接口处脱焊。

二、电子控制系统的检测与调整

1. 节气门位置传感器的检测与调整

（1）检测方法

1）拔去节气门位置传感器的线束插头。

2）用万用表在节气门位置传感器接线插座上测量怠速开关的导通情况（图 5-36）。当节气门全闭时，怠速开关应导通；当节气门开启时，怠速开关应不导通。否则，应调整或更换节气门位置传感器。

3）用万用表测量节气门位置传感器中线性电位计的电阻（图 5-37 中 E2 和 VTA 之间的电阻）。该电阻应能随节气门开度的增大而线性增大。

4）将测量结果与表 5-2 进行比较。如有不符，应调整或更换节气门位置传感器。表 5-2 所示为雷克萨斯 LS400 轿车节气门位置传感器的检测标准。

（2）调整方法

1）拧松节气门位置传感器的两个固定螺钉。

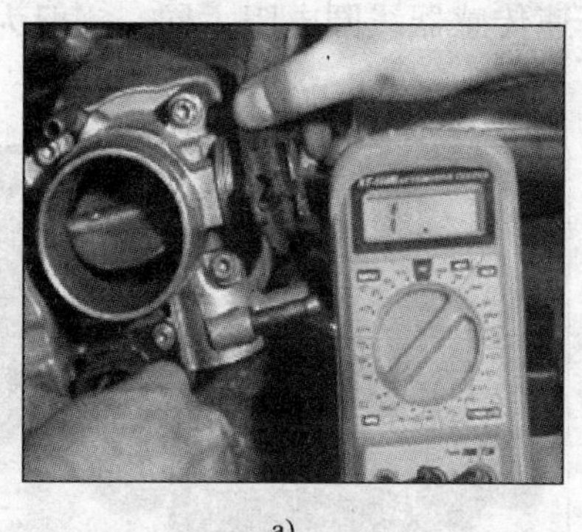

a)

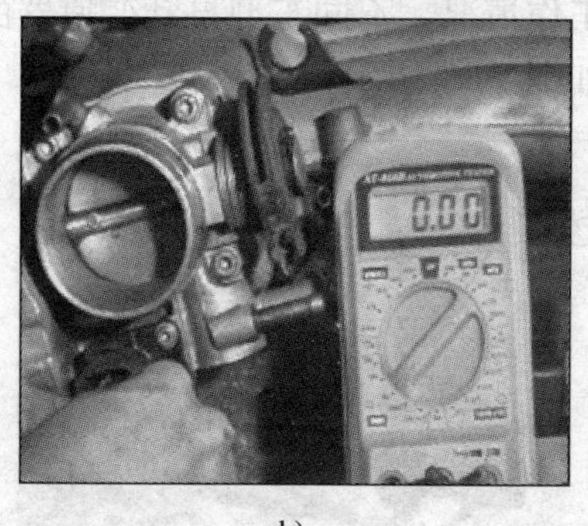

b)

图 5-36　测量怠速开关

a）节气门打开时测量　b）节气门关闭时测量

2）将厚度为 0.50mm 的塞尺插入节气门摇臂和限位螺钉之间，同时用万用表测量怠速开关的导通情况。

3）朝节气门闭合方向转动节气门位置传感器，使怠速开关触点闭合，然后朝节气门开启方向慢慢地转动节气门位置传感器，直至怠速开关断开为止。

4）拧紧节气门位置传感器的两个固定螺钉。

5）分别用 0.40mm 和 0.65mm 的塞尺插入节气门限位螺钉和节气门摇臂之间，同时测量怠速开关的导通情况。

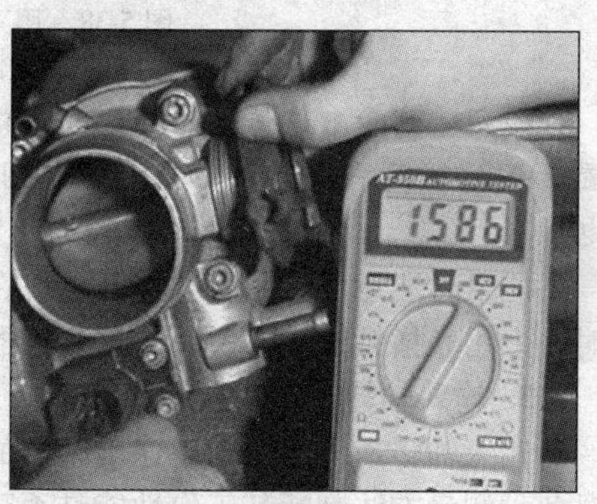

图 5-37　测量节气门电位计

表 5-2　雷克萨斯 LS400 轿车节气门位置传感器的检测标准

测　量　端	节气门开度或节气门摇臂与限位钉之间的间隙/mm	电阻/kΩ
IDL-E	≤0.40	0
	≥0.65	∞
V_{TA}-E	全闭	0.34 ~ 6.3
	全开	2.4 ~ 11.2
V_C-E	任意开度	3.1 ~ 7.2

注意： 节气门位置传感器调整不当，会影响电子控制自动变速器的正常工作，甚至会使故障警告灯亮起，出现节气门位置传感器的故障码。

2. 车速传感器的检测

（1）外观检查　检查转子是否有断齿、脏污等情况。

（2）检查转子齿顶与传感器之间的间隙　方法是用标准尺寸的塞尺插入转子齿顶与传感器之间，如果感觉阻力合适，表明间隙符合标准，如果阻力大说明间隙过小，如果没有阻力说明间隙大。

（3）检查电磁线圈电阻　方法是关闭点火开关，拔下传感器插头，用万用表测量电磁线圈电阻及工作情况。不同车型自动变速器的车速传感器线圈电阻不同，一般为几百欧姆到几千欧姆，如图 5-38 所示。

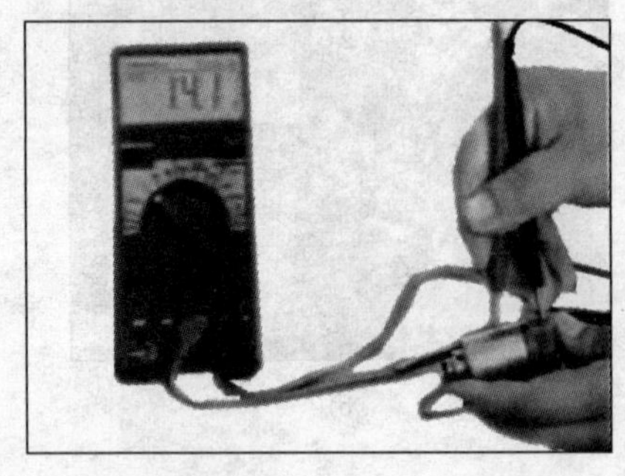

a)

b)

图 5-38　用万用表测量电磁线圈电阻示意图

a）测量电阻　b）检测是否工作

提示：测量车速传感器输出脉冲信号时，可用千斤顶将汽车一侧的驱动轮顶起，变速杆置于 N 位，用手转动驱动轮，同时用万用表测量车速传感器两接线柱之间有无脉冲感应电压。

测量时注意将万用表选择开关打在 1V 以下的电压挡位置或电阻挡位置。若在转动车轮时，万用表指针摆动，说明车速传感器工作正常。否则，应更换传感器，如图 5-39 所示。

3. 输入轴转速传感器的检测

输入轴转速传感器与车速传感器的结构和工作原理相同，其检修方法也是一样的，即通过各种测量方法判断其工作性能是否正常。这里不再赘述。

4. ATF 温度传感器的检测

ATF 温度传感器(图 5-40)安装在自动变速器油底壳内的阀板上，用于检测自动变速器油的温度，以作为电脑进行换挡控制、油压控制和锁止离合器控制的依据。其检测方法与冷却液温度传感器相同。

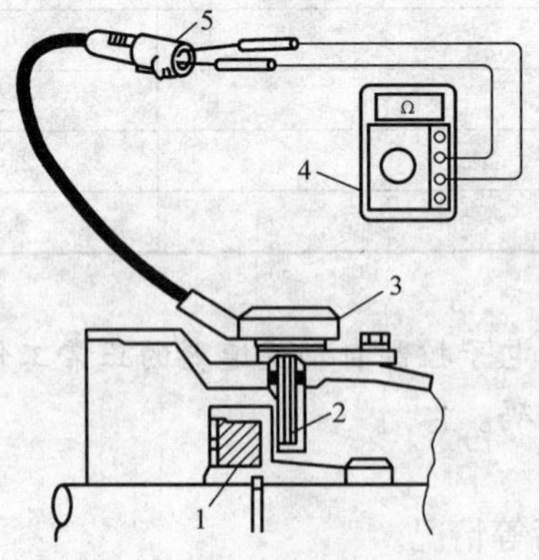

图 5-39　万用表检测车速传感器

1—转子　2—传感器开关

3—传感器　4—万用表　5—接头

图 5-40　ATF 温度传感器实物图

5. 冷却液温度传感器和 ATF 温度传感器的检测

冷却液温度传感器和 ATF 温度传感器的内部都是一个热敏电阻，其检测方法相同。

1）拆下冷却液温度传感器或 ATF 温度传感器。

2）将传感器置于盛有水的烧杯中，加热杯中的水，同时测量在不同温度下传感器两接线端之间的电阻，如图 5-41 所示。

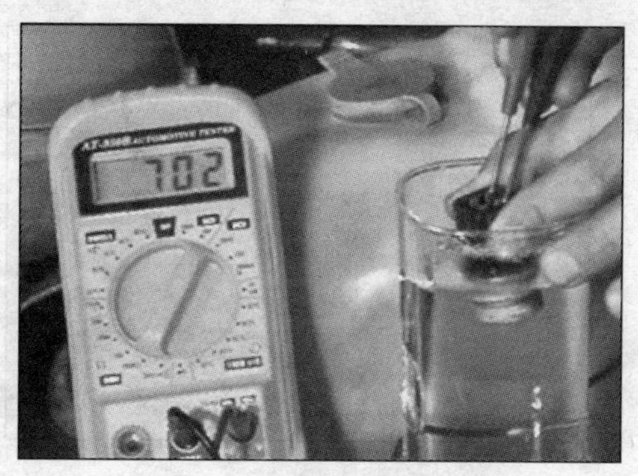

图 5-41　冷却液温度、油温传感器检测示意图

3）将测量的电阻值与标准相比较。如果不符合标准，应更换传感器。表 5-3 所示为丰田威驰汽车冷却液温度传感器和 ATF 温度传感器的检测数据。

表 5-3　丰田威驰汽车冷却液温度传感器和 ATF 温度传感器的检测标准

温度/℃	电阻/kΩ	温度/℃	电阻/kΩ
0	4～7	60	0.5～0.8
20	2～3	80	0.2～0.4
40	0.9～1.5		

6. 测量制动灯开关线路的电源端子与搭铁之间的电压

在没有制动时应为蓄电池电压。若不是蓄电池电压，应检查制动灯线路熔丝是否断路。

7. OD 开关检查

当按下 OD 开关(ON)时，OD OFF 指示灯应熄灭；当再次按下 OD 开关，OD 开关弹起(OFF)时，OD OFF 指示灯应点亮。否则应检查 OD OFF 指示灯、OD 开关及线路。

8. 脉冲式电磁阀检测

电子控制自动变速器中的油压电磁阀等脉冲线性式电磁阀可采用下列方法检修。

（1）脉冲线性式电磁阀的就车检查

1）用举升器将汽车升起。

2）拆下自动变速器的油底壳。

3）拔下电磁阀的线束插头。

4）用万用表测量电磁阀线圈电阻值，应为 3.6～4.0Ω，否则应更换电磁阀，如图 5-42 所示。

（2）脉冲线性式电磁阀的性能检验

1）拆下脉冲线性式电磁阀。

2）将蓄电池电源串联一个 8～10W 的灯泡，然后与电磁阀线圈连接(脉冲线性式电磁阀线圈电阻较小,不可直接与 12V 电源连接,否则会烧毁电磁阀线圈)。

3）在通电时，电磁阀阀芯应向外伸出；断电时，电磁阀阀芯应向内缩入(图 5-43)。如有异常，说明电磁阀损坏，应更换。

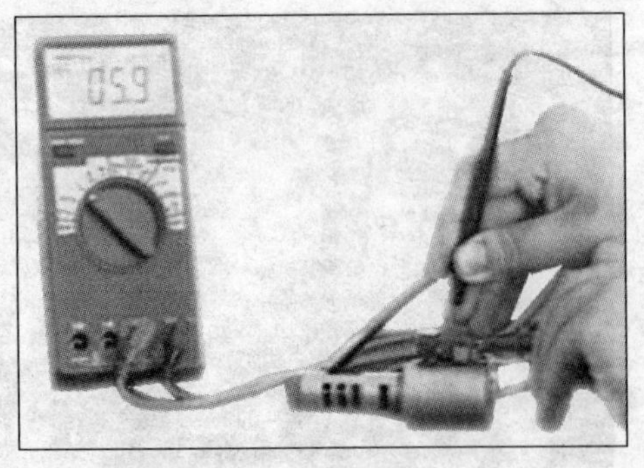

图 5-42　脉冲线性式电磁阀的检测

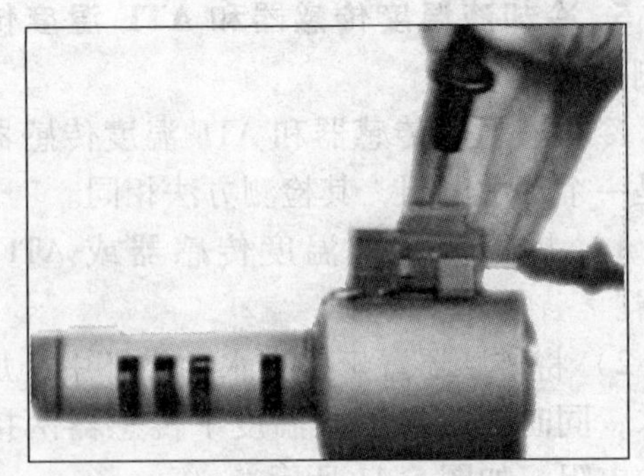
图 5-43　脉冲线性式电磁阀的性能检测

9. 开关式电磁阀检测

（1）电阻检查　开关式电磁阀的电阻检查如图 5-44 所示。其电磁阀线圈的阻值一般为 10～30Ω。若电磁线圈短路或断路，应更换电磁阀。

（2）密封性检测　拆下电磁阀，施加 500kPa 的压缩空气，检查电磁阀是否漏气，如图 5-45 所示。

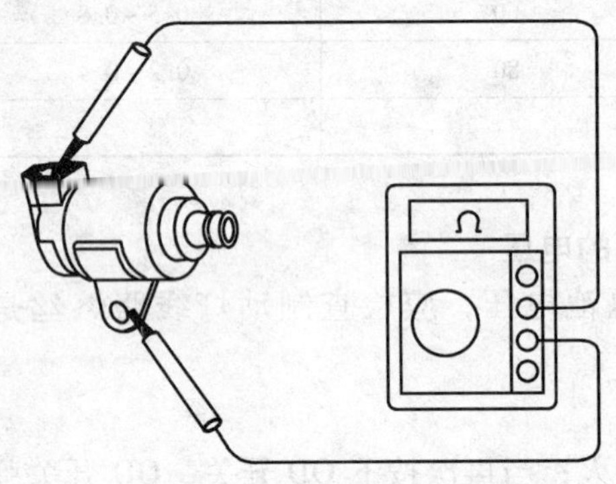

图 5-44　开关式电磁阀电阻检查示意图

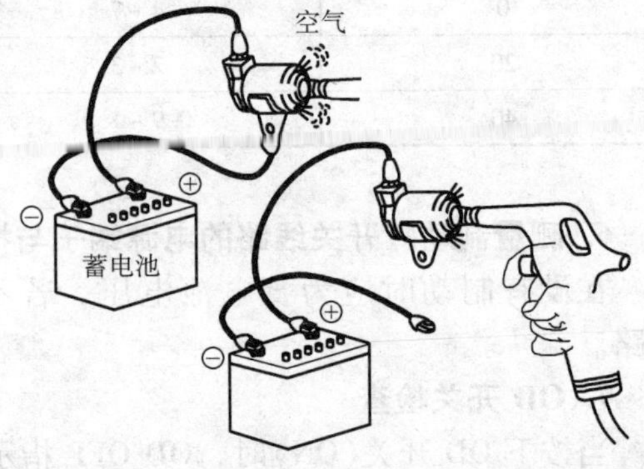

图 5-45　电磁阀密封性检查示意图

（3）检查工作情况　用蓄电池给电磁阀通电，施加在电磁线圈上，检查是否有“咔嗒”工作响声，如图 5-46 所示。

10. 空挡起动开关

设置空挡起动开关是为了防止汽车误起动造成安全事故，保证汽车的安全性，使汽车只能在 P 位和 N 位才能起动发动机。

常见空挡起动开关是触点式开关。当变速杆处在 P 位和 N 位时，触点式开关闭合，传感器线路正极端通过触点与负极端触点接通，此时，相应的 P 位或 N 位挡位指示灯点亮(图 5-47)，方可起动发动机。否则应将空挡起动开关调整到正确的位置，如图 5-48 所示。

调整步骤：

第一步：拧松黑色箭头所示 3 个固定螺栓 1。

第二步：转动挡位开关体，使其基准线 2 对准选挡轴上的扁槽口 3。

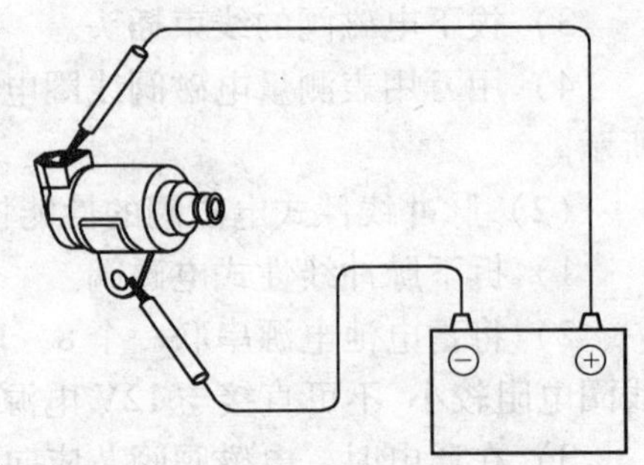
图 5-46　通电检查电磁阀工作情况

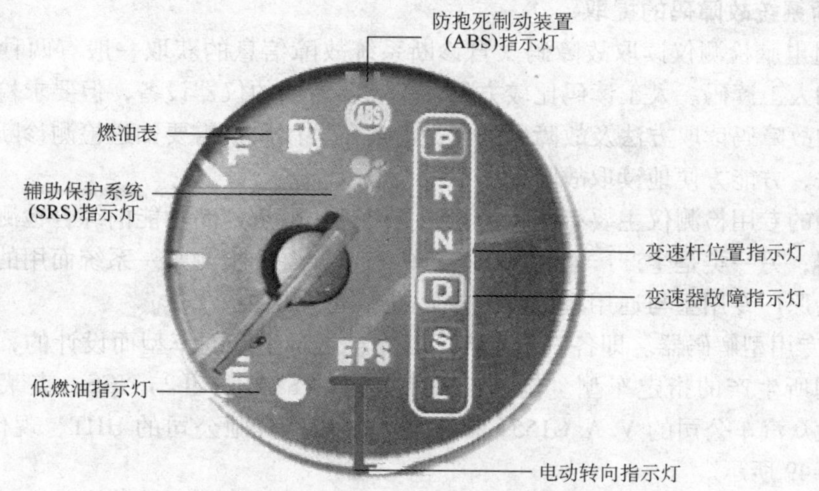

图 5-47　变速杆位置指示灯

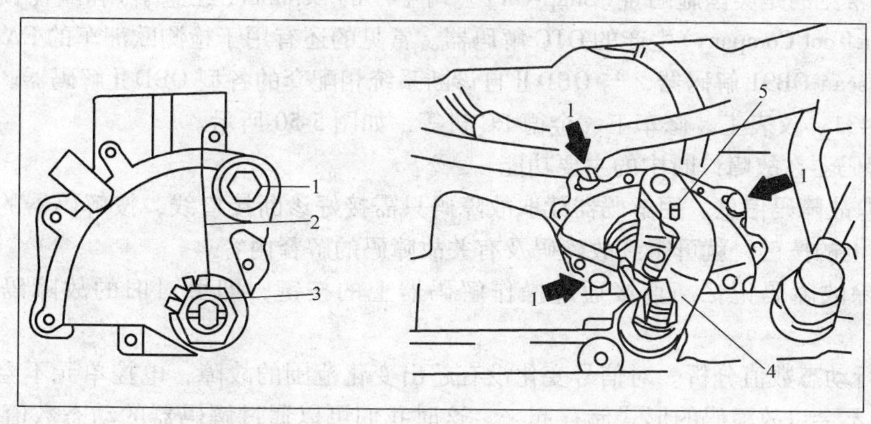

图 5-48　空挡起动开关调整步骤

1—固定螺栓　2—基准线　3—槽口　4—摇臂　5—调整用定位销

第三步：拧紧固定螺栓 1。

三、电控系统故障自诊断的方法

近年来电子控制自动变速器已经取代全液压控制自动变速器。电子控制系统不但能对锁止离合器、换挡时机、换挡品质等进行控制，还具备故障自诊断的功能，进一步降低故障维修的难度。

1. 故障自诊断系统

自动变速器电控系统工作时，电控单元 ECU 根据各种传感器输入的信号，按预先设定的控制程序进行数学计算和逻辑判断，通过向各种执行器发出相应的控制指令来控制自动变速器工作。如果某传感器或执行器或线路等发生故障，不能向 ECU 输送信号，就会影响 ECU 对液压系统的控制，自动变速器的工作性能就会变坏甚至无法行驶。为了能够及时发现电子控制系统的故障，控制系统都设有故障自诊断系统，其功能是监测电控系统工作情况，诊断控制系统有无故障。

2. 自诊断系统故障码的提取

（1）通过电脑检测仪读取故障码　自诊断系统故障信息的获取一般有两种方法：专用解码器读码和人工读码。人工读码比较方便，不需要专用的仪器设备，但要求检修人员熟悉各车型不同的故障码读取方法及故障码的含义。解码器读码则需要知道检测诊断接口与解码器的连接方法，方能方便地读取故障码。

一般常用的专用检测仪主要有两大类：一类是带故障自诊断功能的综合检测仪，即我们所说的解码器；另一类是生产厂家为自己生产的汽车配置的检测某一系统而用的监测器。解码器又可分为原厂专用型与通用型两类，常见的有如下几种：

1）原厂专用型解码器。即各汽车生产厂家为自己所生产的车型而设计的，它主要是为了检测本公司所生产的指定车型。例如：福特公司的 STAR—Ⅱ与 NGS、克莱斯勒公司的 DRB—Ⅱ、大众汽车公司的 V. A. G1551 和 V. A. G1552、奔驰公司的 HHT、现代公司的 Hi-Scan，如图 5-49 所示。

2）通用型解码器。根据其来源，目前使用的主要有两种：进口解码器与国产解码器。进口解码器常见的是美国施耐宝（Snap-On）公司生产的 Scanner（红盒子）和欧瓦顿勒工具公司（Owatonna Tool Company）生产的 OTC 解码器。常见的还有用于检测欧洲车的 EAAT3000 解码器及 Datascan OB91 解码器，与 OBDⅡ自诊断系统相配套的各型 OBDⅡ解码器。国产解码器主要有 X431、仪表王、修车王、金德 PC 机等，如图 5-50 所示。

（2）解码器在故障诊断中的主要功能

1）读取故障码信息。用解码器读取故障码只需接好诊断接口线，按解码器的使用方法操作解码器上的按键，就可得到故障码及有关故障码的解释内容。

2）清除故障码记忆。直接通过操作解码器上的按键，即可对旧的故障码记忆进行清除。

3）进行动态数值分析。对信号变化没有超出变化范围的故障，电控单元不会判断为故障状态，也不会以故障码的形式储存起来。这时我们可以通过解码器的动态数值分析（KO-ER）功能将系统工作时的参数信号提取出来进行观察分析，即实现了解码器与电控单元的信息通信功能。

4）元件试验功能。一部分汽车电脑能够支持解码器对电控系统元件进行操作测试试验，因此可以通过这项功能很方便地对电控系统的元件进行测试。例如：OTC 解码器在克莱斯勒车系中能完成如下的元件试验功能：能够代替一些控制开关与输入开关信号；能对一些执行元件发送控制信号进行测试；能对传感器进行测试试验。

3. 应用解码器进行故障诊断时需注意的事项

1）自诊断系统只能监视电控系统电路。如果故障不属于电控系统的电路故障，检测仪不能检测。例如，电磁阀的卡滞、发动机点火系统的高压电路故障等不属于电控系统故障，因而不能检测。

2）自诊断系统一般只能监视信号的范围，不能监视传感器特性的变化。如果只是信号的特性发生了变化，并不能产生故障码。例如，ATF 温度传感器的阻值变化有一个正常的范围，一旦阻值超出此范围，电脑即认为是一种故障现象；但是如果该传感器的特性（指温度和阻值的对应关系）发生变化，但阻值依然在此范围内，则自动变速器会工作不良，而故障指示灯却并不会亮，仪器也读不出故障信息。如果因为无故障码，就认为肯定无电路故障，

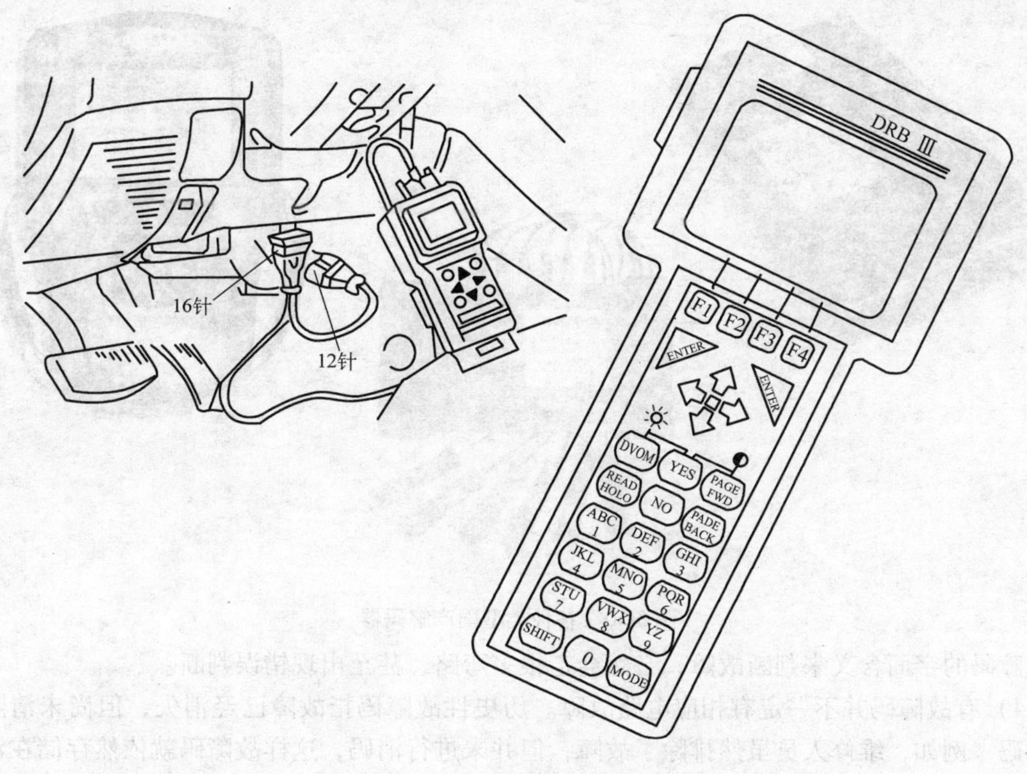

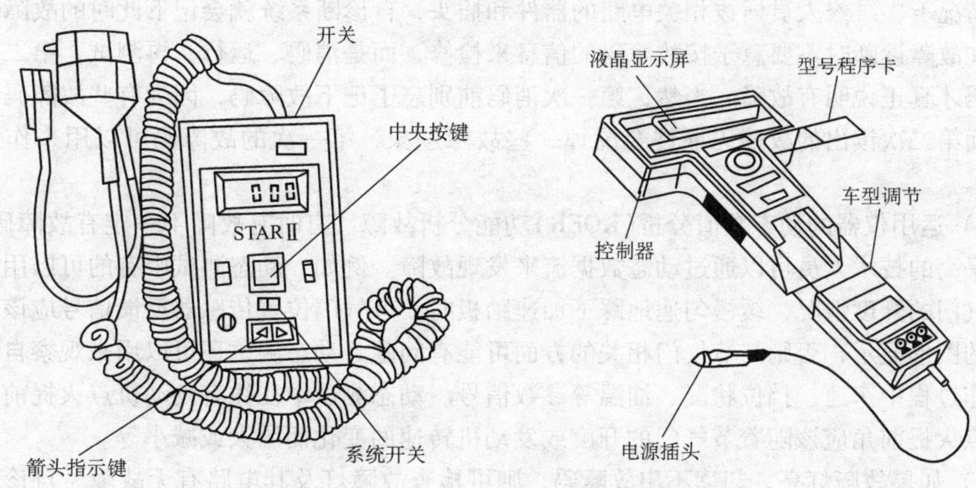

图 5-49 各种类型原厂专用解码器

在故障诊断时就会出现错误或走很多弯路。一般情况下，自诊断系统所能诊断的范围是电路短路、断路、接触不良、串线等故障。

3） 自诊断系统监视的往往是某一电路，而不只是某一元件。在实际工作中，如果检测仪显示的是“车速传感器故障”，实际上指该传感器相应电路故障，包括车速传感器本身，车速传感器与电脑（ECU）间的连线（包括线路的各插接器），车速传感器的搭铁和电脑（ECU）及其供电、搭铁情况。如果对故障码所揭示的故障范围不甚清楚，以致只按所提示

图 5-50　各种类型国产解码器

的故障码的字面含义来判断故障，必然会走很多弯路，甚至出现错误判断。

4）有故障码并不一定有相应电路故障。历史性故障码指故障已经消失，但尚未清除掉故障码。例如，维修人员虽然排除了故障，但并未进行消码，这样故障码就依然存储在汽车ECU 的随机存储器(RAM)中。另外就是一些人为故障，例如，在发动机运行或点火开关打开的情况下，维修人员插拔相关电路的器件和插头，自诊断系统就会记下此时的故障码，所以，在故障诊断时不要急于按故障码的信息来检修，而是消码、运行、再测试，第二次读出故障码才真正说明有故障。当然，第一次消码前别忘了记下故障码，因为有些故障码难以再现，而第二次读出的故障码或许会漏掉一些故障迹象，第一次的故障码可以用来作为参考资料。

5）运用仪器的动态数值分析(KOER)功能分析故障。有时有故障不一定有故障码存在，但水平高的技术人员可以通过动态数据流来发现故障。例如，动态测试中有的可以用曲线反映节气门的开度情况，缓慢匀速地踩下加速踏板时，节气门位置传感器反馈信号应该有近似直线的图形显示，否则与节气门相关的方面可能有问题。动态测试还可以用来观察自动变速器工作过程中车速、挡位状况、油温等参数信号。动态测试中往往有发动机点火提前角的显示，点火提前角应该随着节气门的开度或发动机转速的变化而增大或减小等。

6）如果故障灯亮，却读不出故障码，则可检查故障灯及其电路有无故障。自诊断系统发生故障，通常是 ECU 内部搭铁有问题，诊断座与 ECU 接触不良，或仪器连接不良。

7）电脑及其控制电路的故障可以用该车型的电脑检测仪或通用的电脑解码器来检测。这些仪器可以准确地检测出电脑及其控制电路的故障所在之处。由于不同车型电脑的结构及控制电路分布形式有很大的不同，不同的电脑检测仪和电脑解码器的使用方法也有很大的不同，因此在检测之前就要熟练掌握《自动变速器维修手册》及《汽车电脑检测仪使用手册》中所提供的有关被测车型的检测技术、检测范围、检测步骤等内容。只有在此基础上，才能充分发挥检测仪的作用，得到正确的检测结果。

四、汽车自诊断系统的功能

1. 发现故障

输入到 ECU 的电压信号，在正常状态下有一定的范围，如果此范围以外的信号被输入时，ECU 就会诊断出该信号系统处于异常状态。例如，发动机冷却液温度信号系统规定在正常状态时，传感器的电压为 0.08 ~ 4.8V（ −50 ~ +139℃），超出这一范围即被诊断为异常。

如果 ECU 本身发生故障，则由设有紧急监控定时器（WDT）的时限电路加以监控；如果出现程序异常，则定期进行的时限电路的再设置停止工作，以便采用 ECU 再设置的故障检测方法。

2. 故障分类

当 ECU 工作正常时，通过诊断用程序检测输入信号的异常情况，再根据检测结果分为轻度故障、引起功能下降的故障以及重大故障等。并且将故障按重要性分类，预先编辑在程序中，当 ECU 本身发生故障时，则通过 WDT 进行故障分类。

3. 故障报警

一般通过设置在仪表板上报警灯的闪亮来向车主报警。在装有显示器的汽车上，也有直接用文字来显示报警内容的。

4. 故障存储

当检测故障时，在存储器中存储故障部位的代码，一般情况下，即使点火开关处于断开位置，ECU 和存储部分的电源也保持接通状态而不会使存储的内容丢失。只有在断开蓄电池电源负极或拔掉电源熔丝时，由于切断了 ECU 的电源，存储器内的故障码才会被自动消除。

5. 故障处理

在汽车运行过程中如果发生故障，为了不妨碍正常行驶，由 ECU 进行控制，利用预编程序中的代用值（标准值）进行计算，以保持基本的行驶性能，待停车后再由车主或维修人员进行相应的检修。

五、几种不同车型的故障自诊断系统

1. 奥迪汽车故障自诊断系统

奥迪 V6 发动机采用了 MPFI 多点燃油喷射系统，其自诊断系统内可以有 30 种不同的故障存储在 ECU 中。其特点是：

1）如果故障存储超过一定的时间，则该故障以稳定的形式被存储在存储器中。

2）如果在一定时间内曾经出现的故障不再出现，则此故障被认为是偶发性故障，如果发动机起动 50 次，该故障仍然没有再次出现，则此偶发性故障将会被自动清除。

3）在关闭点火开关 150min 后，ECU 进入自保持阶段，如果在此期间对燃油喷射和点火系统进行检修，接着应调出已经被存储的故障码并加以清除。调出被存储的故障码需要用专用的仪器—V. A. G1551 型故障诊断仪。

2. 克莱斯勒汽车故障自诊断系统

1）克莱斯勒汽车公司的电控系统简称 SBEC，当汽车出现故障时，相应的故障信息以故障码的形式存储于 SBEC 中。

2）每次打开点火开关，“CHECK ENGINE”指示灯都将闪亮几秒钟，然后熄灭以示该指示灯工作正常。如果 SBEC 接收到来自各种传感器的信号不正常或者根本接收不到信号，则仪表板上的“CHECK ENGINE”指示灯将亮起，说明发动机有故障，需要检修。

3）进入自诊断状态的方法是，将点火开关在 5s 内开关三次，即 ON→OFF→ON→OFF→ON，此时仪表板上的“CHECK ENGINE”指示灯将闪烁，由此可显示出所存储的故障码。

4）故障码的清除方法是，可以用专用仪器 DRB Ⅱ来清除故障码。如果没有 DRB Ⅱ，也可将点火开关 ON/OFF(开/关)50 次，故障码即被清除。

3. 沃尔沃汽车故障自诊断系统

沃尔沃车系的自诊断系统的接口在车体的右前角，打开发动机室盖，右前照灯的后面有 A、B 两个诊断座，A 座上有一条诊断跨接线、一个 LED 灯和一个按钮。A、B 两个诊断座各有六个诊断插孔，分别连接不同的诊断系统。

A 座：

1 号孔→变速器

2 号孔→燃料系统

3 号孔→ABS 系统

5 号孔→涡轮增压系统

6 号孔→点火系统

7 号孔→仪表诊断

B 座：

1 号孔→中央空调

2 号孔→定速控制系统

5 号孔→安全气囊

6 号孔→电动座椅

沃尔沃系列车型在自诊断功能方面，能够进行 10 个系统的诊断，而在每个系统诊断中，又可分为六种模式：

1）故障码读取。

2）控制元件动作测试。

3）各控制元件动作同时控制测试。

4）指定元件动作指令控制测试。

5）数值读取分析指示。

6）重新设定微机记忆指令。

当对汽车进行诊断时，可利用诊断座上的跨接线直接插在不同的诊断孔中，并按诊断座上的按钮，分别按 1 到 6 选择各种特定的诊断模式。

清除故障码的方法是：先将诊断跨接线插到所要诊断的系统对应的诊断孔中，将点火开关置于 ON，先读取故障码，直到所有故障码均显示完毕之后，LED 灯持续亮起，再按住诊断键 5s 以上即可清除故障码。

六、几种不同车型故障码的读取和清除

1. 故障码的读取

如果自动变速器电控系统出现故障，黄色的故障指示灯(MIL)会点亮，但不同车系点亮的方式不同，具体情况见表5-4。

表5-4 自动变速器故障指示灯的点亮

车 系	故障指示灯点亮方式	车 系	故障指示灯点亮方式
丰田(TOYOTA)	OD OFF 指示灯点亮	通用(GM)	SERVICE ENGINE SOON 指示灯点亮
本田(HONDA)	D_4指示灯点亮	宝马(BMW)	在信息区出现 TRANS PROGRAM 且挡位指示灯不亮
日产(NISSAN)	POWER 指示灯点亮	奥迪(AUDI)	P、R、N、D、3、2、1 指示灯全亮

自动变速器的自诊断系统指示有故障之后，一般维修人员采取读取故障码、按故障码的提示进行检查及修理、清除故障码的步骤进行维修。

注意：故障码读取之前一定要保证蓄电池电压正常、故障指示灯工作正常，否则会由于电压异常而导致误诊断。

故障码的读取是电控自动变速器维修最基础的一步，可以使很多故障的诊断简单化，但要注意故障码对于自动变速器的修理并不是万能的。

2. 人工读取和清除故障码

人工读取故障码就是维修人员利用跨接线短接故障诊断座的相应端子，从而激发仪表板上的故障指示灯闪烁，再根据故障指示灯闪烁时间的长短和次数来读取故障码。不同的车型读码的方法不同。下面介绍几种常见车系自动变速器故障码的人工读取和清除方法。

(1) 丰田车系

1) 读取故障码。将点火开关置于ON，OD开关置于ON。跨接驾驶室内的TDCL接口(图5-51a)或发动机室内检查连接器的TE_1和E_1端子(图5-51b)。

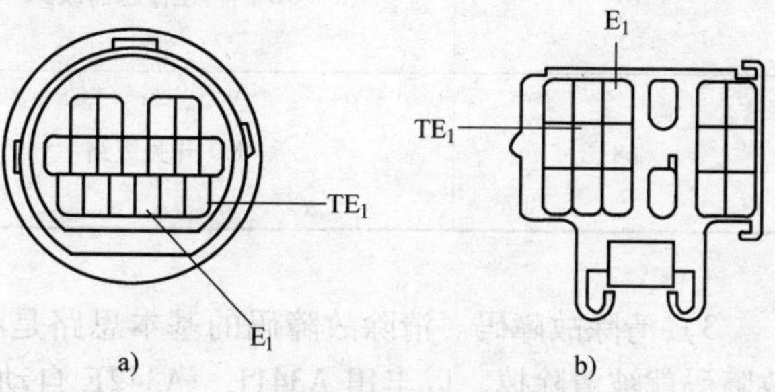

图5-51 丰田车系故障诊断座示意图

2) 由OD OFF指示灯的闪烁读取故障码。无故障显示时的正常码如图5-52a所示；有

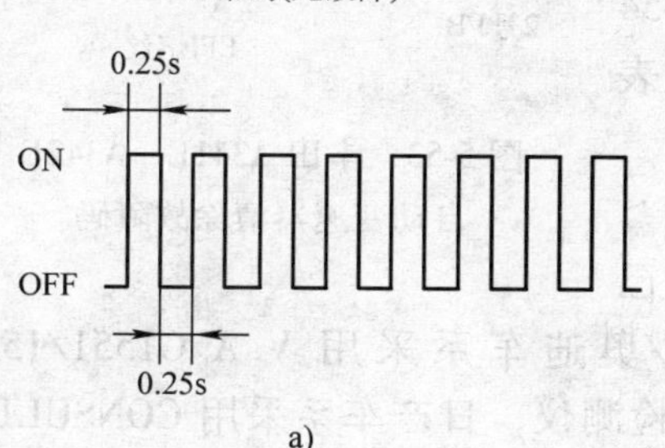

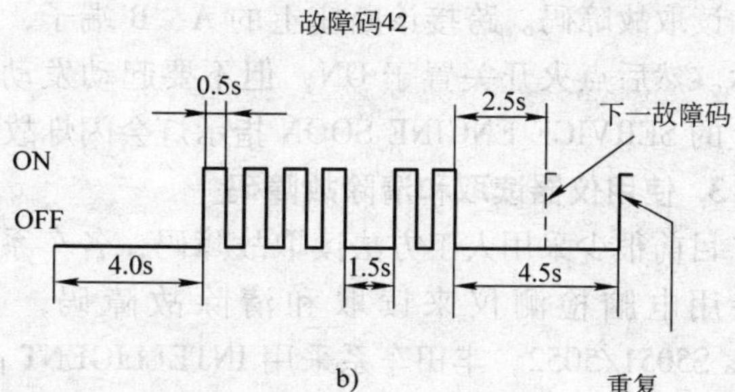

图5-52 OD OFF指示灯的闪烁示意图

故障显示时的故障码为如图 5-52b 所示，故障码显示为 42。然后对照维修手册找 42，确定 1 号传感器故障。需要检查 1 号车速传感器本身、1 号车速传感器的线束或连接器和 ECU 等。

丰田 A341E、A342E 自动变速器故障码及含义见表 5-5。

表 5-5 丰田 A341E、A342E 自动变速器故障码及含义

故障码	含义	故障部位
42	1 号车速传感器故障	① 1 号车速传感器 ② 1 号车速传感器线束或插接器 ③ ECU
46	4 号电磁阀短路或断路	① 4 号电磁阀 ② 4 号电磁阀线束或插接器 ③ECU
61	2 号车速传感器故障	① 2 号车速传感器 ② 2 号车速传感器线束或插接器 ③ ECU
62 63	1 号电磁阀短路或断路 2 号电磁阀短路或断路	① 1 号或 2 号电磁阀 ② 1 号或 2 号电磁阀线束或插接器 ③ ECU
64	3 号电磁阀短路或断路	① 3 号车速传感器 ② 3 号车速传感器线束或插接器 ③ECU
67	OD 挡转速传感器故障	① OD 挡转速传感器 ② OD 挡转速传感器线束或插接器 ③ ECU
68	KD 开关短路	① KD 开关 ② KD 开关线束或插接器 ③ ECU

3）清除故障码。清除故障码的基本思路是将 ECT 的 ECU 断电，则存储在存储器中的故障码就被清除掉。以丰田 A341E、A342E 自动变速器为例，将点火开关置于 OFF，然后将 EFI 熔丝取下 10s 以上即可，如图 5-53 所示。

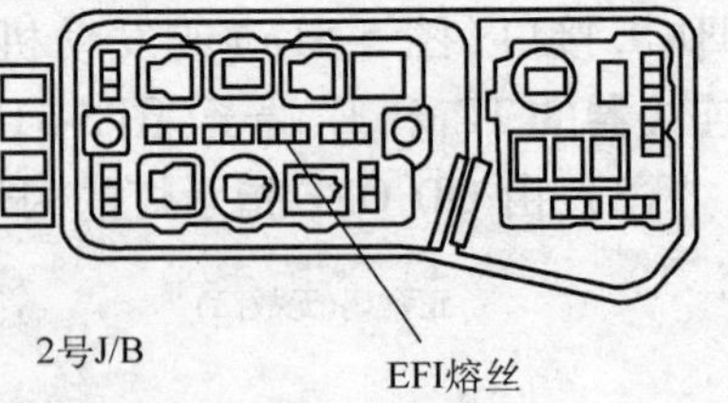

图 5-53 丰田 A341E、A342E 自动变速器清除故障码

（2）通用车系

读取故障码。跨接诊断座上的 A、B 端子，如图 5-54 所示。然后点火开关置于 ON，但不要起动发动机，仪表板上的 SERVICE ENGINE SOON 指示灯会闪烁故障码。

3. 使用仪器读取和清除故障码

目前很少采用人工方法读取故障码，各车系都有自己的专用电脑检测仪来读取和清除故障码，如大众/奥迪车系采用 V. A. G1551/1552、V. A. S5051/5052，丰田车系采用 INTELLIGENT 高智能检测仪，日产车系采用 CONSULT Ⅱ检测仪，通用车系采用 TECH Ⅱ检测仪，宝马车系采用 GT1 等。

采用仪器读取和清除故障码只需按照仪器屏幕的提示操作即可。

以 V. A. G1552 大众汽车专用解码器为例进行说明。V. A. G1552 具有体积小，重量轻的优点。V. A. G1552 的外形及连线如图 5-55 所示。

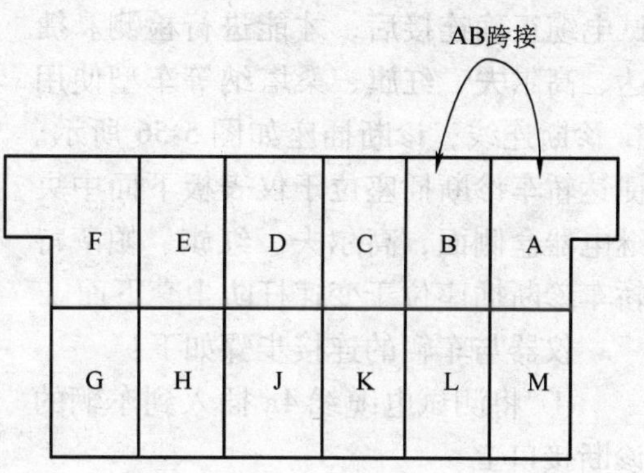

图 5-54　A、B 端子跨接图

（1）仪器的组成　V. A. G1552 解码器主体由可以旋转的上半部分和下半部分、程序卡及 RS422 插口的盖、专用连线等组成。V. A. G1552 是大众公司汽车专用解码器，又是大众公司各车型通用解码器，可用于大众/奥迪系列的捷达、高尔夫、奥迪、红旗、帕萨特、桑塔纳等车型发动机、自动变速器、ABS、防盗、自动空调等系统的检测。

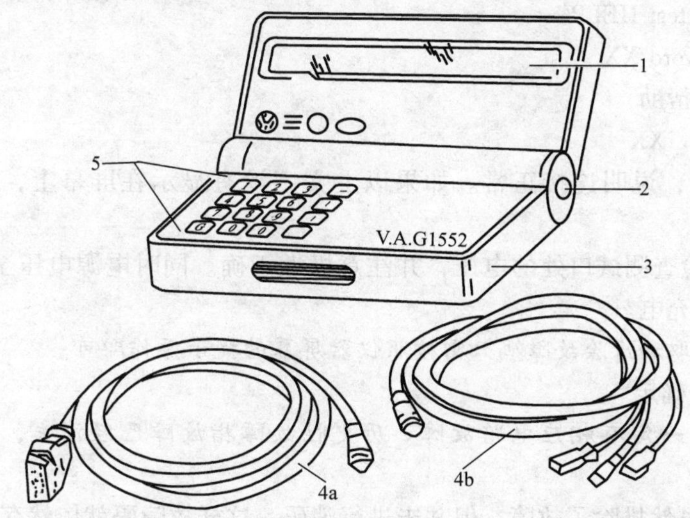

图 5-55　大众汽车专用 V. A. G1552 解码器外形及连线

1—显示屏幕　2—诊断导线插口　3—程序卡及 RS422 插口的盖板

4a—连接线，用于 16 针测试接头的车辆　4b—连接线，用于 2 针测试接头的车辆　5—键盘

主体的上半部分是一个具有照明的显示部分，可显示提示、诊断和帮助信息，显示分为两行，每行能够显示 40 个字符。上半部分可调节任一角度便于阅读数据。

键盘共有数字键[0]~[9]10 个键，字母键[C]和[Q]，方向键[→]、[↑]、[↓]，和帮助键[HELP]等组成。其功用如下：

1）数字键[0]~[9]：用于选择菜单前的数字或输入相应的数字。

2）方向指示键：[→]键用于程序运行或翻页，[↑]和[↓]两个键分别用于屏幕显示向后和向前翻页。

3）字母键[C]和[Q]：[C]键用于清除输入，退出当前功能或返回上一级菜单。[Q]键用于确认输入指令。

4）帮助键[HELP]：按下此键将显示帮助信息。

V. A. G1552 解码器是通过测试电缆提供电源，由于仪器具有极性保护装置，只有当测试电缆正确连接后，才能进行检测。捷达、高尔夫、红旗、桑塔纳等车型使用4a诊断连线，诊断插座如图5-56所示。捷达轿车诊断插座位于仪表板下面中央继电器盒侧面，高尔夫、红旗、帕萨特轿车诊断插座位于变速杆防尘套下面。

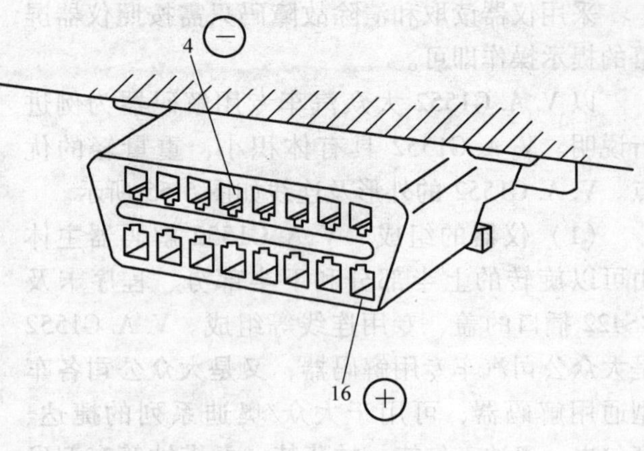

图5-56　诊断插座

仪器与车辆的连接步骤如下：

① 将测试电缆线4a插入到车辆的诊断接口上。

② 仪器显示屏幕上，将出现下面文字。

Vehicle system test HELP
Enter address word XX
车辆系统测试帮助
请输入地址码　XX

如果显示文字，说明连接正常。如果以上文字没有显示在屏幕上，需要进行下一步操作。

③ 根据图示检查测试口处的电压，并注意极性正确。同时电源电压至少达10V，否则需要对蓄电池进行充电。

采用解码器读取和清除故障码只需按照仪器屏幕的提示操作即可。

（2）故障码的确定

有故障码并不一定有相应电路故障。历史性故障指故障已经消失，但尚未清除掉故障码。

1）维修人员虽然排除了故障，但并未进行消码，这样故障码就依然存储在汽车ECU的随机存储器(RAM)中。

2）在发动机运行或点火开关打开的情况下，维修人员插拔相关电路的器件和插头，自诊断系统就会记下此时的故障码，所以，在故障诊断时不要急于按故障码的信息来检修，而是消码、运行、再测试，第二次读出故障码才真正说明有故障。当然，消码前别忘了记下故障码，因为有些故障码难以再现，而第二次读出的故障码或许会漏掉一些故障迹象，第一次的故障码可以用来作为参考资料。

在检测电脑线束各接脚工作电压时，应注意以下几点：

① 在检测之前，应先检查自动变速器控制系统及其他电气系统各熔丝、熔继器及有关的线束插头是否正常。在点火开关处于ON位时，蓄电池电压应不低于11V。过低的蓄电池电压会影响测量结果。

② 必须使用高阻抗的电压表，低阻抗的电压表可能会损坏电脑。

③ 必须在电脑和线束插头处于连接的状态下测量电脑各端子的电压。

④ 应从线束插头的电线一侧插入测笔来测量各端子的电压。

⑤ 不可在拔下电脑线束插头的状态下，直接测量各端子电阻，否则可能损坏电脑。

⑥ 若要拔下电脑的线束插头测量各控制线路，应先拆下蓄电池搭铁线。不可在蓄电池

连接完好的状态下拔下电脑的线束插头，否则会损坏电脑。

⑦ 应可靠地连接电脑的线束插头，否则可能损坏电脑内的集成电路等电子元件。

本项目小结

1. 电控单元 ECU 是电子控制系统的核心部分。它要接受多路传感器送来的信号，并要分析、计算、判断和处理，然后向控制的执行器（电磁阀）下达指令，通电或断电来完成控制液压阀的指令。

2. 各种传感器和电磁阀电压、电流和电阻都较小，尤其是带感应线圈的传感器更低，在检测时要仔细认真。

3. 查找故障码要对照维修手册，注意连线和诊断插口要正确，查找故障码对电路故障十分有效，可起到事半功倍的效果。但对于机械部分出现的故障只能够提出故障发生在一个大致的范围，这一点很重要。

如：升挡或降挡有打滑的现象，在调取故障码时，对照维修手册，故障码是手控阀或节气门阀，那么，必须先检查变速杆连接件或节气门拉索是否调整得当，这是电控单元不能监测到的机械部分。

4. 通过这个项目的学习，我们知道：一个优秀的维修人员，必须掌握三项基本知识，即：机械部分、电子部分和检测设备和仪器的使用部分。

练习与思考

1. 换挡电磁阀有几种类型？分别起什么作用？
2. 空挡开关的作用是什么？
3. 如何检测 ATF 温度传感器？
4. 读取故障码要注意哪些事项？如何通过故障指示灯读取故障码？如何清除故障码？
5. 电控单元自诊断有几种功能？电子控制单元能检测到机械传动部分吗？请简述说明。
6. 简述节气门位置传感器工作原理。
7. 如何维护电磁阀？

项目六　自动变速器测试试验

自动变速器测试试验，就是"一检查，五试验"。一检查：查ATF品质和液面高度。五试验：失速试验、时滞试验、油压试验、手动换挡试验、道路试验。
这些工作在接车(判断故障)和交车(修好车后检测故障)时都要做。

对自动变速器油(ATF)，检查要仔细，要和厂家推荐的自动变速器油相一致。自动变速器油直接影响换挡品质。正常的自动变速器油清澈带红色。

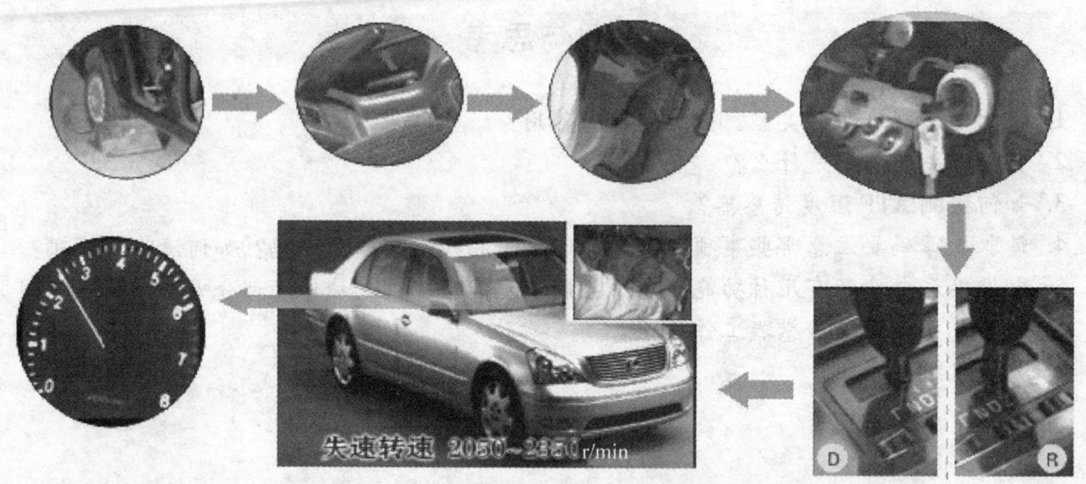

【学习目标】

◇ 掌握自动变速器的初步检查要领
◇ 掌握自动变速器的失速试验
◇ 学会自动变速器的道路试验及手动换挡试验
◇ 了解其他测试试验

任务1 自动变速器试验项目

当存在自动变速器故障的车辆进厂后，维修人员应仔细询问、分析车主的陈述，然后通过对照维修手册或维修资料，进行一系列检查和试验确认故障点。在故障点没有确认之前，不要盲目拆卸自动变速器。故障点确认的方法是：仔细询问用户、测听、触摸、嗅闻、自动变速器油(ATF)检查和更换、变速器漏油检查、节气门拉索检查和调整、变速杆位置检查和调整、空挡起动开关检查和调整和发动机怠速检查等。自动变速器的很多故障可以通过初步检查排除，然后再进行故障码的读取及数据流分析。如果有故障码，可以按故障码的提示去检修。如果没有故障码，要进一步判断故障是发生在机械、液压部分还是电控系统，方法是进行手动换挡试验。如果是电控系统故障，要逐步检查、修理或更换；如果是机械和液压系统的故障，要进行失速试验、液压试验(管道压力试验)、时滞试验、道路试验和手动换挡试验，以判断故障部位并进行修理，最后进行试车检验。

一、自动变速器的初步检查

自动变速器的很多常见故障是由于发动机怠速不正常、ATF液面高度不正确、油质不良、变速杆位置不准确等原因造成的，对这些方面的检查就是自动变速器的初步检查。初步检查是自动变速器检修中要首先进行的，具体来说包括：

1. 仔细询问用户

(1) 车辆的使用情况　了解车辆的行驶条件，是城市平坦路面还是山区或泥泞路面；车辆是否经常跑高速。因为在城市路面行驶时，车辆频繁地在1、2、3、4挡工作，自动换挡频繁；而在高速路上行驶时，自动变速器经常在3、4挡(超速挡)间工作。经常使用的挡位，其相应的离合器、制动器等部件的磨损就要相对严重些。

(2) 了解车辆的维护情况　例如：自动变速器油是否更换过；滤芯什么时间更换的；节气门拉索或节气门传感器是否拆装调整过；自动变速器油的颜色是否变色(由红色变成褐色)。以及用户平常怎样对车辆进行维护等情况。

注意：包括洗车。

(3) 了解车辆的修理情况　自动变速器在使用过程中发生的故障，有时与车辆以往的修理有一定的关系，所以，车辆以前发生的故障进行了何种技术措施、更换过何种零部件，对此次修理是很重要的。上次维修时是否发现了故障的原因，维修后故障症状是否完全消失，维修后是否又产生其他异常现象，都应该一一了解。有些车辆经维修后，会因装配不当或漏装某些部件而引起新的故障。在了解自动变速器维修情况的同时，对车辆近期的其他维修项目也应有所了解，如发动机、制动系统、悬架系统的维修情况。例如：是否因发动机换过火花塞而导致功率不足造成变速器换挡困难，制动是否有拖滞现象等。

(4) 了解故障出现时的情况

1) 温度。了解故障在何种温度下出现。例如：故障是在冷车时出现还是在热车时出现，还是冷热车时均出现；故障是间歇发生，偶然发生，还是始终存在。

2) 故障规律。了解故障出现的规律。有些故障有较强的规律，例如：行驶中突然不再换挡，关闭点火开关再起动挂挡行驶，故障又出现了；而某些故障可能当开始行驶时存在，而行驶一段时间又变好。这些规律对分析故障原因非常有好处。

3）负荷情况。了解故障与负荷的关系。故障在什么负荷条件下明显，是在起步阶段出现，加速阶段出现，还是在高速大负荷阶段出现；或者故障根本与负荷没有关系。因为不同的负荷阶段，其对应的挡位不同，据此可以直接分析出哪一挡位打滑或那一组执行器有故障。

4）测听。所谓测听就是充分利用人的耳朵来判断异响产生的部位，以区别变速器或发动机的故障，并分析可能的原因，在这一过程中可以充分借助一些工具、设备，如使用较长的螺钉旋具、专用听诊器、内窥镜等使诊断结果更准确。

提示：了解车辆故障发生的整个过程是诊断工作的第一步，这样才能更快更准确地找到故障点。这一过程虽不能代替变速器的直观检查，车辆路试，油质分析及自动变速器的失速、时滞、油压测试等试验，但可以有针对性地去检查，对检查结果与故障分析进行比较，如符合则可证明判断分析的准确性，减少工作的盲目性。

2. 常用工具准备

1）长把螺钉旋具。将螺钉旋具一端抵在自动变速器壳体上，另一端放在耳朵前，不断变换检测点仔细倾听，找到产生异响的可能区域。这种方法用于车辆的相关部件处于运行状态时异响的检查。

2）专用异响听诊器。使用市场销售的类似医生听诊器的专用异响听诊器，该仪器由耳机、控制器和探头组成，探头做成夹子状或具有磁性，连接于可能发生异响的部位。控制器可进行音量或频率调节。

3）自制的听诊器。可用金属杆、橡胶软管和耳塞自制专用听诊器。将金属杆套入软管内，软管通过三通接头与耳塞相连接，使用时将金属杆抵在所怀疑的故障部位，通过耳塞仔细倾听。在车辆运动过程中，通过倾听不同状态时软管内声响的变化，可以找出产生异响的可能部位。这种方法也适用于车辆运动状态时的检查。异响出现在不同工况，异响的诊断必须在模拟的相同工况下进行。按自动变速器温度可分为：冷机状态和热机状态。按车辆工作状态可分为：发动机工作和车辆静止状态。按节气门负荷状态可分为：节气门关闭、节气门部分打开和节气门全开。按自动变速器挡位可分为：驻车挡、倒车挡、空挡、前进挡D位、3位和2位。按车速或挡位分为：1挡、2挡、3挡和超速挡。

注意：在判断故障时，上述各工况要综合分析考虑，对异响产生的状态要准确描述，例如将检查结果描述为：热车时、变速杆在D位、节气门部分打开、车速在80km/h时，变速器有异响。

3. 异响的规律

在诊断中有一些经验可供听诊异响时借鉴：

1）异响在相同的发动机转速下出现，且不在一个挡位上出现，则异响可能是由发动机产生的；异响随车速变化而不随发动机转速变化，则异响可能是由变速器产生的。

2）自动变速器变速杆在由P位或N位换至其他位置时，异响消失，则故障可能在变速器输入部件上。

3）倒挡时有异响，自动变速器在1挡、2挡、3挡、超速挡时均有异响或只有一个挡无异响，则故障可能在行星齿轮组。

4）若在1挡、2挡时无异响，直接挡时异响增大，则故障可能在直接挡的执行元件上。

要重点检查相关的执行元件(如离合器和制动器)或单向离合器。

5）若改变车速或换挡时异响有变化，且始终存在，则问题可能在液压系统中，可能是由于内部泄漏或系统中有部件松动，空气进入油液造成的(称作溢油声音)。

4. 触摸

触摸主要是感觉自动变速器温度的变化和电器元件的温度。

(1）自动变速器油温检查　油温对自动变速器的影响很大，很多变速器的损坏是由于油温过高造成的。引起油温过高的原因很多，例如：自动变速器内部不正常磨损，自动变速器油冷却器堵塞等。同时，油温过高是自动变速器有故障的一个信号。检查油温的方法很简单：发动机达到正常工作温度后，开车上路行驶10km左右，然后用仪器测量温度(多数电控变速器可以由检测仪直接读取)，也可用手感觉油温。自动变速器正常油温有一个范围，一般是50～80℃，我们用手感觉一下即可。若感觉温度与冷却系散热器温度差不多，可视为正常；若手放在油底壳附近就感觉温度很高，则属于不正常了。

一般需要检查两个部位的油温：

1）自动变速器油底壳油温，它直接反映了自动变速器的油温。

2）自动变速器油冷却器及冷却器进出油管的温度，该部位温度反映了冷却器是否堵塞，散热效果是否良好。冷却器是自动变速器油冷却的部件，从液力变矩器出来的油液经冷却器冷却后再回到油底壳，冷却器的散热效果不好，将直接影响到油温的高低。发动机冷却液温度对此处温度的影响非常重要，因为近80%的自动变速器油冷却器与发动机散热器制成一体。

(2）电气元件温度检查　用手摸的另一个作用是感觉电器元件的温度，一般是感觉电磁阀是否过热，变速器ECU是否过热。如自动变速器出现换挡不正常，用手感觉换挡电磁阀的温度不正常，就可先检查电磁阀，避免走弯路。当然这种方法只能检查外部的元件。

5. 嗅闻

嗅闻自动变速器有无异常的气味，通过闻可以感知故障的产生，但闻有其局限性，应用的范围不如看、听、摸那样广泛。一般可通过闻来感觉自动变速器油是否有烧焦的气味，与看结合起来可以判断自动变速器油是否变质，制动带和摩擦片是否过度磨损，是检查自动变速器油液最直接有效的方法。

二、自动变速器的常规检查

自动变速器的常规检查包括：ATF检查和更换、变速器漏油检查、节气门拉索检查和调整、变速杆位置检查和调整、空挡起动开关检查和调整以及发动机的怠速检查。

提示：上述常规检查项目也是自动变速器维护时所需进行的维护项目。

1. ATF功用和油品检查

(1）功用　ATF作为液力变矩器的工作介质，除了传递发动机动力外，还作为换挡机构的自动变速器油，并对行星齿轮机构及换挡执行元件进行润滑、清洁和冷却。使用时，应按厂家推荐选择使用。

(2）油品检查　正常的ATF清澈带红色。如果油质变坏，通常有以下几种颜色或形状。

1）出现极深的暗红色或褐色。一般是由于在动力不足的情况下超负荷工作或很长时间没有更换自动变速器油，导致变速器经常过热。这样还会造成制动带或离合器总成损坏。

2）颜色清淡，充满气泡。一般是因油平面过高，油被齿轮搅动而产生气泡或内部密封不严，空气与油液相混合而致。

3）油液中出现固体残渣。当制动带或离合器总成及轴承损坏时油中会出现残渣，或者会有金属磨蚀的粉末沾到油标尺上。

4）油标尺上有油膏状物质。产生这种现象的主要原因是ATF过热且长期行驶。ATF在正常的工作条件下可运行30个月或24000～48000km，但如果油温过高，就会使液体氧化，形成油膏、沉渣和积炭，反过来又堵塞细小油孔和循环管路，这样使自动变速器使用状况更恶化。

注意：不允许用双曲线齿轮油或机油来代替自动变速器油（ATF），这样会造成自动变速器严重损坏。正常的工作油温为50～80℃。

2. ATF液面高度的检查

ATF液面高度过高会导致主油压过高，从而出现换挡冲击振动、换挡提前等故障；ATF液面高度过高还会导致空气进入ATF。如果ATF液面高度过低则又会导致主油压过低，从而出现换挡滞后、离合器和制动器打滑等故障。

ATF液面高度检查的具体步骤如图6-1所示。

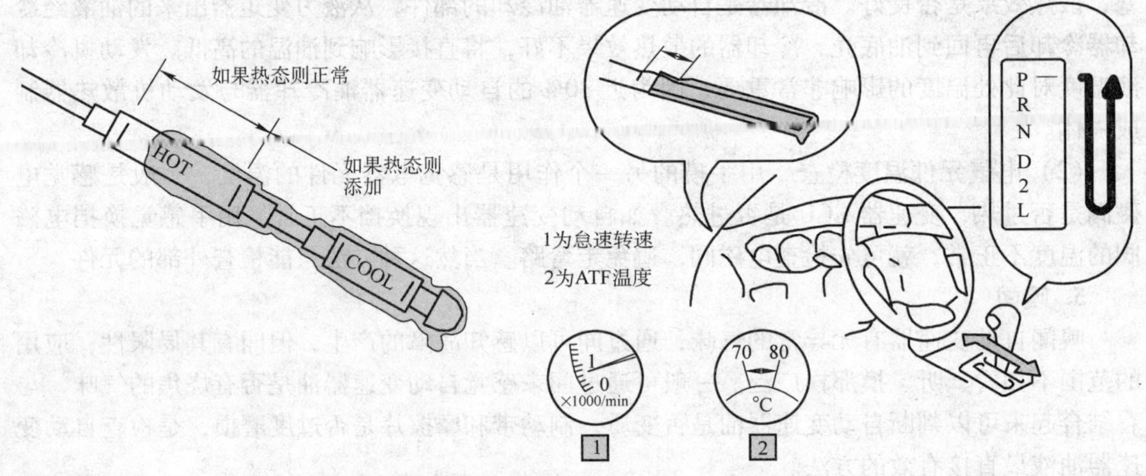

图6-1　ATF油面检查示意图

1）行驶车辆，使发动机冷却液温度和自动变速器ATF温度达到正常工作温度。

2）将车辆停在水平地面，并可靠驻车。

3）发动机怠速运转，将变速杆由P位换至L位，再退回P位。

4）拔出变速器油尺，并将其擦拭干净。

5）将油尺全部插回套管。

6）再将油尺拔出，检查油面是否在HOT范围。

7）如果不在HOT范围，应调整液面。

提示：一般车辆经过1万公里的行驶里程就要检查ATF液面高度。

3. ATF的更换

ATF的更换间隔一般为20000～40000km或24个月，也有的自动变速器可以100000km再更换。具体步骤如图6-2所示。

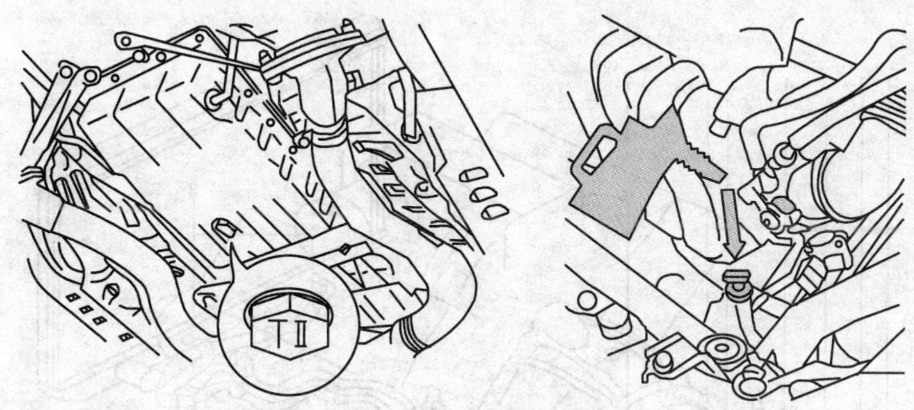

图 6-2　ATF 更换示意图

1）拆下放油螺塞，将 ATF 排放到容器中。

2）再将放油螺塞紧固上。

3）发动机熄火，通过加油管加入新油。

4）起动发动机，将变速杆由 P 位换至 L 位，再退回 P 位；

5）在冷态时检查油位，应在“COOL”（冷）范围内。

6）在正常工作温度(70 ~ 80℃)时检查油位，应在“HOT”（热）范围内(图 6-1)，必要时添加 ATF。

提示：有些自动变速器如丰田新皇冠的 A761E，不采用上述的方式。加注或更换 ATF 时，先拆下注液塞和溢流塞，从注液孔处注入 ATF，直到油液从溢流孔流出即可。

ATF 的选择要按照厂家的推荐。有的在放油螺塞上已标明所使用的 ATF 型号及规格。

4. 自动变速器漏油检查

一般情况下，ATF 很少消耗，若 ATF 液面高度变低，就要检查自动变速器是否有漏油的位置。

漏油会导致 ATF 液面高度下降，使油泵泵油不足，油压下降，造成换挡打滑和延迟。应目视检查油封、管接头等部位。常见自动变速器漏油的检查部位如图 6-3 所示。

5. 节气门拉索检查和调整

1）安装节气门拉索时，应检查内拉线上用油漆做的记号，先轻拉内拉线，感到有轻微阻力时停止拉动，用油漆做宽约 4mm 的记号。它表示节气门全关时节气门拉索的标记，如图 6-4 所示。

2）节气门拉索的调整

① 将加速踏板踩到底，检查节气门是否全开，如不能，应调整加速踏板连杆。

② 把调整螺母拧松，拧动调整螺母，使橡胶套与拉索止动器间的距离为 0 ~ 1mm。

③ 拧紧调整螺母，重新检查一次，如图 6-5 所示。

6. 变速杆位置检查和调整

自动变速器变速杆直接控制挡位开关，变速杆可将挡位开关拉动到所需的位置，通过挡位开关，将变速器内的手控阀拉动到相应的挡位。其方法是：

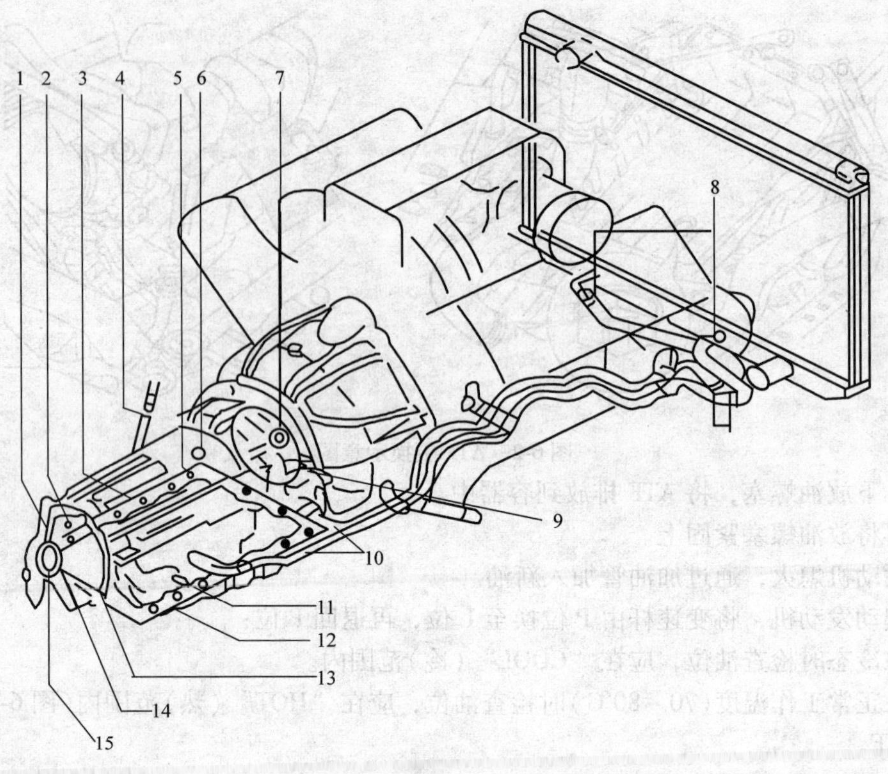

图 6-3　自动变速器漏油的检查

1—2 号车速传感器 O 形圈　2—转速传感器 O 形圈　3—电磁线圈配线 O 形圈　4—油尺导管 O 形圈　5—油压测试口螺塞和 O 形圈　6—输入轴转速传感器油封　7—油泵油封　8—油冷却器管箍　9—油泵 O 形圈　10—油冷却器管接头和 O 形圈　11—蓄压器背压测试口螺塞和 O 形圈　12—油底壳和变速器之间的垫片　13—加长壳体与变速器之间的垫片　14—1 号车速传感器油封　15—加长壳体后油封

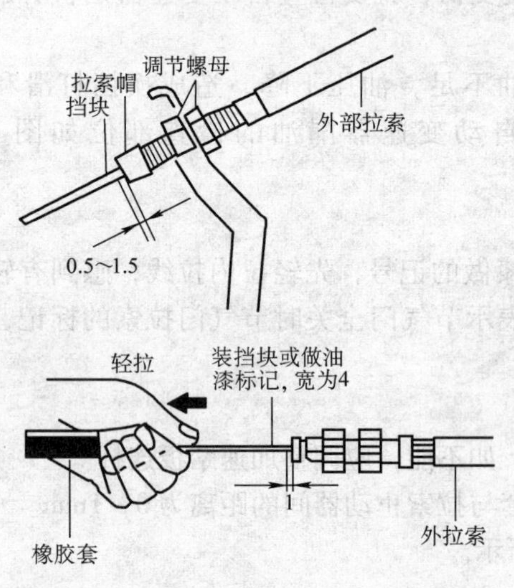

图 6-4　节气门拉索标记示意图

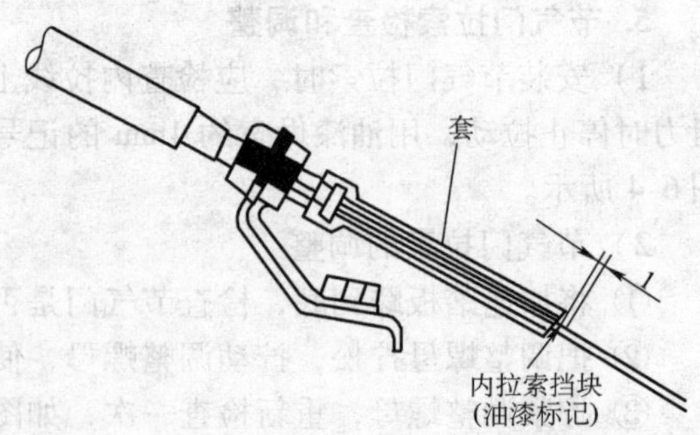

图 6-5　节气门拉索调整示意图

1）拆下变速杆与自动变速器手控阀摇臂之间的连接杆螺母，如图6-6所示。

2）将变速杆拨到空挡位置。

3）将手控阀摇臂向后拨至极限位置(驻车挡位P位)，然后退回两格，使手控阀摇臂到空挡位置N位，如图6-7所示。

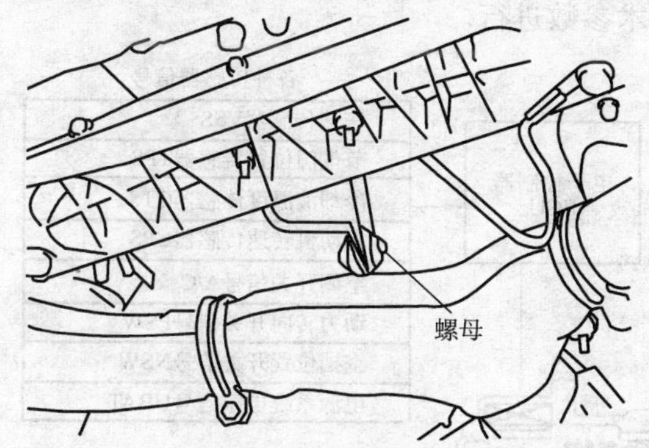

图6-6 变速杆与自动变速器手控阀摇臂之间的连接杆螺母

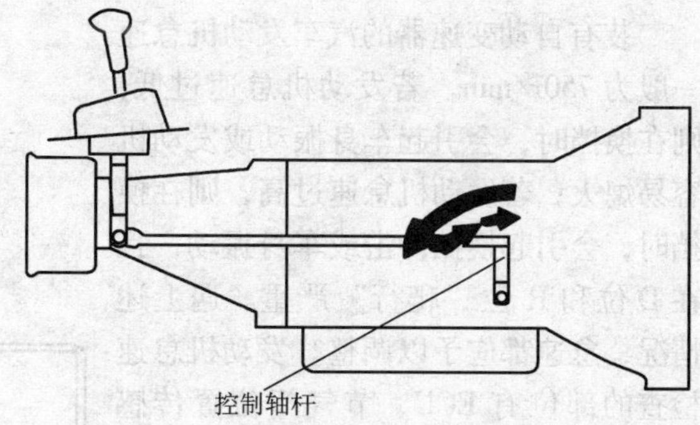

图6-7 手控阀摇臂与变速杆调整示意图

4）稍微用力将变速杆靠向空挡方向，调节变速杆与手控阀摇臂之间的连杆，并把它们连接起来，如图6-8所示。

5）将变速杆分别挂入各个位置，检查调整是否正确。最好进行道路试验。

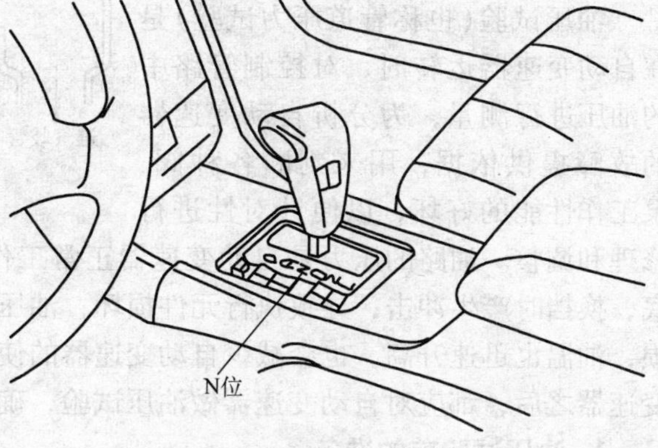

图6-8 将变速杆靠向空挡位置

7. 空挡起动开关检查和调整

将变速杆拨至各个位置，检查挡位指示灯与变速杆位置是否一致，P位和N位时发动机能否起动，R位时倒车灯是否亮起。

1）松开空挡起动开关的固定螺钉，将变速杆置于N位。

2）使槽和线对齐，并垂直于地面，拧紧空挡起动开关的固定螺栓，如图6-9所示。

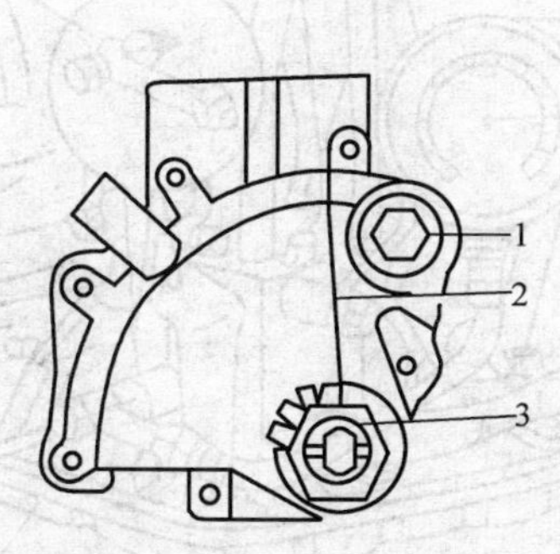

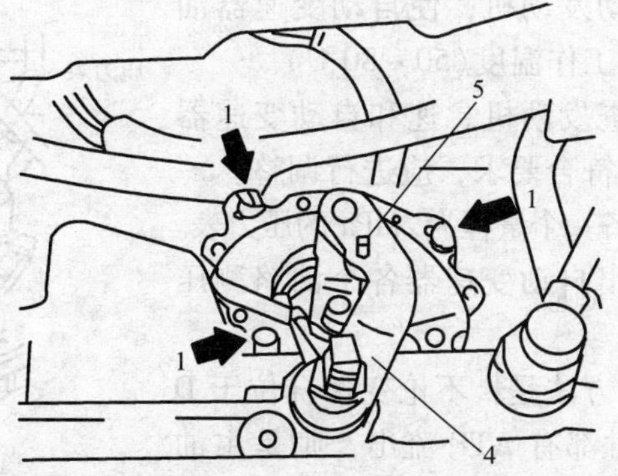

图6-9 空挡起动开关调整示意图

1—固定螺栓 2—基准线 3—槽口 4—摇臂 5—定位销孔

注意：发动机只能在空挡(N 位)或驻车挡(P 位)时才能起动，其他挡位不能起动。

8. 发动机怠速检查

发动机怠速与自动变速器的工作紧密相连，发动机怠速转速高和自动变速器内部阻力大，会引起换挡冲击、发动机熄火以及离合器分离不彻底等故障。在检查发动机怠速时，通常需预热发动机，关闭空调，并参照维修手册技术参数进行。

装有自动变速器的汽车发动机怠速一般为750r/min。若发动机怠速过低，则在换挡时，会引起车身振动或发动机容易熄火；若发动机怠速过高，则在换挡时，会引起换挡冲击或车身振动，且在D位和R位“爬行”严重。遇上述情况，怠速都应予以调整。发动机怠速检查的部位有ECU、节气门位置传感器、发动机转速信号(Ne)和空调信号(A/C)等，如图6-10所示。

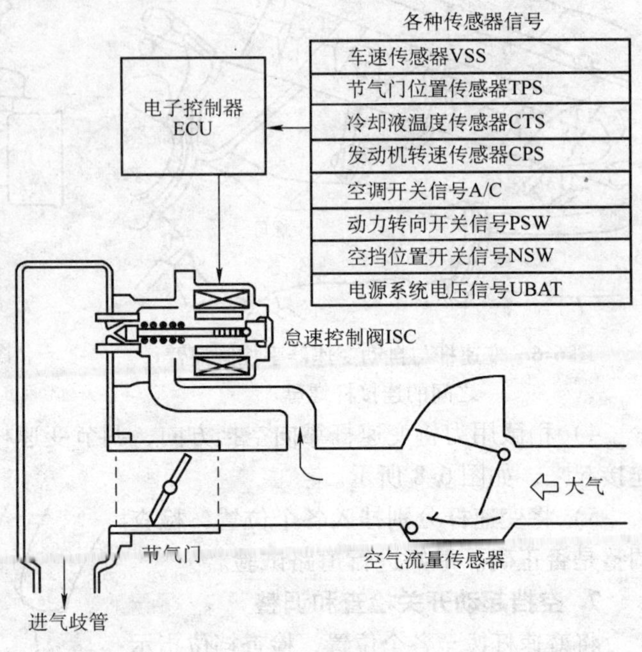

图6-10 怠速控制系统组成

三、油压试验

油压试验(也称管道压力试验)是在自动变速器运转时，对控制管路中的油压进行测量，为分析自动变速器的故障提供依据，用来判断各种阀、泵工作性能的好坏，以便针对性进行修理和调整。油路的压力是自动变速器正常工作的必需条件。油压过高，离合器分离不彻底，换挡时产生冲击，导致执行元件损坏；油压过低会造成离合器片打滑，加剧离合器片磨损，油温也迅速升高，也会减少自动变速器的使用寿命。在分解自动变速器之前和修复自动变速器之后，都应对自动变速器做油压试验，确保维修质量。

1. 油压试验前的准备

熟悉维修手册或相关资料，准备相关的工具、设备和油料。

1）起动发动机，使自动变速器油温达到正常工作温度(50～80℃)。

2）检查发动机怠速和自动变速器油面，如不符合要求，应进行调整。

3）准备一个量程为2MPa的压力表。

4）找出自动变速器各个油路测压孔位置。

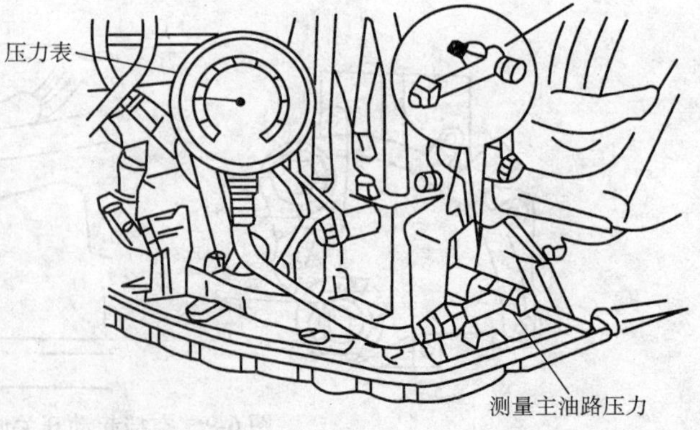

图6-11 丰田A540主油路油压测试点

具体的方法是：不论变速杆位于D位或R位时都有ATF流出，则是主油路测压孔(图6-11)。只有在变速杆位于D位时才有ATF流出，则是前进挡

油路测压孔。只有在变速杆位于 R 位时才有 ATF 流出，则是倒挡油路测压孔。只有在变速杆位于 D 位时，并且在驱动轮转动后才有 ATF 流出，则为调速器油路的测压孔。

2. 油压试验与检查

油压试验的内容取决于自动变速器的类型及测压孔的设置方式。下面介绍常见车型自动变速器油压试验的主要内容和方法。

（1）主油路油压测试　丰田 A341E 自动变速器的主油路油压值的测量如图 6-12 所示。

图 6-12　丰田 A341E 自动变速器的主油路油压测试步骤

注意： 测试主油路油压时，应分别测出前进挡和倒挡的主油路油压。

1）前进挡主油路油压测试方法

① 拆下变速器壳体上主油路测压孔或前进挡油路测压孔螺塞，接上油压表（图 6-12 中 SST）。

② 起动发动机。

③ 将变速杆拨至 D 位。

④ 读出发动机怠速运转时的油压。该油压即为怠速工况下的前进挡主油路油压。

⑤ 用左脚踩紧制动踏板，同时用右脚将加速踏板完全踩下（图 6-13，不能超过 5s），在失速工况下读取油压。该油压即为失速工况下的前进挡主油路油压。

⑥ 将变速杆拨至 N 位或 P 位，让发动机怠速运转 1min 以上。

⑦ 将变速杆拨至各个前进低挡（S、L 或 2、1）位置（图 6-13），重复①～⑥的步骤，读出各个前进低挡在怠速工况和失速工况下的主油路油压。

图 6-13　D 位主油路油压测试

2）倒挡主油路油压测试方法

① 拆下自动变速器壳体上的主油路测压孔或倒挡油路测压孔螺塞，接上油压表(图 6-12 中 SST)。

② 起动发动机。

③ 将变速杆拨至 R 位。

④ 在发动机怠速运转工况下读取油压。该油压即为怠速工况下的倒挡主油路油压。

⑤ 用左脚踩紧制动踏板，同时用右脚将加速踏板完全踩下(图 6-14，不能超过 5s)，在发动机失速工况下读取油压。该油压即为失速工况下的倒挡主油路油压。

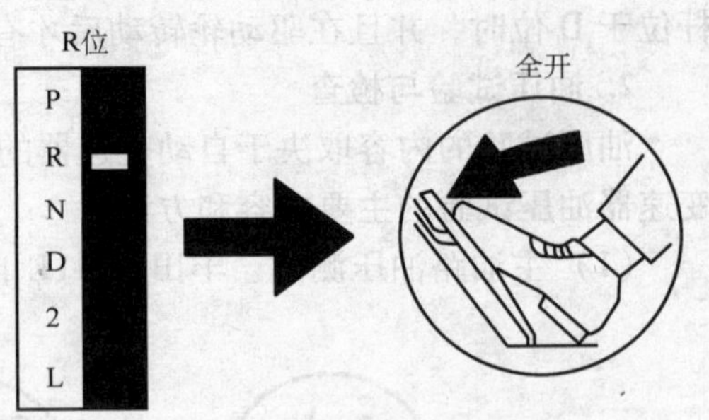

图 6-14　R 位主油路油压测试

⑥ 将变速杆拨至 N 位，让发动机怠速运转 1min 以上。

3）丰田 A341E 自动变速器主油路油压试验分析见表 6-1。

表 6-1　丰田 A341E 自动变速器主油路油压试验分析

故　障	原　因	故　障	原　因
D、R 位主油压都高	节气门拉索失调 调压阀故障	仅 D 位主油压低	D 位循环油泄漏 C_1 故障
D、R 位主油压都低	节气门拉索失调 调压阀故障 油泵故障 C_0 故障	仅 R 位主油压低	R 位循环油泄漏 C_2 故障 B_3 故障

将测得的主油路油压与标准值进行比较。不同车型自动变速器的主油路油压都不完全相同。见表 6-2。

表 6-2　几种常见车型自动变速器主油路油压标准

车　型	自动变速器型号	发动机型号	变速杆位置	主油路油压/kPa	
				怠速工况	失速工况
丰田海狮	A45DL	1RZ、2RZ	D	353 ~ 402	1030 ~ 1196
			R	500 ~ 569	1422 ~ 1785
		2L、3L	D	343 ~ 431	1098 ~ 1294
			R	451 ~ 657	1471 ~ 1863
		2RZ—E	D	441 ~ 500	990 ~ 1167
			R	667 ~ 745	1471 ~ 1863
丰田大霸王	A46DE	2TZ—FE	D	363 ~ 402	1040 ~ 1304
			R	500 ~ 559	1402 ~ 1863
丰田皇冠	A340E	2JZ—GE	D	363 ~ 422	902 ~ 1147
			R	500 ~ 598	1236 ~ 1589
	A42DL	1G—FE	D	353 ~ 402	1030 ~ 1196
			R	500 ~ 569	1422 ~ 1785

（续）

车　型	自动变速器型号	发动机型号	变速杆位置	主油路油压/kPa	
				怠速工况	失速工况
丰田光冠	A240E	4A-FE	D	373～422	903～1050
			R	550～707	1412～1648
	A241E	3S-FE	D	373～422	903～1050
			R	638～795	1560～1893
	A241L	2C	D	373～422	824～971
			R	647～794	1422～1755
丰田凯美瑞	A540E	3VZ-FE	D	353～412	992～1040
			R	637～745	1608～1873
雷克萨斯400	A341E、A342E	1UZ-FE	D	382～441	1206～1363
			R	579～657	1368～1863
日产	L4N71B	VG30E、VG30S	D	314～373	1157～1275
			R	549～686	2187～2373
		LD28	D	382～481	1020～1196
			R	726～824	1922～2079
宝马	ZF4HP22/EH	325E、524TD 528E系列	D	588～735	
			R	1078～1274	
		535i、635csi、735i系列	D	588～735	
			R	1170～1666	

重要链接

若主油路油压不正常，说明油泵或控制系统有故障。主油路油压不正常的可能原因见表6-3。

表6-3　主油路油压不正常的原因分析

工　况	测试结果	故障原因
怠速	所有挡位的主油路油压均太低	油泵故障 主油路调压阀卡死 主油路调压阀弹簧太软 节气门拉索或节气门位置传感器调整不当 节气门阀卡滞 主油路泄漏
	前进挡和前进低挡的主油路油压均太低	前进离合器活塞漏油 前进挡油路泄漏
	前进挡的主油路油压正常 前进低挡的主油路油压太低	1挡强制离合器或2挡强制离合器活塞漏油 前进低挡油路泄漏

（续）

工　况	测试结果	故障原因
	前进挡的主油路油压正常 倒挡的主油路油压太低	倒挡及高挡离合器活塞漏油 倒挡油路泄漏
怠速	所有挡位的主油路油压均太高	节气门拉索或节气门位置传感器调整不当 主油路调压阀卡死 节气门阀卡滞 主油路调压阀弹簧太硬 油压电磁阀损坏或线路故障
失速	稍低于标准油压	节气门拉索或节气门位置传感器调整不当 油压电磁阀损坏或线路故障 主油路调压阀卡死或弹簧太软
	明显低于标准油压	油泵故障 主油路泄漏

（2）调速器油压的测试　大部分液力控制自动变速器都可以做这项测试。

提示： 在测试调速器的油压时，应当用举升器将汽车升起，或用千斤顶将驱动桥顶起，也可以接上压力表后进行路试，如图6-15所示。

图6-15　调速器油压测试

a）路试　b）原地试验

1）拆下自动变速器壳体上的调速器测压螺塞，接上油压表。

2）起动发动机。

3）将变速杆拨至D位。

4）松开驻车制动拉杆，缓慢地踩下加速踏板使驱动轮转动。

5）读取不同车速下的调速器油压。

6）将测试结果与标准值进行比较。

若调速器油压太低，可能有以下原因：

1）主油路油压太低。

2）调速器油路泄漏。

3）调速器工作不正常。

丰田 A341E 自动变速器调速器油压值见表 6-4。

表 6-4 丰田 A341E 自动变速器的调速器油压值 （单位:kPa）

D 位		R 位	
怠 速	失 速	怠 速	失 速
363～422	902～1147	500～598	1236～1589

注意：如果测得的调速器油压未达到规定值，重新检查节气门拉索的调整情况并重复做调速器油压测试。

（3）油压电磁阀工作的测试 电子控制自动变速器常采用油压电磁阀控制主油路油压或减振器背压。这种自动变速器可以在油压试验中人为地向油压电磁阀施加电信号，同时测量油路油压的变化，以检查油压电磁阀的工作是否正常。不同车型的电子控制自动变速器的油压电磁阀工作原理不尽相同，其检测方法也不一样。下面以雷克萨斯 LS400 轿车的 A341E 和 A342E 电子控制自动变速器为例，说明测试油压电磁阀工作的方法(图 6-16)，其他车型可作参考。

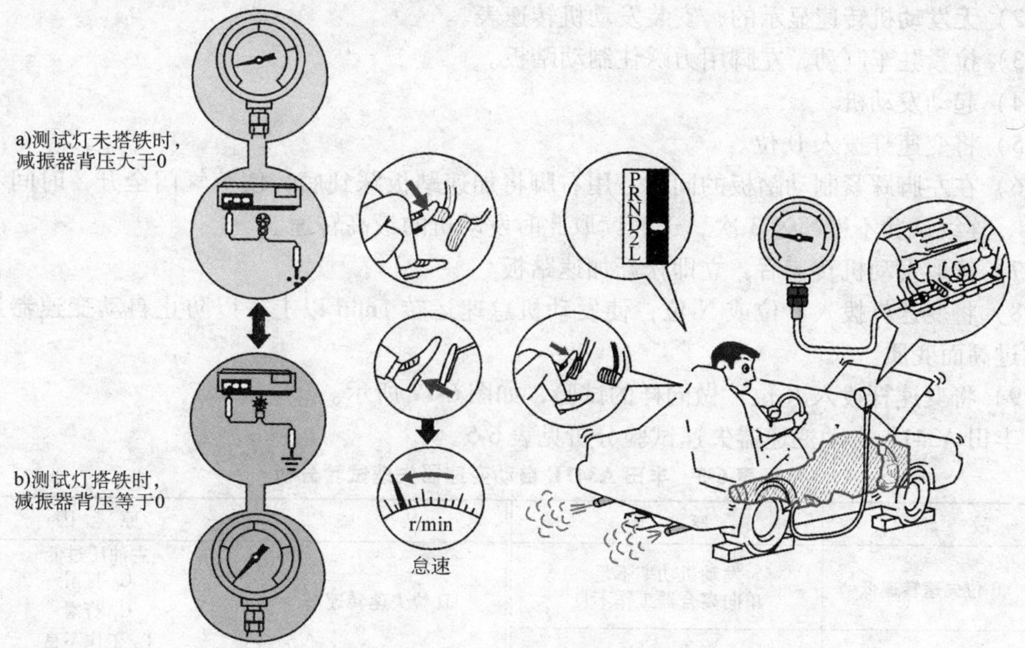

图 6-16 油压电磁阀工作测试方法

1）将油压表接至自动变速器减振器背压的测压孔。

2）对照电路图，找出自动变速器电脑线束插头上油压电磁阀控制端的接线端子，将一个 8W 的灯泡一端与油压电磁阀控制端的端子连接。

3）将汽车停放在水平地面上，拉紧驻车制动拉杆，并用三角木块将 4 个车轮塞住。

4）起动发动机，检查并调整好发动机怠速。

5）踩住制动踏板，将变速杆挂入 D 位。

6）读取此时的减振器背压，其值应大于 0。

7）将连接油压电磁阀的 8W 灯泡的另一端搭铁，此时油压电磁阀将通电而开启。读出此时的减振器背压。在油压电磁阀的接线脚经 8W 灯泡搭铁时，油压电磁阀将通电开启。此时减振器背压应下降为 0。如有异常，说明油压电磁阀工作不良。

四、失速试验

失速试验是通过测量在 D 位和 R 位时的失速转速来检查发动机及变速器的总体性能，是检查发动机、液力变矩器及自动变速器中有关的换挡执行元件工作是否正常的一种常用方法，也是界定故障发生在发动机总成、液力变矩器总成还是自动变速器总成的重要试验手段。

1. 注意事项

1）应在发动机正常工作温度下进行该试验。

2）该试验连续进行不得超过 5s。

3）为保证安全，应在宽阔水平地面上进行，并确保试验车辆前后无人。

4）失速试验应有两人共同完成。一人观察车轮情况或车轮塞木情况，另一人进行试验。

2. 失速试验步骤

1）将汽车停放在宽阔的水平地面上，前后车轮用三角木块塞住。

2）无发动机转速显示的，安装发动机转速表。

3）拉紧驻车制动，左脚用力踩住制动踏板。

4）起动发动机。

5）将变速杆拨入 D 位。

6）在左脚踩紧制动踏板的同时，用右脚将加速踏板踩到底，使节气门全开，时间不超过 5s，连续试验不得超过 3 次，迅速读取此时发动机的最高转速。

7）读取发动机转速后，立即松开加速踏板。

8）将变速杆拨入 P 位或 N 位，使发动机怠速运转 1min 以上，以防止自动变速器油因温度过高而变质。

9）将变速杆拨入 R 位，做同样的试验，如图 6-17 所示。

丰田 A341E 自动变速器失速试验分析见表 6-5。

表 6-5　丰田 A341E 自动变速器失速试验分析

故　障	原　因	故　障	原　因
D、R 位失速转速低	发动机功率不足 单向离合器工作不良	D 位失速转速高	主油压过低 C_0 打滑 C_1 打滑 F_2 工作不良
D、R 位失速转速高	主油压过低 油位低 C_0 打滑	R 位失速转速高	主油压过低 C_0 打滑 C_2 打滑 B_3 工作不良

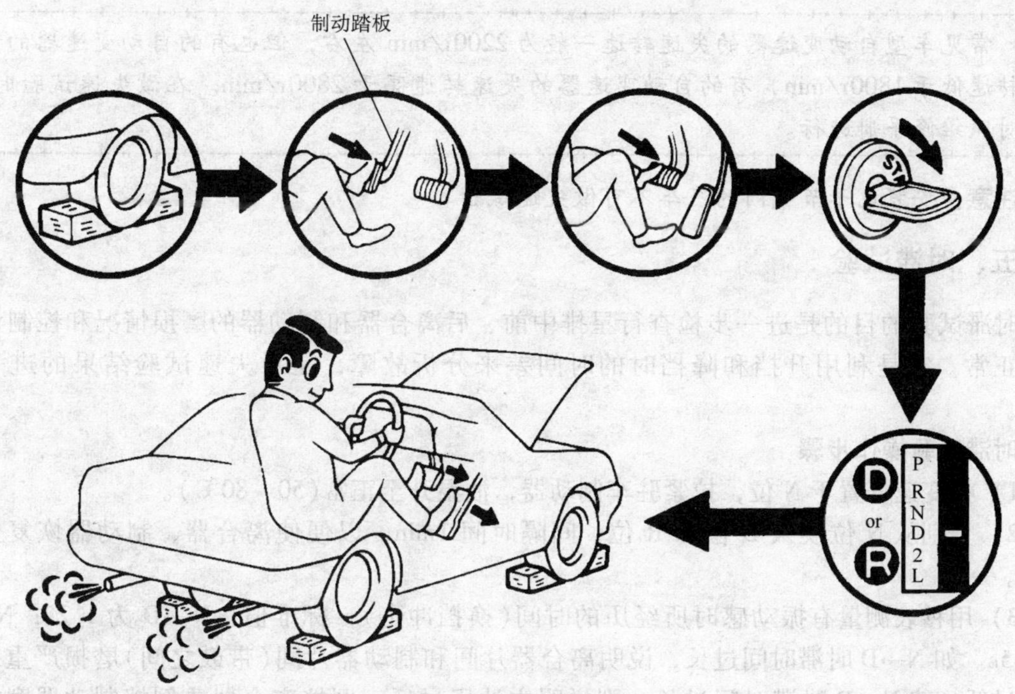

图 6-17　失速试验示意图

重要链接

在前进挡或倒挡时，同时踩下制动踏板和加速踏板，发动机处于最大转矩工况，而此时自动变速器输入轴及输出轴均静止不动，液力变矩器的涡轮也因此静止不动，只有液力变矩器壳及泵轮随发动机一起转动，这种工况属于失速工况，此时的发动机转速称为失速转速。

由于在失速工况下，发动机的动力全部消耗在液力变矩器内自动变速器油的内部摩擦损失上，自动变速器油的温度将急剧上升，因此在失速试验中，加速踏板从踩下到松开整个过程的时间不得超过 5s，否则会使自动变速器油因温度过高而变质，甚至损坏密封圈等零件。

在一个挡位试验完成之后，不要立即进行下一个挡位的试验，要等油温下降以后再进行。试验结束后不要立即熄火，应将变速杆拨入空挡或驻车挡，让发动机怠速运转几分钟，以使自动变速器油温恢复正常。如果在试验中发现驱动轮因制动力不足而转动，应立即松开加速踏板，停止试验。

不同车型的自动变速器都有其失速转速标准，若失速转速与标准值相符，说明自动变速器的油泵、主油路油压及各个换挡执行元件的工作基本正常；若失速转速高于标准值，说明主油路油压过低或换挡执行元件离合器打滑；若失速转速低于标准值，则可能是发动机动力不足或液力变矩器有故障，见表 6-5。

例如，当液力变矩器的导轮单向离合器打滑时，液力变矩器在液力耦合器的工况下工作，其变矩比下降，从而使发动机的负荷增大，转速下降。

常见车型自动变速器的失速转速一般为2200r/min左右，但也有的自动变速器的失速转速低于1800r/min，有的自动变速器的失速转速高于2800r/min。在做失速试验时，须对照维修手册进行。

注意：安装电子节气门的汽车不可做失速试验。

五、时滞试验

时滞试验的目的是进一步检查行星排中前、后离合器和制动器的磨损情况和控制油压是否正常。它是利用升挡和降挡时的时间差来分析故障，是对失速试验结果的进一步验证。

时滞试验操作步骤

1）将变速杆置于N位，拉紧驻车制动器，油温升至正常(50～80℃)。

2）分别从N位换入D位和R位，间隔时间1min，以便使离合器、制动器恢复全开状态。

3）用秒表测量有振动感时所经历的时间(换挡冲击)，标准值：N→D为1.2s；N→R为1.5s。如N→D时滞时间过长，说明离合器片间和制动器片间(带鼓之间)磨损严重或主油压过低；若N→R时滞时间过长，则说明主油压过低、倒挡离合器或倒挡制动器磨损严重。如时滞时间过短，说明离合器片间和制动器片间(带鼓之间)间隙调整不当或控制油压过高。由于高、低挡之间的转换存在着充油和排油问题，应该有一定的“时差”。设置这个时差还有一个目的：即汽车行驶在阻力经常变化的路上时，当汽车速度接近“换挡点”速度时，由于“时差正常”，可防止忙乱的换挡。

4）每次试验间隔时间为1min，取三次平均值为据，如图6-18所示。

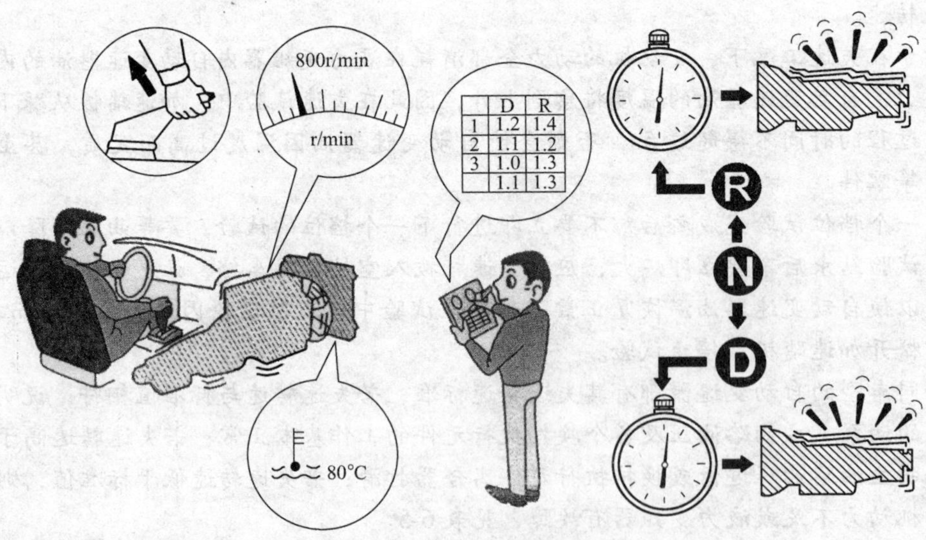

图6-18 时滞试验示意图

丰田A341E自动变速器时滞试验分析见表6-6。

表 6-6 丰田 A341E 自动变速器时滞试验分析

故 障	原 因	故 障	原 因
N→D 迟滞时间较长	主油压过低 C_1 磨损 C_0 磨损	N→R 迟滞时间较长	主油压过低 C_2 磨损 B_3 磨损 C_0 磨损

六、手动换挡试验

1. 手动换挡试验的目的及意义

对于电子控制自动变速器而言，为了确定和区分故障部位是在机械部分、液压系统还是电子控制系统，可进行手动换挡试验。

所谓手动换挡试验就是将电子控制自动变速器所有换挡阀的线束插头全部脱开(图 6-19)，此时电控单元不能通过换挡电磁阀来控制换挡，自动变速器的换挡取决于变速杆的位置(此时,电子控制自动变速器就相当于一个全液压控制式自动变速器)。用于判断故障是来自电控系统还是机械系统或液压系统。

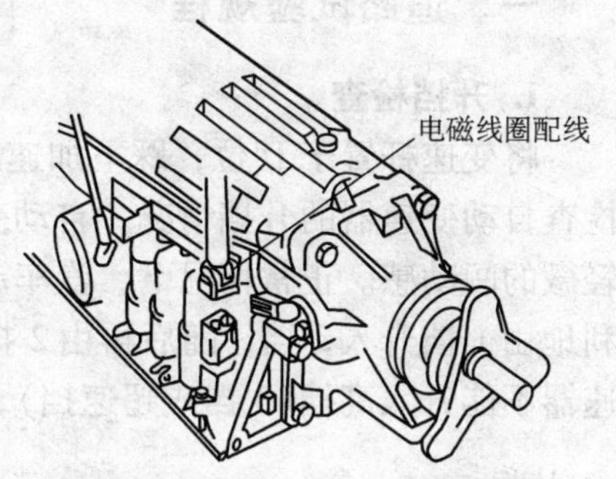

图 6-19 脱开换挡电磁阀线束插头示意图

2. 手动换挡试验的操作步骤

1）脱开电子控制自动变速器所有换挡电磁阀线束插头。

2）起动发动机，将变速杆置于不同位置。

3）观察发动机转速与车速的对应关系，以判断自动变速器所处的挡位，见表 6-7。

表 6-7 自动变速器不同挡位发动机转速与车速之间的关系

挡 位	发动机转速/(r/min)	车速/(km/h)	挡 位	发动机转速/(r/min)	车速/(km/h)
1 挡	2000	18 ~ 22	2 挡	2000	50 ~ 55
2 挡	2000	34 ~ 38	超速挡	2000	70 ~ 75

4）将变速杆置于各个位置，检查挡位是否与表 6-8 所列情况相同。如果出现异常，说明故障在机械系统。

表 6-8 手动换挡试验

变速杆位置	D	2	L	R	P
挡位	4 挡	3 挡	1 挡	倒挡	锁定棘轮

5）插上换挡电磁阀线束。

6）如果 L、2 和 D 位换挡位置难以区别，则进行下列道路试验：车辆行驶时，经过从 L 位至 2 位、2 位至 D 位的变换，检查相应位置的换挡变化。如果在上述试验中发现异常，则是变速器机械系统有故障。

任务2 道路试验规程与结果分析

道路试验是诊断、分析自动变速器故障最有效的手段之一。此外，自动变速器在修复之后，也应进行道路试验，以检查自动变速器中的执行元件(制动器、离合器)的工作性能以及换挡的平顺性，检验修理质量。自动变速器的道路试验内容主要有：检查换挡车速、换挡质量以及检查换挡执行元件有无打滑等。

注意： *在道路试验之前，应先让汽车以中低速行驶5～10min，让发动机和自动变速器都达到正常工作温度。在试验中，通常应将OD开关置于ON的位置(即OD OFF熄灭)，并将模式选择开关置于常规模式或经济模式。*

一、道路试验规程

1. 升挡检查

将变速杆置于D位，踩下加速踏板，使节气门开度保持在50%左右，让汽车起步加速，检查自动变速器的升挡情况。自动变速器在升挡时发动机会有瞬时的转速下降，同时车身有轻微的闯动感。正常情况下，汽车起步后随着车速的升高，试车者应能感觉到自动变速器顺利地由1挡升入2挡，随后再由2挡升入3挡，最后升入超速挡，如图6-20所示。若自动变速器不能升入高挡(3挡或超速挡)，说明控制系统或换挡执行元件有故障。

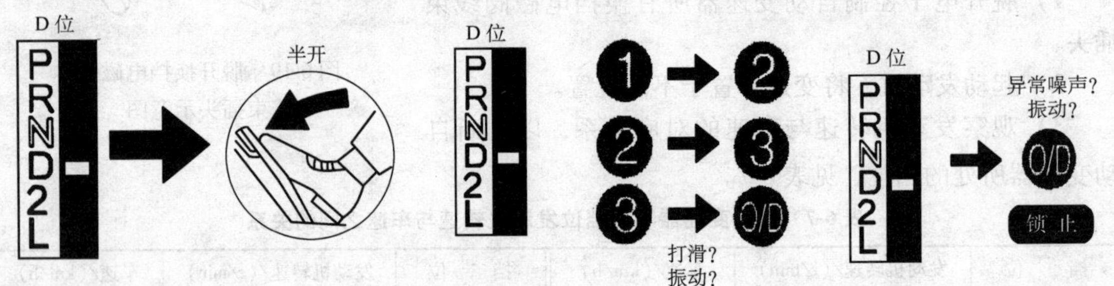

图6-20 道路试验示意图

2. D位测试

1）如果没有1-2挡升挡，则可能为1-2挡换挡阀卡住。

2）如果没有2-3挡升挡，则可能为2-3挡换挡阀卡住。

3）如果没有3-超速挡升挡，则可能为：

① 3-4挡换挡阀卡住。

② 超速挡电磁阀出故障。

4）如换挡点不正确，则可能为：

① 节气门拉索调整不当(电控变速器则可能为TPS信号不良)。

② 节流阀、1-2挡换挡阀、2-3挡换挡阀或者3-4挡换挡阀等出故障。

提示： *以同样的方法，检查1-2挡、2-3挡、3-超速挡换挡时的振动与打滑情况。*

5）如过度振动，则可能原因为

① 管道压力太高。

② 蓄压器出故障。

③ 制动器单向球阀卡住。

车辆以 D 位(锁止离合器接合)或超速挡行驶，检查有无异常噪声和振动。

注意： 检查异常噪声和振动的原因时，必须格外小心。因为这些现象也可能是驱动轴、轮胎、变矩器失去平衡所致，如图 6-21 所示。

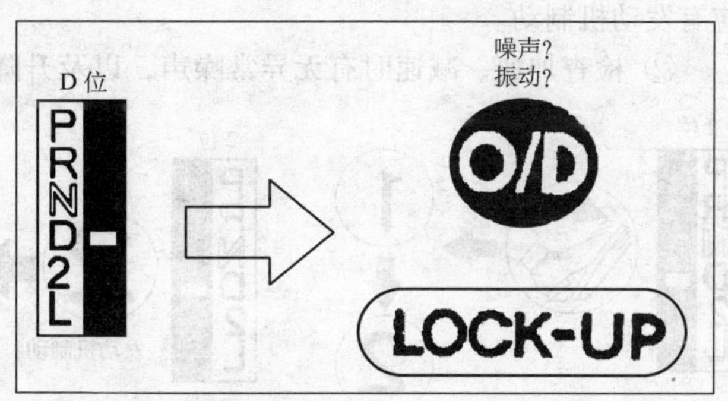

图 6-21 检查噪声和振动图

车辆以 D 位的 2 挡、3 挡、超速挡行驶时，检查 2-1、3-2、超速挡-3 降挡时，应与自动换挡表降挡速度相符。以本田轿车自动变速器各挡位升降为例，检查自动变速器升降挡点的速度情况，见表 6-9。

表 6-9 本田轿车自动变速器节气门开度一定时各挡位升降挡点表

	节气门开度/节气门传感器电压/V	行驶速度/(km/h)			
		1 挡-2 挡	2 挡-3 挡	3 挡-4 挡	锁止状态
升挡	0.8	15 ~ 17	33 ~ 37	42 ~ 48	75 ~ 79
	2.25	33 ~ 37	63 ~ 69	94 ~ 100	110 ~ 116
	4.5	55 ~ 61	99 ~ 105	155 ~ 161	156 ~ 162
降挡	节气门传感器电压/V	不锁止状态	4 挡-3 挡	3 挡-2 挡	2 挡-1 挡
	0.8	73 ~ 77	30 ~ 34	—	8 ~ 12
	2.25	94 ~ 100	—	—	—
	4.5	146 ~ 152	137 ~ 143	87 ~ 93	42 ~ 48

3. 升挡车速的检查

在上述升挡检查的过程中，当察觉到自动变速器升挡时，记下升挡车速。一般 4 速自动变速器在节气门开度为 50% 时由 1 挡升至 2 挡的车速为 25 ~ 35km/h，由 2 挡升至 3 挡的车速为 55 ~ 70km/h，由 3 挡升至 4 挡(超速挡)的车速为 90 ~ 120km/h。

由于升挡车速和节气门开度有很大的关系，即节气门开度不同时，升挡车速也不同，而且不同车型的自动变速器各挡位传动比的大小都不相同，其升挡车速也不完全一样。因此，只要升挡车速基本保持在上述范围内，而且汽车行驶中加速良好，无明显的换挡冲击，都可认为其升挡车速基本正常。

若汽车行驶中加速无力，升挡车速明显低于上述范围，说明升挡车速过低(即升挡提前)；若汽车行驶中有明显的换挡冲击，升挡车速明显示高于上述范围，说明升挡车速过高(即升挡滞后)。

升挡车速太低一般是控制系统的故障所致；升挡车速太高则可能是控制系统的故障所致，也可能是换挡执行元件的故障所致。

4. 2 位测试

1）将变速杆置于2位，将加速踏板踩到底(图6-22)，检查下列事项：

① 检查并确认1-2挡升挡点符合规定。在2位2挡行驶时，松开加速踏板，进行检查，应有发动机制动。

② 检查加速、减速时有无异常噪声，以及升降挡时有无振动。

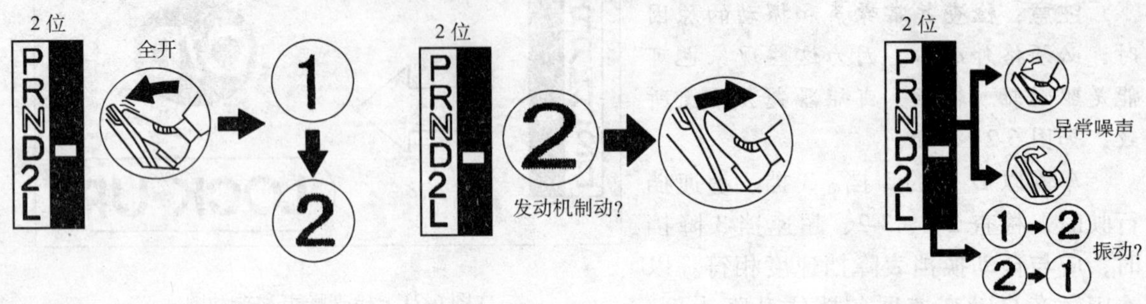

图6-22 2位测试示意图

2）测试结果分析：如果发动机不制动，则可能为2挡制动器出故障。

5. L 位测试

1）车辆在L位行驶时，进行检查，不应升挡。

2）车辆在L位行驶时，松开加速踏板，检查有无发动机制动。

3）检查加速、减速有无异常噪声。

测试结果分析：如果没有发动机制动，则可能1挡及倒挡制动器出故障，如图6-23所示。

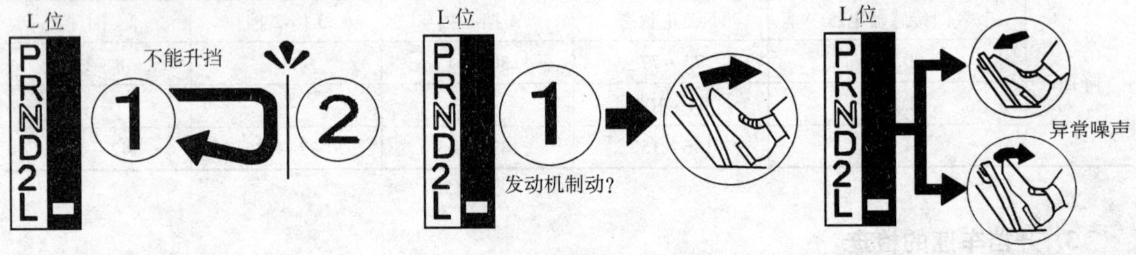

图6-23 L位测试示意图

6. R 位试验

停车后换入R位，能迅速倒车，不打滑为好，如图6-24所示。

7. P 位试验

车辆在倾斜坡道(斜率9%)上停车，同时换入P位，逐渐地放开驻车制动器操纵杆，检查制动效果，如图6-25所示。

注意：为预防车辆滑移及溜车，不要选择坡度大的道路做该项试验；最好配备三角垫木，置于车轮靠后一点位置。

二、道路试验结果分析

道路试验是查找和再现故障的重要方法之一。依据具体情况，变换操作方法，找出一些较为复杂的故障。

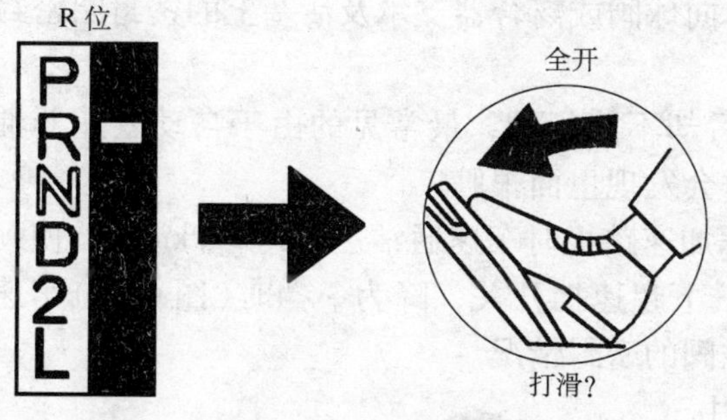

图6-24　R位试验示意图

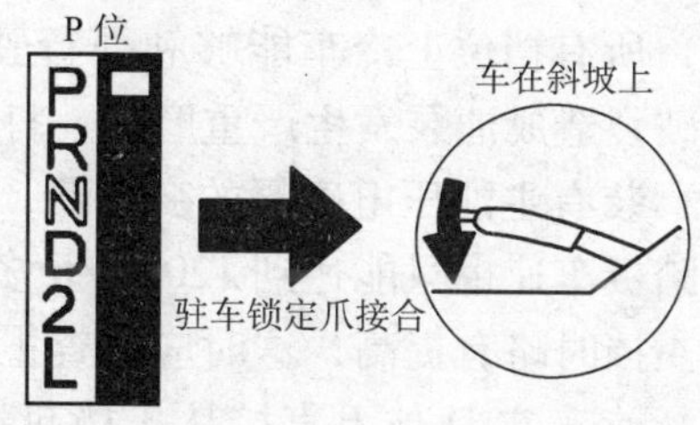

图6-25　P位试验示意图

进行道路试验时要观察驾驶室内、发动机室、底盘处是否有异常变化。注意观察仪表板上的自动变速器故障灯是否点亮，对于没有自动变速器故障灯的车应该观察发动机故障灯。如果故障灯点亮，说明自动变速器电控系统有故障，应该用检测仪器进行检查。

1. 道路试验结果分析

1）在没有驻车的前提下，发动机的转速超过1000r/min，在哪个挡位上没有蠕动，就说明负责该挡的离合器、制动器或单向离合器中至少有一种没有出现打滑故障。

2）汽车在某些特定的挡位行驶时，踩着加速踏板没有任何异响，猛地放松加速踏板时（发动机制动）能听到“嗡、嗡”的响声，再踩下加速踏板，异响立即停止。在哪个挡位上出现了这种现象，则说明负责该挡的单向离合器发生卡滞，单向离合器只要不完全卡滞，就不会影响传动路线工作，但卡滞会造成离合器片异响和烧灼，所以应及时更换。

3）汽车低速或冷车行驶中没有任何异响，中速、热车后在变速器前部出现“嗡、嗡”的异响声。异响声出现时，轻踩制动踏板，让踏板臂与制动灯开关分离即可。若踩下制动踏板时异响立即终止，抬起时又重新出现，说明变矩器锁止力矩不足，应及时修理，否则会引起发动机冷却液沸腾和自动变速器油过早氧化，从而引起一系列故障。

4）在D位上中高速行驶时，将变速杆分别移动至手动挡的各个前进挡位，如在哪个挡有发动机制动感觉，说明负责该手动挡的制动器工作良好（绝大部分变速器手动挡的专用执行机构都是制动器，只有本田前驱车例外，因为它们没有制动器）。相反，如没有发动机制动感觉，说明负责该手动挡的制动器打滑。

5）汽车行驶中如到了升挡的车速，汽车却没有任何升挡的感觉，相反发动机出现失速，车速不再上升，说明变速器已失去了该挡的升挡功能。需继续做台架试验，以便查出故障是在控制系统，还是在执行机构。

6）冷车时所有的挡都有，热车后部分甚至所有的挡都没有，说明负责这些挡位的离合器活塞因过热发生变形。铝制的活塞较钢制的液压缸膨胀系数大，热车时易发生卡滞。冷车时所有的挡都有，热车时没有4挡（超速挡），通常因装有自动变速器油温传感器的变速器油温过高，进入失效保护程序。

7）冷车没有挡，热车后有挡，通常是由于空挡起动开关受潮引起的。

8）冷车时没有换挡冲击或虽然有，但不明显。热车后在某些挡位出现严重的换挡冲击，这通常是由于蓄压器活塞密封圈密封不良所致，冷车时油液粘度比较大，所以致使发生泄漏也不明显，而热车后油液粘度明显变小，泄漏现象加重，故障也就明显了。

9）在某些挡位上冷车时能勉强行驶，热车后却不能行驶，这说明负责该挡执行机构的液压密封系统出现了故障。例如离合器活塞上单向球阀或离合器支承及活塞上的密封圈密封不良。

10）所有挡位上冷车能够勉强行驶，热车后却不能行驶，最常见的由于自动变速器油滤清器破裂造成油泵发生严重磨损，打开油泵时会发现里面很脏。

11）装有主油压电磁阀的变速器，在温和踩加速踏板时车速通常达不到100km/h，使劲踩加速踏板车速也只能达到120km/h多一些，按下超速挡开关，降为3挡时（图6-26）车速反而比4挡时略有提高，这时应检查主油压电磁阀的密封情况。

12）汽车在D位上直接从3挡起步，行驶中只有高速挡没有低速挡，通常是由于超速挡离合器烧蚀后没有及时更换，致使摩擦片剥落，产生摩擦焊接，造成该离合器在D位上无法退出。

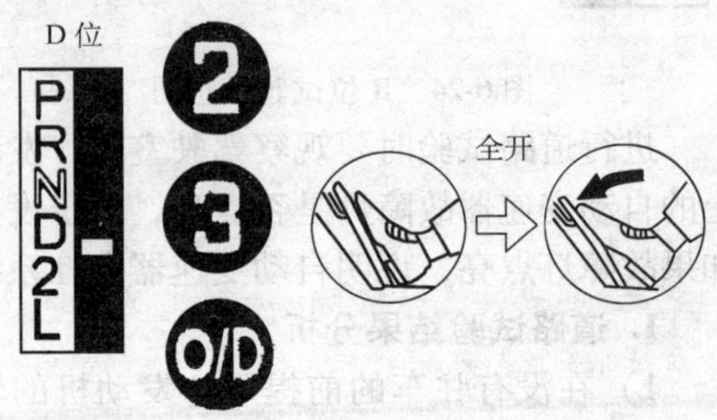

图6-26　道路试验检查故障示意图

13）超速挡行星排装在变速器前端的汽车，如前进挡都不能行驶，而倒挡踩加速踏板时可以行驶，最常见的是超速挡离合器打滑。这一位置的超速挡离合器负责除超速挡以外全部的前进挡。因倒挡工作油压明显高于前进挡，所以倒挡时仍可以在踩加速踏板（失速油压高于怠速油压）时继续行驶。

14）在高速公路上必须保持大节气门开度才能维持住较高车速，检查自动变速器油既未变成黑色也没有臭味，最大的可能是变矩器支承导轮的单向离合器卡滞。

15）热车后，加速踏板保持在踩下1/2的位置，车速稳定在80km/h，猛地将加速踏板踩到2/3处，如发动机转速急剧上升，说明变矩器没有进入锁止工况。若发动机此时转速上升较缓慢，则说明变矩器已进入锁止工况。

16）装奔驰W4A040和W4A020变速器的汽车，车速到达90km/h时，发动机的噪声开始变大，车速上升非常缓慢，发动机转速上升到4000r/min、车速大约为120km/h时二者不再上升，拔去空挡开关上过载保护装置，非正常噪声消失，车速恢复正常，说明空挡开关上的空挡、倒挡过载保护装置损坏，应该更换。

17）每一次紧急制动后，汽车不能马上起步，需缓0.5～1min后才能起步。起步后行驶基本正常，严重时汽车转弯时略加制动也会突然停驶，需缓0.5～1min后才能起步，起步后行驶基本正常，这类故障通常是变速器缺1L左右的自动变速器油所造成的。

18）汽车在停车的瞬间车身有明显的抖振，通常是负责该挡位的执行机构烧蚀，输出转矩不够造成的，发生在D位时，应检查D位1挡有关的离合器是否烧蚀。

2. 换挡质量的检查

换挡质量的检查内容主要是检查有无换挡冲击。正常的自动变速器只能有不太明显的换挡冲击，特别是电控自动变速器的换挡冲击应十分微弱。若换挡冲击太大，说明自动变速器的控制系统或换挡执行元件有故障，其原因可能是主油压高或换挡执行元件打滑，应进行进一步的检查。

3. 升挡时发动机转速检查

有发动机转速表的汽车在进行自动变速器道路试验时，应注意观察汽车在行驶时发动机转速变化的情况。它是判断自动变速器工作是否正常的重要依据之一。在正常情况下，若自

动变速器处于经济模式或普通模式，节气门保持 1/2 开度范围内，则在汽车由起步加速到升入高速挡的整个过程中，发动机转速都将低于 3000r/min。通常在加速即将升挡时发动机转速可达到 2500～3000r/min。在刚升挡后短时间内发动机转速降低到 2000r/min 左右。如果在整个行驶过程中发动机转速始终过低，加速至升挡时仍低于 2000r/min，说明升挡时间过早或发动机动力不足；如果在行驶过程中发动机转速始终偏高，升挡前后转速在 2500～3500r/min 之间，说明升挡时间过迟；如果在行驶过程中发动机转速过高，经常高于 3000r/min，在加速时达到 4000r/min，甚至更高，则说明自动变速器的换挡执行元件（离合器或制动器）打滑，应检修自动变速器。

4. 发动机制动作用的检查

检查自动变速器有无发动机制动作用时，应将变速杆置于 2 位或 L 位。在汽车以 2 挡或 1 挡行驶时，突然松开加速踏板，检查是否有发动机制动作用。若松开加速踏板后车速立即部分下降，说明有发动机制动作用；否则说明控制系统或换挡执行元件有故障。

5. 强制降挡功能的检查

检查自动变速器强制降挡功能时，应将变速杆置于 D 位，保持节气门开度为 30% 左右，在以 2 挡、3 挡或超速挡行驶时突然将加速踏板完全踩到底，节气门全开，检查自动变速器是否被强制降低一个挡位。在强制降挡时，发动机转速会突然升至 4000r/min 左右，并随着加速升挡，转速逐渐下降。若踩下加速踏板后没有出现强制降挡，说明强制降挡功能失效。若在强制降挡时发动机转速升高反常，达 5000r/min，并在升挡时出现换挡冲击，则说明换挡执行元件打滑，应检修自动变速器。

6. 锁止离合器工作状况的检查

液力变矩器中的锁止离合器的工作是否正常也可采用道路试验的方法进行检查。试验中，让汽车加速至超速挡，以高于 80km/h 的车速行驶，并让节气门开度保持在低于 1/2 的位置，使变矩器进入锁止状态。此时，快速将加速踏板踩下至 2/3 开度，同时检查发动机转速的变化情况。若发动机没有太大变化，说明锁止离合器处于接合状态；反之，若发动机转速升高很多，则表明锁止离合器没有接合，其原因通常是锁止离合器控制系统有故障，如图 6-27 所示。

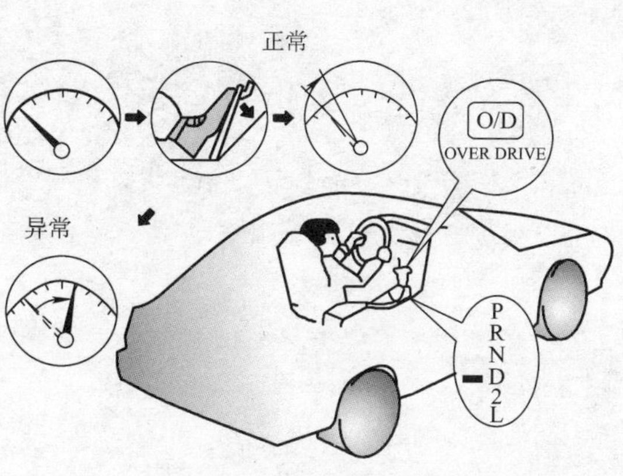

图 6-27 锁止离合器工作状况的检查示意图

本项目小结

1. 不论是传统汽车还是现代汽车在维修的过程中，从接车到交车都必须要做检查和试验，其目的是查找故障的原因和诊断确定故障点。这是维修汽车的基本要点。

2. 自动变速器由于结构复杂，零部件精密度高，所以要求维修人员一定要熟悉资料，掌握仪器设备的使用方法，掌握维修经验和技巧，不蛮干，不盲目，确实做到心中有数。

3. 查找出故障码后，先清除，再试车，此时的故障码才是真正的故障。

练习与思考

1. 自动变速器初步检查有哪些内容?
2. 道路试验的检查有哪几方面的内容?
3. 失速试验可以检查排除哪些故障?
4. 时滞试验有什么目的?
5. 如何判断自动变速器各个油路测压孔?
6. 如何检查强制降挡功能?
7. 如何在安全的情况下做各种试验?
8. 主油路油压如何测试?
9. 如何进行升挡车速的检查?
10. 如何做液压试验?

项目七　自动变速器常见故障诊断

由于现代汽车的自动变速器是“机、电、液”高度一体化的产品,其机——行星齿轮机构,其电——各种电磁阀,其液—各种液压控制阀，构成一个由电脑控制各个电磁阀(如换挡电磁阀、锁止电磁阀、油压电磁阀等)→电磁阀控制各个液压控制阀(如换挡阀、锁止阀、油压阀等)→液压控制阀控制各个换挡执行元件(如离合器、制动器等)→换挡执行元件控制行星齿轮机构中的传力元件(如太阳轮、行星架、齿圈等)→实现挡位变换的相互无法割舍的有机整体。

其故障产生的原因和部位也相互交织，相互影响，难以区分。因此对自动变速器的故障诊断要综合考虑，应利用各种仪器设备和经验来进行检测和试验，确定诊断思路，科学查找其故障点，从而快速准确地排除故障。

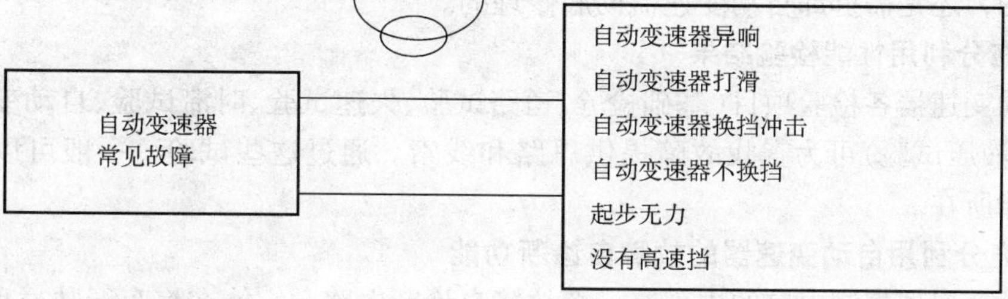

自动变速器常见故障	自动变速器异响 自动变速器打滑 自动变速器换挡冲击 自动变速器不换挡 起步无力 没有高速挡

【学习目标】

◇ 掌握自动变速器故障诊断的步骤及原则

◇ 掌握自动变速器故障诊断的分析思路

◇ 对自动变速器相关故障有一定的了解

任务1　故障诊断的原则、步骤及思路

自动变速器的故障诊断是一项复杂的工作，它不但有错综复杂的机械传动、液力传动、

自动变速器油路系统和电子控制系统等诸多元件互相配合、互相牵连；而且在发生故障后，也会出现连锁反应，很难只凭简单的外部症状判断其故障发生的部位，往往需要对多个方面进行检测。例如：发动机与自动变速器，离合器与制动器，单向离合器与锁止离合器，锁止电磁阀与换挡电磁阀以及电脑等。

为此，应对自动变速器的结构组成、特点及工作原理进行研究；对自动变速器常见故障进行初步检查，并进行失速试验、油压试验、道路试验和时滞等试验；对故障进行检测诊断，确定和读取故障码。从而“透过现象看本质”，准确确定故障部位，并及时准确地排除故障。

一、自动变速器的故障诊断原则

自动变速器在工作中出现的故障类型、表现形式各不相同，但只要严格执行操作规程，正确查找故障点，故障也不难排除。自动变速器故障诊断总的原则如下。

1. 分清故障引起的部位

要分清故障是由发动机还是自动变速器液压自动操纵系统、电子控制系统引起的，还是液力自动变速器本身引起的。只有分清了故障部位，才能有针对性地查找故障点，少走弯路。

2. 坚持先易后难、逐步深化的原则

按故障的难易程度，先从最简单、最容易检查的地方开始，如开关、变速杆、自动变速器油液状况等，从那些最易于接近的部位，易于忽视的部位和影响因素开始，最后再深入进行实质性故障检查。

3. 区别故障的性质

自动变速器故障是机械性质的还是液压系统的，还是电子控制系统的，还是经过维护就可排除的，还是需拆卸自动变速器彻底修理的。

4. 充分利用性能检验结果

自动变速器各检验项目(基础检验、道路试验、失速试验、时滞试验、自动变速器的手动换挡试验、液压试验)可为查找故障提供思路和线索。通过这些试验，一般可以发现自动变速器的故障所在。

5. 充分利用自动变速器的故障自诊断功能

自动变速器控制电脑的内部有一个故障自诊断电路，它能在汽车行驶过程中不断地监测自动变速器控制系统各部分的工作情况，并能检验出控制系统中大部分故障，将故障以代码的形式记录在 ECU 中。维修人员可以按照特定的方法将故障码从 ECU 中读出，为自动变速器控制系统的检修和故障排除提供依据。

6. 拆检

针对必须在拆检之后才能确诊的故障，应是故障诊断的最后程序。

二、故障诊断步骤

第一步：仔细听取客户意见，越详细越好。在故障点没确定之前，不要盲目拆卸自动变速器。

第二步：仔细阅读维修手册和相关资料。

第三步：先外后内检查。自动变速器油、节气门拉索、变速杆与手控阀连接件和发动机怠速等，必要时做相关试验。

第四步：充分利用自诊断功能，读取故障码。

第五步：对自动变速器外部安装的怀疑部位，例如：传感器等可用新件与旧件对比的方法进行检测。

第六步：分解自动变速器。

故障诊断第一步对维修自动变速器、查找故障点很重要。先通过与客户的交流，尤其是听取客户对车辆以往的使用、维护、修理情况及故障发生前后情况的介绍，对故障的发生和发展过程有全面地了解，这有利于对故障的原因和部位进行判断，进行有针对性的检查，对判断故障和修理是很有帮助的(详见项目六)。

了解车辆故障发生的整个过程是诊断工作的第一步，这样才能更快更准确地找到故障点。这一过程虽不能代替变速器的直观检查、车辆路试、油质分析及自动变速器的失速、时滞、油压测试等试验，但可以有针对性地检查，对检查结果与故障分析做比较，如符合则可证明判断分析的准确性，减少工作的盲目性。

三、故障诊断思路

思路是分析，思路是悟性。作为维修人员，思路也是稍纵即逝，要做好记录，常年坚持，必有回报。一个维修人员的技术高低，在这里能得到充分体现。从上述故障诊断步骤前五步，就能把故障框定在一个大体的范围内。之所以说是大体，是因为我们还要做诸多的检测和试验。这在下面的故障中，会具体反映出来，如图 7-1 所示。

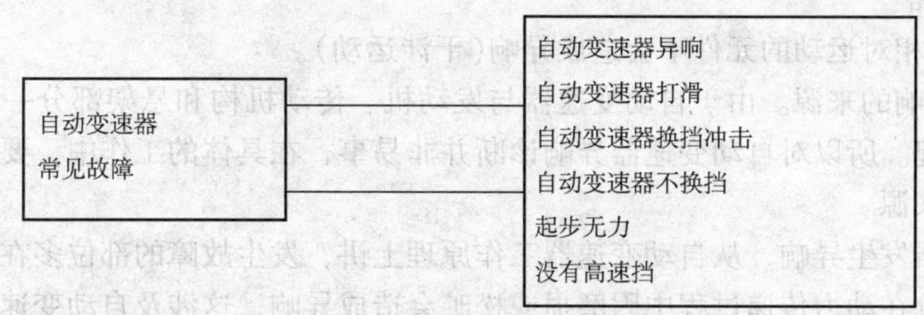

图 7-1　自动变速器常见故障

分析：自动变速器打滑与换挡时间滞后、起步无力和没有高速挡及异响互相联系，思路不要单纯地停留在一点上。

自动变速器电脑监控打滑，思路要涉及传感器、执行器与电脑之间的频率，如电脑对执行器下达指令使信号输出的时间滞后，反映到自动变速器就会打滑，如图 7-2 所示。

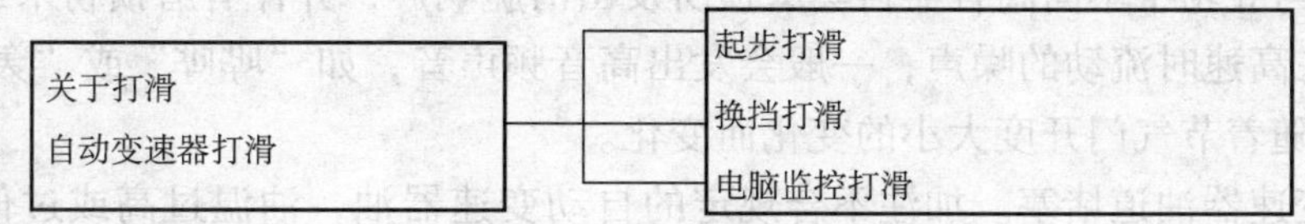

图 7-2　自动变速器打滑故障

如图 7-3 所示，自动变速器入挡冲击与换挡冲击从图表中可以看出，是有质的区别的。

入挡冲击包括前进挡和倒挡；入所有挡都冲击当然也就是指前进挡和倒挡了。而换挡冲击只是在前进挡位，所以它的挡位冲击就不包括倒挡。这样在维修自动变速器时，可防止误入歧途，钻牛角尖。

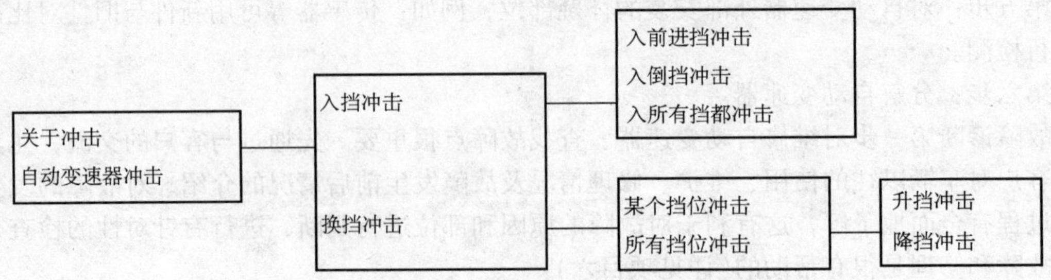

图 7-3　自动变速器冲击故障

任务 2　自动变速器典型常见故障的诊断与分析

一、自动变速器异响故障的诊断与排除

1. 故障现象

1）在汽车运行过程中，自动变速器内始终有异常响声。

2）汽车行驶中自动变速器有异响，停车挂空挡后异响消失。

2. 分析思路

1）不产生相对运动的元件不会造成异响(干涉运动)。

2）分析异响的来源。由于自动变速器与发动机、传动机构和悬架部分一起工作，很多声音混杂在一起。所以对自动变速器异响诊断并非易事，在具体的工作中，要认真分析自动变速器异响的来源。

自动变速器发生异响，从自动变速器工作原理上讲，发生故障的部位多在传动机构。这是因为机械部分在动力传递过程中因磨损或松旷会造成异响，这涉及自动变速器行驶的里程数和使用年限等因素。

① 对前置前驱的自动变速器要考虑到主减速器齿轮或轴承发生异响。不正确的齿轮啮合面会产生振动和异响。此种响声一般在车速达到 50 ~ 70km/h 时较为明显，节气门开度大，则响声大；节气门开度小，则响声小。

② 液力变矩器异响。产生的原因是由于内部不平衡所致。可能是输入轴与变矩器接口衬套，输入轴与导轮中单向离合器衬套磨损所发出清脆响声，并伴有磨损粉末或铁屑。

③ ATF 在高速时流动的噪声，一般会发出高音频声音，如“哗哗”或“轰隆隆”响声，无规律。并伴随着节气门开度大小的变化而变化。

④ 自动变速器油道堵塞。加注不合规定的自动变速器油，油温过高或过低等都会对自动变速器带来极大的损坏，机械传动部分加快磨损也会产生异响。此响声会由小变大，直至零部件报废。

⑤ 摩擦片与钢片异响。主要是摩擦片与钢片之间间隙过大，在其不工作时，行星齿轮

机构的振动，使其发生碰撞产生异响，与挡位有关。

⑥ 共振轰鸣声。此响声声音较大，与发动机转速、传动轴转速以及车身悬架都存在联系。

3. 故障原因

1）油泵因磨损过度或油面高度过低、过高而产生的异响。

2）变矩器因锁止离合器、导轮单向超越离合器等损坏而产生的异响。

3）行星齿轮机构的异响。

4）换挡执行元件的异响。

5）前置前驱自动变速器主减速器齿轮或轴承发生异响。

4. 故障诊断与排除

1）检查自动变速器油面高度。若太高或太低，应调整至正常高度。

2）用举升器将汽车升起，起动发动机，在空挡、前进挡、倒挡等状态下检查自动变速器产生异响的部位和时刻。具体的方法是：

第一步：用听诊器测听自动变速器前后段的中部，即变矩器、油泵、输入轴、制动器、离合器和主减速器等部位。

第二步：通过不同的节气门开度监听异响声音的变化。

第三步：脆响，则可能是金属件，发闷，则可能是摩擦片。所听到发响最重的部位，则有可能是要找的故障点。

注意：根据汽车理论，由于举升汽车，起动发动机并挂挡，但没有附着力和附着系数，车轮也就没有驱动力，在汽车无负荷的情况下，此时的车轮飞快空转，异响会大为减弱或消失。这一点务必注意。

3）若在任何挡位下自动变速器中始终有一连续的异响，通常为油泵或变矩器异响。对此，应拆检自动变速器，检查油泵有无磨损、变矩器内有无大量摩擦粉末。如有异常，应更换油泵或变矩器。

4）若自动变速器只在行驶中才有异响，空挡时无异响，则为行星齿轮机构异响。对此，应分解自动变速器，检查行星排各个零件有无磨损痕迹，齿轮有无断裂，单向超越离合器有无磨损、卡滞，轴承或止推垫片有无损坏。如有异常，应予以更换。

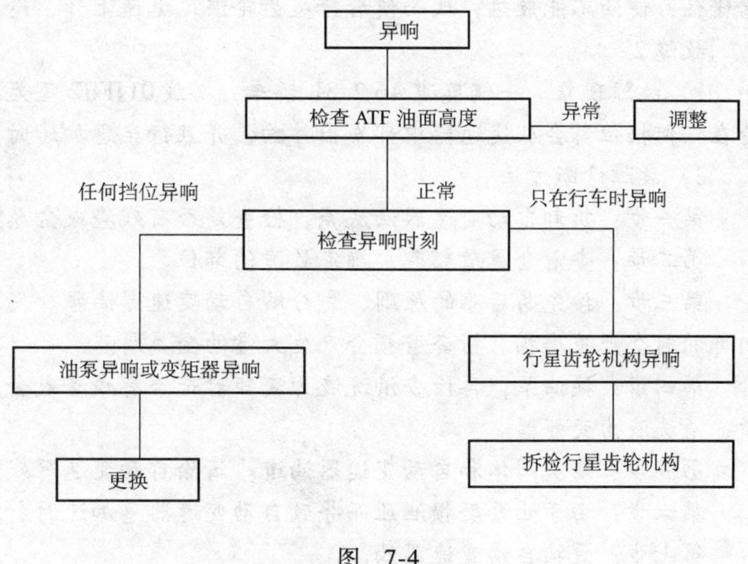

图 7-4

自动变速器异响故障的诊断流程如图 7-4 所示。

5. 检修案例

故障1

1）故障现象。一辆马自达929轿车V6发动机，行驶了18万多km时，便出现了自动变速器里的行星齿轮被烧坏，车辆不能行驶的现象，进行检查，没有发现其他情况，也没有找出行星齿轮为什么会烧坏的原因，因此就更换了一组变速器后行星齿轮，装车后试车一切正常。但跑长途时，却坏在外边，后拉回检修，却发现同样的毛病，最后更换了一个新变速器，试车，在行驶100多km时听到变速器有异响。

2）故障诊断方法。

第一步：先易后难，检查节气门拉索、变速杆与手控阀连接是否到位。

第二步：检查自动变速器油面高度及油的质量。

第三步：检查油冷却器。

第四步：用压缩空气测试主油压孔油压。

3）故障分析。

① 行星齿轮润滑不好造成高温。

② 油冷却系统出现堵塞现象。因为变速器中的ATF主要是靠一出一进两根油管通到冷却器上，靠此冷却。因此把两根油管拆下进行清洗，没有问题，又把油冷却器拆下来清洗，却发现油冷却器有堵塞现象。

4）维修方法。这个油冷却器是和发动机散热器装在一起的。更换油冷却器，故障排除。

5）故障总结。这种型号变速器只要是后行星齿轮烧掉，肯定是油冷却器堵住。因为后行星齿轮运转起来主要是靠ATF来冷却，而ATF又靠油冷却器来回循环冷却，由于油冷却器堵住，使油不能散热，从而使后行星齿轮温度迅速上升，造成了上述情况。

故障2

1）故障现象。一辆奥迪A6 2.8L轿车，搭载01JFR2型无级变速器，发动机起动后，无论在任何挡位都会从变速器中部发出异响，并且行车急加速时有打滑现象。

2）故障诊断方法。

第一步：拆卸自动变速器油底壳，检查是否有残渣或金属屑。检查结果有大量金属屑。

第二步：查看金属屑颜色，确定故障的部位。

第三步：按先易后难的原则，先分解自动变速器油泵。发现油泵驱动环损坏，主动齿轮内部的衬套严重磨损。衬套磨损会产生大量的金属屑。

第四步：换油泵，再检查清洗液力变矩器是否有残渣或金属屑。检查发现无残渣或金属屑，清洗液力变矩器。

第五步：清洗阀体和自动变速器油道。清除自动变速器残留金属屑。

第六步：由于油泵磨损泄压而导致自动变速器急加速时打滑。

第七步：更换自动变速器油。

3）故障分析。这种响声很有可能是油泵和液力变矩器中的泵轮产生的。因为在发动机起动后，响声就出现，无论在任何挡位都会从变速器中部发出异响，并且伴有行车急加速时打滑现象。

4）维修方法。根据故障诊断方法，更换油泵。

5）故障总结。要熟悉自动变速器各种材质，在查看金属屑颜色时会达到事半功倍的效果。排除故障后，所有的部位都要清洗干净。

二、自动变速器打滑故障的诊断与排除

1. 故障现象

打滑也是自动变速器最常见的故障之一，打滑的结果将导致自动变速器内部离合器片或制动带烧毁，严重的会烧坏钢片或离合器鼓。如果自动变速器存在以下现象，说明内部存在打滑的故障：

1）起步时踩下加速踏板，发动机转速很快升高，但车辆行驶缓慢。

2）车辆行驶过程中，发动机转速很高，但车速缓慢。

3）车辆在上坡或急加速时，发动机转速很快升高，但车辆行驶缓慢。

4）当车辆行驶过程中换入某个挡位时，发动机转速突然升高，但车速提高缓慢。

虽然自动变速器打滑往往都伴有离合器或制动器摩擦片严重磨损甚至烧焦等现象，但如果只是简单地更换磨损的摩擦片而没有找出打滑的真正原因，则会使维修后的自动变速器使用一段时间后又出现打滑现象。因此，对于出现打滑的自动变速器，不要急于拆卸分解，应先做各种检查测试，以找出造成打滑的真正原因。

2. 故障诊断方法

1）检查油面。如果自动变速器油有泄漏，造成油面过低，可通过补加后调整油面到正常高度，然后连接油压表试车。若不再出现打滑且油压正常，可不必拆修自动变速器，否则，要解体自动变速器。

2）检查 ATF 品质。如果 ATF 油液已变色且有烧焦味，说明自动变速器内部有离合器或制动器摩擦片烧坏，要慎重试车，避免做失速试验，以免进一步损坏。可先放出自动变速器油，拆下自动变速器油底壳，检查是否有更多的磨屑：黑、棕色颗粒是脱落下来的摩擦材料；银色粉末是磨下来的钢片或金属壳体材料；红、棕色粉末是磨下来的铜套材料。这种情况需对自动变速器解体检查，并进行大修。

3）测量油压。大多数自动变速器都留有主油压测试口，也有些自动变速器还留有各离合器或制动器的油压测试口。油压测试口位置及标准值可参见相应资料或维修手册，油压测试是判断打滑故障的最直接、最有效的手段。如果测量油压偏低，可先拆下自动变速器油底壳，检查 ATF 滤清器是否堵塞。某些型号自动变速器的滤清器没有螺栓固定，如果装用劣质配件，常常会造成滤清器脱落。如果滤清器正常，应拆检阀体，清洗油路，检查调试或更换油压调节阀。如果经以上处理无效，需解体自动变速器，检查油泵或各密封件是否良好。

3. 故障分析

造成自动变速器打滑的根本原因在于当前工作元件（离合器、制动器或单向离合器）有过量滑动，会迅速产生大量的摩擦热，使执行元件很快烧损。所以，在自动变速器出现打滑故障时，要立即停车，不能再继续行驶，以免故障扩大。自动变速器内部打滑的故障原因可以从执行元件本身和控制油压两个大的方面分析：

1）离合器、制动器或单向离合器本身严重磨损，产生打滑。如果是新大修的自动变速器，要考虑离合器片组间隙是否正确或制动带间隙调整是否正确。

2）添加或更换了非指定用油。从某种意义讲，在一定的片数、摩擦面积和特定的压力

下，所能传递的力矩是确定的。如果摩擦系数变大，就会出现换挡冲击，如果摩擦系数变小，就会出现打滑。某些劣质油液还可能造成自动变速器内部密封件的老化、膨胀或失效，造成打滑。

3）主油压过低造成的打滑。如果自动变速器油面过低、滤清器堵塞、油泵严重磨损、主油路泄漏、主调压阀或压力控制电磁阀不良，会使主油压过低，可造成多个执行元件的打滑、烧损。

4）单个执行元件的工作油压过低。该执行元件活塞密封圈损坏、油路密封圈损坏、蓄压器泄漏、节流装置堵塞等都会造成对应工作元件的打滑和烧损，在相应挡位出现打滑，这种打滑还往往伴有冲击，即先打滑后冲击。

5）全液控制的自动变速器节气门操纵机构调整不当，使节气门操纵系统控制的换挡点不准确；节气门拉索调整过松或节气门阀不良，造成换挡过早和主油压过低。换挡过早会增大发动机和传动系统的负荷，主油压过低会造成离合器或制动带打滑。

另外，根据出现打滑的规律，还可以判断产生打滑的是哪一个换挡执行元件：

1）若自动变速器在所有前进挡都有打滑现象，则为前进离合器打滑。

2）若自动变速器在变速杆位于D位时的1挡有打滑，而在变速杆位于L位或1位时的1挡不打滑，则为前进单向超越离合器打滑。若不论变速杆位于D位或L位或1位时，1挡都有打滑现象，则为低挡及倒挡制动器打滑。

3）若自动变速器只在变速杆位于D位时的2挡有打滑，而在变速杆位于S位或2位时的2挡不打滑，则为2挡单向超越离合器打滑。若不论变速杆位于D位或S位或2位时，2挡都有打滑现象，则为2挡制动器打滑。

4）若自动变速器只在3挡有打滑现象，则为倒挡及高挡离合器打滑。

5）若自动变速器只在超速挡时有打滑现象，则为超速制动器打滑。

6）若自动变速器在倒挡和高挡时都有打滑现象，则为倒挡及高挡离合器打滑。

7）若自动变速器在倒挡和1挡时都有打滑现象，则为低挡及倒挡制动器打滑。

4. 维修方法

通过油压测试和读取故障码确认故障点，拆卸自动变速器排除故障。

注意：如果主油压过低就不要再进行路试了。对于打滑的自动变速器一定要慎重，不宜急加速或再做失速试验。

自动变速器打滑故障的诊断流程如图7-5所示。

5. 检修案例

故障1

1）故障现象。一辆富康轿车，AL4自动变速器多次维修，总是在3-4挡时先打滑再冲击。

2）故障诊断

第一步：仔细询问修理经过。例如：从修理包中更换了哪些零件？加注自动变速器油是否符合规定？故障排除后间隔多少公里或多长时间又重复同样的故障等。

第二步：连接故障诊断仪试车，发现在高速挡打滑并伴有换挡时的冲击。

第三步：检查超速挡离合器和前进挡离合器及其阀体、活塞、油路密封圈及片组间隙等。

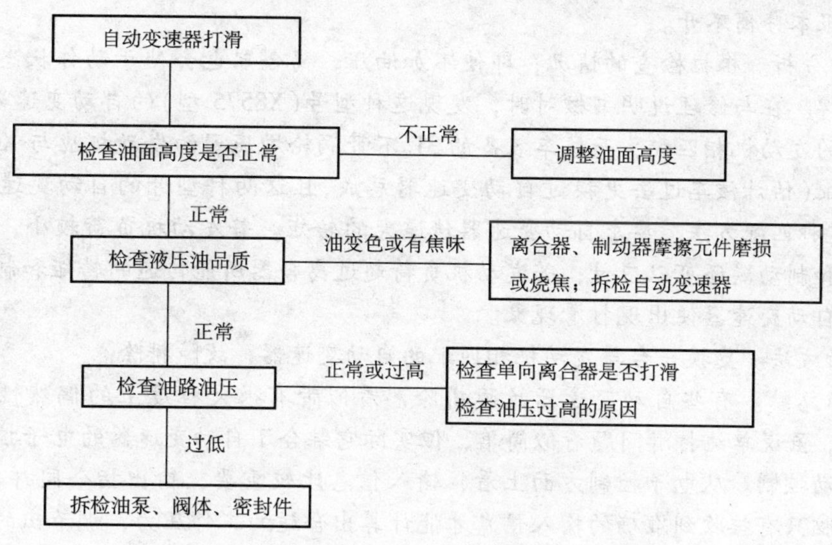

图7-5 自动变速器打滑故障的诊断流程

第四步：用压缩空气吹活塞，检查密封是否良好。否则更换活塞。

第五步：更换油路密封圈。清洗阀体。

第六步：调整摩擦片与钢片自由间隙，正常自由间隙为0.5~2.0mm。

第七步：试车，故障排除。

3）故障总结。由于这台自动变速器在修理时多次抬上抬下，老故障没排除又修理出了新故障。其实，严格按照工艺流程修理、装配，出现各种疑难杂症的自动变速器还是少数，比如在大修时密封件和活塞全部更换，各部位间隙调整至规定范围，各部件内、外表面清洗干净，使用专用工具按正确的顺序和规定力矩装配等。对于里程大于100000km或烧摩擦片或有金属磨损屑粒的自动变速器，变矩器要全部切开翻新。

故障2

1）故障现象。一台丰田佳美自动变速器在D位打滑并且加速无力，而在2位则较好，L位完全正常。

2）故障诊断及排除。根据上述故障现象，显然是因电控系统异常而处于故障保护状态。此时观察仪表板上O/D OFF指示灯，无论开关通断，始终不亮，灯泡可能已被拔去。检查变速器线束插座，沾满油泥，根本就没有插上，将油泥清理干净，插接件插好，试车，D位加速有力，换挡正常，打滑故障排除。

故障3

1）故障现象。一辆日产公爵轿车，发动机为3L、不带涡轮增压器的VG20E型。该车因自动变速器与发动机匹配错误，在行驶过程中加速时，自动变速器出现打滑现象。

2）故障诊断方法。首先检查自动变速器油(ATF)的油面，没有发现问题，但油液很脏，有异味。接着做失速试验，各挡位都能升到3000r/min，与修理说明书的数据对比，高出了400r/min左右。拆下自动变速器油底壳，里面堆积了相当多的磨屑。将自动变速器分解后检查发现，直接挡离合器制动鼓表面已经变色，明显看出已经烧蚀。前进挡离合器、倒挡离合器及制动带等都已磨损。其中直接挡离合器情况最为严重，制动鼓内的主动片和从动片也都已烧坏，根本分离不开。

3）故障分析。根据检查的情况，即使不加油压，离合器也会处于动作状态。确认自动变速器的标牌。在与修理说明书核对时，发现这种型号(X8575 型)的自动变速器应与 2L 带涡轮增压器的发动机相匹配，而该车装备的 3L 不带涡轮增压器的发动机应与 X6573 型自动变速器相匹配(估计该车过去更换过自动变速器总成，且这两种型号的自动变速器安装尺寸相同)。按这种匹配方法，要求自动变速器传递大的转矩。若发动机负荷较小，自动变速器中的离合器和制动器还可以应付；若发动机负荷超过离合器所能传递的转矩和制动器最大的摩擦力矩，自动变速器便出现打滑现象。

4）维修方法。更换一台与发动机相匹配的自动变速器，故障排除。

5）故障总结。有些自动变速器故障排除，看似带有很大程度上的偶然性，其实不然(如故障 2)。虽说单纯打滑问题看似简单，但实际它综合了自动变速器的电子控制、液压控制和机械传动控制。从电子控制方面上看，输入信息比较重要，输出指令同样也比较重要，这是因为电脑只有接收到准确的输入信息才能计算出合适的工作压力，调节出的工作压力正常与否又取决于执行器主油压调节电磁阀的工作性能。如果输入信息无误，电脑本身没有问题，执行器工作性能变差也会导致出现低油压，出现打滑现象。

三、液力变矩器控制的常见故障

液力变矩器和阀体是自动变速器中最昂贵的两个总成，在日常维修中，由于对液力变矩器出现故障无法用检测仪器进行查找，所以有一定的难度。在维修过程中，通常更换液力变矩器和切割翻新液力变矩器。切割翻新液力变矩器难度大，技术要求高。

注意： 用车床切割前，应先将液力变矩器做好标记。在焊接时，必须找出飞轮与变矩器同心点和泵轮、涡轮及导轮垂直角度，通过焊点来寻求液力变矩器的平衡。

1. 液力变矩器内支撑导轮的单向离合器打滑故障诊断与排除

1）故障现象。当车辆出现 30 ~ 50km/h 以下加速不良，车速上升缓慢，过了低速区后加速良好的故障时，很可能是液力变矩器内支撑导轮的单向离合器打滑。

2）故障诊断方法。发动机热机后，将 4 个车轮用三角木或砖头塞住，拉紧驻车制动器，踩住制动踏板，用眼睛盯住发动机转速表，将加速踏板完全踩到底，如发动机的失速转速明显低于规定值，说明液力变矩器内支撑导轮的单向离合器打滑。

3）故障分析。根据液力变矩器工作原理，导轮的功用是改变液体流动方向，增大转矩。液力变矩器内支撑导轮的单向离合器打滑后，导轮没有了单向离合器的支撑，在增矩工况时无法改变液体流动的方向。这样经导轮返回的液体流向和泵轮旋转方向相反，发动机需克服反向液流带来的附加载荷，于是液力变矩器变成了液力耦合器，低速增矩变成了低速降矩，所以汽车在低速区加速不良。

4）维修方法。更换液力变矩器总成或用车床剖开液力变矩器，然后更换导轮和单向离合器即可排除故障。

2. 液力变矩器内支撑导轮的单向离合器卡滞故障诊断与排除

1）故障现象。汽车起动和中低速行驶正常，但没有高速，温和踩加速踏板最高车速只有 80 ~ 90km/h 左右；加大节气门开度，最高车速也只有 110 ~ 120km/h 左右。

2）故障诊断。支撑导轮的单向离合器卡滞时，在感觉上有一点像发动机排气不畅，但

发动机排气不畅时冷车起动困难。打开空气滤清器上盖，拆下滤芯，发动机急加速时此处能看见废气返流，而支撑导轮的单向离合器卡滞，不会导致废气返流。

从油液颜色看一切正常，用故障诊断仪也找不到故障，发动机失速转速正常。

更换液力变矩器总成或用车床剖开液力变矩器，然后更换导轮和单向离合器即可排除故障。

3. 液力变矩器无锁止故障诊断与排除

1）故障现象。汽车行驶中车速、挡位已满足锁止离合器起作用的条件，但锁止离合器仍没有产生锁止作用，并且汽车油耗较大。

2）故障原因。

① 自动变速器油温传感器有故障。

② 节气门位置传感器有故障。

③ 锁止电磁阀有故障或线路短路、断路。

④ 阀体有故障。

⑤ 液力变矩器中的锁止离合器损坏。

3）故障诊断。根据液力变矩器的工作原理，当车辆中高速（≥50km/h）行驶时，泵轮与涡轮转速差为零，没有涡流产生，锁止离合器在压盘的作用下与变矩器壳体钢性连接，此时的动力传递路线是：输入轴→锁止离合器→输出轴。液力变矩器无锁止故障的诊断流程如图 7-6 所示。

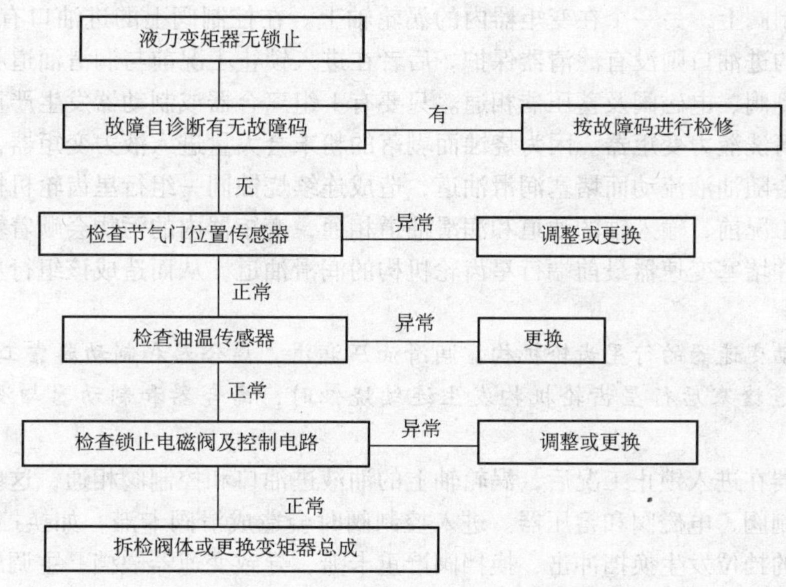

图 7-6　液力变矩器无锁止故障的诊断流程

4. 液力变矩器内锁止离合器的锁止力矩不足故障诊断与排除

1）故障现象。汽车低速行驶和发动机冷机时没有异响，热机车速提高后能听到“嗡嗡”的异响声，20min 后发动机冷却液过热，报警装置开始报警。

2）故障诊断方法。发动机热机后，车速在 30～50km/h 时，若听到“嗡嗡”的异响声，轻轻地踩下制动踏板，使制动踏板臂和制动灯开关分开即可（制动灯开关负责解除变矩器锁止工况）。若踩下制动踏板时“嗡嗡”的异响声立即终止，抬起制动踏板时“嗡嗡”的异响声立即恢复，说明异响是由于液力变矩器内锁止离合器的锁止力矩不足造成的。

3）故障分析。控制阀中的锁止继动阀控制液力变矩器进入锁止工况的时机，锁止电磁阀决定锁止油压的大小。若锁止电磁阀密封不良，会造成液力变矩器锁止油压过低，进入锁止工况后锁止离合器和变矩器壳之间会发生高频振动，发出“嗡嗡”的异响声。在控制阀或油泵内通常还装有变矩器锁止油压限压阀，如该球阀不密封或限压弹簧过软，也会造成锁止力矩不足。

4）维修方法。更换或清洗锁止电磁阀，检查或更换变矩器锁止油压限压阀即可排除故障。

5. 液力变矩器内过脏故障诊断与排除

1）故障现象。维修人员有时在更换了烧蚀的离合器或制动器后，会遇到连续烧蚀行星齿轮机构的情况。如一辆老款丰田皇冠轿车，在更换了1组烧蚀的离合器后，由于没有及时清洗液力变矩器，结果每隔3000 km左右超速挡行星齿轮机构就烧蚀一次。一连烧蚀了3组后，经别人提醒，维修人员彻底清洗了液力变矩器，超速挡行星齿轮机构才没有再次发生烧蚀。还有些维修人员在更换了烧蚀的离合器或制动器后，会遇到发生换挡冲击的新故障。

2）故障诊断方法。检查变速器油的颜色（如油的颜色仍为褐色，说明换油不彻底）。

3）故障分析。液力变矩器锁止离合器的锁止方式有液力式、粘液式和离心式3种，其中最常见的锁止方式是液力锁止。液力变矩器采用液力锁止的变速器有2个进油口，一个在油底壳内的控制阀上，另一个在变矩器内的涡轮轴上。在控制阀上的进油口有滤清器保护，而在涡轮轴上的进油口则没有滤清器保护。后者在进入锁止工况前与润滑油道相通，在进入锁止后又与控制阀、电磁阀及蓄压器相通。只要有1组离合器或制动器发生严重烧蚀，维修时就必须彻底清洗液力变矩器。因为烧蚀而剥落的粉末会大量进入液力变矩器，如不及时清洗，这些粉末会随油液流动而堵塞润滑油道，造成连续烧蚀同一组行星齿轮机构。因为变矩器在进入锁止工况前，输入轴的油道和润滑油道相通，变矩器内的污物会顺着输入轴上的润滑油道进入，并堵塞变速器最前端行星齿轮机构的润滑油道，从而造成该组行星齿轮机构的连续烧蚀。

提示：自动变速器的行星齿轮机构靠润滑油压润滑，离合器和制动器靠工作油压润滑，所以在润滑油道堵塞后行星齿轮机构发生连续烧蚀时，离合器和制动器却没有发生再次烧蚀。

液力变矩器在进入锁止工况后，涡轮轴上的油液进油口和控制阀相通，这些粉末会随油液流动进入控制阀、电磁阀和蓄压器。进入控制阀时会造成滑阀卡滞，如换挡阀轻微卡滞，会造成所负责的挡位发生换挡冲击，换挡阀严重卡滞，导致变速器缺挡；主调压阀卡滞在泄油一侧，汽车将无法行驶。粉末随油液进入电磁阀时会造成卡滞或泄油滤网堵塞等故障，如主油压电磁阀泄油滤网堵塞会造成主油压过高，所有的挡位均出现换挡冲击。进入蓄压器会造成活塞卡滞或密封圈漏油的故障，蓄压器活塞卡滞会造成它所控制的挡位发生严重的换挡冲击，蓄压器活塞密封圈漏油会造成连续烧蚀同一组离合器或制动器。

4）维修方法。彻底清洗液力变矩器。可以在放净脏油后加入自动变速器专用清洗剂，将变矩器在车床上夹好，用车床带动涡轮轴旋转，涡轮轴带动涡轮旋转几分钟，然后将清洗剂放净，再加入新的自动变速器油，用同样方法清洗一遍，放净后再换1次油即可。

6. 液力变矩器的油泵驱动毂端面圆跳动过大故障诊断与排除

1）故障现象。油泵早期磨损和变速器油泵油封漏油。油泵发生早期磨损后会导致10000km左右时所有的离合器和制动器均会发生严重烧蚀。油泵油封漏油后将无法建立起油泵油压，变速器始终是空挡，汽车无法行驶。

2）故障诊断方法。将百分表架固定在发动机后壳体上，先测曲轴和变矩器的连接装置挠性板的端面圆跳动，如果挠性板的端面圆跳动大于0.20mm，必须更换挠性板；如挠性板合格，将变矩器在挠性板上固定好，再检测变矩器驱动毂端面圆跳动，驱动毂端面圆跳动大于0.30mm，必须更换变矩器。

提示：现在有许多维修厂家修理变矩器时，采用车床分解变矩器清洗或换件，部分厂家重新焊接时缺乏定位，导致驱动毂端面圆跳动过大。

3）故障分析。正常使用情况下，油泵是不会发生早期磨损的，造成油泵发生早期磨损的原因有两个：一个是滤清器破裂致使大量的污物进入油泵；另一个是变矩器驱动毂端面圆跳动过大。大部分变速器的油泵是由变矩器的油泵驱动毂直接驱动的，油泵齿轮的工作间隙出厂时大都是0.08～0.15mm，磨损极限为0.30mm，如果变矩器驱动毂端面圆跳动大于0.30mm会造成油泵发生早期磨损，端面圆跳动进一步加大则会造成变速器油泵油封漏油。

4）维修方法。更换端面圆跳动过大的挠性板或变矩器。

7. 液力变矩器内涡轮的花键毂磨损故障诊断与排除

1）故障现象。事先没有任何预兆，起动、行驶和加速均正常，汽车行驶中突然听到一阵剧烈而又短暂的金属撞击声，随后发动机可以正常运转，但汽车不能行驶。三菱变速器在北京地区已发生数起此类故障（行驶里程多在80000～90000km以上），另外宝马和马自达变速器也发生过此类故障。

2）故障诊断方法。做主油压检测并用故障诊断仪调取故障码，如自动变速器油压检测正常，电控系统也没有故障码，应拆下变矩器检查变矩器里端的花键毂（外端的花键毂是支撑导轮的）是否发生磨损。

3）故障分析。涡轮负责驱动变速器输入轴，如果涡轮花键毂发生磨损，变速器将变成空挡，所以汽车无法行驶。造成涡轮花键毂发生磨损的原因有两个：一是材质问题，个别型号的变速器在车辆行驶80000～90000km后就可能发生此类故障；二是变速器输入轴轴向位移量过大，变速器输入轴轴向位移量是由输入轴上的止推垫片和推力轴承的数量决定的，若漏装了止推垫片或推力轴承，就会导致输入轴轴向位移量过大，会使输入轴花键和涡轮花键毂间的啮合区减少，造成其早期磨损。

4）维修方法。更换液力变矩器。

8. 导轮与涡轮或泵轮发生运动干涉故障诊断与排除

1）故障现象。汽车在中高速行驶中急剧改变车速时液力变矩器内发出剧烈的金属撞击声，严重时就像紧急制动使汽车立即停驶，重新起动后又可以正常行驶。

2）故障诊断方法。做失速试验时如听到金属撞击声，说明导轮与涡轮或泵轮发生运动干涉。

3）故障分析。失速试验时变速器处于静止状态，只有油泵和变矩器的泵轮随发动机同步旋转，发动机内部或油泵内部如发生运动干涉，发出金属撞击声，汽车肯定无法行驶。

发生金属撞击声响的同时汽车就像紧急制动一样停驶的原因是导轮叶片与泵轮或涡轮的叶片插到一起，重新起动时在离心力的作用下又分开，所以重新起动后又可以正常行驶。

4）维修方法。更换液力变矩器。

9. 检修案例

故障1

1）故障现象。一辆1996款福特风之星汽车。在中、高速行驶时车辆产生抖动，给人的感觉像是发动机抖动。据车主讲这个故障已在其他修理厂维修过多次，发动机上的配件更换了一大堆，但故障现象一点没有改善。

2）故障诊断。首先进行路试，车辆在40~80km/h之间无规律地出现抖动。先对发动机进行检测，但未发现故障。此时考虑可能是其他因素造成的。于是接上电脑检测仪读取数据流，发现当锁止离合器(TCC)接合时，尤其是接合到40%~60%的时候，车辆便会出现抖动现象。由此判定故障是由TCC接合不良引起的。

3）故障分析。故障点可能在电控、液压和机械系统的某个部位。当然也有一些特殊情况，如当节气门关闭、施加制动、急加速或急减速、换挡、油温低于60℃或温度过高及挡位在3挡以下等情况，因为这些时候锁止离合器是不接合的。锁止离合器的接合和分离是由电脑(PCM)通过锁止离合器(TCC)电磁阀来控制的。电脑根据节气门位置传感器、车速传感器、涡轮轴转速传感器、挡位、换挡时刻和制动开关等信号进行分析，给TCC电磁阀提供占空比信号，改变了TCC电磁阀的开度，从而控制离合器的动作。对于TCC的工作情况，电脑是通过发动机的转速和涡轮轴(输入轴)的转速差来监测的。当锁止离合器不工作时，发动机转速应大于涡轮轴转速200~300r/min。在锁止离合器接合过程中，两者的转速差应逐渐减小。当锁止离合器完全接合后，两者的转速差应该基本为零。因此，可以通过观察发动机转速和涡轮轴转速(输入轴转速)的差值来判断离合器工作的状态和好坏程度。

在判断一些锁止离合器不能接合或不能分离的故障时，也可接上变速器检测仪(一种可以人为控制电磁阀工作的检测工具)，断开电脑对变速器的控制，人为控制离合器电磁阀的工作，从而判断是控制部分的故障，还是执行部分的故障。如果人为控制离合器电磁阀的工作故障仍存在，说明电控部分没有问题。如果故障出在电控部分上，应该先检查影响锁止离合器电磁阀(TCC)工作的各传感器提供的信号是否正常，再检查电脑(PCM)是否能按各传感器信号正确工作，最后检查导线的连接是否良好。

关于液压部分的故障，可以通过测量油压来进行判断。于是对此车的变速器进行了油压测试。路试中，在TCC接合出现抖动时并没有发现油压的波动和异常。为了进一步判断此变速器液压部分是否存在故障，将阀体拆下并装上测试模板，利用压缩空气进行测试。结果显示TCC各液压阀和阀体油路工作良好，液压部分出故障的可能性可基本排除。至于机械部分，由于无法拆卸分解，所以只能通过排除其他方面的故障来确定。通过上述几方面的检测和分析，则判定故障只出在机械部分上，即变矩器锁止离合器上。

4）维修方法。更换液力变矩器，故障排除。

故障2

1）故障现象。一辆现代索纳塔装备KM176自动变速器，行驶中突然出现加速时发动机空转，发动机不能驱动汽车，停车后再挂挡汽车不能行驶。

2）故障诊断。造成汽车不能行驶的可能原因有自动变速器油不足、变速杆与手动阀连接松脱、ATF油压不足、自动变速器内机械故障、液力变矩器有故障等。

3）故障分析。先进行外围检查，如正常，则挂入挡位，起动发动机，踩下加速踏板，

观察发动机转速。有失速现象，说明进挡正常，应拆卸自动变速器检查机械部分。在拆卸前可用解码器读取故障码，分析数据流，如果输入轴转速信号为零，说明变矩器无动力传递到输入轴。据此可以判断汽车不能行驶的原因是液力变矩器。

4）维修方法。更换液力变矩器，故障排除。

5）故障总结。尽管液力变矩器很少发生故障，但它也有出现故障的可能性。在维修过程中，应注意：一是自动变速器油；二是液力变矩器自身是否会有故障；三是充分利用自诊断系统。

注意：在未确定故障点之前，不要盲目拆卸自动变速器。

四、换挡冲击过大故障的诊断与排除

当出现车辆停止状态下变速器由P位或N位挂入D位或R位时车辆振动严重、行驶中升挡瞬间车辆明显闯动的故障时，故障原因主要包括：元件调整不当、性能下降或损坏，发动机怠速转速过高，节气门位置传感器信号不良导致升挡过迟，主油路调压阀故障导致主油路油压过高，换挡执行元件（离合器或制动器）接合过快、打滑，油压电磁阀工作异常，发动机电脑故障。

注意：能够引起换挡冲击的原因很多，所以在维修过程中不要盲目拆卸，一定要对变速器的各部位做到全面检查、认真分析。

1. 换挡冲击过大故障诊断与排除

（1）故障现象　起步时，变速杆从P位或N位挂入D位或R位时，汽车振动大；行驶中，自动变速器升挡瞬间产生振动。

（2）故障原因　发动机怠速过高；节气门拉索或节气门位置传感器调整不当，主油路油压过高；升挡过迟；真空式节气门阀真空软管破损；主油路调压阀故障，使主油路油压过高；减振器活塞卡住，不起减振作用；单向阀球漏装，制动器或离合器接合过快；换挡组件打滑；油压电磁阀故障；电控单元故障。

（3）排除方法

1）检查发动机怠速。检查、调整节气门拉索和节气门位置传感器；检查真空式节气门阀的真空软管；路试检查自动变速器升挡是否过迟，升挡过迟是换挡冲击大的常见原因。

2）检测主油路油压。如果怠速时主油路油压高，说明主油路调压阀或节气门阀存在故障；如果怠速油压正常，而起步冲击大，说明前进离合器、倒挡及高挡离合器的进油单向阀损坏或漏装。

3）检查换挡时主油路油压。正常情况下，换挡时主油路油压瞬时应有下降。若无下降，说明减振器活塞卡住，应拆检阀体和减振器。

4）检查油压电磁阀的工作是否正常。检查电控单元在换挡瞬间是否向油压电磁阀发出控制信号。如果电磁阀本身有问题则应更换；如果线路存在问题则应修复。

自动变速器换挡冲击过大的故障诊断流程如图7-7所示。

2. 检修案例

故障1

（1）故障现象　一辆奥迪A6 2.4L轿车，搭载GHL型无级变速器。由于该车在其他修理厂进行了变速器大修，大修后出现了变速器入D位反应慢，加速时有冲击的现象。

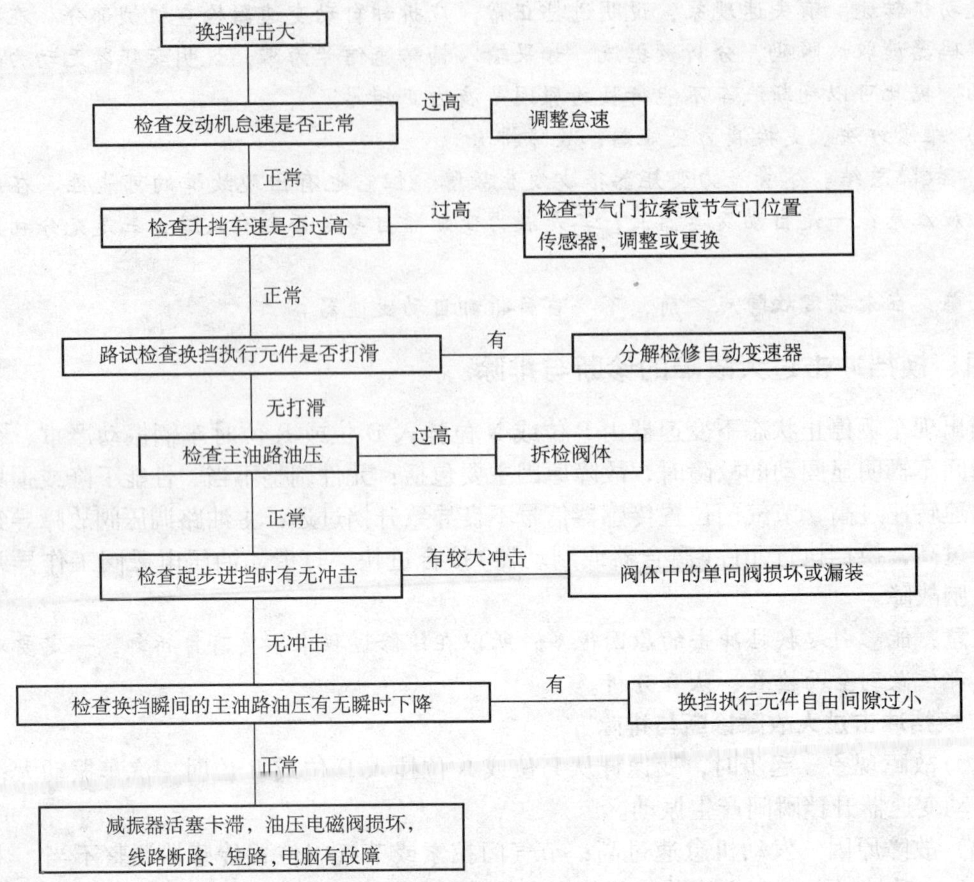

图 7-7　自动变速器换挡冲击过大故障诊断流程

(2) 故障诊断　接手此车后，根据该车的故障现象，我们首先利用故障诊断仪 V. A. S5051 对变速器控制系统进行检测，但没有发现故障码。然后利用故障诊断仪读取了相关数据流，发现有 ADPRUN(自适应正在运行中)的现象。后来我们利用诊断仪对变速器控制单元进行了设定，但故障现象没有好转。由于通过诊断仪没有发现问题，检查变速器，经对变速器进行认真检查，发现前进离合器供油管头部有凹瘪的痕迹，凹瘪处将油环卡住，从而导致油泄漏。

(3) 故障分析　导致该车变速器产生故障的原因主要在三个方面：一是电控系统。二是阀体，根据该款变速器的油路图可知，前进挡供油路线为：油泵→离合器控制阀→安全阀→手动阀→前进挡离合器；倒挡离合器供油路线为：油泵→离合器控制阀→安全阀→手动阀→倒挡离合器。将两条供油路线相比较，故障原因可能是手动阀或离合器存在泄漏。三是机械故障，很有可能是离合器烧损。

(4) 维修方法　在更换油管后，故障现象消失，利用故障诊断仪读取数据流，变速器已经进入 ADPOK 的状态。经试车，故障排除。

故障 2

(1) 故障现象　一辆凯迪拉克轿车使用 5L40E 自动变速器，突然没有倒挡，随后前进挡 1 挡升 2 挡时又出现换挡冲击。

(2) 故障诊断　经检查发现该变速器由于真空调节器膜片破裂，导致自动变速器油被

发动机进气管吸入，并进入燃烧室燃烧，使油液液面过低，造成油泵油压过低。虽然基本可保证前进挡的主油压，但却无法保证倒挡油压的需要，使倒挡油压过低，所以没有倒挡，前进挡也受到不同的影响。

（3）故障分析　进一步检查发现该变速器行星齿轮机构也已经发生早期磨损。油液液面过低造成油泵油压和主油压过低，而润滑油压是由主油压派生出来的，所以又导致润滑油压过低，使行星齿轮机构因润滑不良发生早期磨损。而行星齿轮机构磨损掉下来的金属屑又造成控制阀内1-2换挡阀轻微卡滞，导致1挡升2挡时有冲击。

（4）故障排除　重新清洗润滑1-2换挡阀，使其在阀孔内能活动自如。如清洗润滑后仍然卡滞，可用金相砂纸沿圆弧方向打磨1-2换挡阀，使其在干净、干燥的情况下能依靠自身的重量从立着的阀体阀孔的一侧慢慢滑到另外一侧即可。彻底清洗了变速器，包括变速器内油道、蓄压器和变速器油的冷却器及变矩器，更换了新的行星齿轮机构，按规定重新加注自动变速器油后变速器恢复正常。

五、自动变速器升挡过迟故障的诊断与排除

1. 升挡过迟故障诊断与排除

（1）故障现象　汽车行驶中，升挡车速较高，发动机转速也偏高；升挡前必须松开加速踏板才能使自动变速器升入高挡。

（2）故障原因

1）节气门拉索或节气门位置传感器调整不当。

2）调节器存在故障，输出轴上调节器进出油孔的密封圈损坏。

3）真空式节气门阀推杆调整不当，真空式节气门阀的真空软管或真空膜片漏气。

4）主油路油压或节气门油压太高，强制降挡开关短路，传感器故障。

5）阀体有故障。

（3）故障分析　此故障应对电控自动变速器进行多方面的诊断检查。

1）调整节气门拉索或节气门位置传感器，测量节气门位置传感器电阻，如不符合标准应更换。采用真空式节气门阀的自动变速器，应检查真空软管是否漏气。检查强制降挡开关是否短路。

2）测量怠速主油路油压，若油压太高，应通过节气门拉索或节气门位置传感器予以调整。采用真空式节气门阀的自动变速器，应用减小节气门阀推杆长度的方法进行调整。若以上调整无效，应拆检油压阀或节气门阀。

3）测量调节器油压，应随车速的升高而增大。将不同转速下测得的调节器油压与规定值比较，若油压太低，说明调节器存在故障或调节器油路存在泄漏。此时应拆检自动变速器，检查调节器固定螺钉是否松动，调节器油路密封环是否损坏，阀芯是否卡滞或磨损过度。

4）如果调节器油压正常，升挡缓慢的原因可能是换挡阀工作不良。应拆卸阀体检查，必要时更换。

（4）维修方法　液控式自动变速器升挡过迟故障的排除维修方法如图7-8所示。

电控式自动变速器升挡过迟故障的排除维修方法如图7-9所示。

2. 检修案例

故障案例

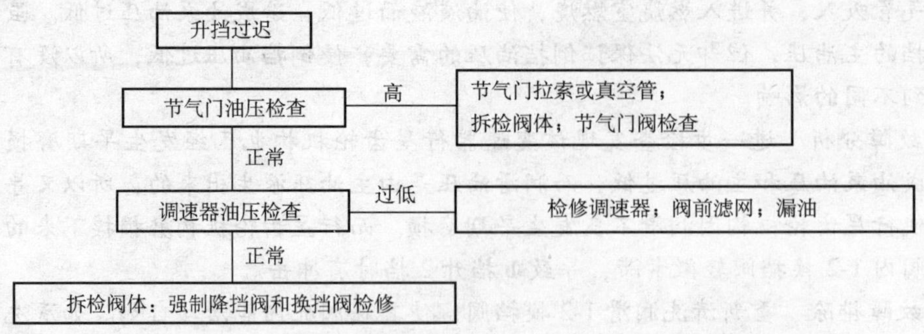

图 7-8　液控式自动变速器升挡过迟故障的排除维修方法

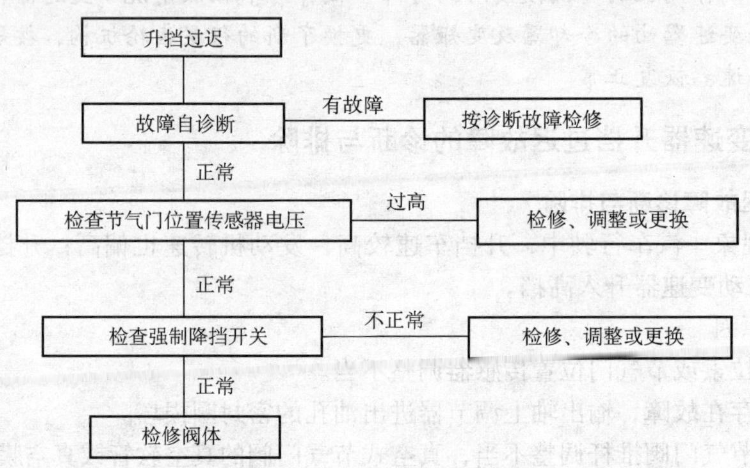

图 7-9　电控式自动变速器升挡过迟故障的排除维修方法

(1) 故障现象　一台日产西尔维亚变速器升挡迟缓。其油压控制的自动变速器是根据控制油压(与发动机负荷成比例)与调节器油压(与车速成比例)之间的关系，用调节阀切换压力油通路而实施变速控制的。这种自动变速器如在相同的车速上变速，则早一点完成变速可以节省燃油；晚一点完成变速，发动机动力上去了，但车速上不去，使驾驶人感到不舒服。

(2) 诊断方法　这辆车的变速器是 RE4R01A 型电子控制自动变速器，它通过电脑控制操作油压进行变速操作，变速模式为多种。检测车辆速度的装置采用拾波器线圈式传感器代替调节器，控制油压信号由节气门传感器检测。这就是说升挡迟缓意味着节气门开度变大而车速没有增加或者增加得慢。

使用自诊断系统检查，自诊断系统输出的代码表示控制系统正常。测量节气门位置传感器的信号电压，得到的结果见表 7-1。把实测值与制造厂提供的基准值相比较，有相当大的偏移。全部实测电压都高于基准电压，即使在节气门全闭的怠速位置，电压也达到正常时节气门开度一半时的值。这样一来，变速升挡迟缓。

表　7-1

节气门开度	实测值/V	基准值/V	节气门开度	实测值/V	基准值/V
全闭	2.2	0.4	全开	4.5	3.9

节气门传感器电压过高的原因可能是：电脑提供的基准电压过高以及传感器有接触电阻或者搭铁不良。检查结果电脑提供的基准电压以及搭铁电路均无异常。这样，问题只能是节气门传感器自身不良。

（3）故障分析　用新的节气门传感器换上去试验，测量的电压值与基准值相符。对比两个节气门传感器的电阻值，虽然节气门开度一样大，但不良的节气门传感器输出的电压比较高，自动变速器电脑认为节气门开度大，因而发动机负荷大，所以变速升挡迟缓。对这种情况，电脑并不认为节气门开度信号异常，因此自诊断系统并不输出表示异常的代码，只有发生断路或短路时，电脑才判断为异常，也就是说，只有固定为5V或者0V不变时，自诊断系统才能输出表示异常的故障码。

（4）维修方法　更换节气门传感器之后，故障排除。

任务3　其他类型故障

一、汽车不能行驶故障的诊断与排除

1. 故障现象

1）汽车不能行驶是指无论变速杆置于任一前进位置或R位，汽车都不能行驶。

2）冷车起动后汽车能行驶一小段路程，但稍一热车，就不能行驶。

2. 故障原因

（1）机械故障

1）手动阀不工作。

2）超速挡离合器失效。

（2）油压不足

1）油泵油封严重泄漏或损坏。

2）油泵进油滤网堵塞。

3）油底壳破裂使变速器油泄漏。

4）主油路严重泄漏。

3. 故障的诊断与排除

其故障诊断与排除的流程如图7-10所示。

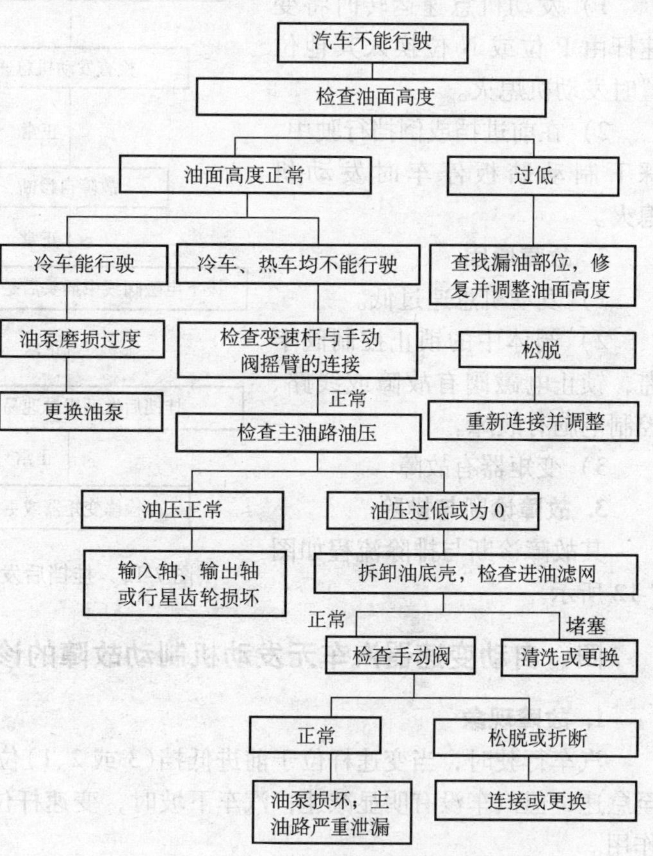

图7-10　汽车不能行驶故障诊断与排除流程

二、自动变速器不能强制降挡故障的诊断与排除

1. 故障现象

当汽车以3挡或超速挡行驶时，突然将加速踏板踩到底，自动变速

器不能立即降低一个挡位，致使汽车加速无力。

2. 故障原因

1）节气门拉索或节气门位置传感器调整不当。

2）强制降挡开关损坏或安装不当。

3）强制降挡电磁阀损坏或线路短路、断路。

4）阀体中的强制降挡控制阀卡滞。

3. 故障诊断与排除

其故障诊断与排除的流程如图7-11所示。

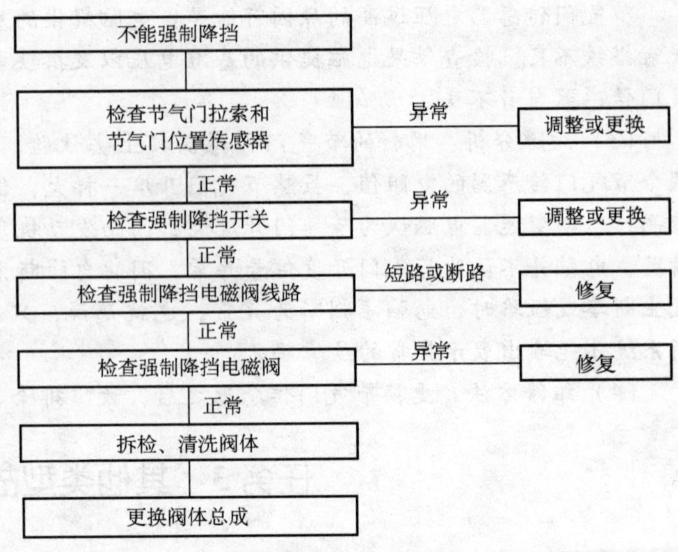

图7-11 不能强制降挡故障诊断与排除流程

三、挂挡后发动机怠速易熄火故障的诊断与排除

1. 故障现象

1）发动机怠速运转时将变速杆由P位或N位换入其他位置时发动机熄火。

2）在前进挡或倒挡行驶中，踩下制动踏板停车时发动机熄火。

2. 故障原因

1）发动机怠速过低。

2）阀体中的锁止控制阀卡滞，锁止电磁阀有故障或线路、控制电脑有故障。

3）变矩器有故障。

3. 故障诊断与排除

其故障诊断与排除流程如图7-12所示。

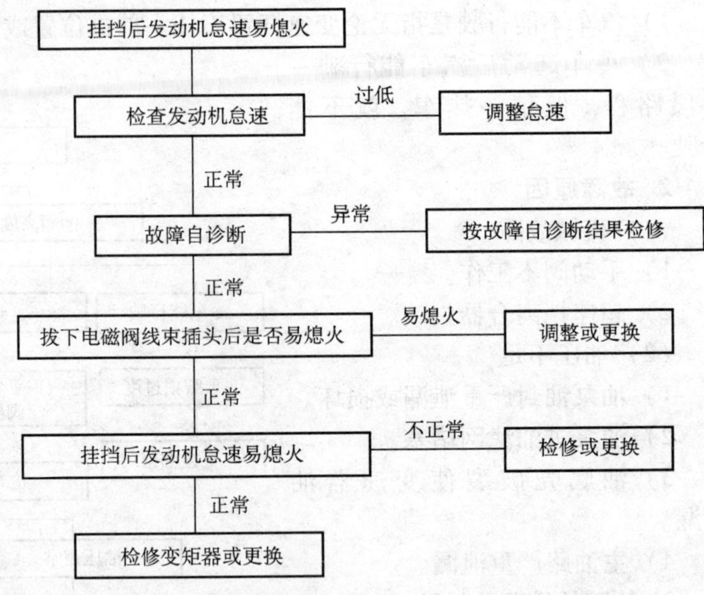

图7-12 挂挡后发动机怠速易熄火故障诊断与排除流程

四、自动变速器汽车无发动机制动故障的诊断与排除

1. 故障现象

汽车行驶时，当变速杆位于前进低挡（3或2、1）位置时，松开加速踏板，发动机转速降至怠速，但汽车没有明显减速；汽车下坡时，变速杆位于前进低挡，但不能产生发动机制动作用。

2. 故障原因

1）检查节气门位置传感器。

2）挡位开关调整不当。

3）变速杆调整不当。

4）控制发动机制动的电磁阀有故障。

5）阀体有故障。

6）电脑有故障。

3. 故障诊断与排除

其故障诊断与排除流程如图7-13所示。

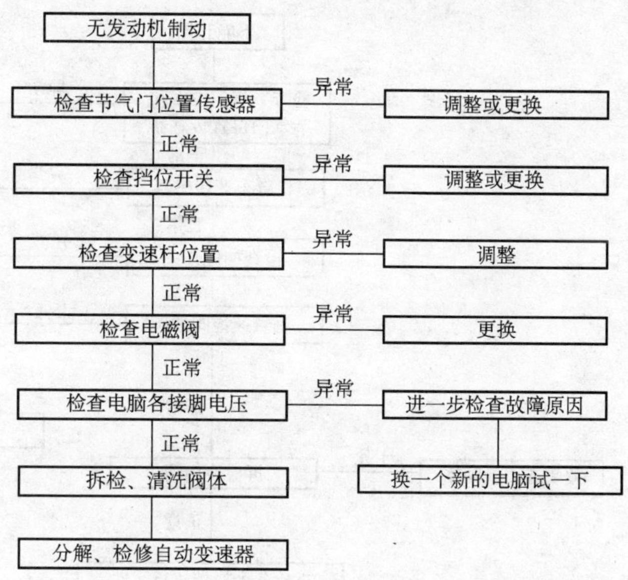

图7-13　无发动机制动故障诊断与排除流程

五、自动变速器不能升挡故障的诊断与排除

1. 故障现象

1）行驶途中自动变速器只有1挡，不能升2挡及高速挡。

2）行驶中自动变速器可以升2挡，但不能升3挡或超速挡。

2. 故障原因

1）节气门拉索或节气门位置传感器调整不当。

2）车速传感器故障。

3）2挡制动器或高挡离合器存在故障。

4）换挡阀卡滞。

5）挡位开关故障。

6）电控系统故障导致自动变速器进入应急运行模式。

3. 排除方法

1）电控自动变速器应先检查调整节气门拉索和节气门位置传感器、车速传感器、检查挡位开关信号。

2）读取故障码查找故障原因。

3）如果控制系统无故障，应拆检自动变速器，检查阀体。

4）检查换挡执行组件是否打滑，用压缩空气检查各离合器、制动器液压缸或活塞有无泄漏。

其故障诊断与排除流程如图7-14所示。

六、自动变速器无超速挡故障的诊断与排除

1. 故障现象

1）汽车行驶中，不能从3挡升入超速挡；

2）车速已达到超速挡工作范围，采用先放松加速踏板几秒钟再踩下加速踏板的方法，自动变速器也不能升入超速挡。

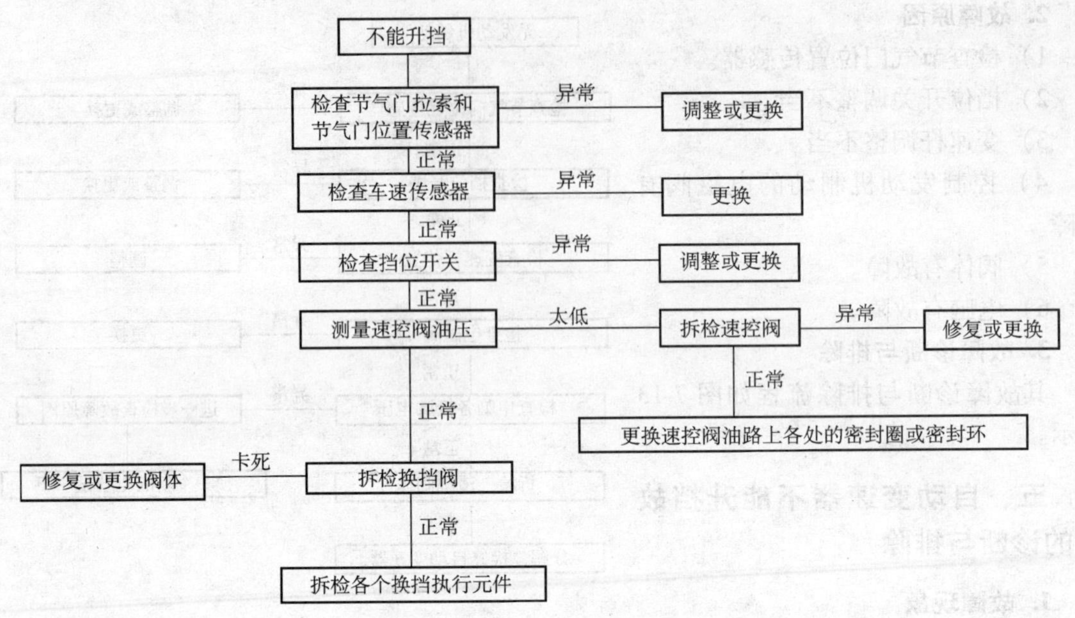

图 7-14　不能升挡故障诊断与排除流程

2. 故障原因

1）超速挡开关故障。

2）超速电磁阀故障。

3）超速制动器打滑。

4）超速行星排上的离合器或制动器故障。

5）挡位开关故障。

6）油温传感器故障。

7）节气门位置传感器故障。

8）3-4 换挡阀卡滞。

3. 排除方法

1）对电控系统自动变速器应进行故障诊断，检查有无故障码输出。

2）检查油温传感器在不同温度下的电阻值，并与标准值进行比较。若有异常，应更换油温传感器。

3）检查挡位开关、节气门拉索和节气门位置传感器的输出信号。挡位开关信号应与变速杆的位置相符，节气门位置传感器输出电压应随节气门的开度加大而上升，并与标准值相符。若有异常，应调整。若调整无效，应更换挡位开关或节气门位置传感器。

4）检查超速挡开关。在 ON 位时，超速挡开关触点应断开，指示灯不亮；在 OFF 位时，超速挡开关触点应闭合，指示灯应亮。否则检查超速挡电路或更换超速挡开关。

5）检查超速挡电磁阀的工作情况。打开点火开关，不起动发动机，按下超速挡开关，超速挡电磁阀应有接合声音。若无接合声音，应检查控制电路或更换电磁阀。

6）用举升器举起车辆，使四轮悬空。起动发动机，使自动变速器在 D 位工作，检查在无负荷状态下自动变速器升挡情况。如果能升入超速挡，并且车速正常，说明控制系统工作正常，不能升入超速挡是因为超速制动器打滑，所以在有负荷情况下不能升入超速挡。如果

能升入超速挡，而升挡后车速提不高，发动机转速下降，说明超速行星排中离合器或制动器故障。如果在无负荷情况下不能升入超速挡，说明控制系统存在故障，应拆检阀体，检查3-4换挡阀。如有卡滞，可将阀芯拆下，予以清洗并抛光。如不能修复，应更换阀体总成。

其故障诊断与排除流程如图7-15所示。

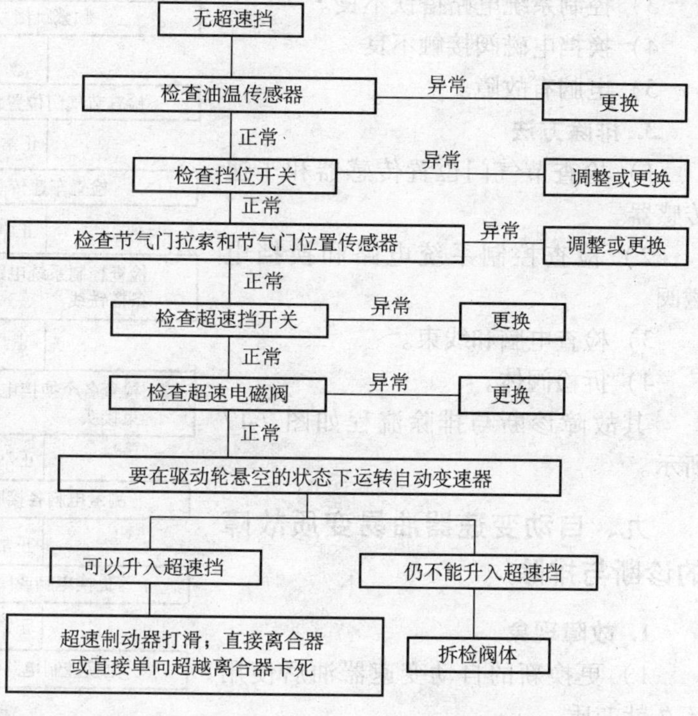

图7-15 无超速挡故障

七、自动变速器无倒挡故障的诊断与排除

1. 故障现象

汽车在D位能行驶而R位不能行驶。

2. 故障原因

1）变速杆调整不当。

2）倒挡油路泄漏。

3）倒挡及高挡离合器或低挡及倒挡制动器打滑。

3. 排除方法

1）检查并调整变速杆位置。

2）检查倒挡油路油压。若油压太低，说明倒挡油路泄漏，应拆检自动变速器。

3）如果倒挡油路油压正常，应拆检自动变速器，更换损坏的离合器或制动器摩擦片或制动带。

其故障诊断与排除流程如图7-16所示。

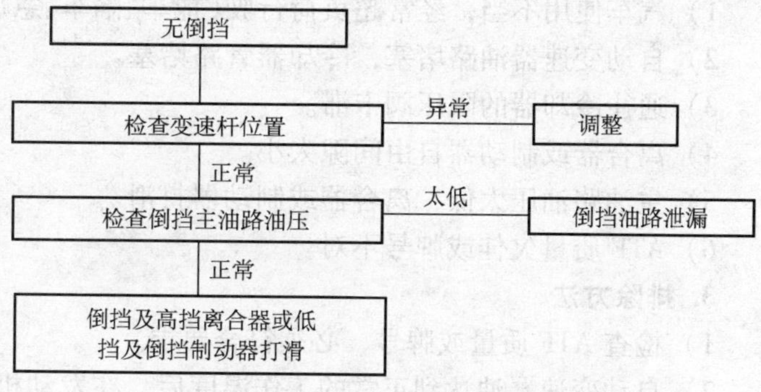

图7-16 无倒挡故障诊断与排除流程

八、频繁跳挡故障的诊断与排除

1. 故障现象

汽车以前进挡行驶时，即使加速踏板保持不动，自动变速器仍然经常出现突然降挡现象，降挡后发动机转速异常升高，并产生换挡冲击。

2. 故障原因

1）节气门位置传感器有故障。

2）车速传感器有故障。

3）控制系统电路搭铁不良。

4）换挡电磁阀接触不良。

5）电脑有故障。

3. 排除方法

1）检查节气门位置传感器和车速传感器。

2）检查控制系统电路和换挡电磁阀。

3）检查电脑和线束。

4）拆检阀体。

其故障诊断与排除流程如图 7-17 所示。

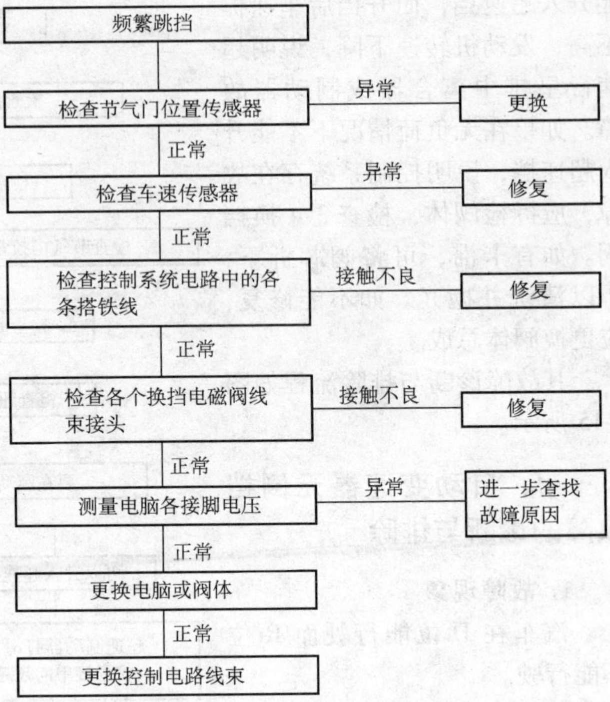

频繁跳挡
检查节气门位置传感器 —异常→ 更换
正常
检查车速传感器 —异常→ 修复
正常
检查控制系统电路中的各条搭铁线 —接触不良→ 修复
正常
检查各个换挡电磁阀线束接头 —接触不良→ 修复
正常
测量电脑各接脚电压 —异常→ 进一步查找故障原因
正常
更换电脑或阀体
正常
更换控制电路线束

图 7-17　频繁跳挡故障诊断与排除流程

九、自动变速器油易变质故障的诊断与排除

1. 故障现象

1）更换新的自动变速器油后使用不久就变质。

2）自动变速器油温度太高，ATF 有糊味或从加油口处向外冒烟。

2. 故障原因

1）汽车使用不当，经常超负荷行驶（拖车、陷车、急加速或超速行驶等）。

2）自动变速器油路堵塞，冷却器管路堵塞。

3）通往冷却器的限压阀卡滞。

4）离合器或制动器自由间隙太小。

5）主油路油压太低，离合器或制动器打滑。

6）ATF 质量欠佳或牌号不对。

3. 排除方法

1）检查 ATF 质量或牌号，必须符合要求。

2）自动变速器油达到正常的工作温度后，在发动机运转的过程中检查自动变速器油冷却器的温度。在正常的情况下，油冷却器的温度可达 60℃左右。若油冷却器的温度低，说明油路堵塞，或通往冷却器的限压阀卡滞。这样，ATF 没有及时得到冷却，油温过高，导致变质。

3）若 ATF 温度正常，应测量主油路油压。若油压太低，应检查节气门拉索或节气门位置传感器的调整情况。若节气门拉索或节气门位置传感器工作正常，应拆卸自动变速器，检查油泵是否磨损；阀体内的主油路调压阀和节气门阀有无卡滞；主油路是否漏油等。

4）若油冷却器的温度太高，说明离合器或制动器自由间隙太小。

其故障诊断与排除流程如图 7-18 所示。

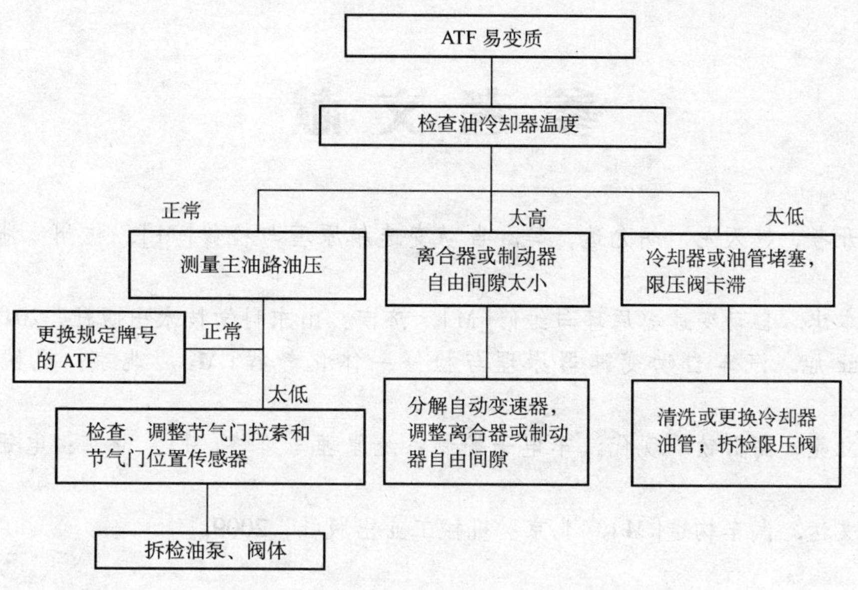

图 7-18　ATF 易变质故障诊断与排除流程

本项目小结

自动变速器在使用过程中，随着技术状况的下降会出现一系列故障，而这些故障会通过一定的现象特征表现出来。因此，必须对自动变速器故障要“多看、多想、多分析”。清楚其工作原理，掌握好分析方法，才能做到“有条不紊，有的放矢”。

练习与思考

1. 自动变速器故障诊断的步骤是什么？
2. 如何检查自动变速器漏油部位？
3. 分析油压过低的原因。
4. 说明油压过高会产生什么后果？
5. 分析自动变速器打滑的原因，并说明诊断的思路和排除的方法。
6. 液力变矩器无锁止故障怎样诊断与排除？
7. 入挡换挡冲击与变换挡位换挡冲击有何区别？
8. 自动变速器油为什么会变质？
9. 什么是换挡规律不正常？
10. 当检查自动变速器油时，发现油量一天天增多，请分析故障原因与排除方法。

参考文献

[1] 陈开考，韩天龙，胡允达，等. 自动变速箱原理与检修[M]. 杭州：浙江大学出版社，2007.

[2] 谭本忠. 自动变速器原理与维修[M]. 济南：山东科学技术出版社，2010.

[3] 王正旭. 汽车自动变速器原理与检修一体化教程[M]. 北京：机械工业出版社，2009.

[4] 汪立亮，高群钦. 现代汽车电子控制系统原理与维修[M]. 北京：电子工业出版社，1998.

[5] 关文达. 汽车构造[M]. 北京：机械工业出版社，2009.